中國彩陶

庙底沟文化图谱

王仁湘 著

巴蜀書社

图书在版编目（CIP）数据

中国彩陶：庙底沟文化图谱 / 王仁湘著 .

-- 成都：巴蜀书社，2022.8

ISBN 978-7-5531-1678-5

Ⅰ. ①中… Ⅱ. ①王… Ⅲ. ①彩陶－陶器（考古）－中国－图集 Ⅳ. ①K876.32

中国版本图书馆 CIP 数据核字 (2022) 第 039393 号

ZHONGGUO CAITAO · MIAODIGOU WENHUA TUPU

中国彩陶 · 庙底沟文化图谱　　王仁湘　著

封面题字	王仁湘
策　　划	周　颖　吴焕姣
责任编辑	吴焕姣
封面设计	朱　熙　曹晓婧　方　天
内文设计	熊猫布克
出　　版	巴蜀书社
	成都市锦江区三色路238号新华之星A座36层　邮编：610023
	总编室电话：（028）86361843
网　　址	www.bsbook.com
发　　行	巴蜀书社
	发行科电话：（028）86361856
经　　销	新华书店
印　　刷	成都市金雅迪彩色印刷有限公司
版　　次	2022年08月第1版
印　　次	2022年08月第1次印刷
成品尺寸	185mm×260mm
彩　　色	32页
印　　张	25
字　　数	374千
书　　号	ISBN 978-7-5531-1678-5
定　　价	138.00元

目录

第二章　彩陶艺术特征

前言：庙底沟文化与彩陶

20 世纪 50 年代末期，随着考古调查与发掘的深入，学者们开始逐渐感到仰韶文化延续时间很长，分布地域又很广泛，各地的遗存表现出比较明显的差异。为着认识与研究的方便，仰韶文化类型划分的研究成为一个迫切的课题。

仰韶文化类型的研究，开始于半坡和庙底沟两个遗址相对年代与性质的讨论。因为这个讨论，将仰韶文化的研究向前推进了一大步。

陕西西安半坡和河南陕县庙底沟遗址的发掘，确立了仰韶文化的两个主要类型，也奠定了仰韶文化研究新的基础。两个类型很快确立了，新的问题随着也出现了。首先是对这两个类型的关系，学术界有热烈的讨论，起初有认为半坡早于庙底沟的[1]，也有认为后者早于前者的[2]，还有认为两者是同时的[3]。一直到现在，不同意见之间的争论还依然存在，多数意见认为两个类型之间具有一脉相承发展关系，也有人说并不能完全肯定谁早谁晚[4]，近些年来这两个类型之间关系的讨论还在继续，分歧依然存在[5]。

随着发掘资料的不断丰富，表现有仰韶文化某些特点的遗存在更广的范围内有了更多的发现，研究者们认知过程中又提出了许多地区类型的命名。根据区域特征提出的地方类型命名有：

[1] 石兴邦：《黄河流域原始社会考古研究上的若干问题》，《考古》1959 年 10 期；严文明：《论庙底沟仰韶文化的分期》，《考古学报》1965 年 2 期。

[2] 中国科学院考古研究所：《庙底沟与三里桥》，科学出版社，1959 年；杨建芳：《略论仰韶文化和马家窑文化的分期》，《考古学报》1962 年 1 期。

[3] 石兴邦：《有关马家窑文化的一些问题》，《考古》1962 年 6 期；苏秉琦：《关于仰韶文化的若干问题》，《考古学报》1965 年 1 期。

[4] 严文明：《论半坡类型和庙底沟类型》，《考古与文物》1980 年 1 期；巩启明：《试论仰韶文化》，《史前研究》1983 年 1 期；安志敏：《略论中国新石器时代文化的年代问题》，《考古》1972 年 6 期；中国社会科学院考古研究所：《新中国的考古发现与研究》，文物出版社，1984 年。

[5] 戴向明：《试论庙底沟文化的起源》，《青果集：吉林大学考古系建系十周年纪念文集》，知识出版社，1998 年；王仁湘：《半坡和庙底沟文化关系研究检视》，《文物》2003 年 4 期。

在陕西地区有半坡类型、史家类型、泉护类型、半坡晚期类型、北首岭类型；

在山西地区有东庄类型、西王村类型、西阴村类型、义井类型；

在河南有庙底沟类型、大河村类型、后岗类型、大司空类型、阎村类型、下王岗类型、王湾类型、秦王寨类型；

在河北地区有下潘汪类型、三关类型、钓鱼台类型、南杨庄类型、百家村类型、台口类型；

在内蒙古地区有海生不浪类型。

从 20 世纪 50 年代末期命名半坡和庙底沟类型开始，仰韶文化类型的命名已增加到了现在的二三十个之多。这些纷繁的类型名称，构成了一个庞大的仰韶体系。有的文化类型在地域上有较大的跨度，如关中－陕南－豫西－晋南，主要分布的是半坡、庙底沟和西王村类型，在这几个类型的划分上，学术界的意见大体是一致的。稍有不同的是，有的在半坡之前加上了“北首岭类型”[1]，有的在半坡和庙底沟类型之间增加了一个史家类型，有的又将庙底沟二期文化也包括在仰韶文化内[2]。对于分布在局部地区的其他一些类型的划分，则不大容易取得一致的意见，如河南地区的仰韶，同一内涵的遗存有时被冠以不同的命名，同一个命名有时又被界定出不相同的内涵。

比较有意义有影响的仰韶文化类型的命名，主要有半坡类型、庙底沟类型、西王村类型、后岗类型、大司空类型、大河村类型和下王岗类型等（图 1）。

有的研究者认为，陇东－关中－晋南－河南的仰韶文化，还

[1] 安志敏：《裴李岗、磁山和仰韶——试论中原新石器文化的类型和发展》，《考古》1979 年 4 期。

[2] 严文明：《略论仰韶文化的起源和发展阶段》,《仰韶文化研究》, 文物出版社 ,1989 年。

可以细划分为以下三区：

一是中心区，西起陕西宝鸡至河南陕县一带，以西安半坡和陕县庙底沟遗址的早期遗存为代表；

二是东区，为河南中部地区，以郑州大河村和洛阳王湾遗址为代表；

三是西区，为陇东地区，以秦安大地湾遗址为代表。

三区间的模糊分界，是崤山和陇山[1]。

另外有些研究者大而化之，认为仰韶文化大致可以分为以渭河流域及其周围地区和以中原地区及其周围地区两个大的区系，前者以半坡–庙底沟类型为主，后者以后岗–大河村类型为主[2]。

这样看来，学者们以往合力构建的大仰韶体系内涵并不是单一的，不仅有中心分布区与周边分布区的不同，还有内涵上的不同和源流上的不同。

我们赞同将分布在陇东–关中–陕南–豫西中心区的仰韶文化，分别命名为半坡文化、庙底沟文化和西王村文化，可称作典型仰韶文化，具有一脉相承的渊源关系；将这个区域一度划属仰韶早期的北首岭下层类型归入前仰韶文化；将河南地区与仰韶文化关系密切的遗存，与中心区明确区别开来，它们是冀南豫北地区的后岗一期文化和大司空文化、豫中地区的大河村文化、豫西南地区的下王岗文化。这其中最为重要的，便是分布范围最广、影响地域最宽的庙底沟文化。

庙底沟文化以原来的庙底沟类型为基础命名，庙底沟类型因

---

[1] 苏秉琦：《纪念仰韶村遗址发现六十五周年》，《论仰韶文化——纪念仰韶村遗址发现六十五周年学术讨论会论文集》，《中原文物》1986 年特刊。

[2] 魏京武：《汉江上游及丹江流域的仰韶文化》，《论仰韶文化——纪念仰韶村遗址发现六十五周年学术讨论会论文集》，《中原文物》1986 年特刊。

陕县庙底沟遗址的发掘而得名。有的研究者或以内涵相同的夏县西阴村遗址命名为“西阴村类型”或“西阴文化”[1]，文化涵盖的范围并无明显不同。

庙底沟文化的陶器制作大多比较精致，以夹砂和泥质的红陶为主，主要器形有卷沿和敛口曲腹盆、敛口曲腹钵、重唇小口尖底瓶、葫芦口平底瓶、敛口深腹瓮、深腹罐、带釜的灶等。陶器上的纹饰主要是线纹、绳纹和彩绘。有较多的彩陶，除了黑彩，还有红彩和白衣彩陶，纹样有写实的鸟纹、蛙纹，大量见到的是由圆点、勾叶、弧边三角组成的几何形图案，均绘于器外，基本不见内彩（图 2、3）。生产工具中的石器以磨制为主，普遍采用了钻孔技术，主要器形有斧、锛、铲、刀和纺轮等。此外，陶刀和陶纺轮也是常见的工具。

庙底沟文化的居住建筑多数仍为半地穴式，出现了一定数量的地面建筑，平面有方形的，也有圆形的。居址面积较大，立柱开始使用柱础。墓葬发现不多，成人采用单人仰身直肢葬式，很少有随葬品。不见多人二次合葬，儿童用瓮棺埋葬，葬具组合较多变化，有的是专门的瓮棺，有的是日用陶器。

庙底沟文化的分布范围，比半坡文化要大一些，典型遗址还有陕西宝鸡福临堡[2]、扶风案板村[3]、华县泉护村[4]、山西芮城西王村[5]、夏县西阴村、河津固镇[6]和甘肃秦安大地湾等[7]。

[1] 杨建芳：《略论仰韶文化与马家窑文化的分期》，《考古学报》1962 年 1 期；山西省考古研究所：《西阴村史前遗存第二次发掘》，《三晋考古》第二辑，山西人民出版社，1996 年；张忠培：《仰韶时代——史前社会的繁荣与向文明时代的转变》，《文物季刊》1997 年 1 期。

[2] 宝鸡市考古工作队等：《宝鸡福临堡——新石器时代遗址发掘报告》，文物出版社，1993 年。

[3] 西北大学文博学院考古专业：《陕西扶风县案板遗址发掘报告》，科学出版社，2000 年。

[4] 北京大学考古学系等：《华县泉护村》，科学出版社，2003 年。

[5] 中国科学院考古研究所山西工作队：《山西芮城东庄村和西王村遗址的发掘》，《考古学报》1973 年 1 期。

[6] 山西省考古研究所：《山西河津固镇遗址发掘报告》，《三晋考古》第二辑，山西人民出版社，1996 年。

[7] 甘肃省文物考古研究所：《秦安大地湾——新石器时代遗址发掘报告》，文物出版社，2006 年。

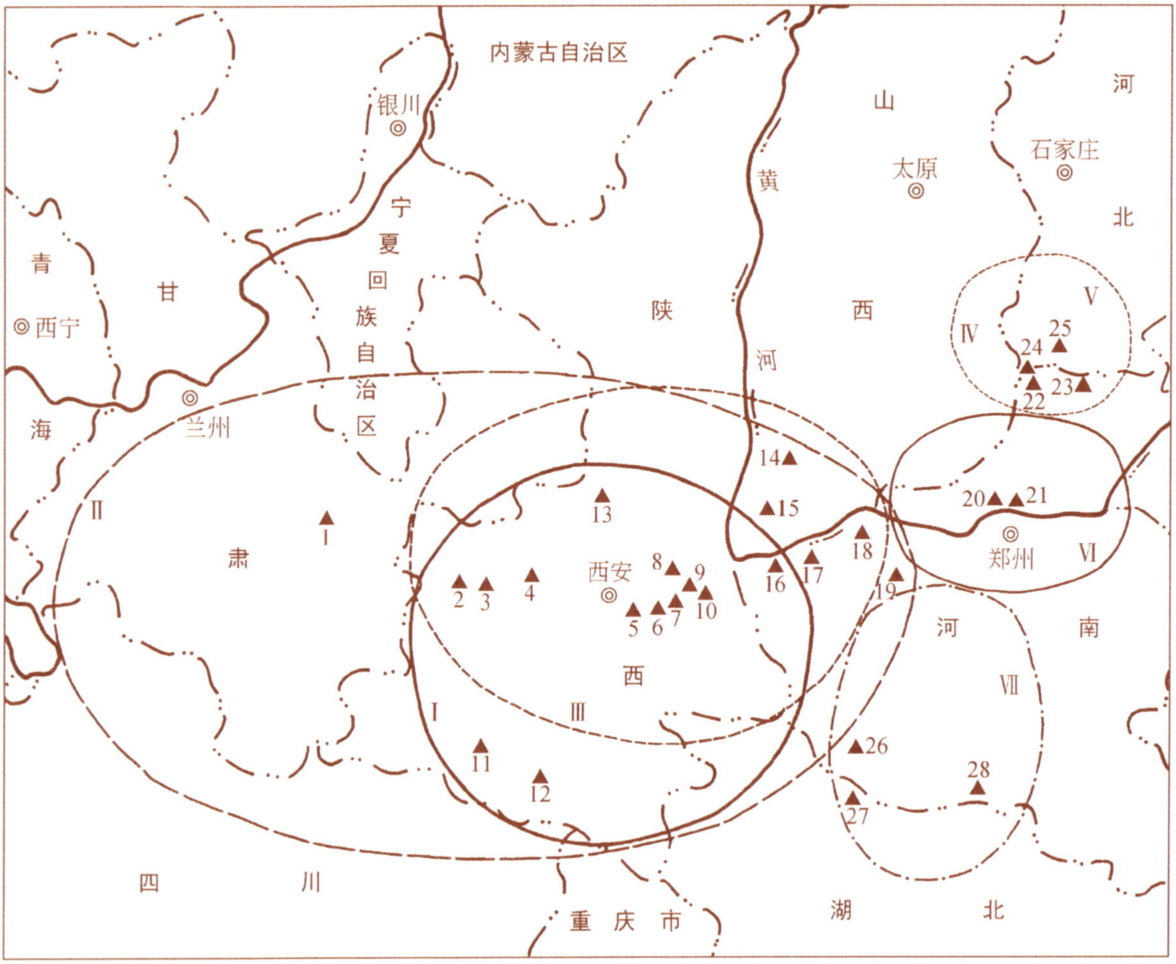

Ⅰ. 半坡文化　Ⅱ. 庙底沟文化　Ⅲ. 西王村文化　Ⅳ. 后岗一期文化　Ⅴ. 大司空文化　Ⅵ. 大河村文化　Ⅶ. 下王岗文化

1. 秦安大地湾　2. 宝鸡北首岭　3. 宝鸡福临堡　4. 扶风案板村　5. 西安半坡　6. 临潼姜寨　7. 渭南史家　8. 华县泉护村　9. 华县元君庙　10. 华阴横阵村　11. 南郑龙岗寺　12. 西乡何家湾　13. 铜川瓦窑沟　14. 夏县西阴村　15. 芮城东庄村和西王村　16. 陕县庙底沟　17. 渑池仰韶村　18. 洛阳王湾　19. 汝州阎村　20. 荥阳秦王寨　21. 郑州大河村　22. 安阳后岗　23. 濮阳西水坡　24. 安阳大司空　25. 磁县下潘汪　26. 淅川下王岗　27. 郧县大寺　28. 邓州八里岗

1　仰韶文化群及主要遗址分布示意图

在大仰韶系统中，以庙底沟文化的地位最为重要。仰韶文化分布范围很广，影响很远，其实大仰韶中影响最大最广的阶段，正是在庙底沟文化时期。学者们近些年所论道的“仰韶时代”，主要指的也正是庙底沟文化时期，这所谓的仰韶时代，可以说其实就是“庙底沟时代”。

庙底沟文化的年代为公元前 3900~ 前 3600 年，延续时间虽然并不算太长，只有 300 年上下，但它的文化冲击力却显得非常强劲，这种冲击力最集中体现在彩陶的播散上。庙底沟文化彩陶的传播，一定不仅仅只是一种艺术观念和艺术风格的传播，彩陶文化的大范围播散，应当有着更为深刻的文化背景。

本书收集整理了庙底沟文化彩陶纹饰资料，它为研究者集中展示了以往的发现，也为艺术爱好者打开了一扇了解中国史前艺术的窗口。

庙底沟文化彩陶最初的发现，应当就是安特生在河南渑池仰韶村遗址的发掘，时间是在 1921 年。接着比较重要的发现，是李济先生在山西夏县西阴村的发掘，那是在 1926 年。后来的一些比较集中的发现，主要有河南陕县庙底沟、陕西华县泉护村、甘肃秦安大地湾等遗址，这些是 20 世纪 50~80 年代史前考古重要的收获。近些年来也陆续有一些重要发现，也还有相当多的资料未及正式公布。

本书对庙底沟文化彩陶的梳理与研究，主要是以一些重点遗址的发现为依据，它们大多显示有比较准确的地层年代关系，在进行纹饰的类型学研究时这是不可缺少的。对于一些典型遗址中的重点遗址，特别是对于有分期意义的材料，尽可能做到全面收集。大体以现行省区河南、山西、陕西、甘肃为序，概括叙述若干重要遗址的发现。庙底沟文化相关外围典型遗址发现的彩陶，要单立一节叙述。

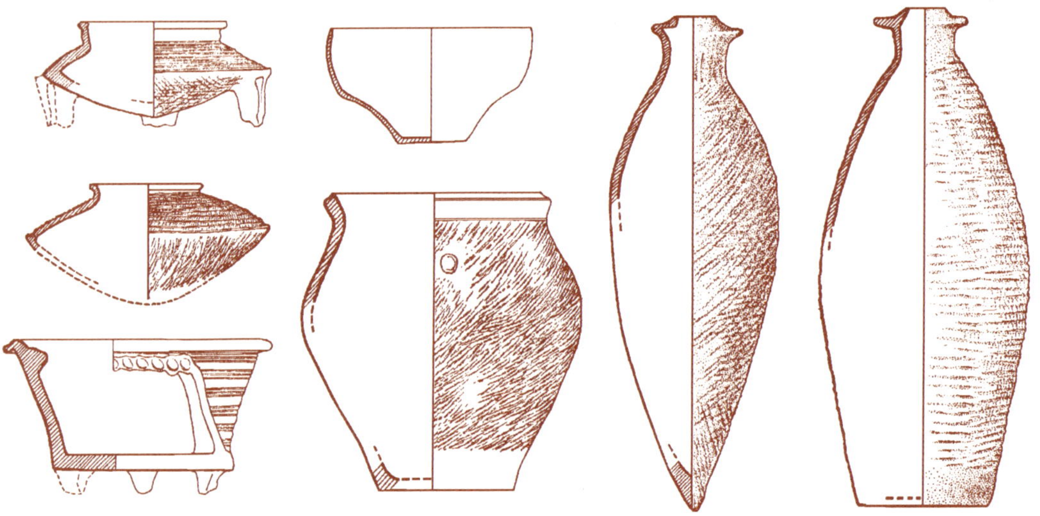

2 庙底沟文化典型素陶器（河南陕县庙底沟）

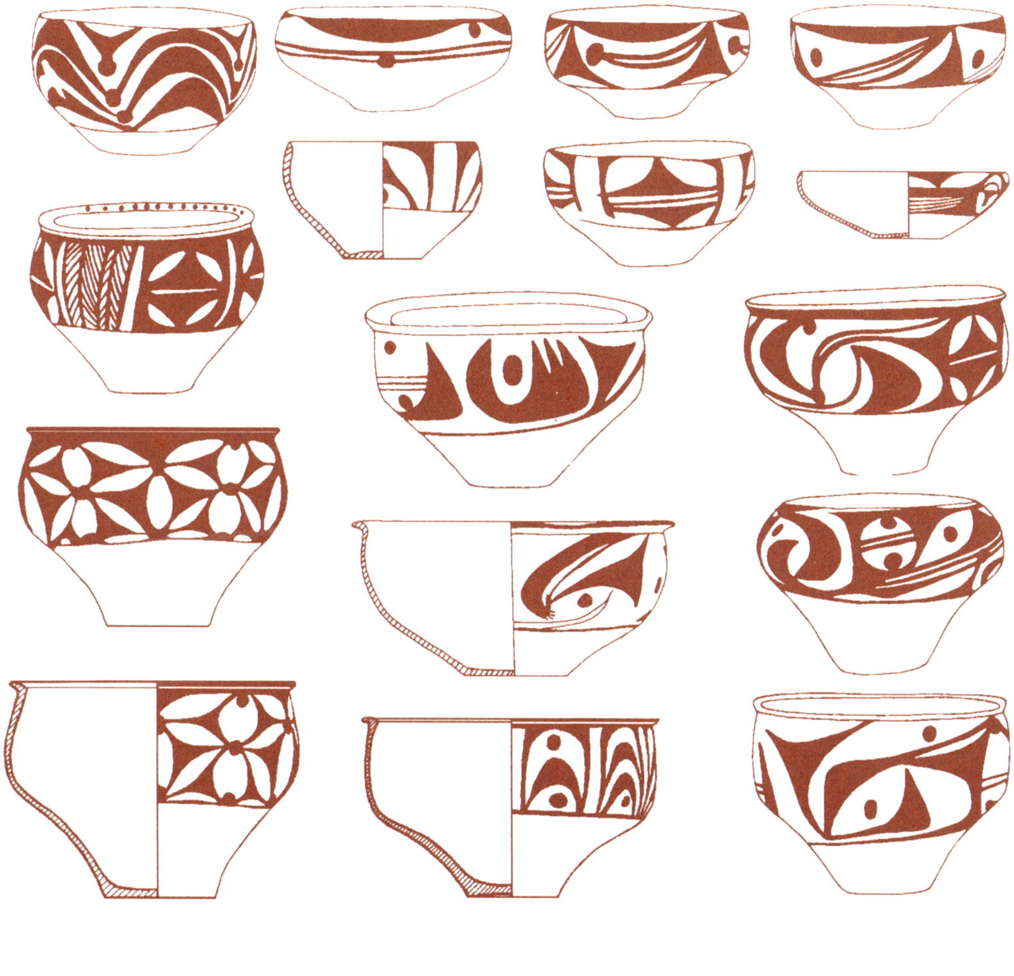

3　庙底沟文化典型彩陶器（河南陕县庙底沟）

彩色

图版

1 河南

发掘出土

彩陶

河南邓州八里岗遗址彩陶

河南巩义双槐树遗址彩陶

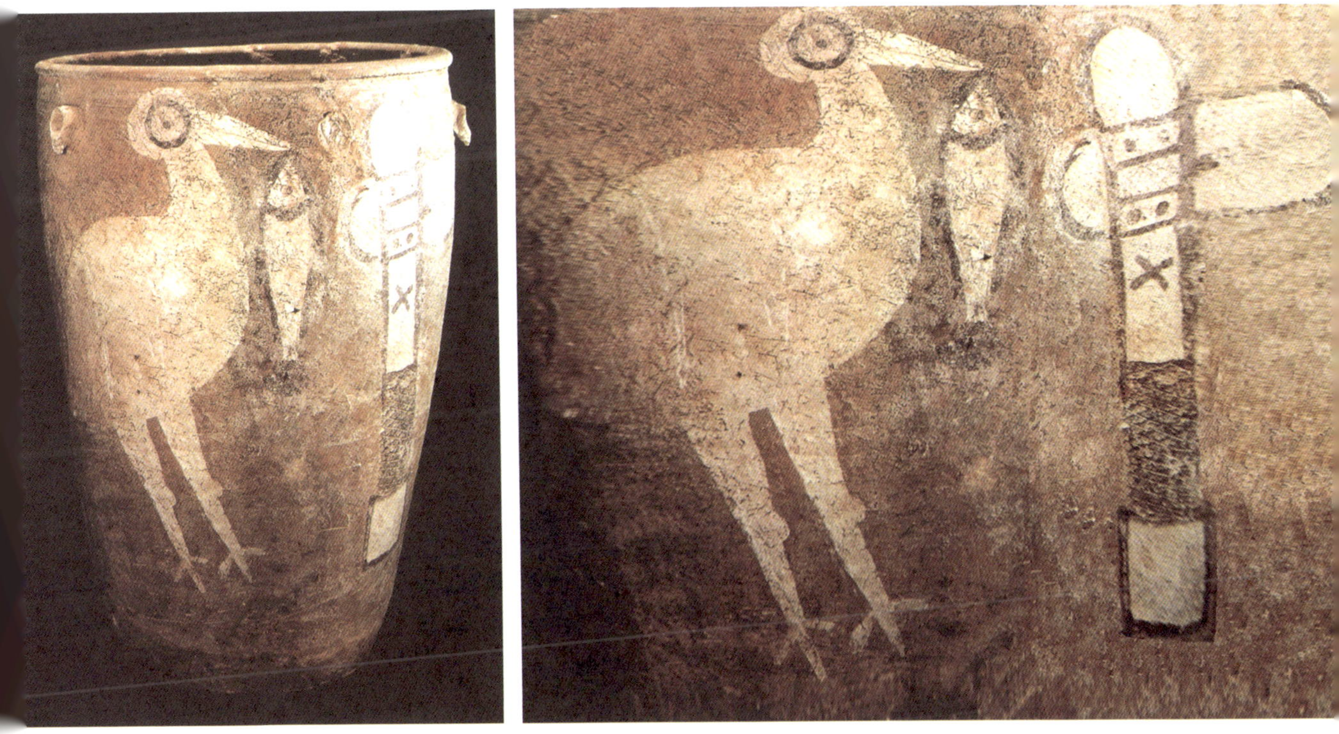

河南汝州阎村遗址彩陶

河南巩义双槐树遗址彩陶

河南巩义双槐树遗址彩陶

河南舞阳遗址彩陶

河南淅川下集遗址彩陶

河南郑州西山遗址彩陶

河南郑州西山遗址彩陶

河南郑州后庄王村遗址彩陶

河南郑州大河村遗址彩陶

河南郑州大河村遗址彩陶

河南郑州大河村遗址彩陶

河南三门峡庙底沟遗址彩陶

河南三门峡庙底沟遗址彩陶

河南三门峡庙底沟遗址彩陶

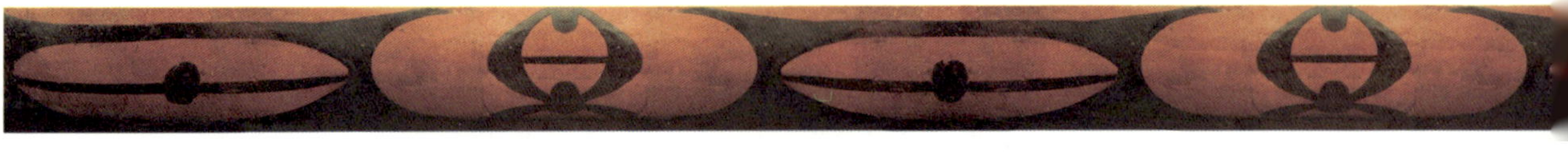

河南三门峡庙底沟遗址彩陶

河南三门峡庙底沟遗址彩陶

河南三门峡庙底沟遗址彩陶

庙底沟第二次发掘出土彩陶

2 山西
发掘出土
彩陶

山西夏县西阴村遗址彩陶

山西夏县西阴村遗址彩陶

山西夏县西阴村遗址彩陶

山西方山峪口遗址彩陶

山西方山峪口遗址彩陶

山西洪洞遗址彩陶

山西临汾桃园遗址彩陶

山西临汾桃园遗址彩陶

山西夏县崔家河遗址彩陶

山西垣曲下马村遗址彩陶

山西垣曲下马村遗址彩陶

山西垣曲下马村遗址彩陶

陕西 3
发掘出土
彩陶

陕西邠县下孟村遗址彩陶

陕西千阳遗址彩陶

陕西陇县原子头遗址彩陶

陕西华阴兴乐坊遗址彩陶

陕西华阴兴乐坊遗址彩陶

陕西华阴西关堡遗址彩陶

陕西高陵杨官寨遗址彩陶

陕西高陵杨官寨遗址彩陶

陕西高陵杨官寨遗址彩陶

陕西高陵杨官寨遗址彩陶

陕西高陵杨官寨遗址彩陶

陕西高陵杨官寨遗址彩陶

陕西高陵杨官寨遗址彩陶

陕西合阳遗址彩陶

陕西华县泉护村遗址彩陶

陕西华县泉护村遗址彩陶

陕西华县泉护村遗址彩陶

陕西华县泉护村遗址彩陶

陕西华县泉护村遗址彩陶

甘肃 4
发掘出土
彩陶

甘肃岷县山那树扎遗址彩陶

甘肃正宁吴家坡遗址彩陶

甘肃武山（上）和甘谷（下）遗址彩陶

甘肃秦安大地湾遗址彩陶

甘肃秦安大地湾遗址彩陶

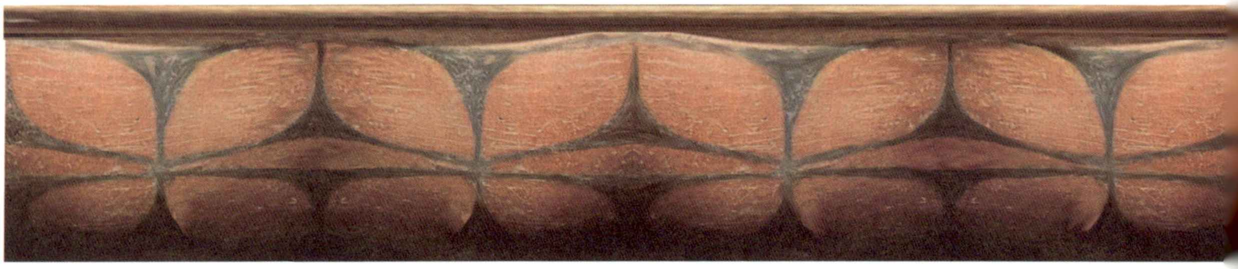

甘肃秦安大地湾遗址彩陶

甘肃秦安大地湾遗址彩陶

5 湖北、重庆发掘出土彩陶

湖北枣阳雕龙碑遗址彩陶

湖北枣阳雕龙碑遗址彩陶

湖北枣阳雕龙碑遗址彩陶

湖北枣阳雕龙碑遗址彩陶

湖北枣阳雕龙碑遗址彩陶

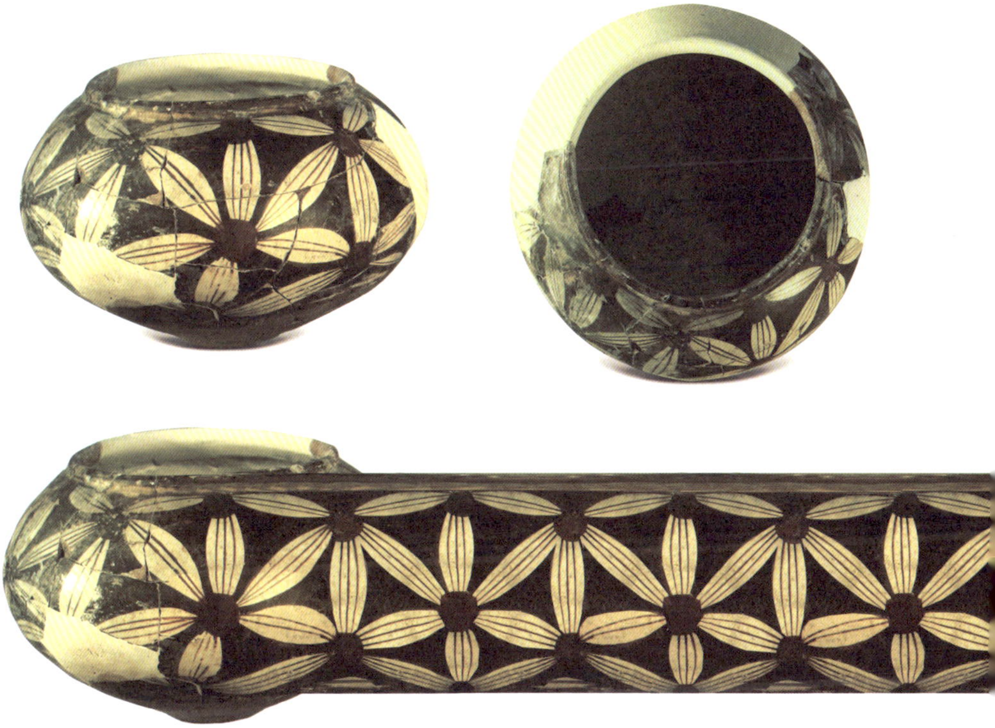

湖北枣阳雕龙碑遗址彩陶

湖北枝江关庙山遗址彩陶

重庆巫山大溪遗址彩陶

山东 6
发掘出土
彩陶

山东泰安大汶口遗址彩陶

山东泰安大汶口遗址彩陶

山东广饶五村遗址彩陶

山东泰安大汶口遗址彩陶

山东泰安大汶口遗址彩陶

山东广饶傅家遗址彩陶

7 江苏
发掘出土
彩陶

江苏邳县大墩子遗址彩陶

江苏邳县大墩子遗址彩陶

8 其他地区发掘出土彩陶

河北蔚县三关遗址彩陶

河北蔚县三关遗址彩陶

河北蔚倒琵琶嘴遗址彩陶

湖南澧县城头山遗址彩陶

内蒙古商都毛勿素遗址彩陶

第一章

彩陶的发现

河南西部地区遗址 1

河南地区发现的庙底沟文化遗址，主要分布在豫西一带。出土彩陶较多的比较重要的遗址，在这里要提到的主要有渑池仰韶村、陕县庙底沟和灵宝西坡和北阳平等处。这其中有最早发现的资料，也有最新发现的资料，都具有重要的研究价值。河南境内的其他相关发现，并入外围文化的发现叙述。

1 河南渑池仰韶村遗址

河南渑池仰韶村是中国最早通过科学发掘发现彩陶的新石器时代遗址，也是庙底沟文化彩陶最早的发现地。1921 年安特生在仰韶村考察，在村边冲沟的崖壁上发现了新石器时代的文化堆积，采集到一些石器和绘有红色或黑色图案的彩陶片，中国的史前彩陶由此得到确认。安特生发掘了仰韶村遗址，又在渑池调查发掘了其他一些类似的遗址，很快提出了“仰韶文化”的命名，并且将这些彩陶遗存称之为“彩陶文化”。

为了深入了解文化内涵，1951 年中国考古学者对仰韶村进行了第二次发掘[1]，后来又在 1980~1981 年进行了第三次发掘[2]，最终证实仰韶村遗址不仅包含有仰韶文化遗存，还有龙山文化和更晚的文化遗存。根据后来的发掘得知，仰韶村的仰韶文化遗存，年代最早的一期文化正是属庙底沟文化，二期文化属仰韶晚期文化，没有见到年代更早的相当于半坡文化时期的遗存。

仰韶村遗址发现的彩陶，虽然数量并不多，完整器形也很少，但却是非常重要的。在安特生所获彩陶中，可以看出有一部分是属于庙底沟文化的，如以地纹方式描绘的花瓣纹（图 1–1–1–1）和“西阴纹”（图 1–1–1–2），后者便是曾经被称为“西阴纹”的一种特别的纹饰，是庙底沟文化彩陶上很流行的一种纹饰。仰韶村遗址彩陶上的花瓣纹和“西阴纹”，都是庙底沟文化彩陶上常见的标准纹饰（图 1–1–1–3）。

在仰韶村遗址的第三次发掘中，所见庙底沟文化彩陶刊布的只有 4 件，其中一件为绘单旋纹的曲腹盆，为庙底沟文化的标型器（图 1–1–1–4）。据发掘者的描述，仰韶村遗址一期文化的彩

[1] 中国科学院考古所河南调查团：《河南渑池的史前遗址》，《科学通报》1951 年 2 卷 9 期。

[2] 河南省文物研究所等：《渑池仰韶遗址 1980 — 1981 年发掘报告》，《史前研究》1985 年 3 期。

1-1-1-1 河南渑池仰韶村遗址彩陶

1-1-1-2 河南渑池仰韶村遗址彩陶

陶“数量不多，颜色以黑彩为主，红色和白衣彩陶比较少见。常见的纹饰有圆点纹、三角纹、月亮纹、花瓣纹、网状纹、线纹、弧边三角纹和宽带纹”。以本书对庙底沟文化彩陶的认识，所谓月亮纹和弧边三角纹是并不严格不确切的名称，它们都应属于地纹图案的衬纹，并不是陶工们原本要表现的主体纹饰。

仰韶村遗址发现的彩陶无论在数量上还是在纹饰类型上都很有限，但是这丝毫不能抹杀仰韶村彩陶的重要性。没有仰韶村遗址的发现，也许我们认识史前的彩陶不会那么早，它是一个难得的引子，是它导引考古学家发现了一个灿烂的彩陶文化时代。

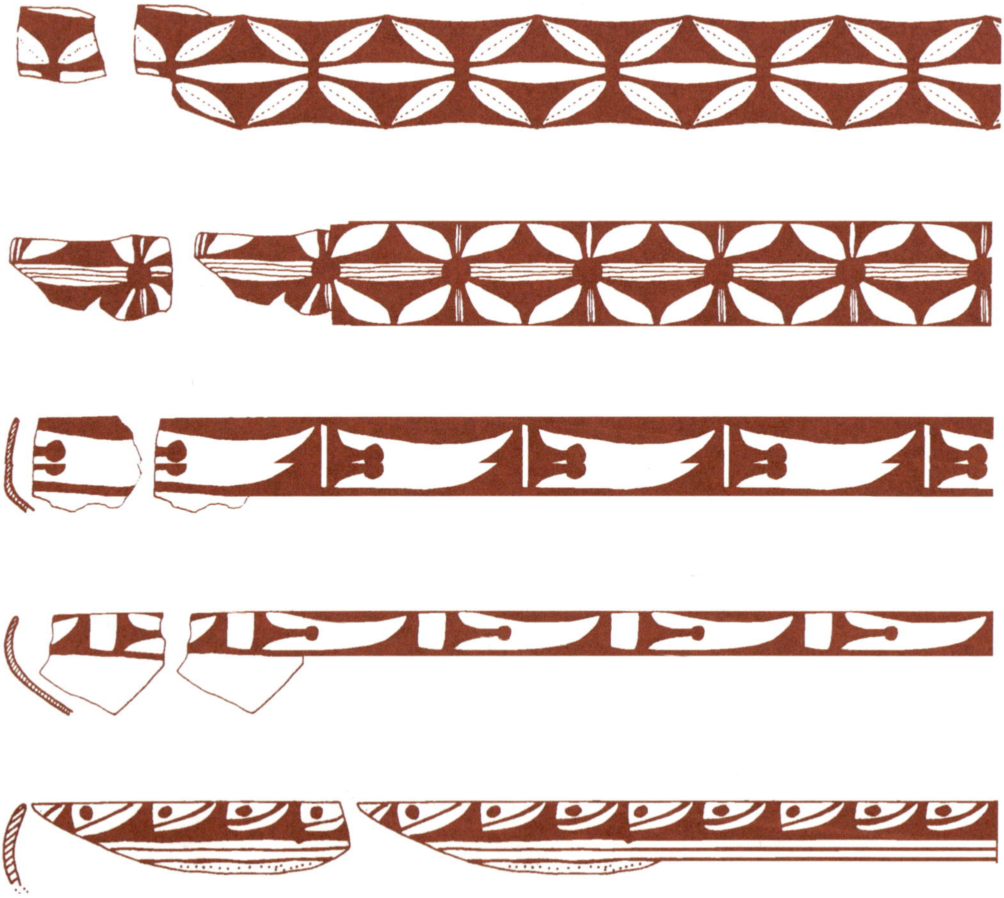

1-1-1-3　河南渑池仰韶村遗址彩陶

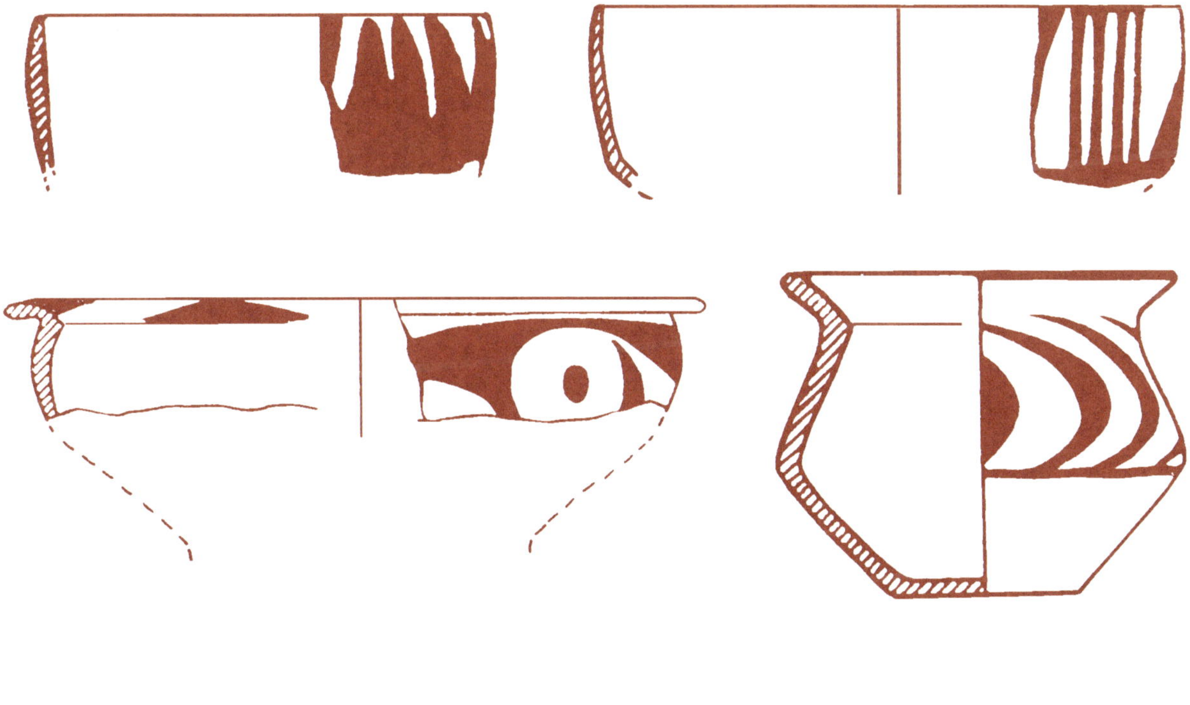

1-1-1-4 河南渑池仰韶村遗址第三次发掘出土一期文化彩陶

2 陕县庙底沟遗址

陕县庙底沟遗址面积约24万平方米，1956~1957年由中国科学院考古研究所进行发掘，发掘面积近4500平方米。下层堆积为庙底沟文化，发现遗迹不多，但出土陶器等文化遗物十分丰富，彩陶曲腹钵与曲腹盆、双唇尖底瓶、鼓腹罐、釜、灶为代表的陶器群具有明显的特色，使庙底沟成为仰韶文化繁荣时期的代表性遗址[1]，庙底沟类型和庙底沟文化的先后命名都是由此而来。

庙底沟遗址出土彩陶占到陶器总数的近1/7，颜色以黑彩为主，也有一定数量的白彩和红彩。陶器表面打磨比较光滑，一般是在器表先施一层白色或红色地衣，以深红色陶衣多见，表面有光泽。用黑色与红色绘制图案，以黑彩为主，彩绘多见于盆、钵和碗的肩腹部，不见内彩。

彩陶图案构图繁缛，富于变化，色彩对比强烈。有写实类的动物图案蟾蜍纹和写意的兽面纹，更多见到的是各类曲线构成的几何类图案，有条纹、涡纹、方格纹、圆点纹等（图1–1–2–1）。几何图案的构成单元以弧边三角和圆点最为常见，弧边三角通常是作为衬底的图案，衬出变化多端的旋纹和其他图案来。

庙底沟彩陶最富特点的几何图案是以地纹方式表现的花瓣纹（图1–1–2–2）和旋纹（图1–1–2–3、4、5），也见到非常标准的“西阴纹”（图1–1–2–6），还有网格纹和垂帐纹（图1–1–2–7、8、9）等。

庙底沟遗址的彩陶多为钵类器，画面虽然不大，但图案布局合理，构图结构严谨。纹饰单元多以二方连续方式排列，敷色对比强烈（图1–1–2–10、11）。另外较多的是盆类器，多饰旋纹和花瓣纹，绘工细腻，图案工整。

[1] 中国科学院考古研究所：《庙底沟与三里桥》，科学出版社，1959年。

庙底沟遗址还发现少量风格迥异的彩陶片，它们与庙底沟文化整体风格差别明显，应当属于外部文化的输入品（图 1–1–2–12）。

研究者们真正关注庙底沟文化彩陶的研究，是从庙底沟遗址的发现开始的，过去虽有仰韶村和西阴村遗址的发现，毕竟资料有限，复原器较少，研究欠深入。可能主要是因为过去在文化属性上没有明确界定，也因为发现的彩陶以碎片居多，认不清全貌，所以许多研究者就不得不望而却步了。

1–1–2–1 河南陕县庙底沟遗址彩陶

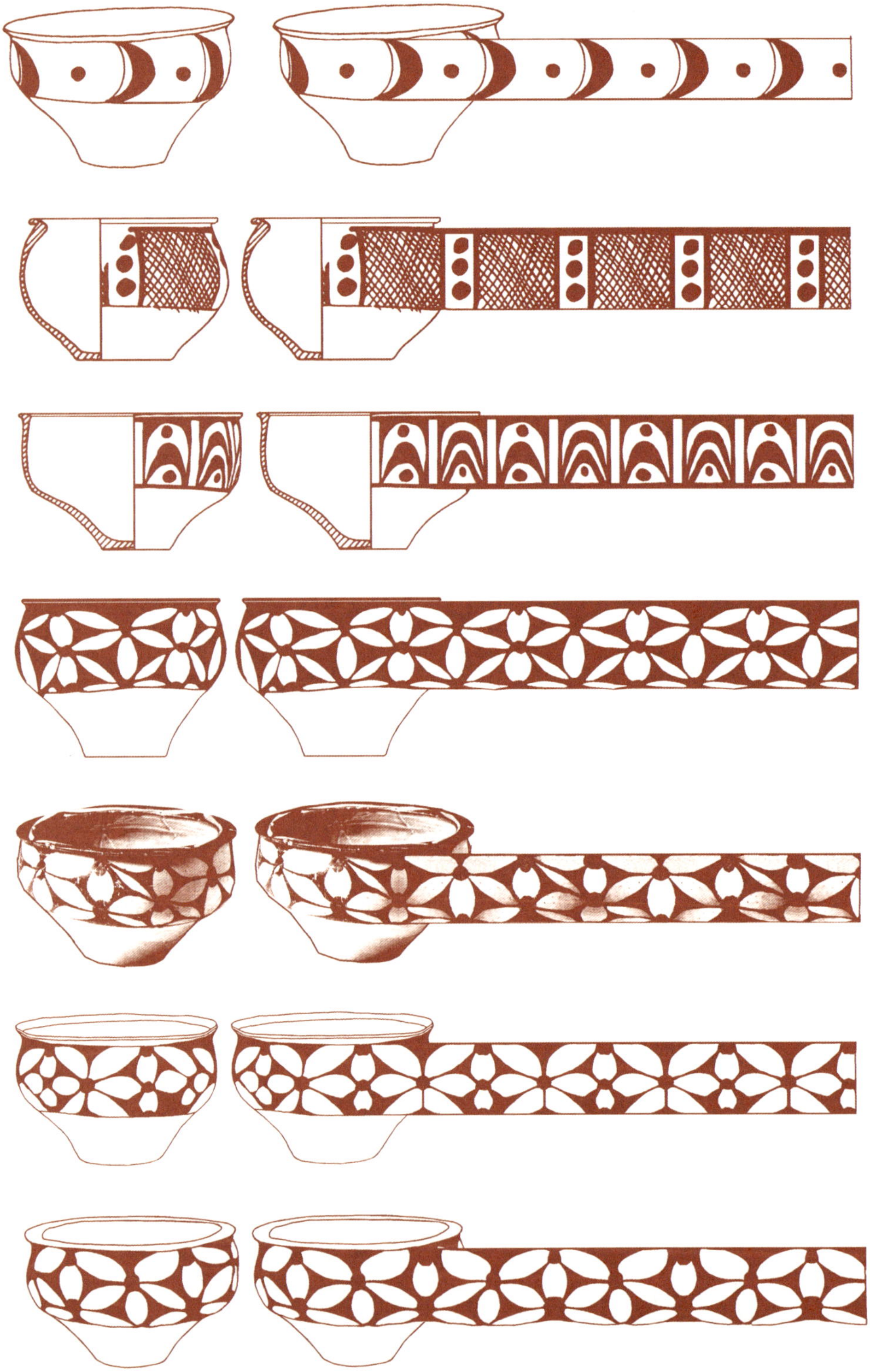

1-1-2-2 河南陕县庙底沟遗址彩陶

1-1-2-3 河南陕县庙底沟遗址彩陶

1-1-2-4 河南陕县庙底沟遗址彩陶

1-1-2-5 河南陕县庙底沟遗址彩陶

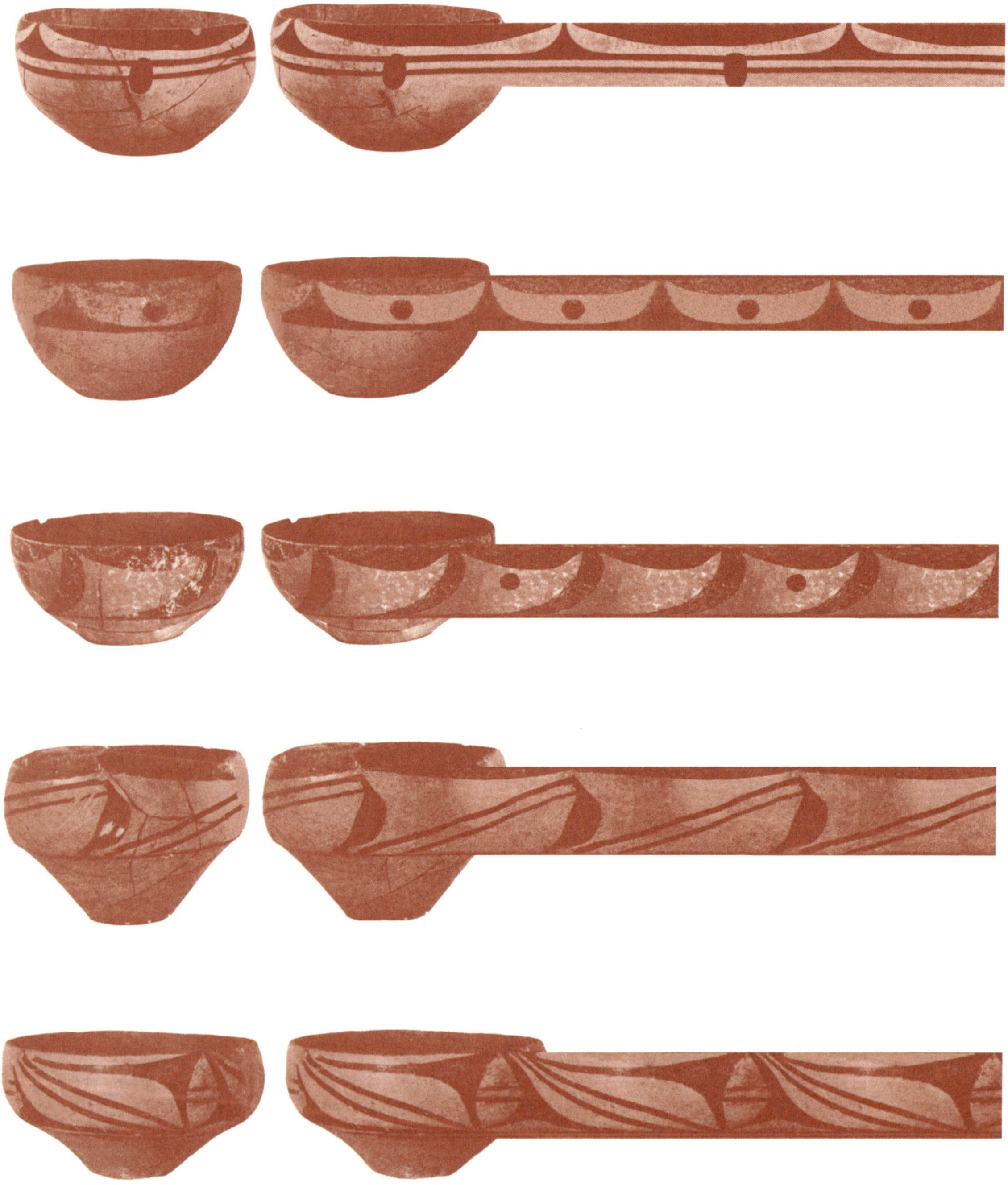

1-1-2-6 河南陕县庙底沟遗址彩陶

1-1-2-7 河南陕县庙底沟遗址彩陶

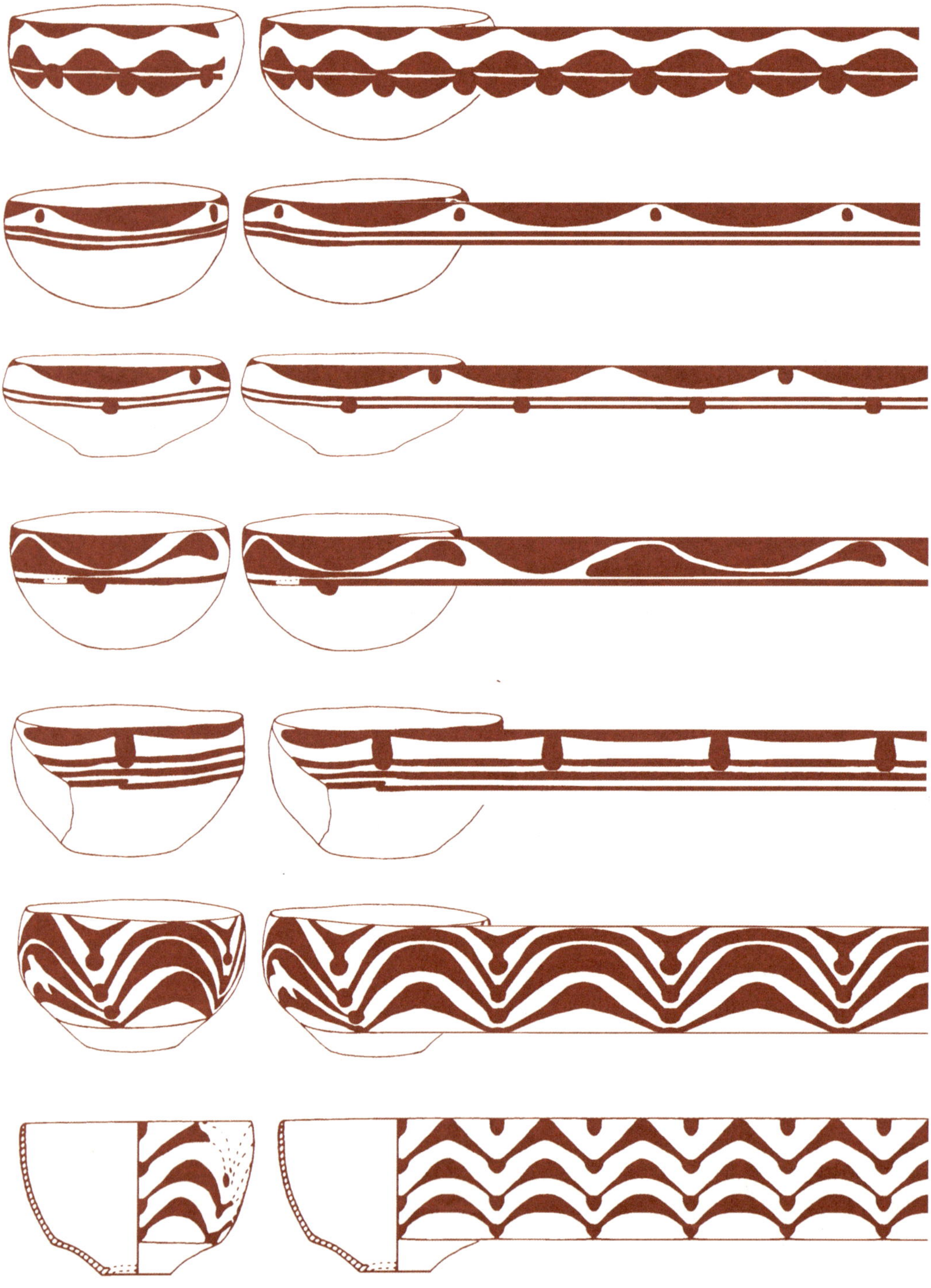

1-1-2-8 河南陕县庙底沟遗址彩陶

1-1-2-9 河南陕县庙底沟遗址彩陶

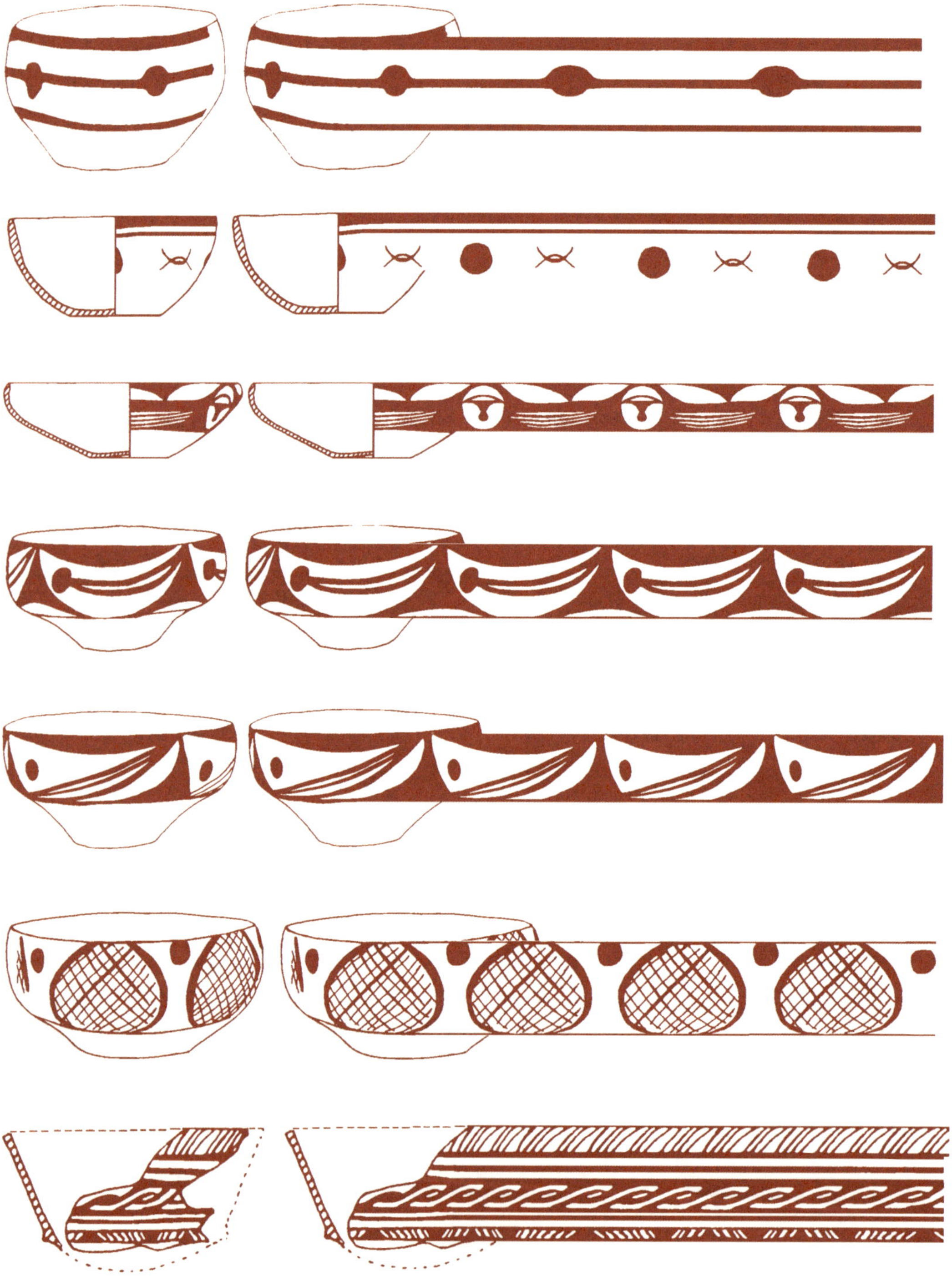

1-1-2-10 河南陕县庙底沟遗址彩陶

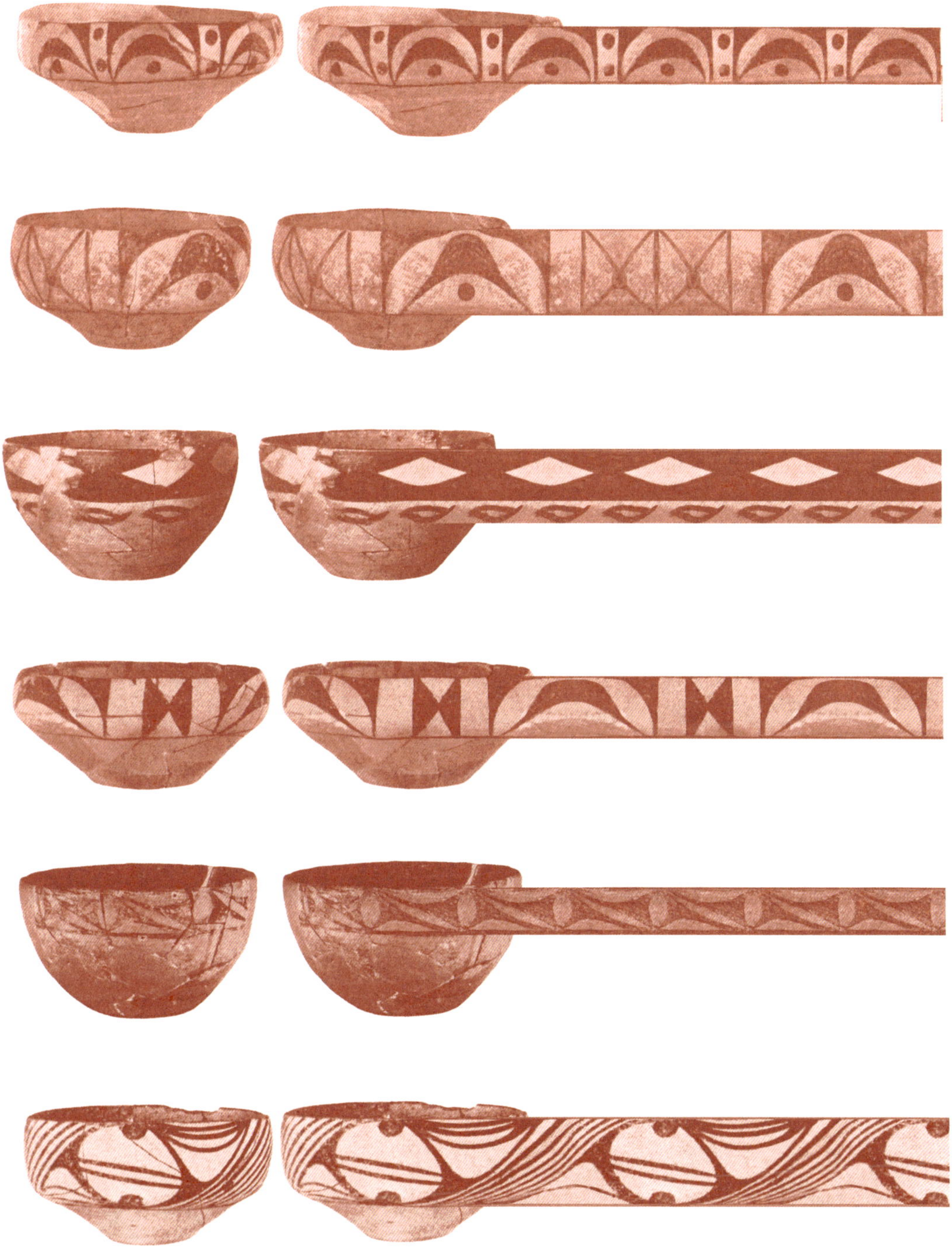

1-1-2-11 河南陕县庙底沟遗址彩陶

1-1-2-12　河南陕县庙底沟遗址出土少量彩陶风格迥异

3 汝州洪山庙遗址

汝州洪山庙遗址为一大型合葬墓地，1993年由河南省文物考古研究所发掘[1]。有研究者或将它归入大河村文化，在此仍将它列入庙底沟文化范畴，当然它的特点也非常突出。

洪山庙遗址瓮棺葬墓内发现排列较为齐整的瓮棺136件，多为成人葬，西部有一排儿童葬。

在许多缸形瓮棺上都有彩绘，图案一般是绘在缸体的中上腹位置，绘法各有不同。

一种是以白彩为地，个别以红彩为地，先在瓮棺上腹绘宽带一周，中部绘主体图案，有几何纹、动物和人形及人体器官图案等（图1–1–3–1、2）。

第二种是在两侧绘出2~4组主体图案，有几何纹、动物和生产工具图案等（图1–1–3–3）。

第三种是一侧以白彩为地，棕彩镶边，中部只绘一组主体图案，多为几何形纹饰（图1–1–3–4）。

第四种是纯以白彩绘纹，多为宽带纹，有卷曲的回纹、平行线纹、弧线纹，不见动物图案。

汝州洪山庙遗址是一处大型瓮棺葬墓地，因为全部为瓮棺葬具，所绘彩陶有独特之处，所见主要纹饰在其他地点基本没有发现过，其意义还有待深入研究。

[1] 河南文物考古研究所：《汝州洪山庙》，中州古籍出版社，1995年。

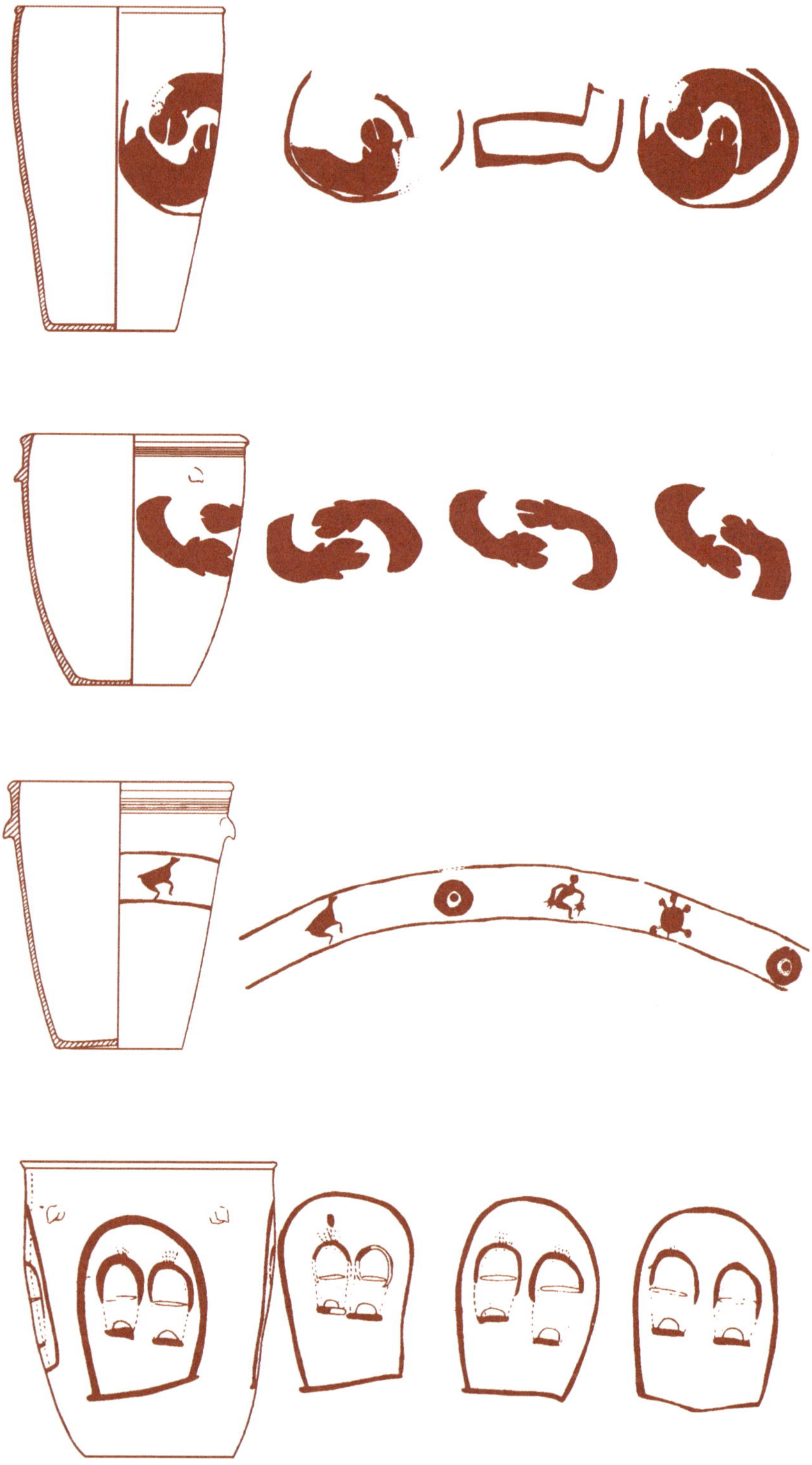

1-1-3-1 河南汝州洪山庙遗址彩陶瓮棺

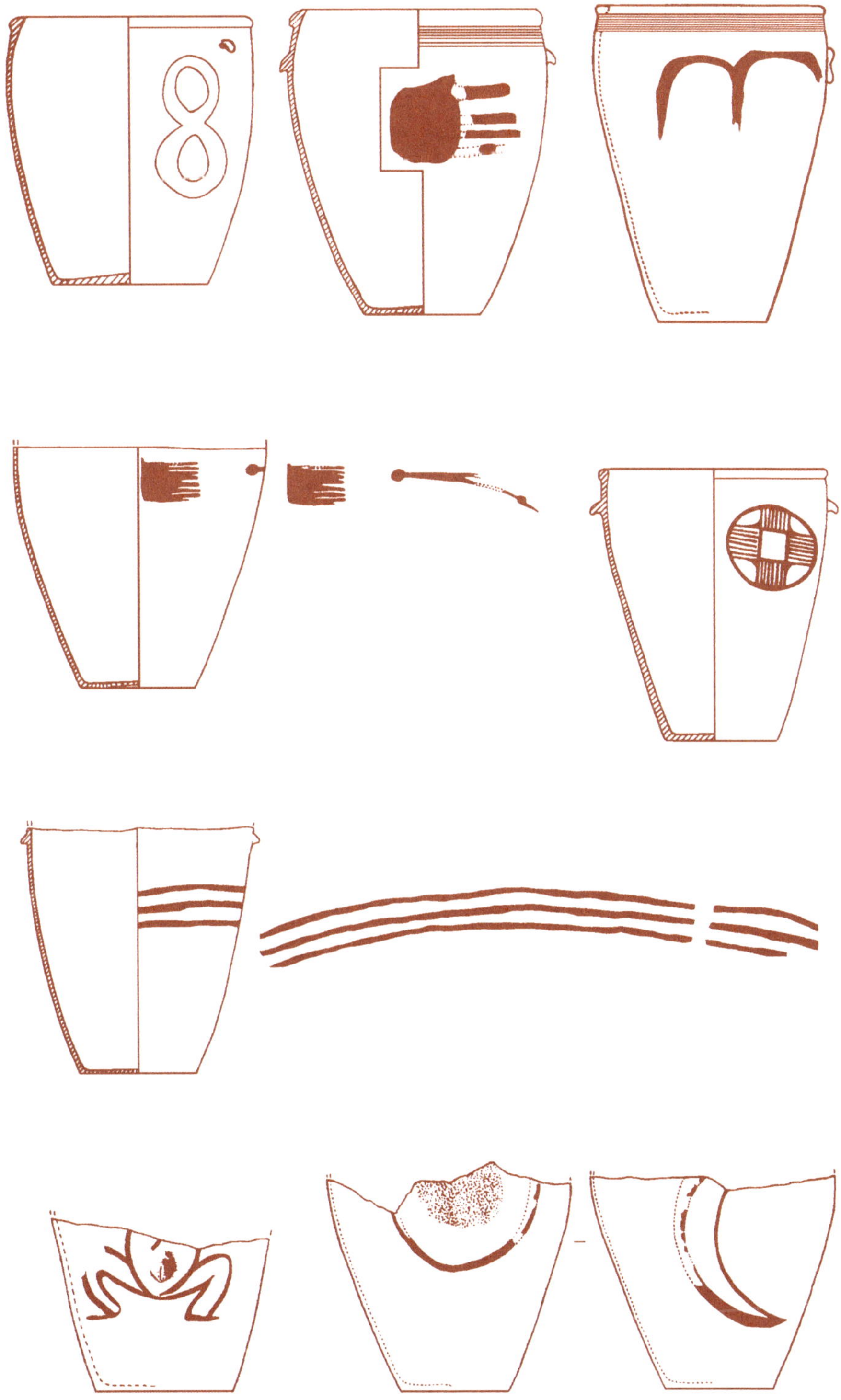

1-1-3-2 河南汝州洪山庙遗址彩陶瓮棺

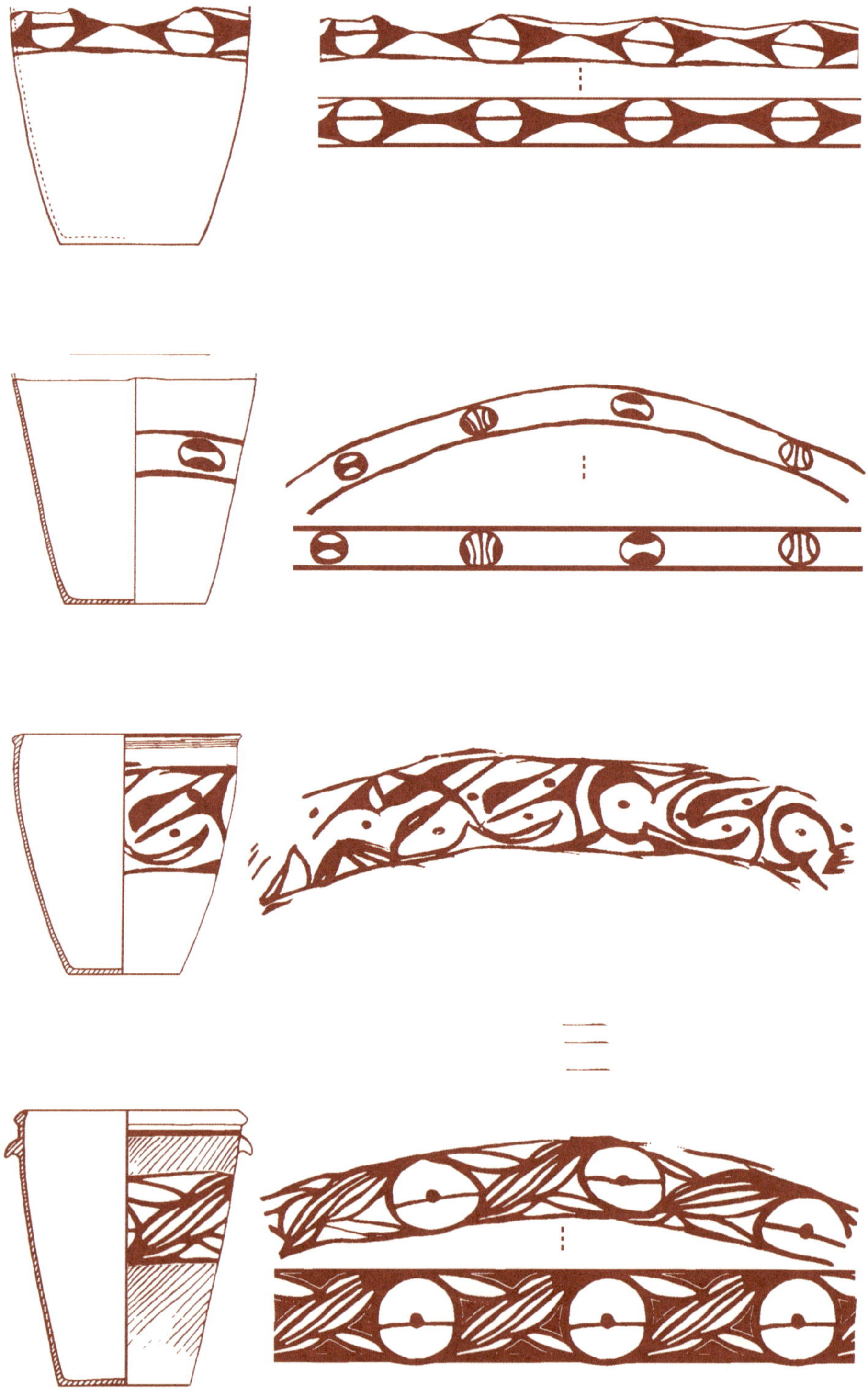

1-1-3-3　河南汝州洪山庙遗址彩陶瓮棺

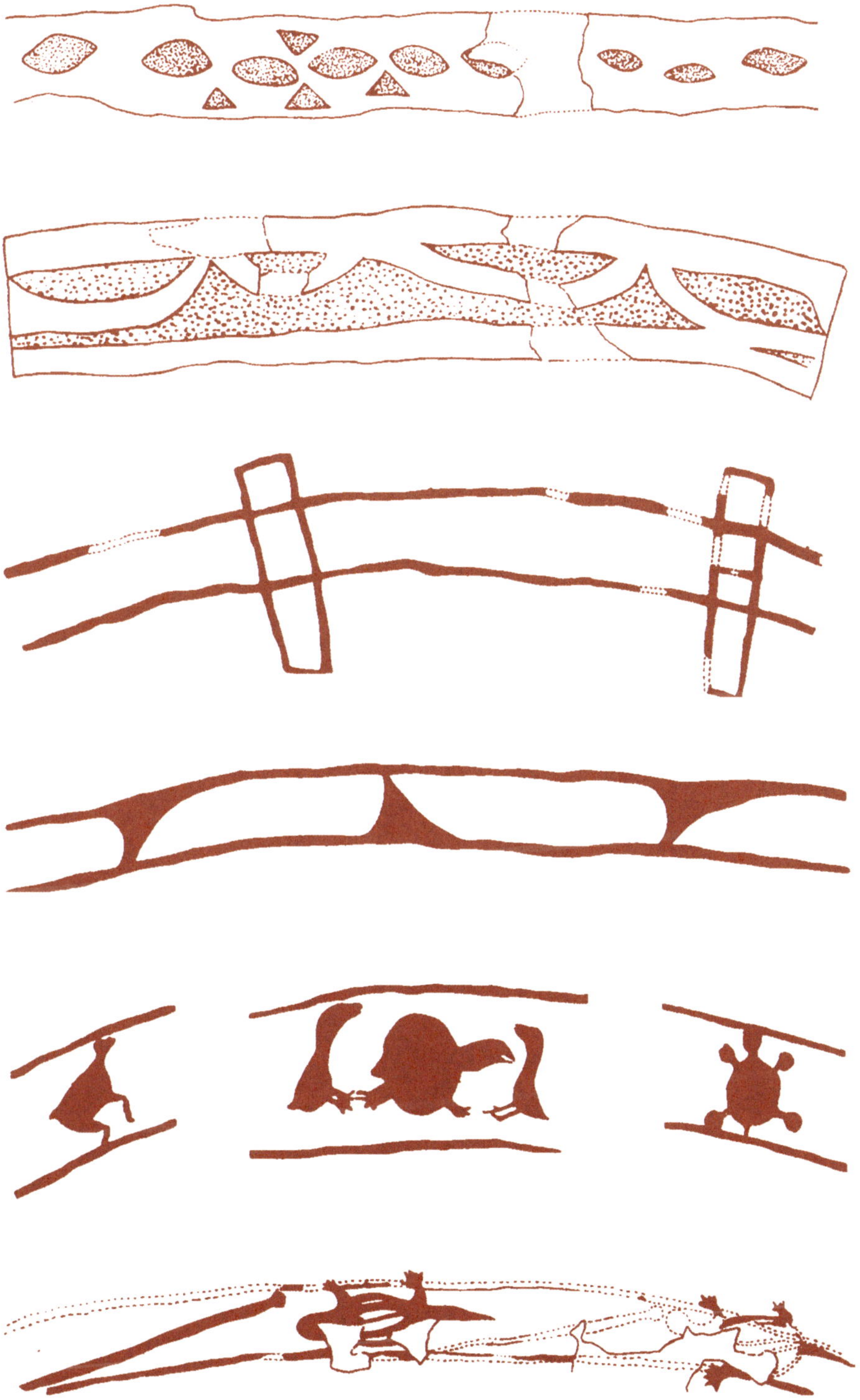

1-1-3-4 河南汝州洪山庙遗址彩陶瓮棺

4 济源长泉遗址

济源长泉遗址面积5万平方米，1996年由河南省文物考古研究所发掘600平方米[1]。下层为裴李岗文化堆积，上层为庙底沟文化。

长泉遗址出土彩陶不多，纹饰一般装饰在盆钵上腹部位，以黑彩为主，有一定数量的棕褐彩，少见白衣彩（图1–1–4–1）。所见宽带纹较为普遍（图1–1–4–2），主体纹饰多见垂弧纹、弧边三角纹、圆点纹、网格纹、花瓣纹和旋纹（图1–1–4–3、4）。

长泉遗址还见到他处不见的类似动物的纹饰，因为残缺过甚而不明所绘为何物（图1–1–4–5）。

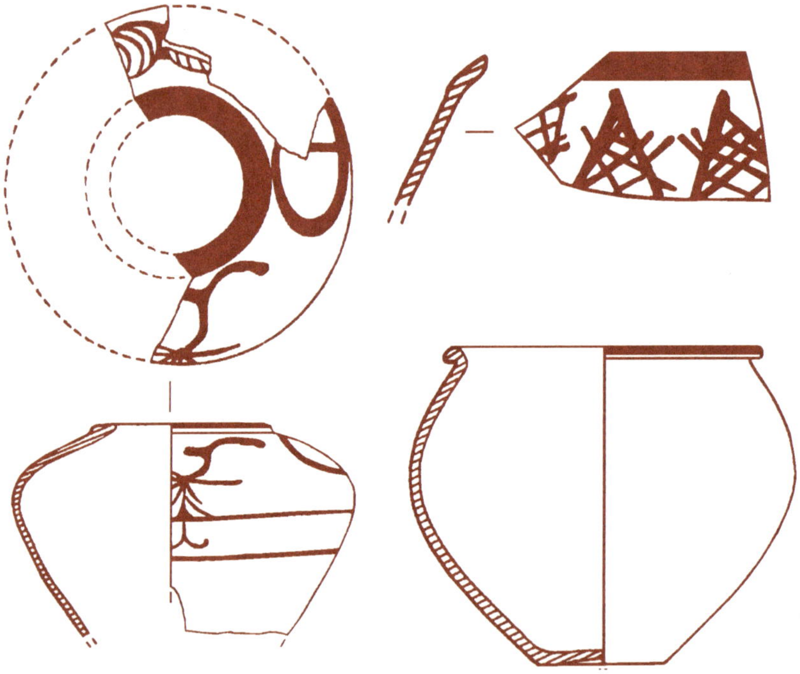

1-1-4-5 河南济源长泉遗址彩陶

[1] 河南省文物管理局等：《黄河小浪底水库考古报告（一）》，中州古籍出版社，1999年。

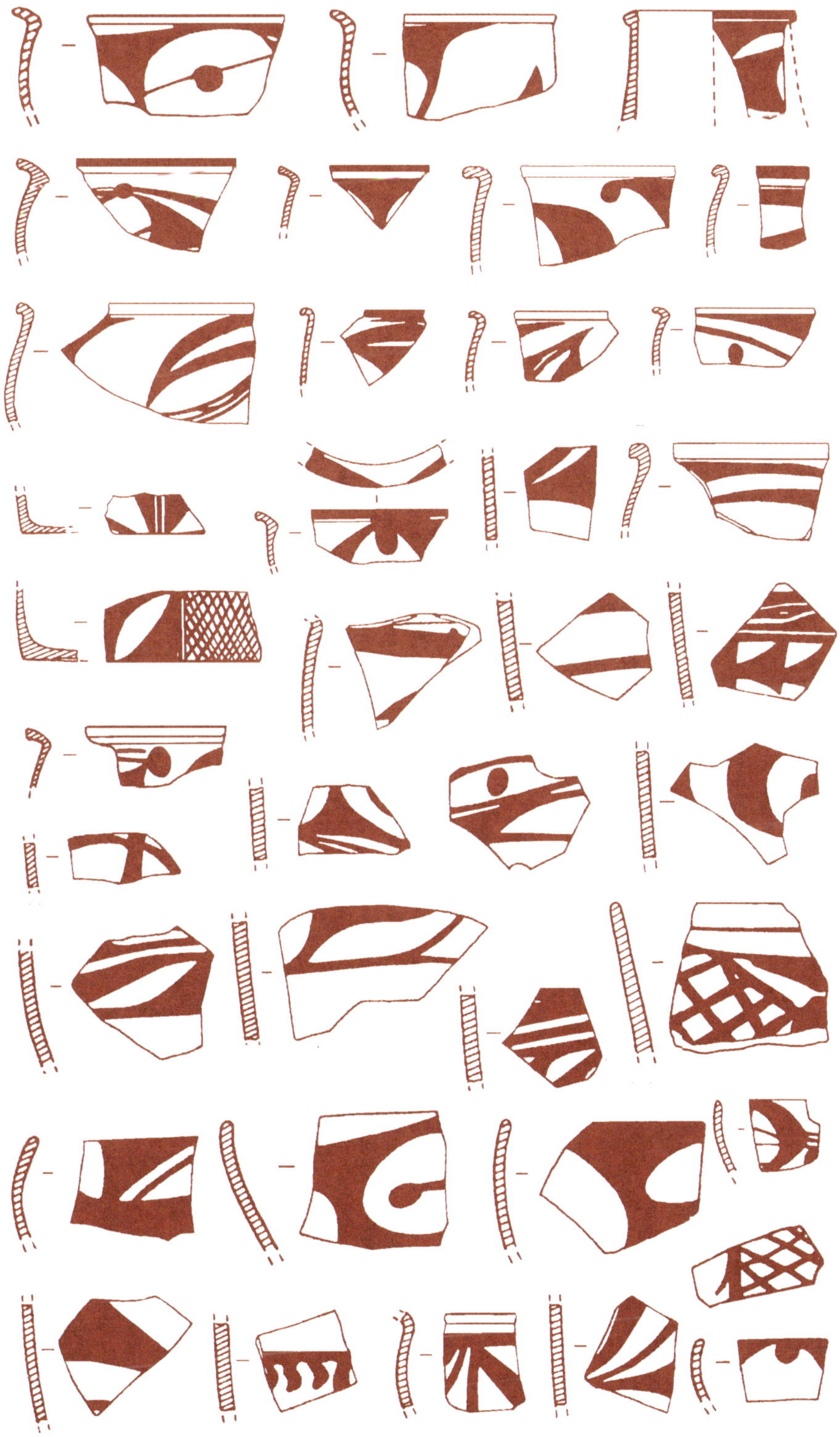

1-1-4-1 河南济源长泉遗址彩陶

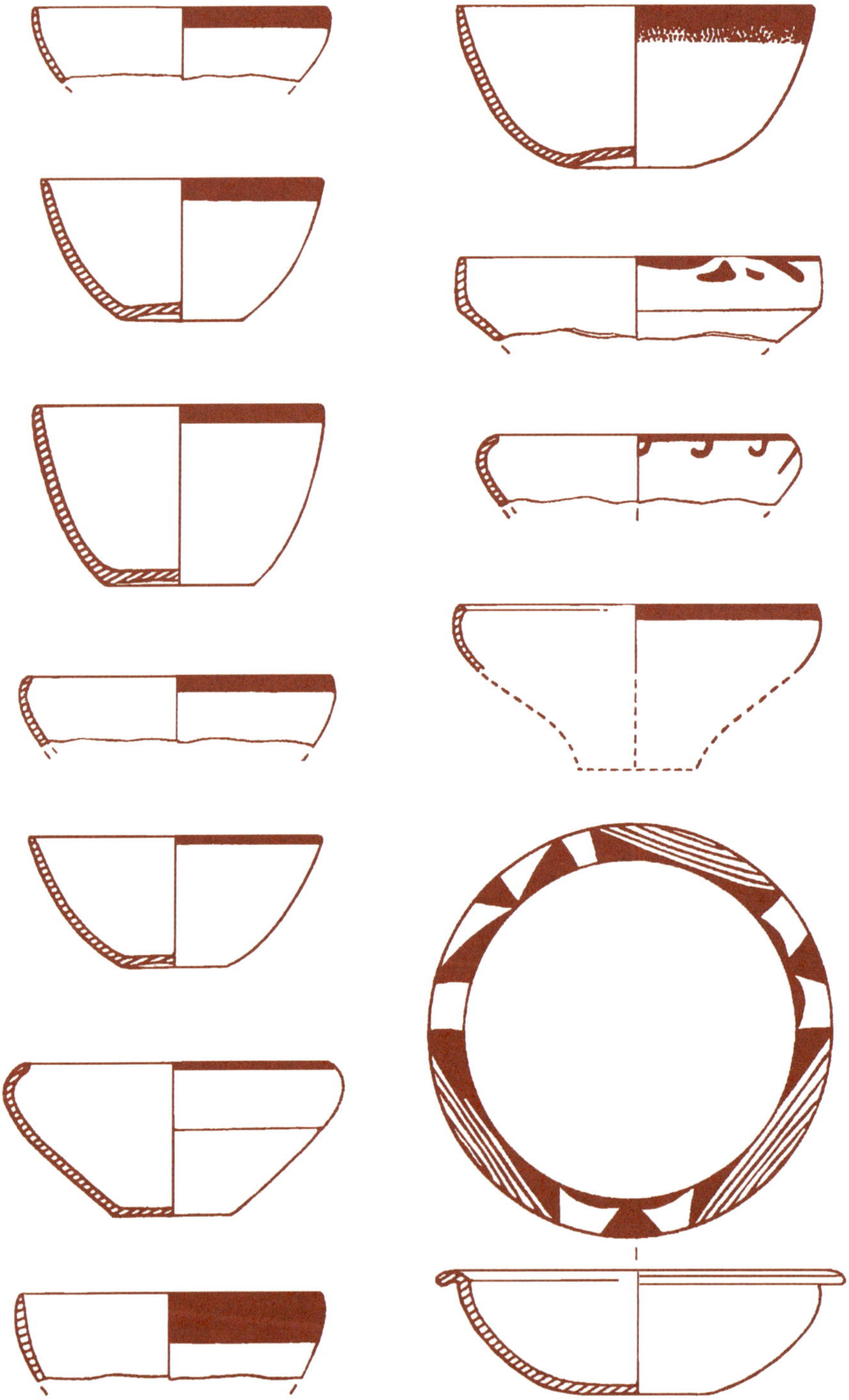

1-1-4-2 河南济源长泉遗址彩陶

1-1-4-3 河南济源长泉遗址彩陶

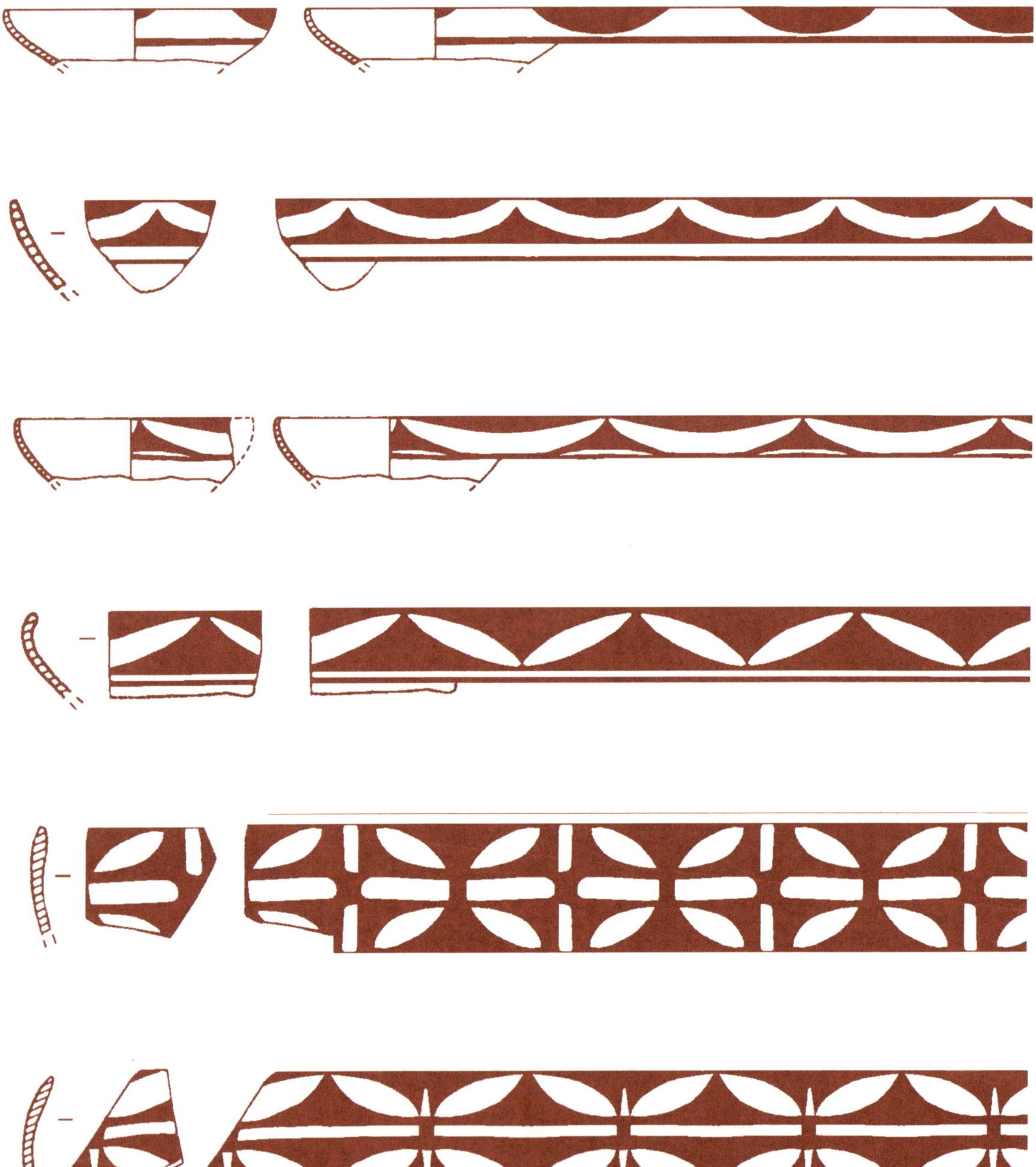

1-1-4-4 河南济源长泉遗址彩陶

5 新安槐林遗址

新安槐林遗址面积1.5万平方米，1996年由河南省文物考古研究所发掘400平方米[1]。为一处内涵单纯的庙底沟文化遗址，发掘者划归为“王湾类型”。

槐林出土彩陶较少，比例仅占3%。以黑彩为主，有少量白衣彩，主要绘于盆、钵和罐的上腹部与口沿上（图1–1–5–1）。纹饰单元有弧边三角纹、勾叶纹、圆点纹、平行线纹和长方形等，构成的花瓣纹和旋纹较为疏朗，与他处所见有所区别（图1–1–5–2、3）。

纹饰虽是疏朗，但在面积不大的陶钵表面绘出的图案却比较大气，如“西阴纹”、单旋纹和垂帐纹都别有特点（图1–1–5–4）。

[1] 河南省文物管理局等：《黄河小浪底水库考古报告（一）》，中州古籍出版社，1999年。

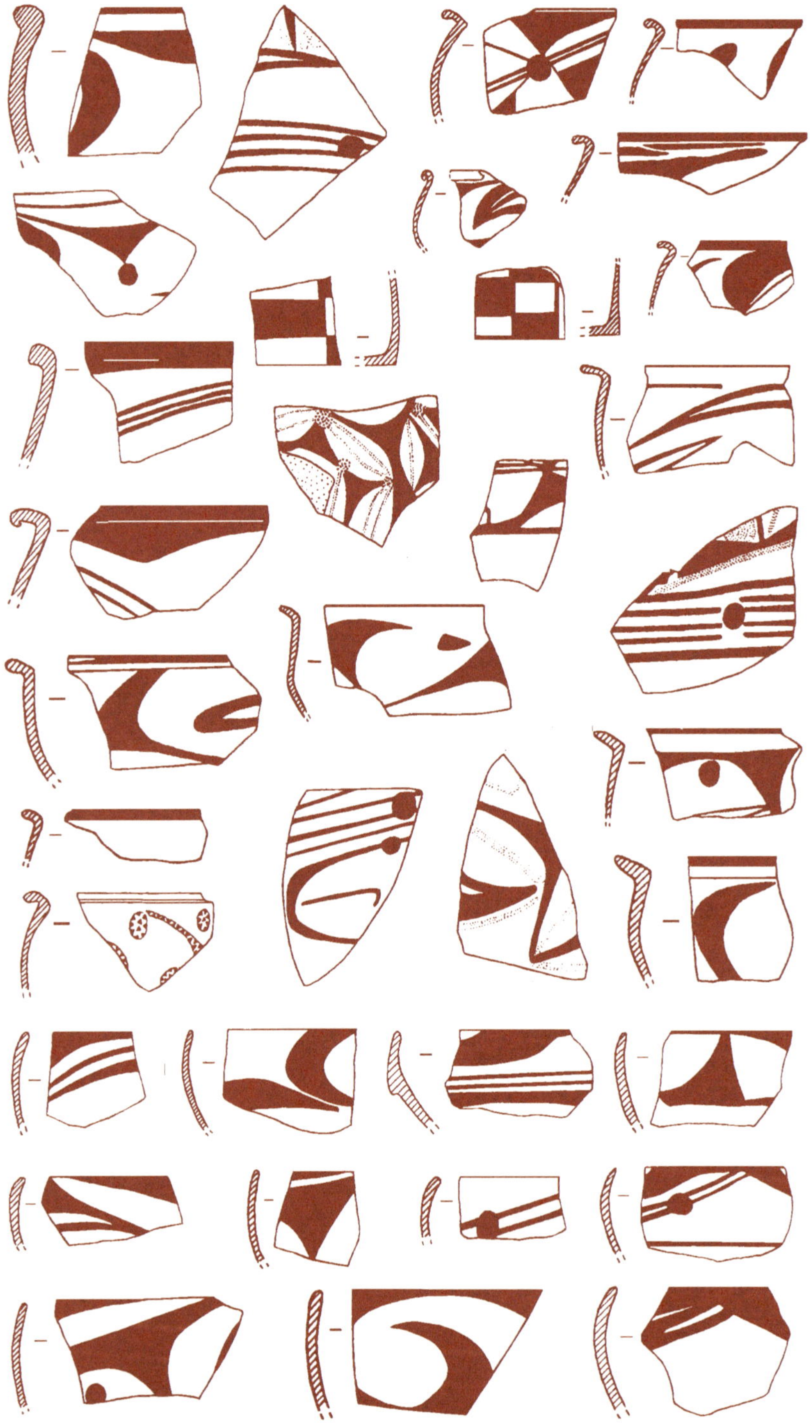

1-1-5-1 河南新安槐林遗址彩陶

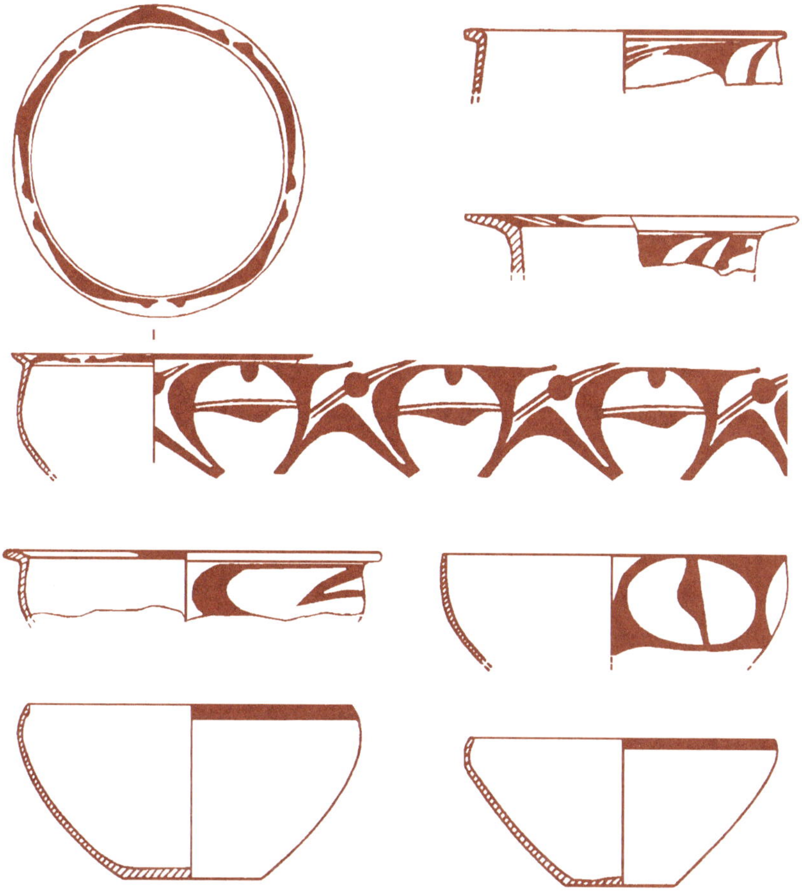

1-1-5-2 河南新安槐林遗址彩陶

1-1-5-4 河南新安槐林遗址彩陶

1-1-5-3 河南新安槐林遗址彩陶

6 灵宝西坡遗址

灵宝西坡遗址面积40万平方米，2001年由河南省文物考古研究所和中国社会科学院考古研究所联合考古队发掘550平方米[1]。这是一处发现有大型建筑遗迹的庙底沟文化遗址，出土彩陶占陶器总数的6.27%。最近又发现有一处墓地，随葬器中有陶器，也有玉质的器具。

西坡遗址彩陶以黑彩为主，红彩很少，有少量黑红并施的复彩和白衣彩。在晚段，白衣彩和复彩有增多趋势。纹样以弧边三角、圆点、直线和弧线为单元组成图案，主要有窄带纹、垂弧纹、凸弧纹、网格纹、旋纹和“西阴纹”（图1–1–6–1）等。

有一件筒形器以红黑复彩通体绘上中下三组“西阴纹”，每组分四个单元按二方连续方式排列（图1–1–6–2）。这样的器形与纹饰排列方式，在其他庙底沟文化遗址还不曾见到，是一件罕有的彩陶精品。

西坡遗址正式发掘之前，有过仔细的调查和小规模的试掘，发掘400平方米，也获得了一些重要的彩陶标本[2]。发现彩陶的比例为10%，主要是红衣彩，也有少量白衣彩，主要有弧线三角、垂帐、圆点、勾叶、网格、条带，报告还说见到了变体鱼纹，但在附图中并没有看到。见到带点的“西阴纹”，还有一种变体的旋纹（图1–1–6–3）。有非常典型的旋纹，既有单旋与双旋的组合，也有仅绘双旋纹的连续图案。还有一件精致的多瓣式花瓣纹。

[1] 河南省文物考古研究所等：《河南灵宝西坡遗址2001年春发掘简报》，《华夏考古》2002年2期。

[2] 中国社会科学院考古研究所河南一队等：《河南灵宝市西坡遗址试掘简报》，《考古》2001年11期；河南省文物考古研究所等：《河南灵宝铸鼎塬及其周围考古调查报告》，《华夏考古》1999年3期。

1-1-6-1 河南灵宝西坡遗址彩陶

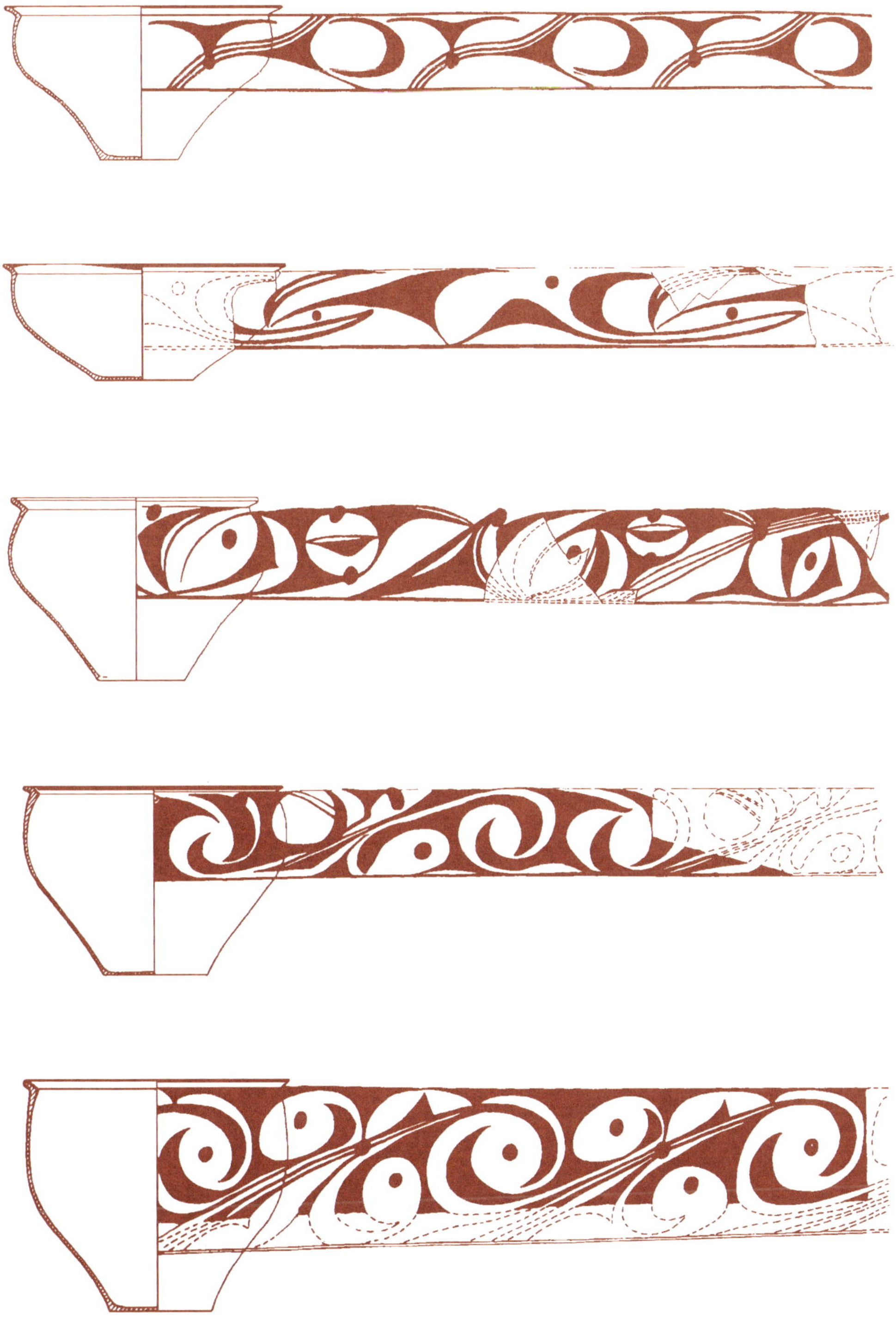

1-1-6-2　河南灵宝西坡遗址彩陶

1-1-6-3 河南灵宝西坡遗址彩陶

灵宝北阳平遗址 7

灵宝北阳平遗址面积达到90万平方米，主要为庙底沟文化堆积，是铸鼎塬遗址群中比较重要的一处大型遗址。北阳平正式发掘之前，在调查中也获得了一些彩陶标本。

1999年联合考古队对北阳平进行了正式发掘，发掘面积520平方米[1]。出土彩陶比例为4.19%，以红衣黑彩为主，有少量白衣和红彩，还有个别的内彩。彩绘元素有圆点纹、勾叶纹、弧线三角纹、垂帐纹和条带纹（图1–1–7–1）。

见到较多的仅在沿面绘彩的彩陶盆，沿面纹饰也非常简洁，这是一种风格素雅的彩陶（图1–1–7–2）。更多见到的是各类“西阴纹”，个别样式的图案在他处没有见到过。也有类似的双瓣式花瓣纹，但不是很典型（图1–1–7–3）。当然更精彩的还是构图繁复的双旋纹组合，还有多瓣式的花瓣纹（图1–1–7–4）。有些意外的是，北阳平还发现了筒体鱼纹，筒体鱼纹彩陶片见到不止一例。

在采集品中，还有类似半坡文化的鱼纹彩陶。如LB:003彩陶盆残片，按原来调查者的描述是“绘黑彩，口沿饰带状彩，腹饰弧线三角纹、圆点纹、垂弧纹”，其实这是鱼纹的嘴部与尾部，从参考其他发现所作的复原图看，这是非常典型的鱼纹，只是嘴部的变化形状不能完全确定（图1–1–7–5）。

其实在灵宝铸鼎塬的调查中，不仅北阳平发现了鱼纹彩陶，在小常和永泉埠遗址也见到了类似的鱼纹彩陶片，只是因为残破过甚，所以没有被辨认出来[2]。小常的鱼纹在报告中称“腹饰圆点纹和弧线三角纹”，其实是鱼头鱼尾部位都有（图1–1–7–6）。永泉埠的鱼纹正是中段部分，报告中只是简单地说明是“绘黑彩”。

过去在河南境内没有证实发现过半坡文化风格的鱼纹彩陶，现在甄别出了这些发现，提出了一些新的问题，我们留待后文讨论。

[1] 中国社会科学院考古研究所河南一队等：《河南灵宝市西坡遗址试掘简报》，《考古》2001年11期；河南省文物考古研究所等：《河南灵宝铸鼎塬及其周围考古调查报告》，《华夏考古》1999年3期。
[2] 河南省文物考古研究所等：《河南灵宝铸鼎塬及其周围考古调查报告》，《华夏考古》1999年3期。

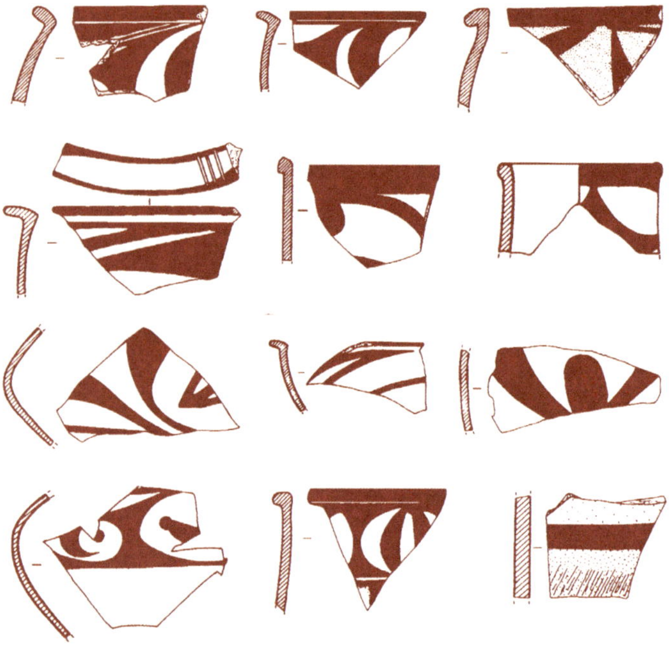

1-1-7-1 河南灵宝北阳平遗址彩陶

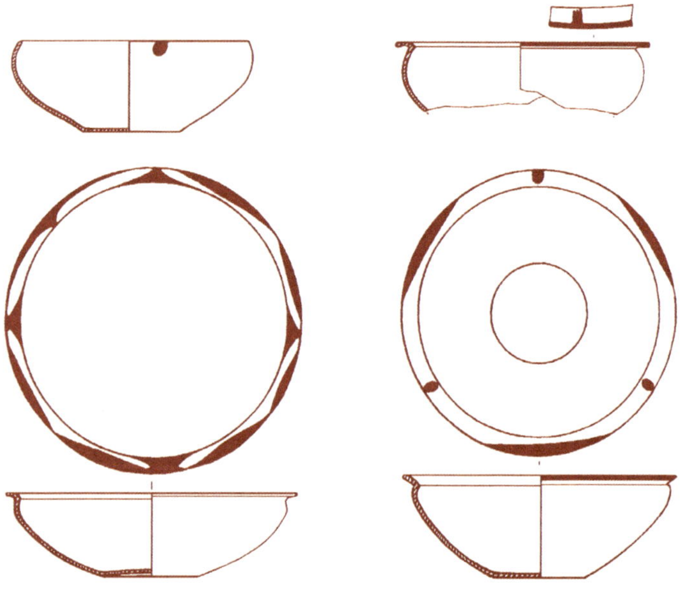

1-1-7-2 河南灵宝北阳平遗址彩陶

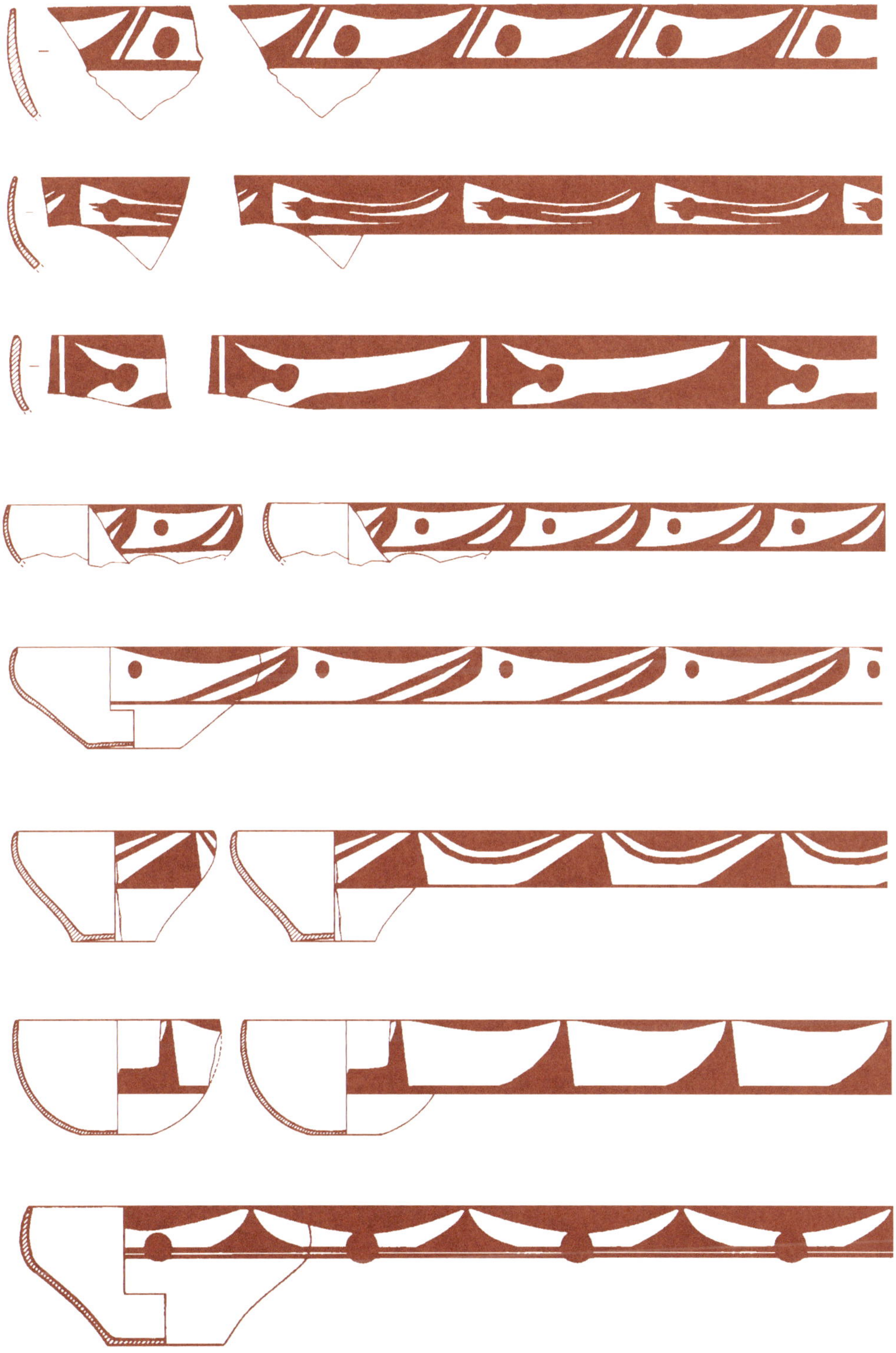

1-1-7-3 河南灵宝北阳平遗址彩陶

1-1-7-4 河南灵宝北阳平遗址彩陶

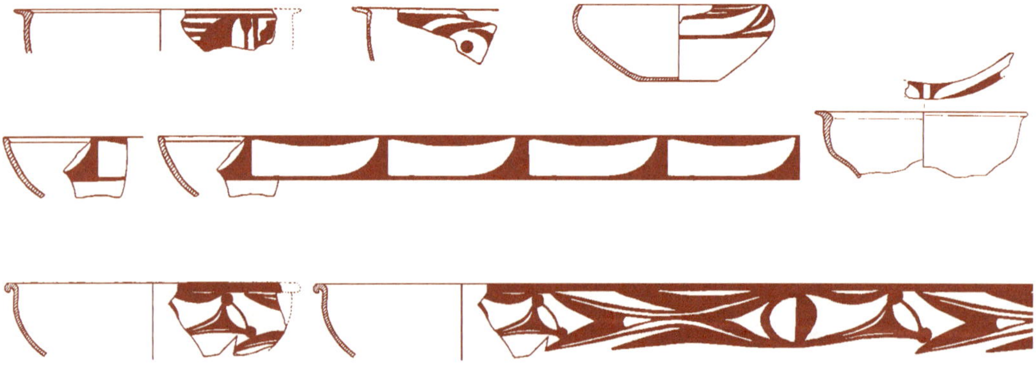

1-1-7-5 河南灵宝北阳平遗址彩陶

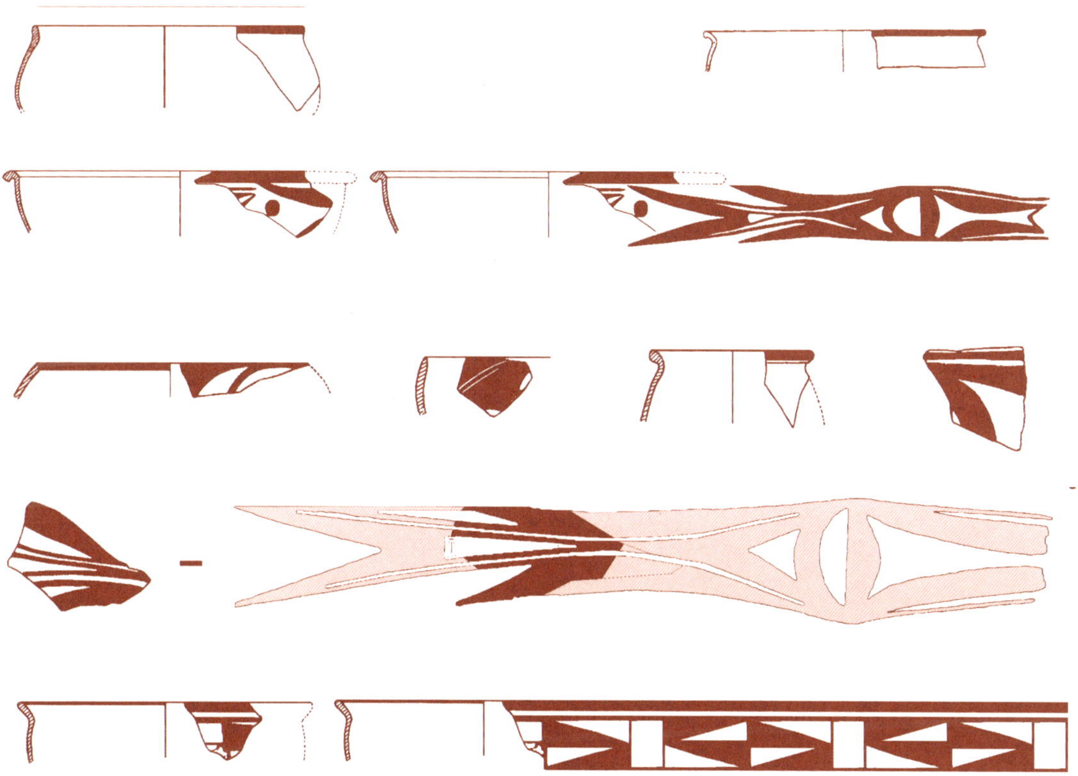

1-1-7-6 河南灵宝北阳平遗址彩陶

山西南部地区遗址 2

山西地区发现的庙底沟文化遗址，主要分布在晋南一带，晋中南部也有发现。出土彩陶丰富的遗址，在此要提到的主要有夏县西阴村、河津固镇、侯马乔山底、芮城西王村和垣曲小赵等处。

1 夏县西阴村遗址

夏县西阴村遗址面积 30 万平方米，1926 年由李济先生主持进行首次发掘，发掘面积约 40 平方米；1994 年山西省考古研究所进行了第二次发掘，发掘面积 576 平方米。遗址主要文化堆积属庙底沟文化，还有少量西王村文化和庙底沟二期文化遗存。发现庙底沟时期房址和壕沟，未见完整聚落址，出土大量彩陶等文化遗物[1]。

西阴村遗址出土的庙底沟文化彩陶，在李济先生的发掘中，主要获得的是陶片，在次年发表的报告中称为“带彩的陶片”（图 1–2–1–1）。按照李济先生的描述，彩陶分两大类，一类添加有或红或白的地色，一类是直接在陶胎上绘彩，颜色以黑色最多，有时黑、红两色并用。彩纹的构成单元，较常见的是“横线，直线，圆点，各样和三角；宽条，削条，初月形，链子，格子，以及拱形也有”。

关于西阴村遗址出土彩陶纹样的组合，李济先生特别提到当时他处没有发现的一种角状纹饰，是左边一个宽头，右边弧收成翘起的尖角，中间有时点缀斜线与圆点，名之为“西阴纹”（图 1–2–1–2）。这其实是后来发现数量很多的一种纹饰，一般作为折腹钵沿外的装饰，都是采用二方连续的构图方式。这种彩陶分布的范围也很广，是庙底沟文化彩陶的代表性纹饰之一。对于这种纹饰，在后面还将作进一步讨论。

李济先生在西阴村遗址发现的彩陶，除了他特别提到的“西阴纹”，还有宽带纹、花瓣纹、旋纹、网格纹、垂帐纹和圆点纹等，它们大都是后来在庙底沟文化彩陶上经常见到的一些纹饰。只是

[1] 李济：《西阴村史前的遗存》，清华学校研究院，1927 年；山西省考古研究所：《西阴村史前遗存第二次发掘》，《三晋考古》第二辑，山西人民出版社，1996 年。

因为陶片较为破碎，当时难得看清全貌，不能了解纹饰的完整构成形式。我们现在有了较多的对比材料，才得以了解这些陶片上彩纹的原貌（图1–2–1–3）。

在西阴村遗址 1994 年的再次发掘中，又出土了相当多的彩陶。按照发掘者的描述，属于庙底沟文化时期的彩陶，约占到陶器总数的 1/5。“彩陶多为黑彩，红彩极其少见，并有少量的白衣彩陶。纹样以勾叶纹（弧边三角纹）、圆点纹、网纹为主。勾叶纹变化及排列方式较多。彩陶主要饰于盆、钵器表，有少量壶及个别平底瓶腹下部有一道黑彩”。

西阴村遗址的彩陶主要是盆、钵两类，以钵类数量为多（图 1–2–1–4、5）。彩陶钵一般为折腹，上腹宽直，上腹直至口沿都绘满彩纹，可以想见这是专为绘彩制作的器形。这些纹饰几乎全部为二方连续构成形式，一个纹饰向左右扩展，将陶钵腹面一般等分为四个单元。纹饰带上的绘彩面与空白面大体相等，构图变化多样，有宽带纹、网格纹、圆点纹、花瓣纹、带十字的圆圈纹和旋纹等。还见到有一例罕见的悬璧纹，透露出一个重要的信息。值得注意的是，西阴村这一次的发掘，没有见到标准的“西阴纹”彩陶，只有少量类似的纹饰，可以看作是一种变体（图 1–2–1–6、7）。

在盆类器上，彩陶纹饰稍有些不同。盆类器更多见到的是构图严谨的花瓣纹和富于变化的旋纹，这都是庙底沟文化彩陶最流行的代表性纹饰（图 1–2–1–8）。

西阴村遗址的首次发掘，虽然在时间上要晚出仰韶村遗址几年，但就发现的彩陶而言，不论是数量还是纹样的种类，都在仰韶村遗址之上，所以显得更加重要。尤其是后来又有规模更大的补充发掘，所获资料更加丰富。这些发现还带来文化命名上的争议，因为西阴村遗址的发掘在先，这成了一些学者主张废弃“庙底沟文化”而命名“西阴文化”的一个重要原因。

1-2-1-1 李济发掘的山西夏县西阴村遗址彩陶

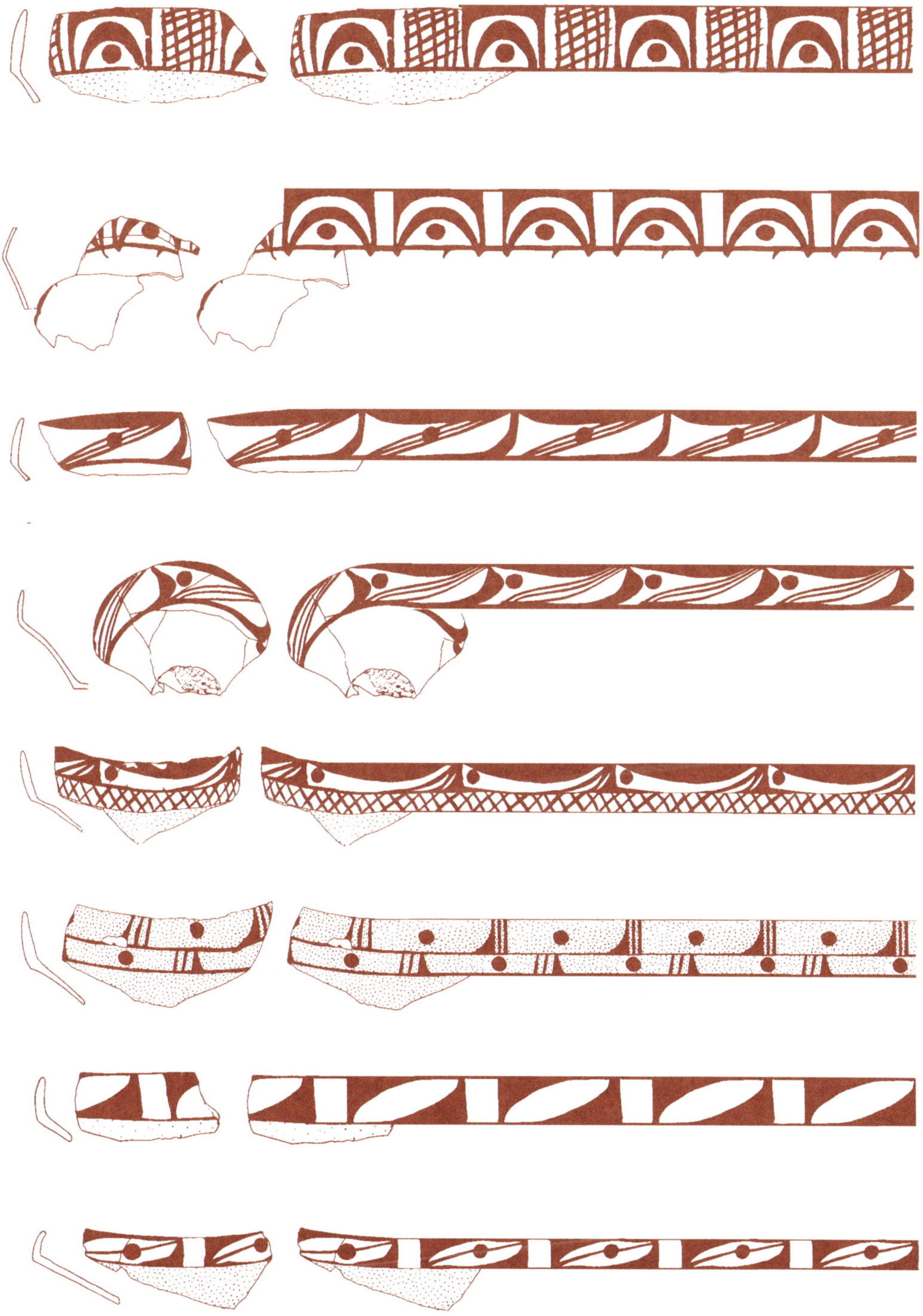

1-2-1-2 李济发掘的山西夏县西阴村遗址彩陶

1-2-1-3　李济发掘的山西夏县西阴村遗址彩陶

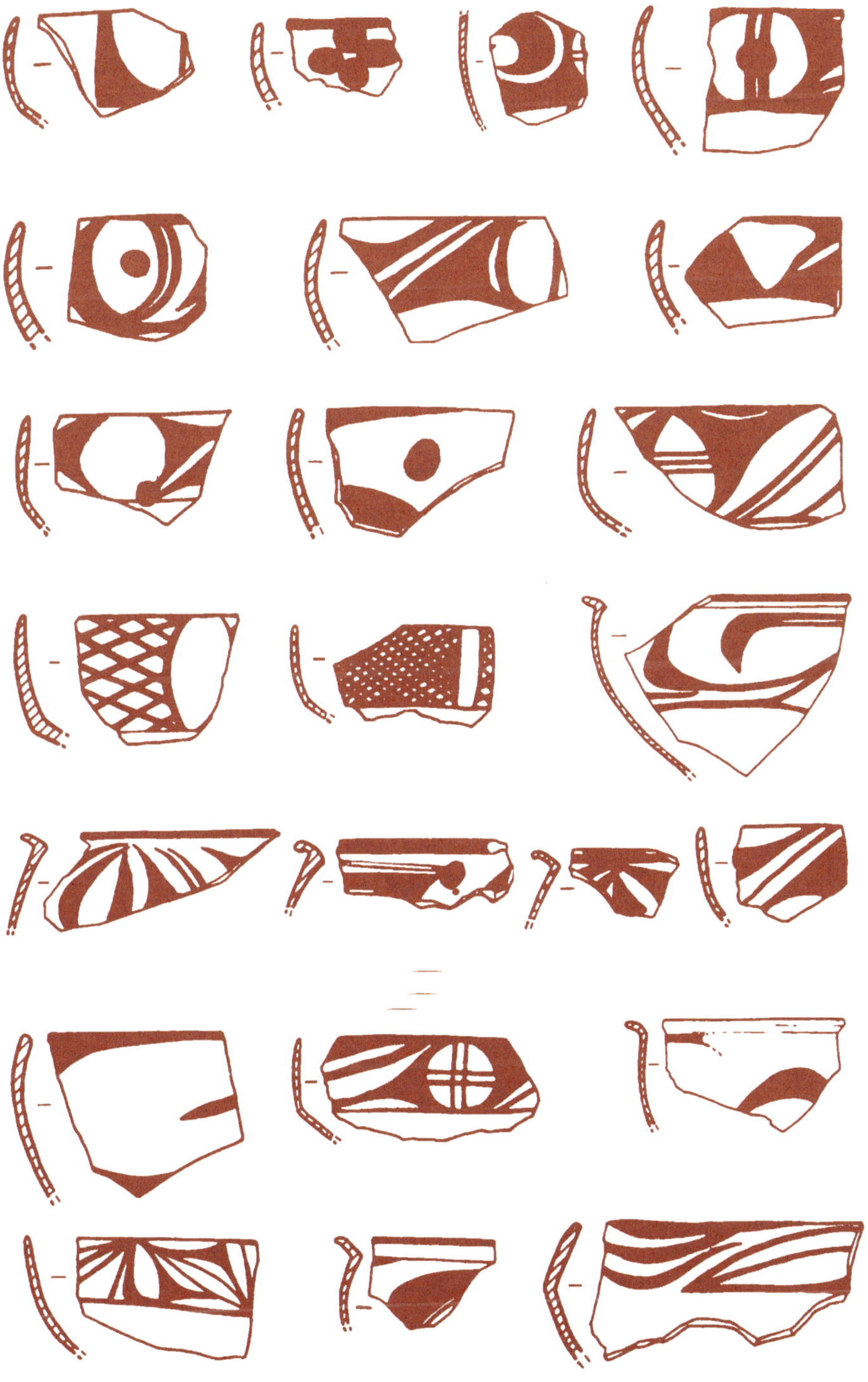

1-2-1-4 山西夏县西阴村遗址彩陶

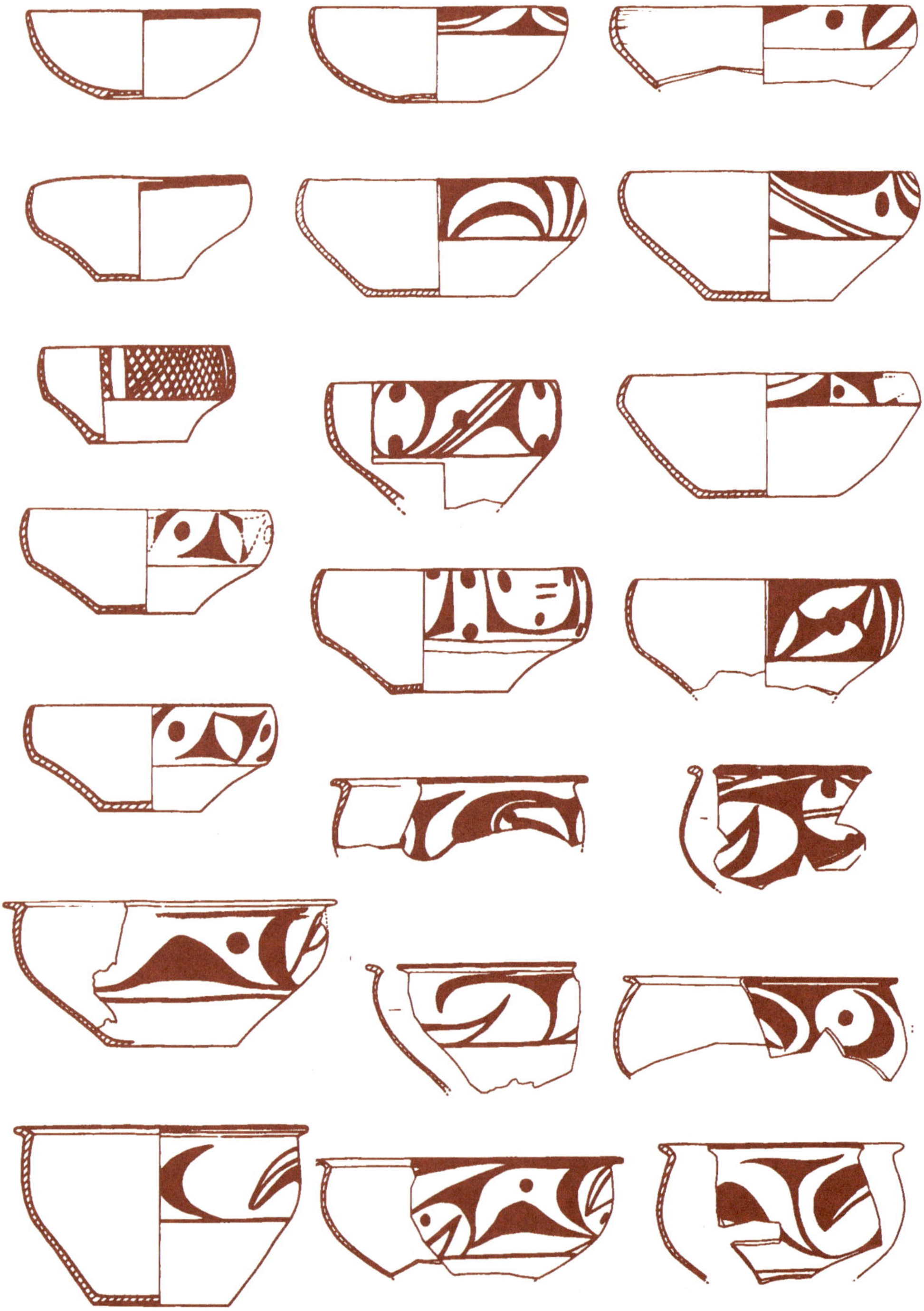

1-2-1-5　山西夏县西阴村遗址彩陶

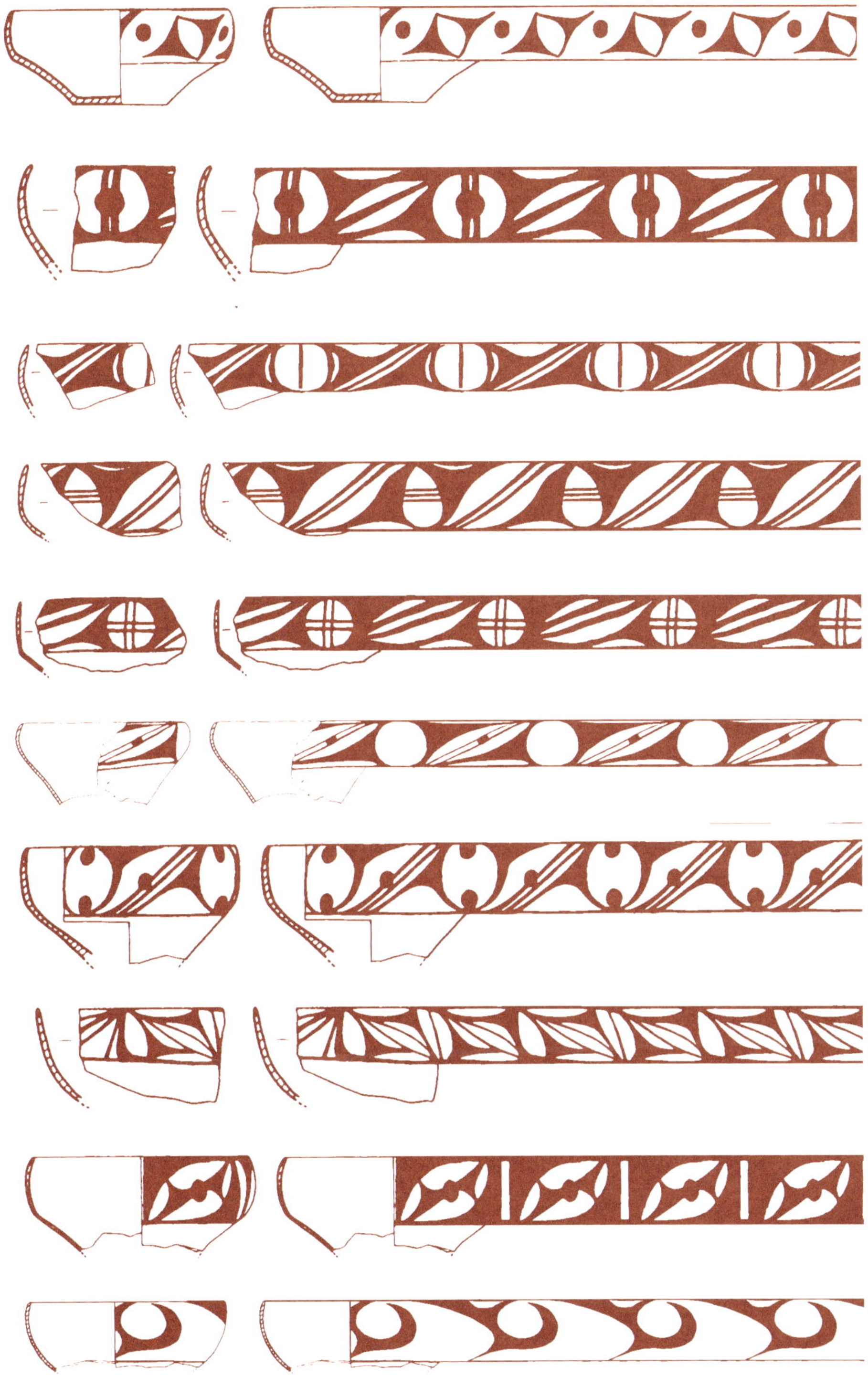

1-2-1-6 山西夏县西阴村遗址彩陶

1-2-1-7　山西夏县西阴村遗址彩陶

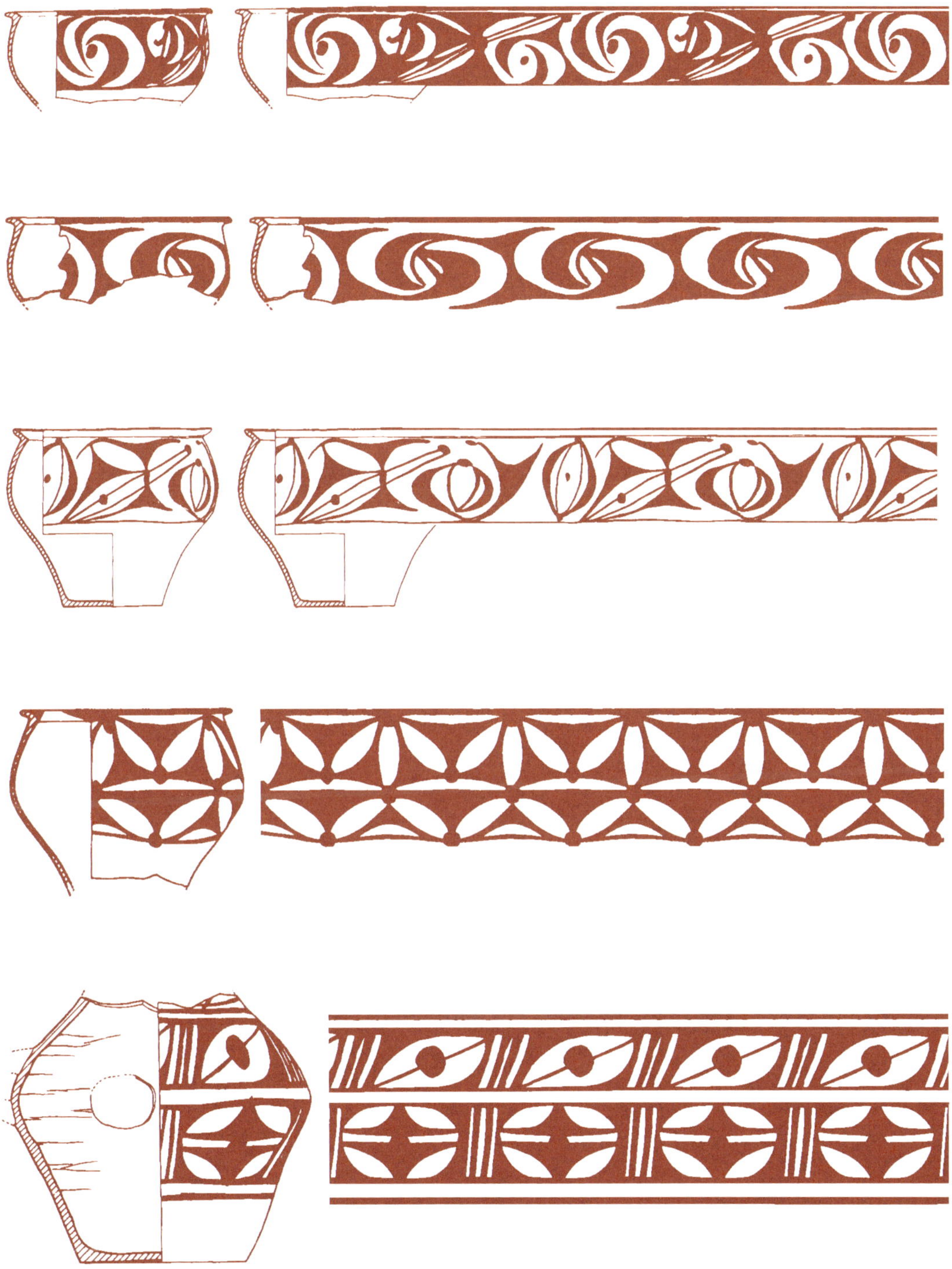

1-2-1-8 山西夏县西阴村遗址彩陶

2 河津固镇遗址

河津固镇遗址约 10 万平方米，1989 年由山西省考古研究所发掘，发掘面积 200 平方米。遗址下层堆积属庙底沟文化，出土遗物最为丰富[1]。

固镇遗址下层堆积彩陶发现较多，在泥质陶中比例占到 1/6 强。对于彩陶纹饰发掘者有这样的描述：彩陶之彩纹很有特色，图案复杂多样，装饰性强。主要用黑色，少用红色，有极少的白衣彩。彩绘多出现在盆、钵类器具的显露部分，有的罐和平底器上也施有彩绘。纹饰最常见的是弧边三角纹、圆点纹、勾叶纹、垂弧纹，也见到平行线纹、曲线纹、条带纹等（图 1–2–2–1）。

这中间其实包含有用地纹方式表现的典型的旋纹，还有为数不少的“西阴纹”，后者多见于钵类器（图 1–2–2–2、3），前者多见于盆类器（图 1–2–2–4）。

[1] 山西省考古研究所：《山西河津固镇遗址发掘报告》，《三晋考古》第二辑，山西人民出版社，1996 年。

1-2-2-1 山西河津固镇遗址彩陶

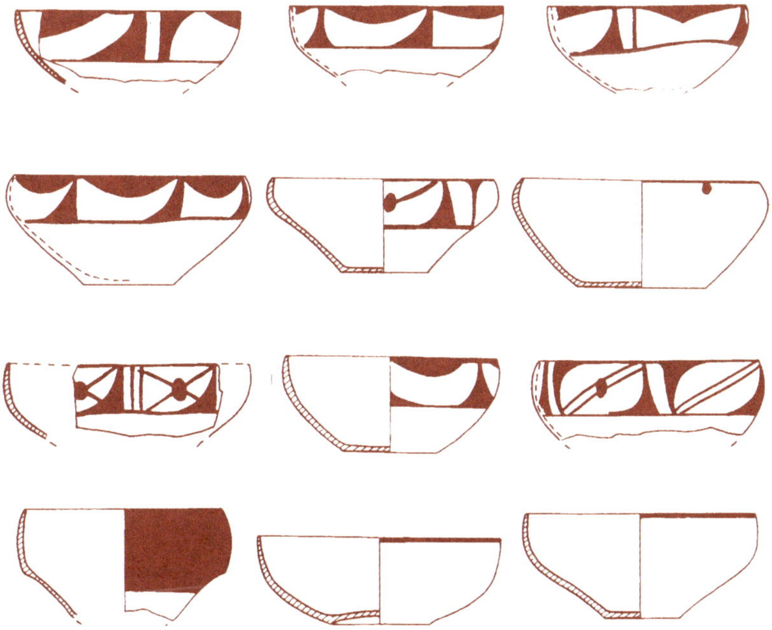

1-2-2-2 山西河津固镇遗址彩陶

1-2-2-3　山西河津固镇遗址彩陶

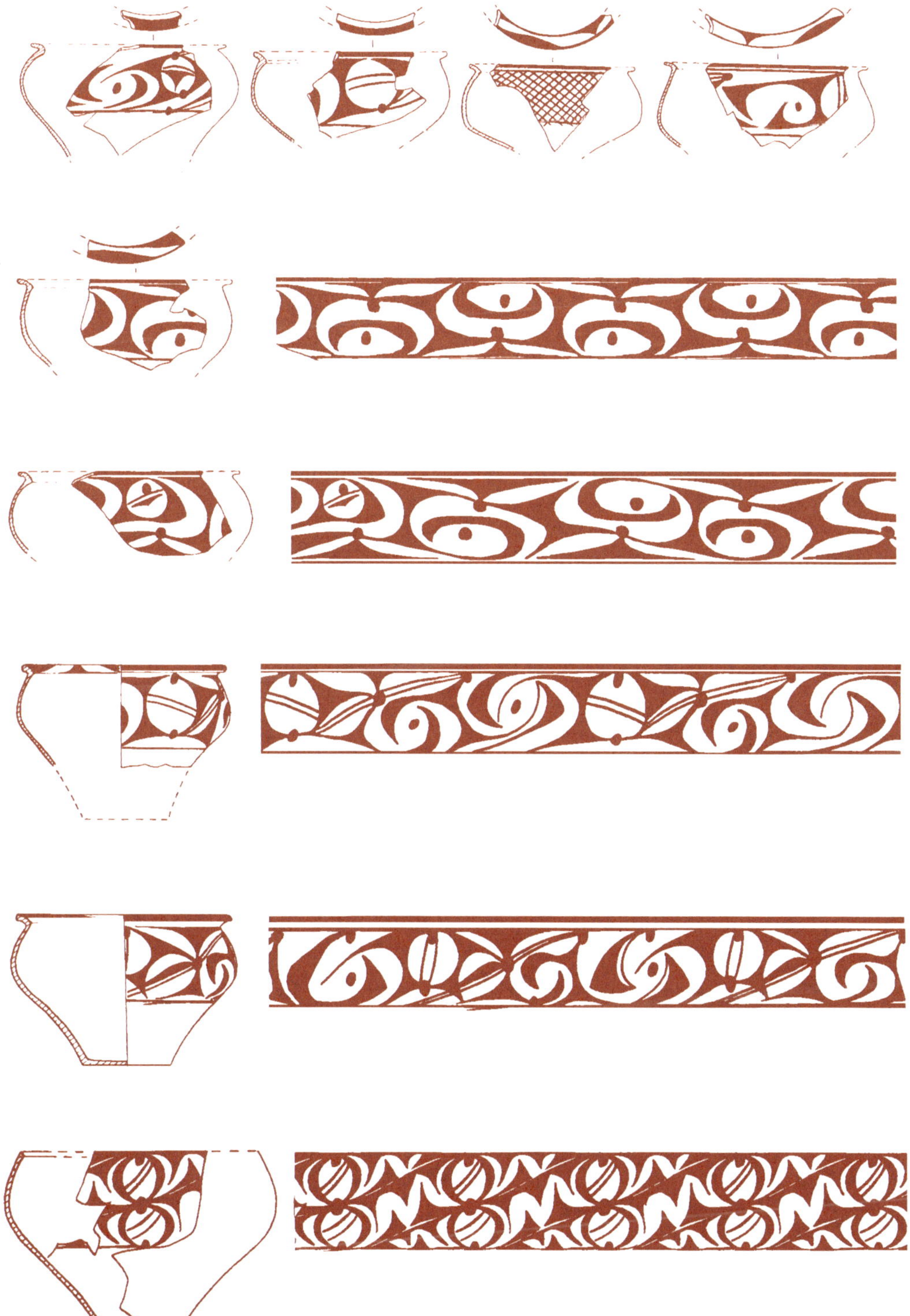

1-2-2-4　山西河津固镇遗址彩陶

3 洪洞耿壁遗址

洪洞耿壁遗址面积 5 万平方米，山西省考古研究所 1991 年发掘，发掘面积 140 平方米，主要遗存为庙底沟文化，出土一批彩陶[1]。

彩陶占泥质陶比例约为 1/7 强，一般绘于钵和盆上，少量绘于罐和壶上。彩纹以黑色为主，见少量暗红色，个别在黑彩外描有白边。纹样有宽带纹、弧边三角纹、直边三角纹、圆点纹、平行线纹、斜线纹、弧线纹、网格纹和垂线纹等（图 1–2–3–1）。

值得注意的是，耿壁遗址的彩陶纹样中也有旋纹和花瓣纹，也都是采用地纹表现方式。花瓣纹常见对开的双瓣花图案，多绘于盆钵类器上腹部，采用二方连续方式构图，花瓣较大。另外还见到一种简略的鱼形图案，长长的鱼身和鱼尾，鱼头则简化为一个圆点（图 1–2–3–2）。这种鱼纹在庙底沟文化彩陶中是年代较早的图案，在后来不再见到。

[1] 山西省考古研究所等：《山西洪洞耿壁遗址调查、试掘报告》，《三晋考古》第二辑，山西人民出版社，1996 年。

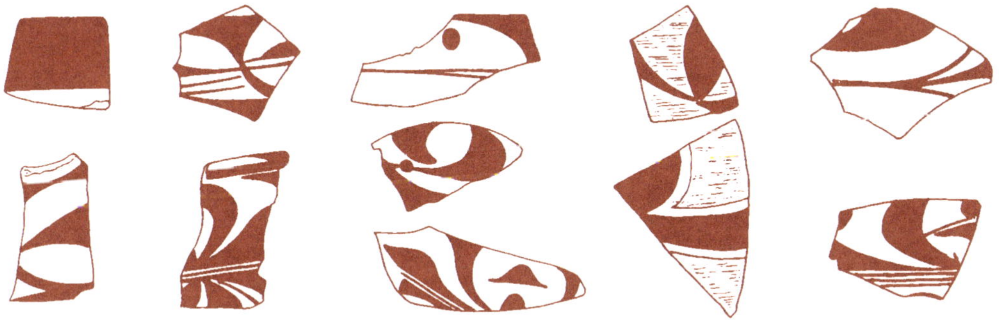

1-2-3-1 山西洪洞耿壁遗址彩陶

1-2-3-2 山西洪洞耿壁遗址彩陶

4 汾阳段家庄遗址

处于晋中地区的汾阳段家庄遗址，面积约 2 万平方米，山西省考古研究所和吉林大学考古系于 1982 年联合发掘，发掘面积较小，只有 20 平方米，主要遗存为庙底沟文化，出土一些彩陶[1]。

彩陶占陶器比例约为 1/10 强。彩纹以黑色为主，由直线、曲线、圆点和弧边三角纹等构成图案（图 1–2–4–1），有简单的叶片纹和盘形纹饰，也有构图繁复的花瓣纹和旋纹等（图 1–2–4–2）。

在这样一处面积不大的遗址，发掘面积也非常有限，却出土了比较精致的彩陶，表明庙底沟文化彩陶的普及程度相当高。

[1] 国家文物局等：《晋中考古》，文物出版社，1998 年。

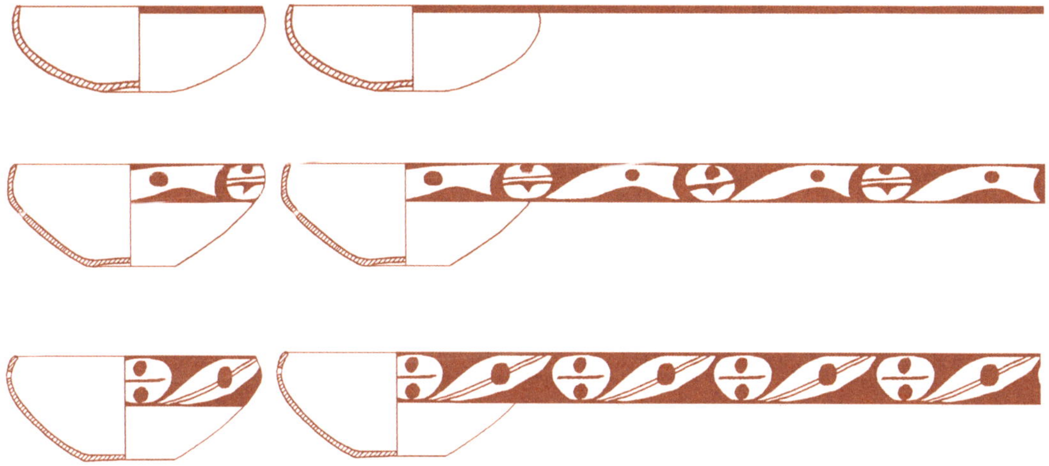

1-2-4-1　山西汾阳段家庄遗址彩陶

1-2-4-2　山西汾阳段家庄遗址彩陶

5 翼城北橄遗址

翼城北橄遗址面积 40 万平方米，1992 年由山西省考古研究所发掘 190 平方米[1]。遗址第一、二期相当于半坡文化，三、四期属庙底沟文化。

第三期见白衣彩，纹饰有宽带纹、窄带夹圆点纹、弧边三角纹、花瓣纹、垂弧纹和网格纹（图 1–2–5–1）。宽带纹施于器口部位，有的很宽，有的稍窄，个别的器内也绘有宽带彩。

第四期不见宽带纹，纹样大体同第三期，以大圆形为基本构图的纹样出现频度较高，也见到叶片纹与双瓣花瓣纹，对列的双瓣式大花瓣纹很有特色，还有典型的双点穿圆纹（图 1–2–5–2、3）。

---

[1] 山西省考古研究所：《山西翼城北橄遗址发掘报告》，《文物季刊》1993 年 4 期。

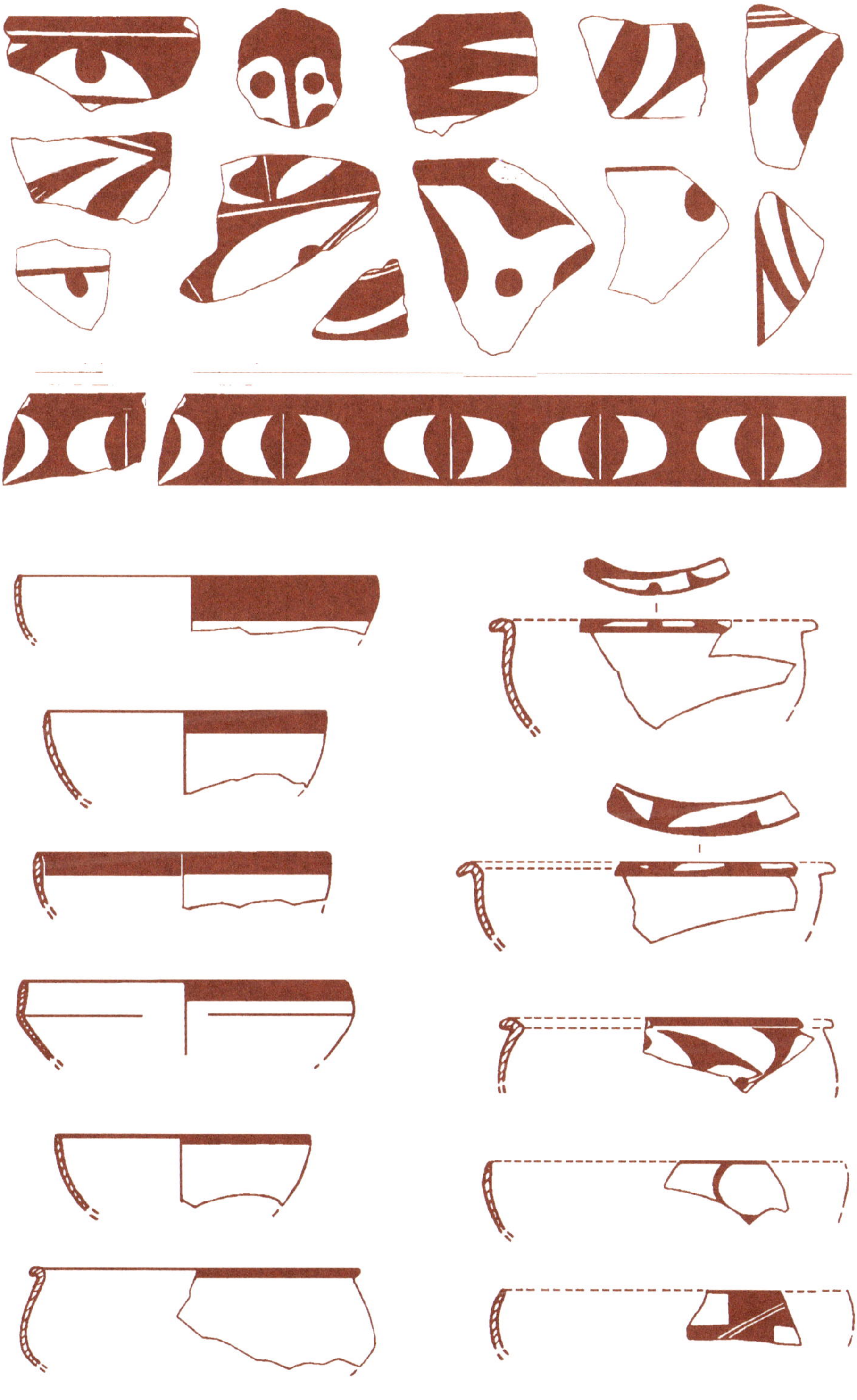

1-2-5-1 山西翼城北橄遗址三期彩陶

1-2-5-2 山西翼城北橄遗址四期彩陶

1-2-5-3　山西翼城北橄遗址四期彩陶

6 侯马乔山底遗址

侯马乔山底遗址面积6万平方米，1989年由山西省考古研究所发掘300平方米[1]。下层属庙底沟文化，出有较多彩陶片。

乔山底遗址出土彩陶多黑彩和棕黑彩，有白衣陶和白彩，有的以白彩勾边。彩陶器有盆、钵、罐，彩绘于口沿和外腹部位（图1–2–6–1、2）。纹样有圆点纹、斜线纹、直线纹、弧边三角纹、网格纹和垂弧纹（图1–2–6–3）。各式垂弧纹较有特色，一种以弧边三角为衬的地纹垂弧纹最引人注意。

乔山底见有一部分彩陶罐仅在沿面内绘彩，腹部光素无纹，所见纹饰多为类似的垂弧纹，别具一格（图1–2–6–4）。

遗址虽然出土彩陶片较多，但没有见到典型的花瓣纹和大幅面的旋纹。

乔山底的彩陶布局较为疏朗，与他地有些微区别，现在还不能明白这是地域的还是时代的原因。

[1] 山西省考古研究所侯马工作站：《山西侯马乔山底遗址1989年Ⅱ区发掘报告》，《文物季刊》1996年2期。

1-2-6-1 山西侯马乔山底遗址彩陶

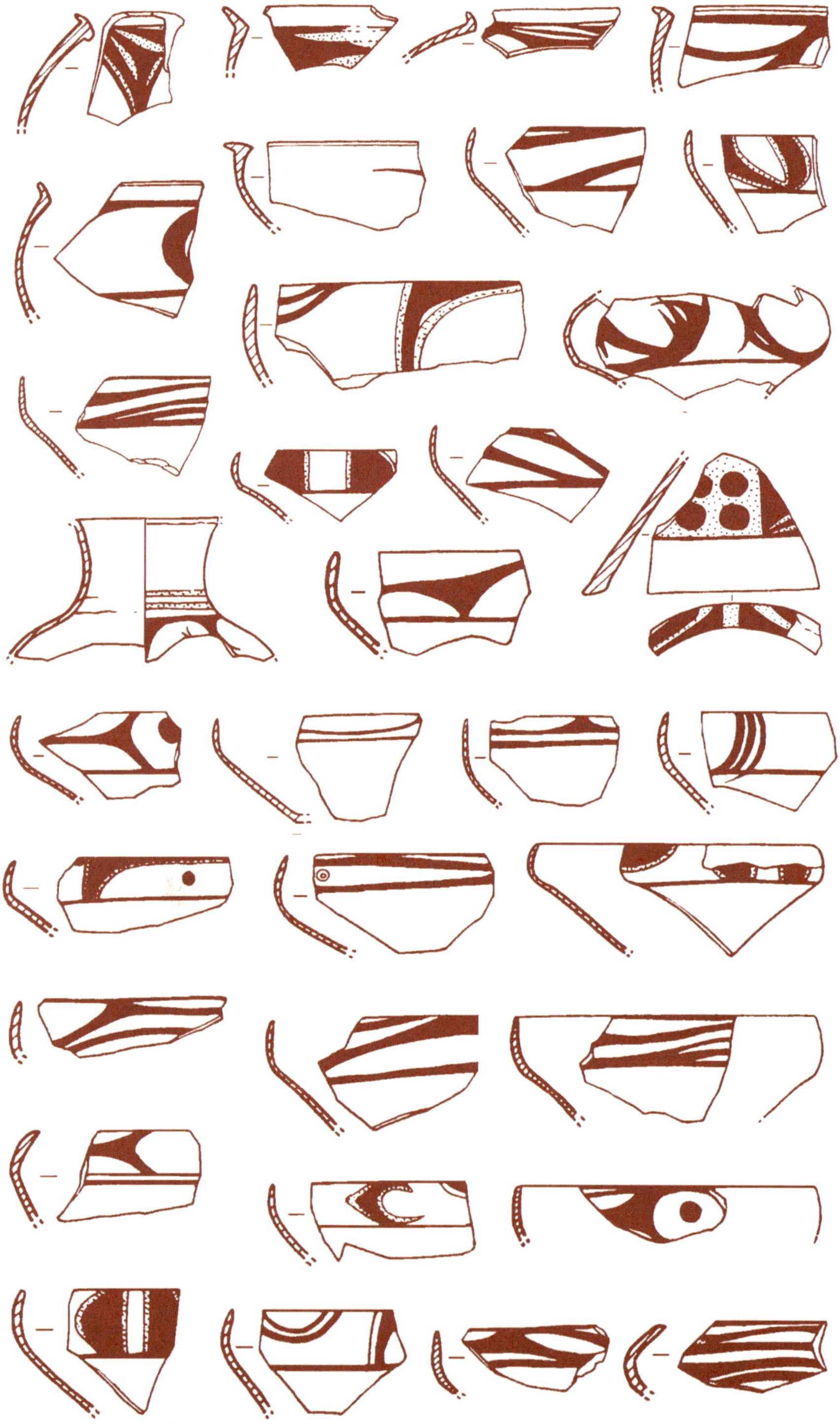

1-2-6-2 山西侯马乔山底遗址彩陶

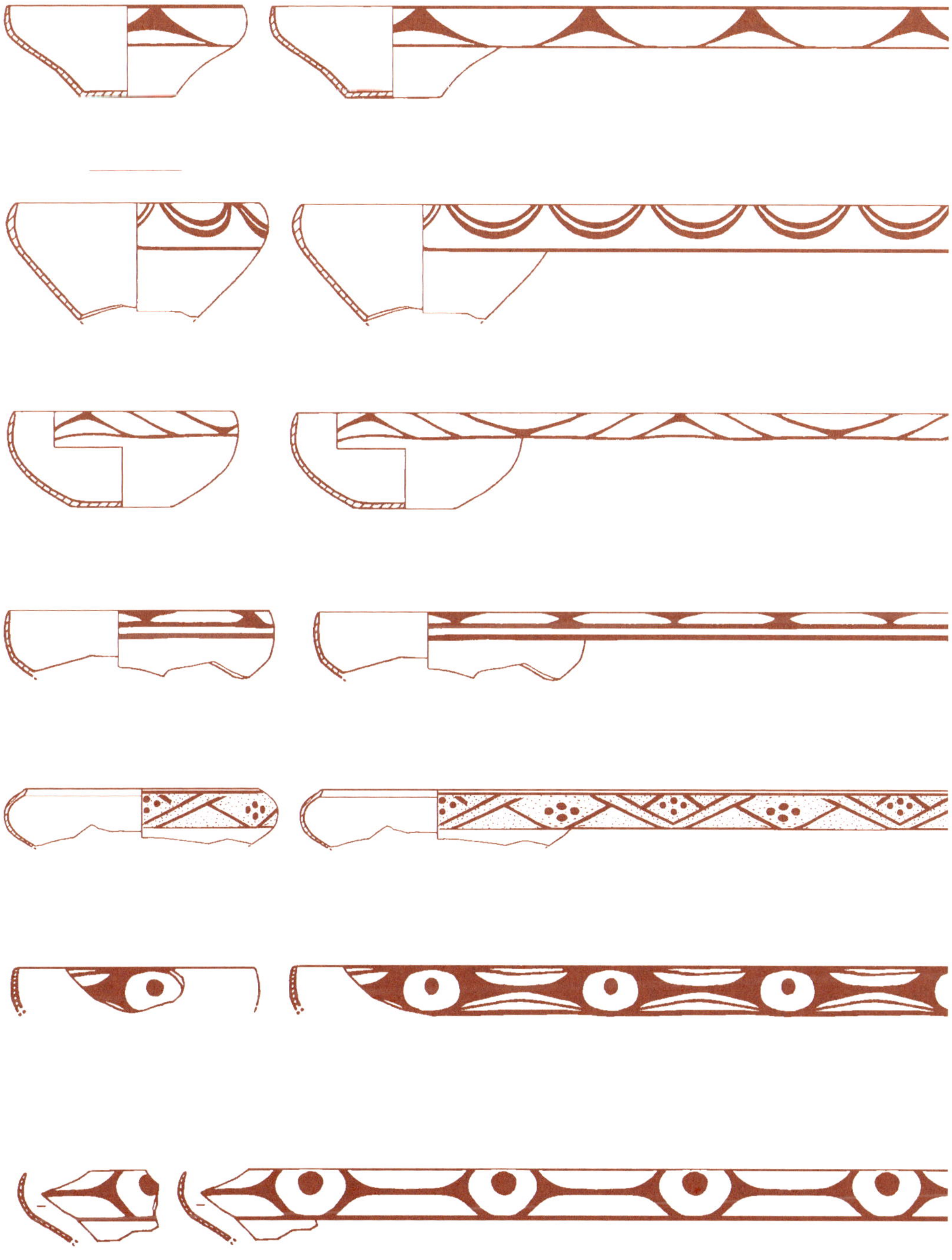

1-2-6-3　山西侯马乔山底遗址彩陶

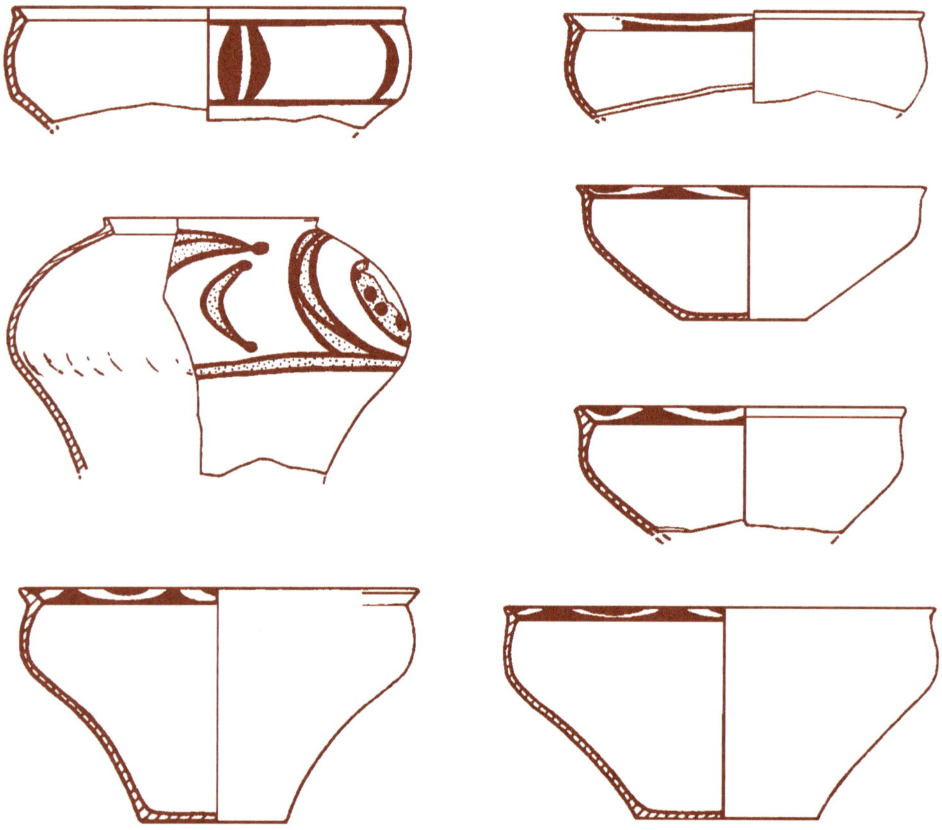

1-2-6-4　山西侯马乔山底遗址彩陶

芮城西王村遗址 7

芮城西王村遗址面积 10 万平方米，1960 年由中国科学院考古研究所山西工作队发掘 385 平方米[1]。西王村遗址下层属庙底沟文化，出土一定数量的彩陶。

西王村遗址彩陶绘于盆、碗和罐外腹和唇沿，有黑红白三色彩，以黑彩为主（图 1–2–7–1）。彩纹由条纹、弧线纹、弧边三角纹、网格纹和圆点纹组成，可以看出有花瓣纹，也有旋纹，还有较多的叶片纹和“西阴纹”。西王村所见的“西阴纹”非常典型，构图比较简练（图 1–2–7–2）。

[1] 中国科学院考古研究所山西工作队：《山西芮城东庄村和西王村遗址的发掘》，《考古学报》1973 年 1 期。

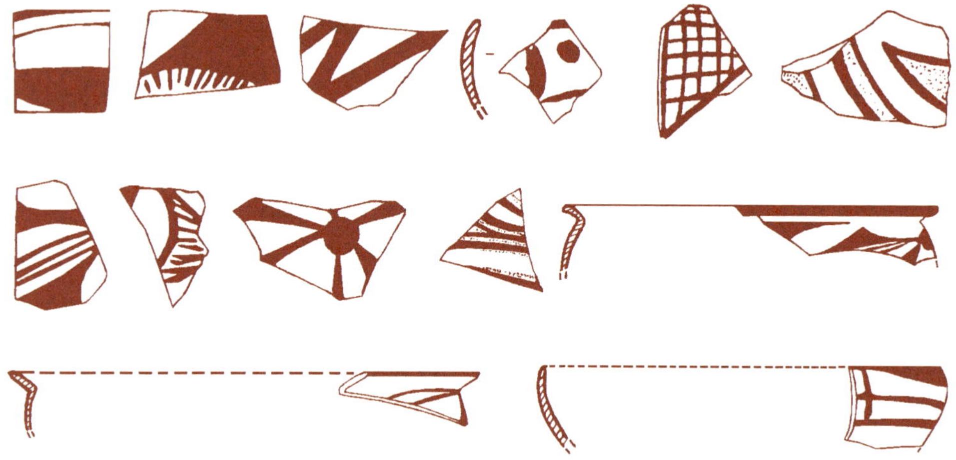

1-2-7-1 山西芮城西王村遗址彩陶

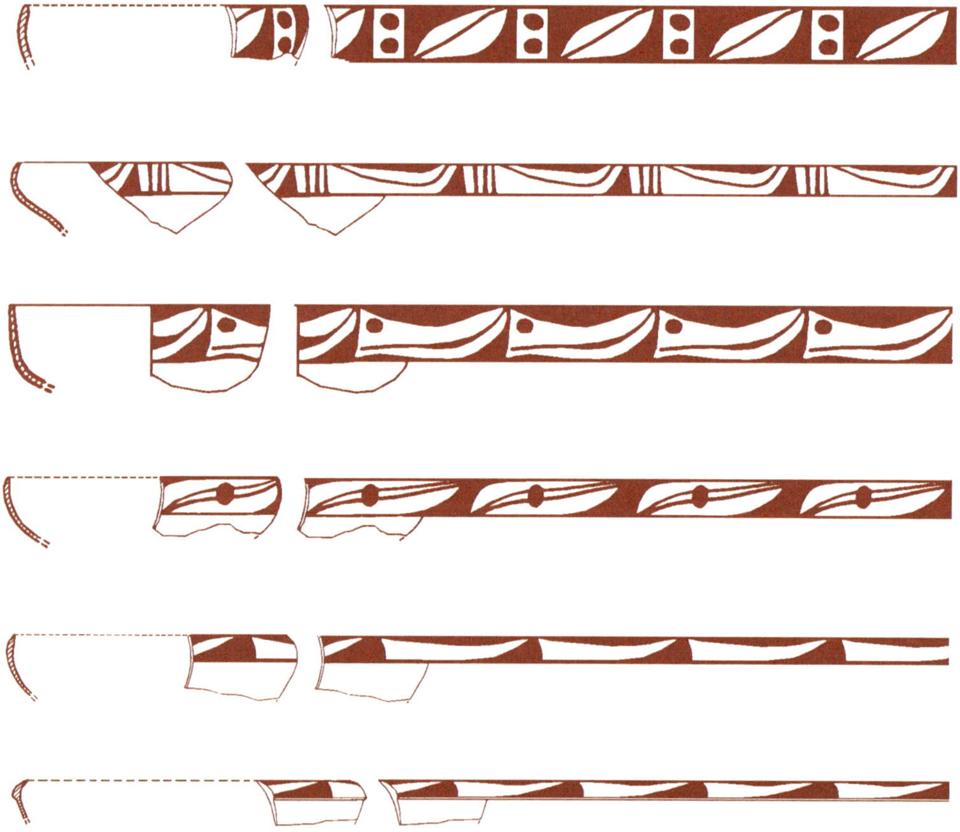

1-2-7-2 山西芮城西王村遗址彩陶

垣曲小赵遗址 8

垣曲小赵遗址是一处较大的遗址，面积 15 万平方米，主要为包含有一定半坡文化因素的庙底沟文化堆积。中国社会科学院考古研究所山西队于 1993 年进行调查和试掘，试掘面积为 70 平方米[1]。

这一次发掘出土少量彩陶，复原器物并不多，彩陶元素多为宽带形和圆弧形（图 1–2–8–1）。

1996 年中国社会科学院考古研究所山西队再次发掘小赵遗址，发掘面积为 632 平方米[2]。出土的彩陶较多，占到 8%。以黑彩为主，也有少量红彩，多宽带、窄带、横杠、斜线、弧线、弧形、弧边三角、圆点和网格元素，以圆弧形图案为主，见到双旋纹和双点穿圆纹（图 1–2–8–2）。有一些彩陶上的窄带纹很窄，除了口沿的窄带，腹面上不再绘纹饰。见到一些变形的叶片纹和双瓣式花瓣纹（图 1–2–8–3）。

有三种深腹彩陶罐上的纹饰组合比较特别，为其他地点少见。构图的元素都是以弧线和圆点为主，但并没有采用明显的二方连续方式构图，纹饰组合有一定的随意性，这样的例子并不多见（图 1–2–8–4）。

小赵彩陶中还意外见到一例鱼纹，也是采用二方连续方式构图，它的写实性很强，鱼的形态表现得也很准确，这在庙底沟文化彩陶中是仅见的一例，在半坡文化彩陶中还没有发现过（图 1–2–8–5）。

小赵遗址因为表现出一些半坡文化的特点，它应当是属于庙底沟文化中年代较早的遗存，这对于了解两个文化之间的关系是非常重要的。

[1] 中国科学院考古研究所山西工作队：《山西垣曲县小赵新石器时代遗址的试掘》，《考古》1998 年 4 期。

[2] 中国科学院考古研究所山西工作队：《山西垣曲小赵遗址 1996 年发掘报告》，《考古学报》2001 年 2 期。

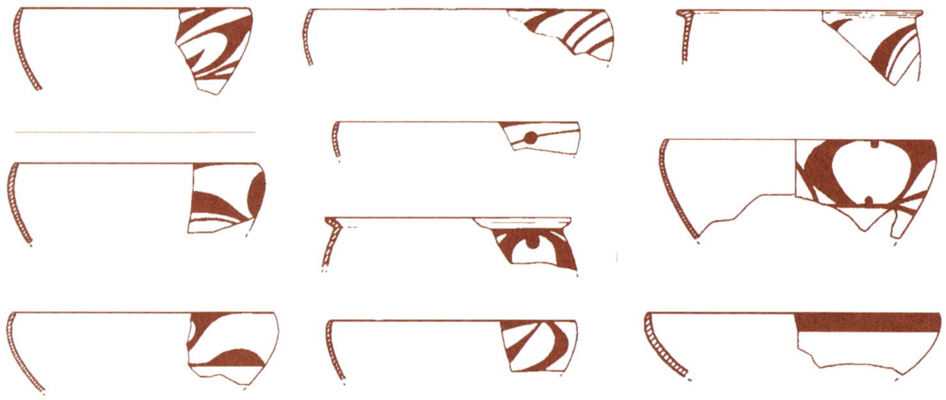

1-2-8-1 山西垣曲小赵遗址彩陶

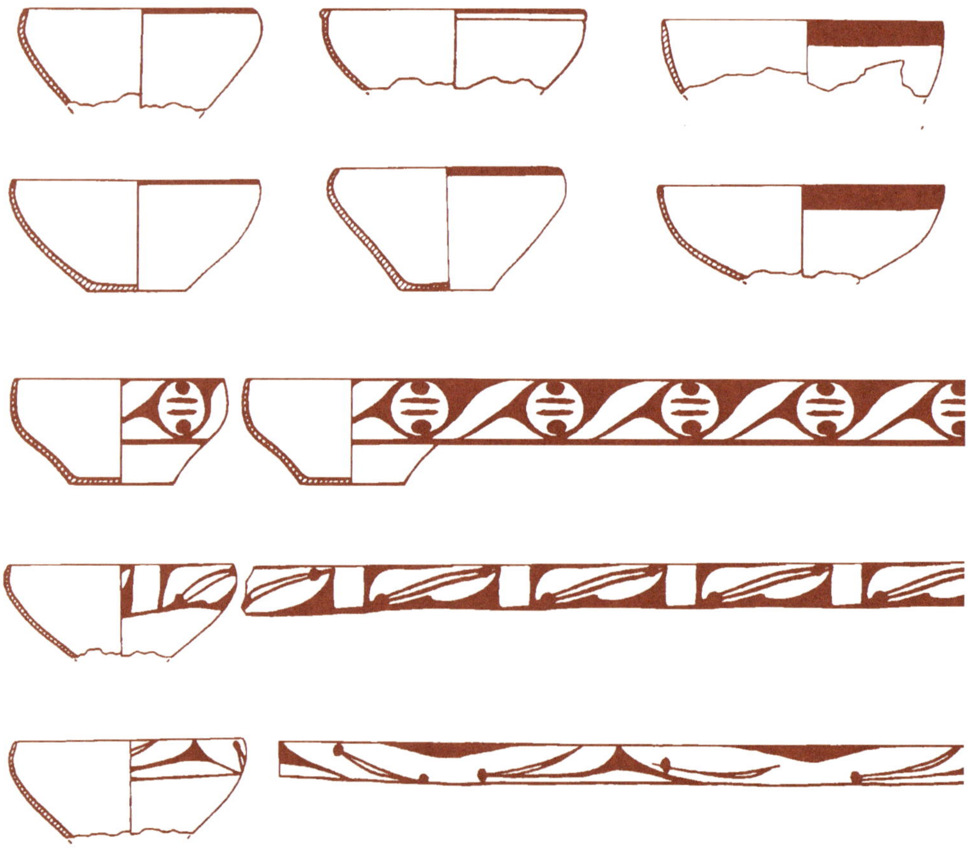

1-2-8-3 山西垣曲小赵遗址彩陶

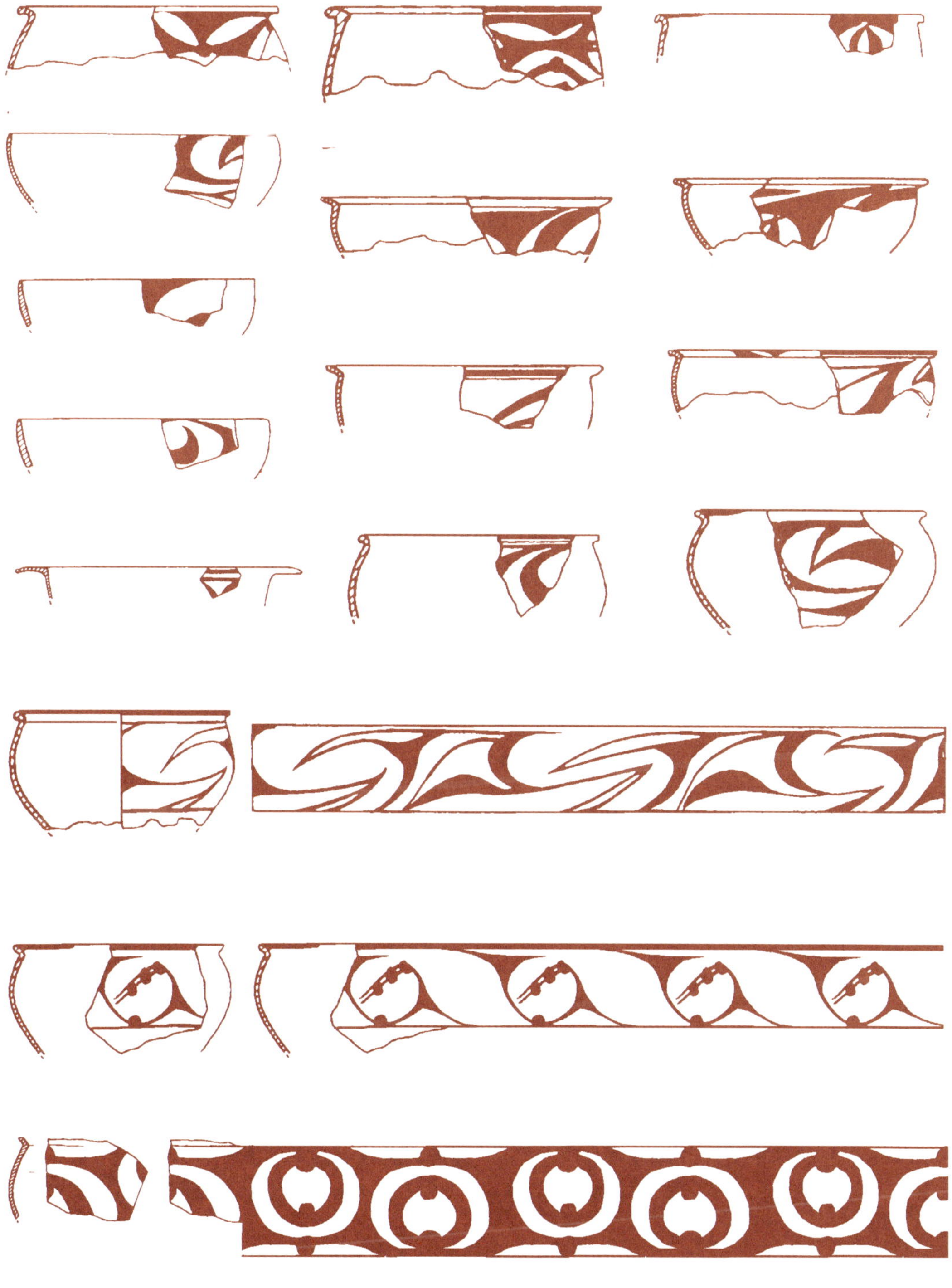

1-2-8-2 山西垣曲小赵遗址彩陶

1-2-8-4　山西垣曲小赵遗址彩陶

1-2-8-5 山西垣曲小赵遗址彩陶

陕西地区遗址 3

陕西地区发现的庙底沟文化遗址，主要集中在关中地区，陕南也有一些发现。在此要提及的比较重要的遗址，主要是关中地区的华县泉护村和西关堡、华阴南城子、西安南殿村、扶风案板、岐山王家咀、陇县原子头和西乡何家湾等处。其中出土彩陶最丰富的最值得关注的是泉护村和原子头，当然还有一些正在开展田野工作且资料还未及刊布的遗址，这是很值得期待的。

1 华县泉护村遗址

华县泉护村遗址是一处大型遗址，面积达60万平方米，1958~1959年由黄河水库考古队发掘，发掘面积6000余平方米。遗址的仰韶层堆积属庙底沟文化时期，发现有半地穴方形房屋基址和成组的陶窑群，出土的花瓣纹与鸟纹图案彩陶为庙底沟文化时期彩陶图案的典型代表[1]。

发掘者将泉护村遗址的庙底沟文化堆积，按地层早晚分为前后相接的三段，由出土彩陶的变化看，三段的区分似乎略有些脉络可寻。

第1段：彩陶占到泥质陶的1/7，全为黑彩，用圆点、弧线、涡纹、弧形三角等组合图案，有“西阴纹”和叶片纹（图1–3–1–1），见大幅面的旋纹，写实的鸟纹很有特色，因背部绘一圆球形而被认作太阳鸟（图1–3–1–2）。

第2段：彩陶以黑彩为主，出现红彩和白彩。也是用圆点、弧线、涡纹、弧形三角等组合图案，较多见到“西阴纹”、叶片纹、花瓣纹和大幅面的旋纹（图1–3–1–3）。花瓣纹较为肥硕，有双瓣形，也有扩展的四瓣形（图1–3–1–4）。侧立的鸟纹有时绘在大圆圈中，也有时独立出现，体态较为瘦削（图1–3–1–5）。

第3段：彩陶以黑彩为主，见到单施的红彩器。纹饰趋于简单，象生图案也较为简化。有叠弧纹、四瓣式花瓣纹和变形花瓣纹。有叶片纹和双点穿圆纹，“西阴纹”和花瓣纹还能见到，但不见典型的旋纹（图1–3–1–6）。鸟纹发现较多，除了侧立的以外，还有正飞与侧飞的动态图像。当然那种蝌蚪状的图案是否一定就是鸟纹图像的简化，可能还有一些疑问（图1–3–1–7）。

---

[1] 北京大学考古学系：《华县泉护村》，科学出版社，2003年；黄河水库考古队华县队：《陕西华县柳子镇考古发掘简报》，《考古》1959年2期；《陕西华县柳子镇第二次发掘的主要收获》，《考古》1959年11期。

1-3-1-1 陕西华县泉护村遗址第1段彩陶

1-3-1-2 陕西华县泉护村遗址第1段彩陶

1-3-1-3 陕西华县泉护村遗址第2段彩陶

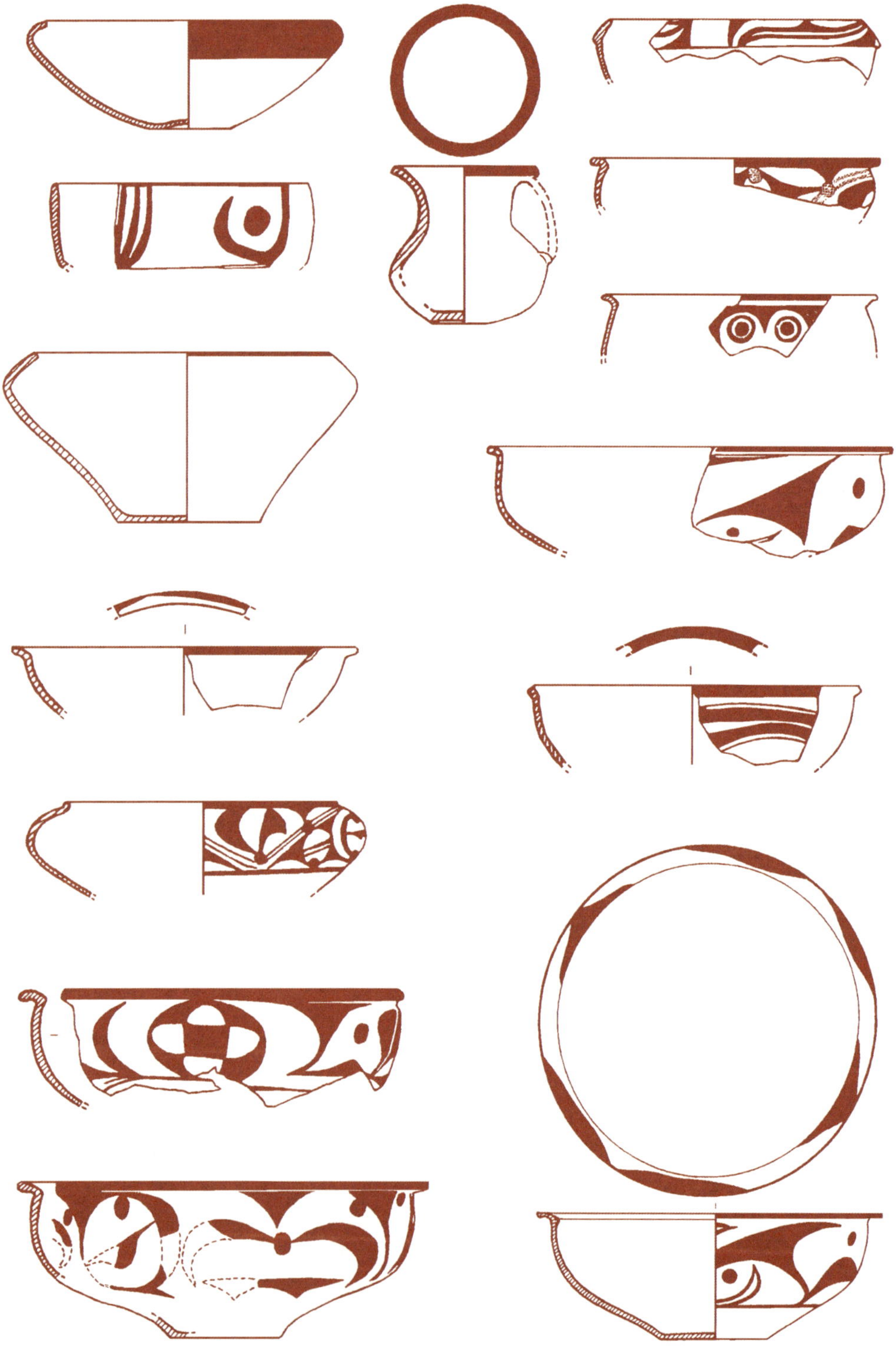

1-3-1-4　陕西华县泉护村遗址第2段彩陶

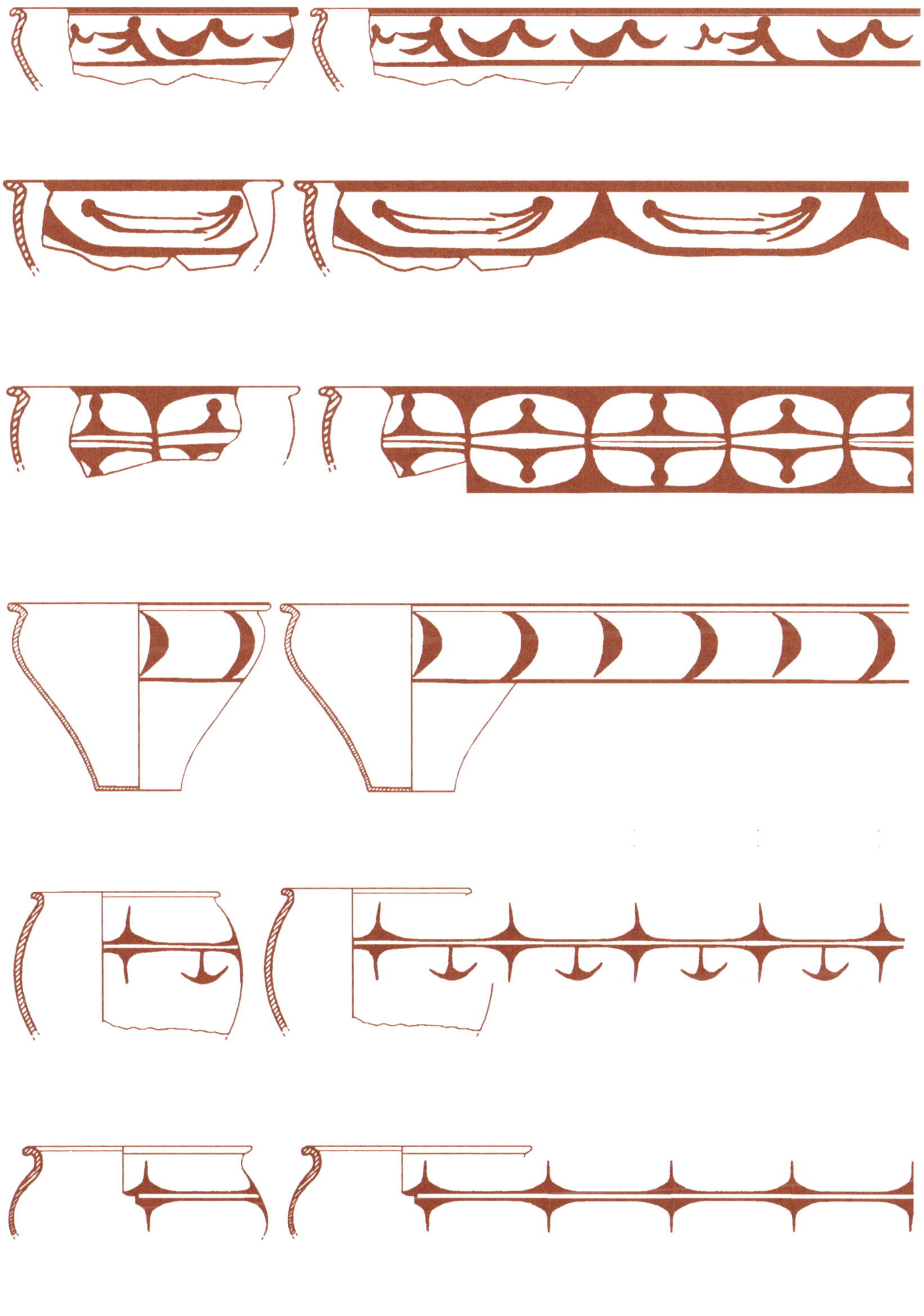

1-3-1-5 陕西华县泉护村遗址第2段彩陶

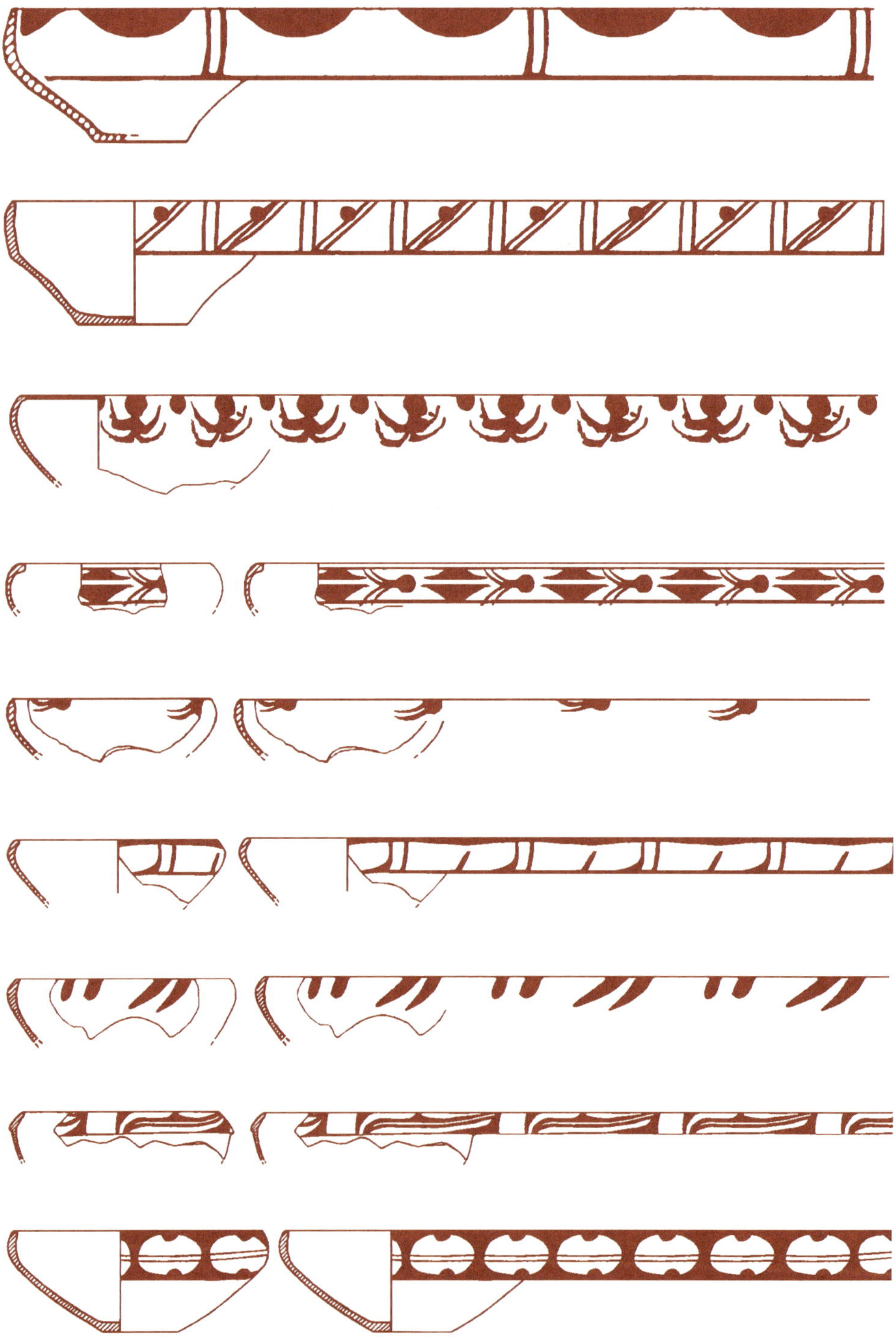

1-3-1-6 陕西华县泉护村遗址第3段彩陶

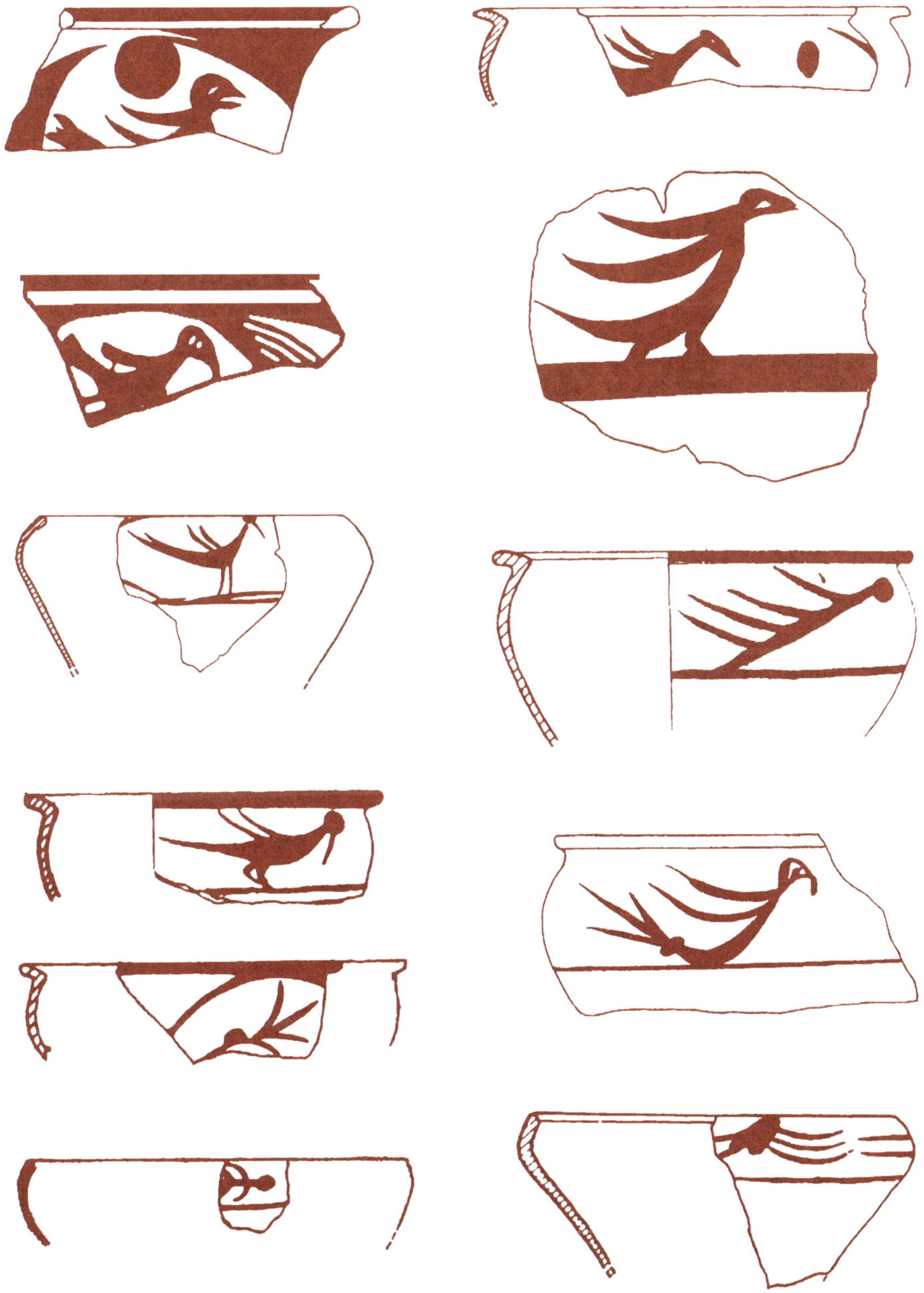

1-3-1-7 陕西华县泉护村遗址第3段彩陶

发掘者在报告中对各类器形的演变及彩陶纹饰的风格，有比较详细的描述，下面是简单的摘录：

彩陶盆：早期容积较大，纹饰繁缛，由圆点、弧线、涡纹、弧形三角等组合而成，其中纹饰疏朗者似属更早期的风格。象生图案比较写实，略显呆板。中期容积变小，纹饰母题仍为圆点、弧线、涡纹与弧线三角等，但纹饰线条细化，遒劲流畅，旋式“勿”字纹普遍。象生图案有写意趋向，生动逼真。晚期容积也不大，纹饰少且简单，多为涡纹和人字纹。象生图案更为简化，已不见写实表现手法。

彩陶钵：早期纹饰多由圆点、弧线、弧边三角和垂帐纹等组合而成，象生图案中的鸟形以写实为主，兼有写意，图形逼真生动。晚期纹母题多斜线、三角线和人字纹，象生图案趋于简化。

彩陶罐：早期容积较小，纹饰简单，色彩深黑。晚期容积变大，纹饰趋于草率，母题为上下对置的弧形三角纹、铁锚纹等，色彩浅淡。

发掘者对彩陶变化总的描述是：彩陶由刻意用工、规整简朴，至繁缛瑰丽而趋于简单草率，象生图案由写实生动而为抽象简化。

1997 年 7 至 12 月，陕西考古研究所对华县泉护村遗址又进行了较大规模的发掘，出土彩陶数量也不少，资料刚刚正式公布[1]。发掘区正好处于第一次发掘Ⅰ、Ⅳ与Ⅲ工区之间，发掘总面积约为 2500 平方米。发现庙底沟文化时期的遗迹基本都是灰坑，彩陶都出土于这些灰坑。

这次发掘所见彩陶，主要也是绘于钵、盆和罐等泥质陶器的

[1] 陕西省考古研究所等：《华县泉护村：1997 年考古发掘报告》，文物出版社，2014 年。

上腹和口沿部，多为黑彩，有极少的紫红彩，也都是以地纹表现方式为主。“纹样主要由圆点、弧线、弧形三角、涡纹、斜线等构成各种图案，黑彩或紫红彩构成的多组连续分布相同单元的图案施于彩陶盆或钵上”。

发掘者将泉护村的庙底沟文化遗存分为三期，与第一次发掘划分的三段应当是大体吻合的。一期的陶器主要有尖底瓶、葫芦口瓶、罐、盆、钵、瓮等，还有器盖、灶、釜等。其中瓶、盆、钵、瓮等多为泥质陶，罐类多为夹砂陶，陶色以红陶为主，部分器类如瓮等则以灰陶居多。二期主要陶器和一期相比变化不大，某些器类如器盖数量增多，晚段陶质开始变粗，出现较多黄褐陶、褐陶等。三期主要陶器器类有尖底瓶、葫芦口瓶、罐、盆、钵、瓮等，部分器类如器盖数量减少，彩陶数量也明显减少，陶质均较粗，陶色偏黄。

陶器主要有尖底瓶、葫芦口瓶、罐、盆、钵、瓮、灶、器盖等，其中罐的数量最多，所占比例达 30% 左右。其次是盆和钵，一至三期盆和钵所占比例分别为 24.4%、22.44%、16.99%，20.46%、20.86%、28.99%。尖底瓶数量也不少。

以出土彩陶而论，一期彩陶较多，基本都是黑彩，有少量白地紫红彩。彩陶以陶盆所占比例最多，图案繁复，彩陶钵也不少。钵上所绘主题多为西阴纹，纹样少有变化，另外也见到一些叶片纹和圆点纹。也有很少的网格纹和花瓣纹，纹饰单元之间插绘有隔断。

在浅腹盆上绘出的大单旋纹非常严谨，作为衬底的黑色填绘得比较饱满，构图特别匀称。单旋纹的旋心都缀有圆点，纹样的接点处也常常以圆点为饰。也有的盆上绘双旋纹与单旋纹组合，以圆盘形纹作附加装饰，衬底的黑色同样也填绘得比较饱满。

值得注意的是，这次的发掘也发现一例简体鱼纹，纹样仅存鱼尾的中部，发掘者只是说它具有半坡文化风格，并没有辨认出来。这例鱼纹的鱼尾外侧上下勾勒有边线，属于年代较早的一期文化。加上前次的发现，泉护村发现的简体鱼纹彩陶已有两例，数量虽然较少，却也显得非常重要。

浅腹盆上最多见到的是那种结构显得松散的双旋纹组合，虽是显得较为散漫，但线条却相当流畅，它的严谨好像是隐藏起来了。盆沿上一般也都绘四分五分式纹样，将圆形变出矩形效果来。

深腹盆和浅腹盆上的纹饰好像并无严格的区分，多是一些繁复的旋纹组合，有的则有更多的附加元素，叶片与圆盘形是最常见的元素。多元素的融入，使得纹饰的内涵更加丰富，让我们现在的解释也更为困难。

比较特别的是，在一件陶器的内底绘有一幅蛙纹，绘法与鸟形相似，都是一个轮廓，蛙体用黑彩填满。另有两件器盖满绘花瓣式图案，分别为三分式和四分式构图，布局均衡对称。

二期遗存丰富，出土彩陶数量较多，也都是以盆和钵为多。钵上所绘纹饰大多比较简练，一般以一种元素作二方连续构图。采用最多的是西阴纹，也都是比较简单的西阴纹，细部没有明显变化。彼此的区别一般只是单元纹饰的长短，还有隔断上的细小不同。个别器物上的西阴纹单元图案并不等长，似乎是在绘制时没有把握好布局，也许会有其他含义也不可知。只在个别情况下，西阴纹与其他如叶片纹混合组成图案，这在其他地点也是极少见到的例子。

钵上还有数例象生的鸟纹，有立鸟纹、也有飞鸟纹，都是比较写实的图形，绘作剪影样式，首足分明。也有个别简化的鸟纹，以圆点代替头形，身体也省却了，只剩下一对翅膀。还有一些不能确定的“似鸟纹”，在别处不曾见到过。

二期钵上还见到较多的圆点组合纹饰，圆点常常两两一组，装饰在器物两侧，风格洗练。有时这样的圆点也与其他元素组合，纹饰布局比较疏朗。此外还有叶片纹组合和花瓣纹组合，构图也都不是太复杂。还见到一例磨线式的斜行平行线组合，也是少见的发现。

各类盆上的纹饰一般都绘得较为饱满，构图也比较繁复。最精彩的还是单旋纹与双旋纹组合，另有圆盘形等作附加元素。有一例盆沿绘出四分式构图，可以看出画工有过精心的度量设计。也有几例敛口盆是以单旋纹作主体纹饰，以复彩绘成，在其他地点很少见到。

少数盆绘制复杂的双旋纹与单旋纹纹组合，附加元素较多，有的在其他地点不曾见到过。有一例单双旋纹组合绘制非常严谨，衬底的黑色较为浓重，整体风格显得相当沉稳。也见到单纯的双旋纹二方连续构图，没有附加元素，只是在旋心位置缀有圆点，显得非常利落。

同样是双旋纹与单旋纹纹组合，在有的盆面上绘得较为松散，附加元素也较少，纹饰留白明显多于着彩处，布局不似上述双旋纹与单旋纹纹组合纹饰严谨，色调显得较为明亮。沿面也见到四分式布局纹饰，但有的划分并不均等，略显草率。

盆类绘制最多的是一种较为纯粹的双旋纹，是一种结构松散的双旋纹。一般是采用三个双旋纹元素为一组，连接成二方连续图案，旋心都缀有圆点。沿面装饰有二分式也有四分式图案，线条非常流畅。这种双旋纹盆多到近 20 件，可见它是一种非常流行的纹饰，不同的器物上绘出的图案构图相同，风格接近，有的似乎出自同一人之手。

不多的几件深腹盆，有的绘变形的双旋纹，有的绘变体四瓣式花瓣纹，有的则绘着某类简化的动物纹。还有几件深腹罐，都绘着圆盘形纹组成的二方连续图案，不用附加元素作衬托，这在其他地点也是很难见到的。有一件绘得比较草率，构图接近于四瓣式花瓣纹。

此外还有数件器物由于残破过甚，纹饰构图不易判明，其中有一件用叶片纹作多重叠加，构图别具一格。

三期遗存发现较少，彩陶相对数量也较少，纹饰也以简略的构图为主，绘制也显得粗率一些。盆罐上的纹饰，还是以旋纹为多，也有一些前所未见的图案，只是因为陶片比较破碎，暂时还不能复原纹饰的全貌。当然也有少数器物上的纹饰绘得相当精致，有的双旋纹与单旋纹组合构图特别规整，即使放在前两期中看，也是难得的精品。倒是二期中最流行的那种松散式的双旋纹，在这时不再容易见到了。

这一期有几件深腹盆与罐的纹饰很值得一提。一件深腹罐上腹绘两列茧形图案，另有一件深腹盆绘有立鸟纹，与立鸟纹组合在一起的是圆点与枝蔓纹，这在其他地点都没有发现过。还有一件深腹盆。绘圆点与弧形组合，两两相对的弧形正好衬托出一块悬璧的图形，悬璧用双线悬挂着，这是很精彩的构图，也是很难得的发现。

在三期的钵上，有几件都绘出了鸟形，没有发现写实的鸟形，都是一些变体简化的鸟形。最值得注意的是报告中提到两件钵都绘着面对面翔飞的对鸟纹，这两件钵出自同一个遗迹单位，大小形制相同，纹饰风格也相同，有理由相信它们原本是同一件器物，是在复原时误分作两件了。

钵上的纹饰还能见到西阴纹，也有圆点纹、叶片纹、对三角纹、双点穿圆纹和网格纹等。网格绘得较为稀疏，与前期所见明显不同。

从彩陶上的鸟纹看，一般绘在各式钵上，绘在相对的两侧，都是侧视的剪影图像。一期没有发现鸟纹彩陶，二期有立鸟纹、飞鸟纹，都是比较写实的图形，也有简化的鸟纹。三期依然有写实的鸟纹，同时也有简化鸟纹，新见一种面对面翔飞的对鸟纹很有特点（图 1–8~26）。

泉护村遗址第二次发掘获得的彩陶，整体看来纹饰内容并没有太多新的类型，但数量大大增加，这也使得这个遗址成为出土庙底沟文化彩陶最丰富的地点之一，对于深化研究很有帮助。

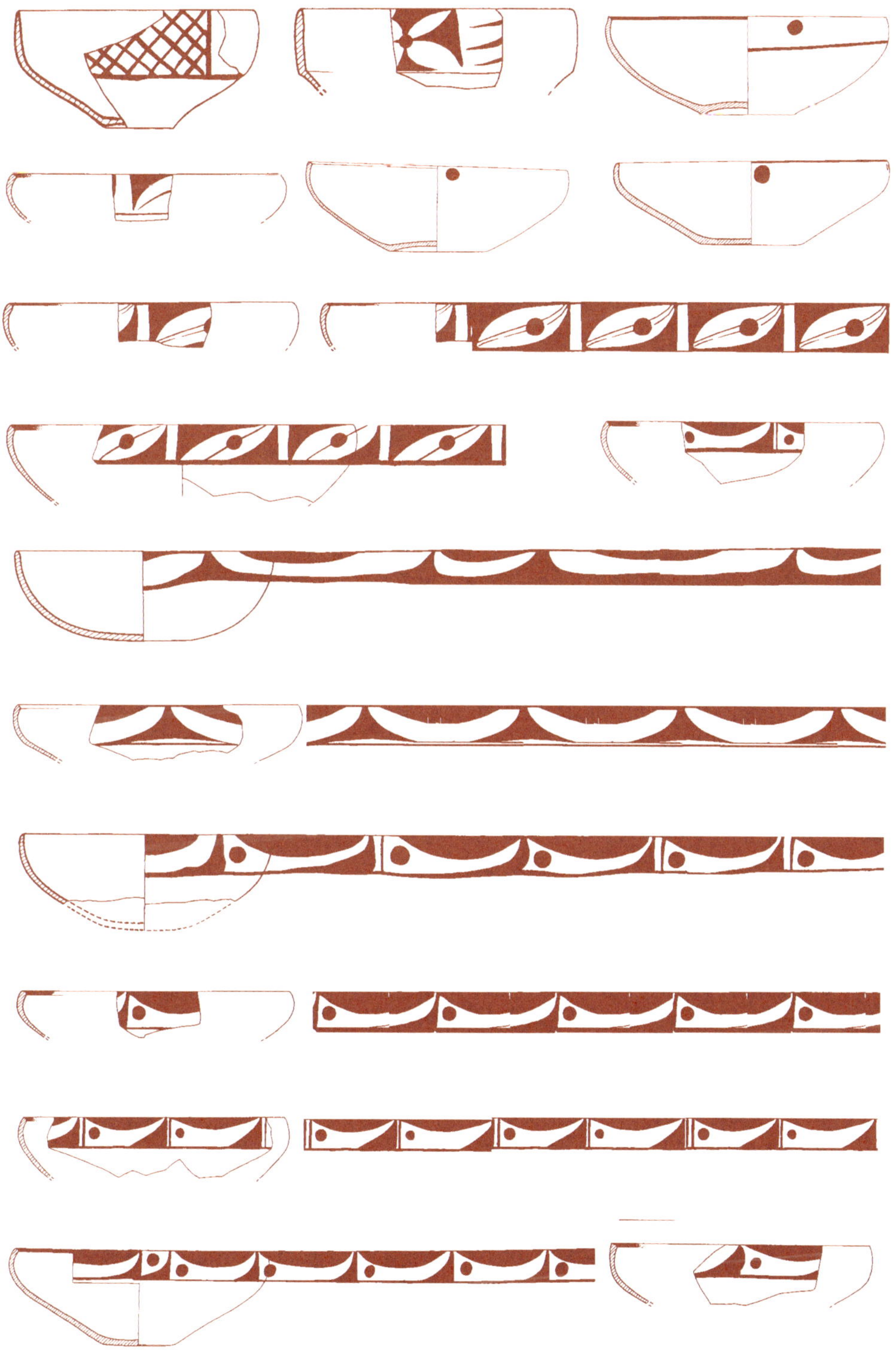

1-3-1-8 陕西华县泉护村遗址一期彩陶

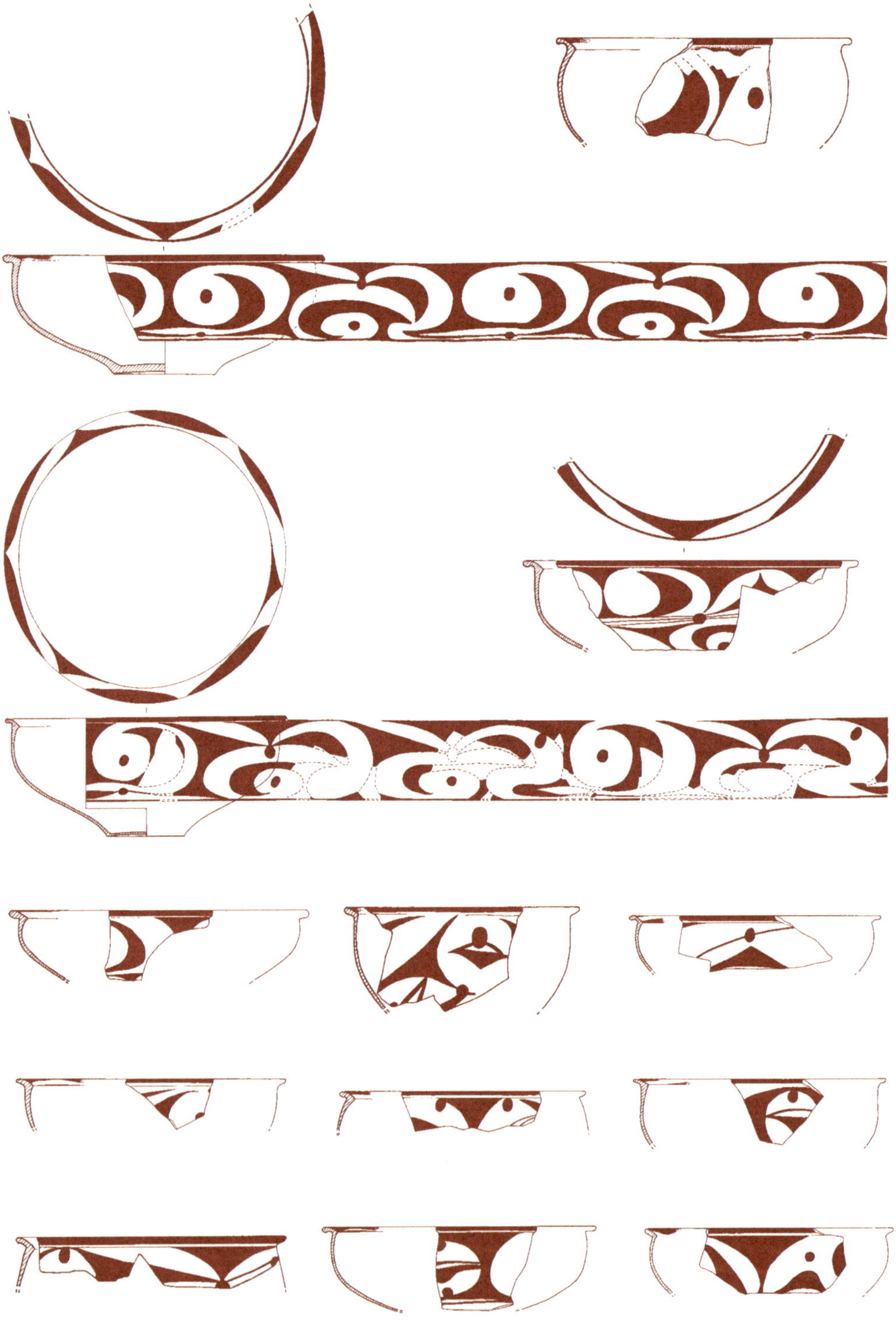

1-3-1-9 陕西华县泉护村遗址一期彩陶

1-3-1-10 陕西华县泉护村遗址一期彩陶

1-3-1-11 陕西华县泉护村遗址一期彩陶

1-3-1-12 陕西华县泉护村遗址一期彩陶

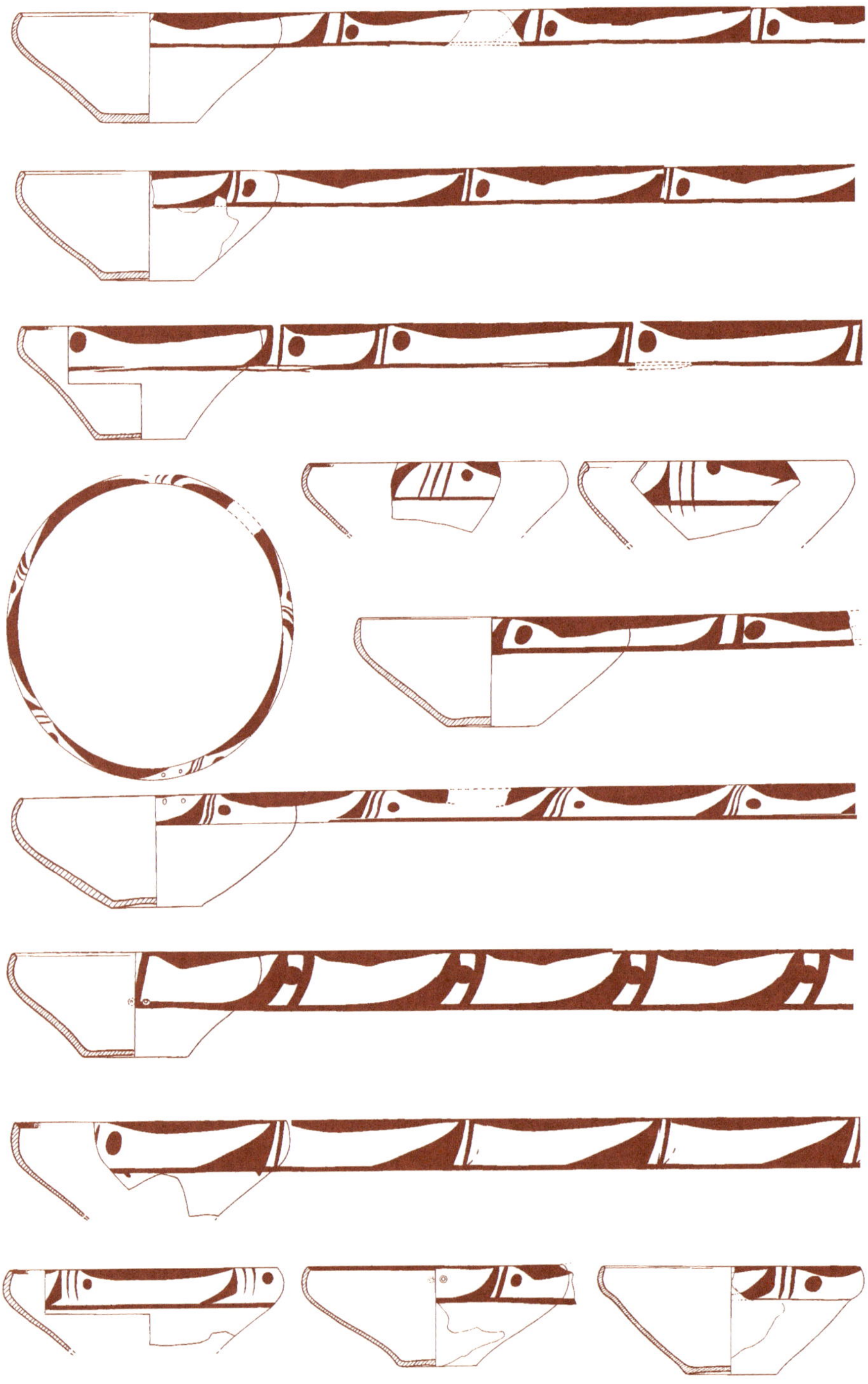

1-3-1-13　陕西华县泉护村遗址二期彩陶

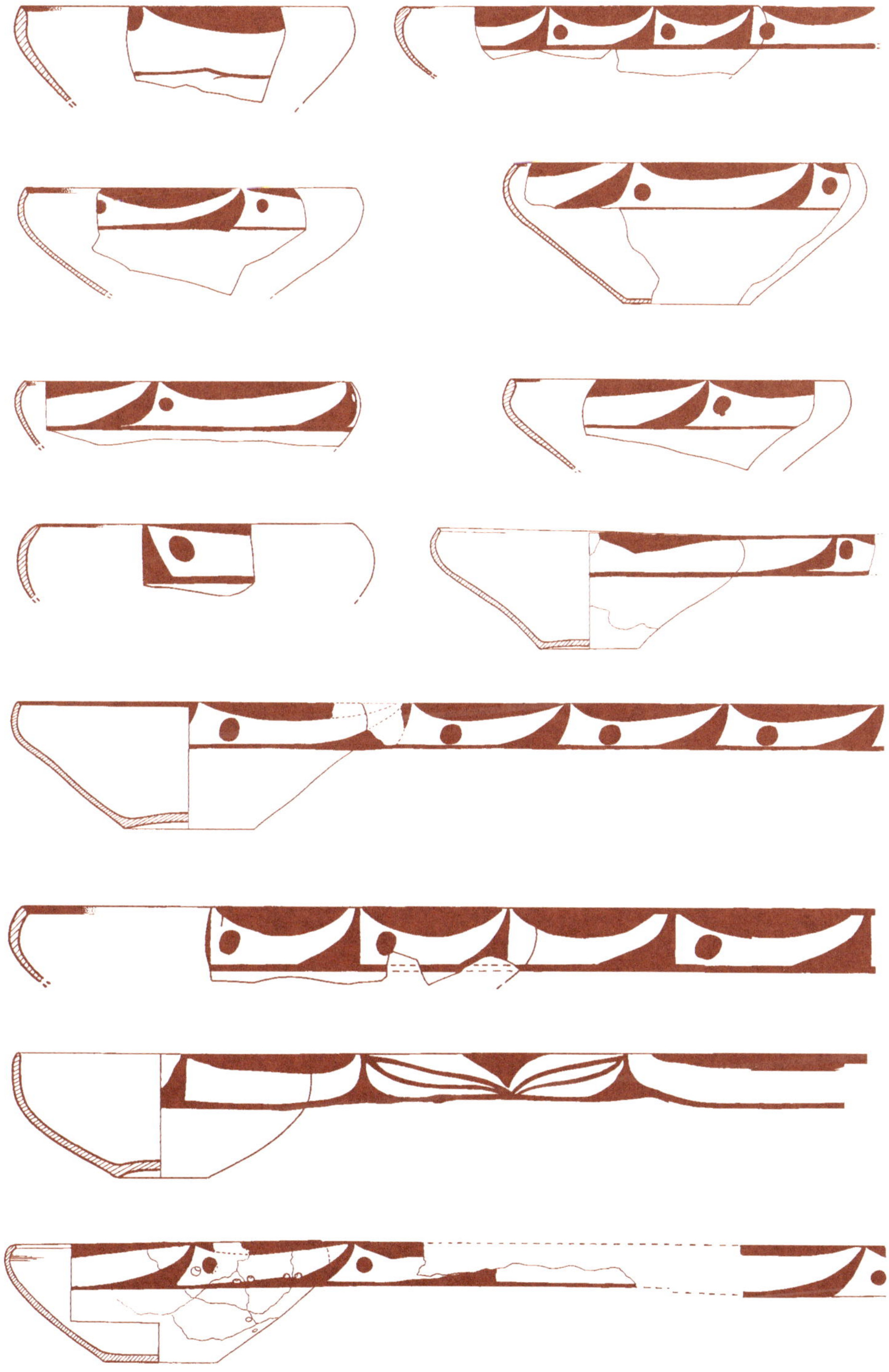

1-3-1-14 陕西华县泉护村遗址二期彩陶

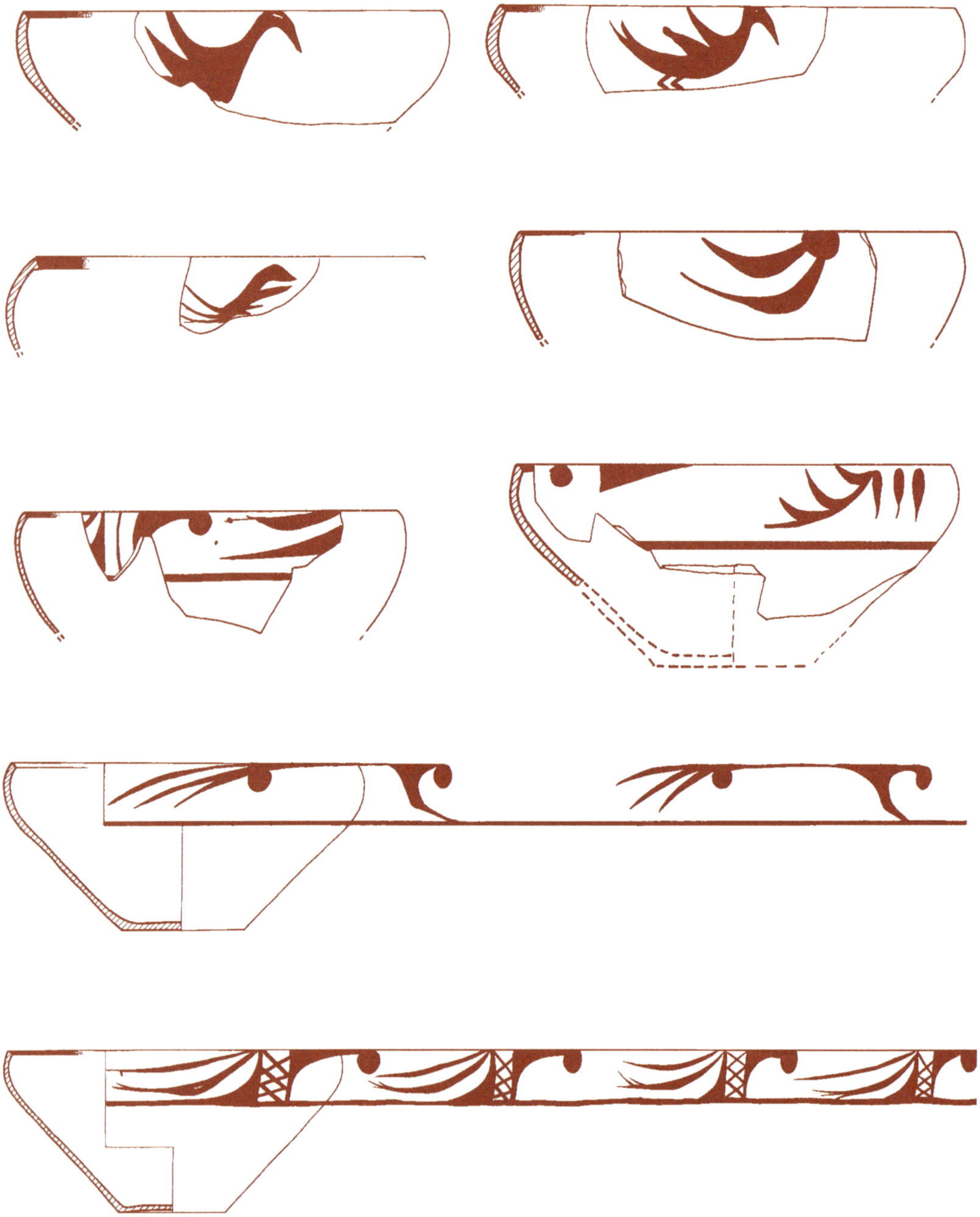

1-3-1-15　陕西华县泉护村遗址二期彩陶

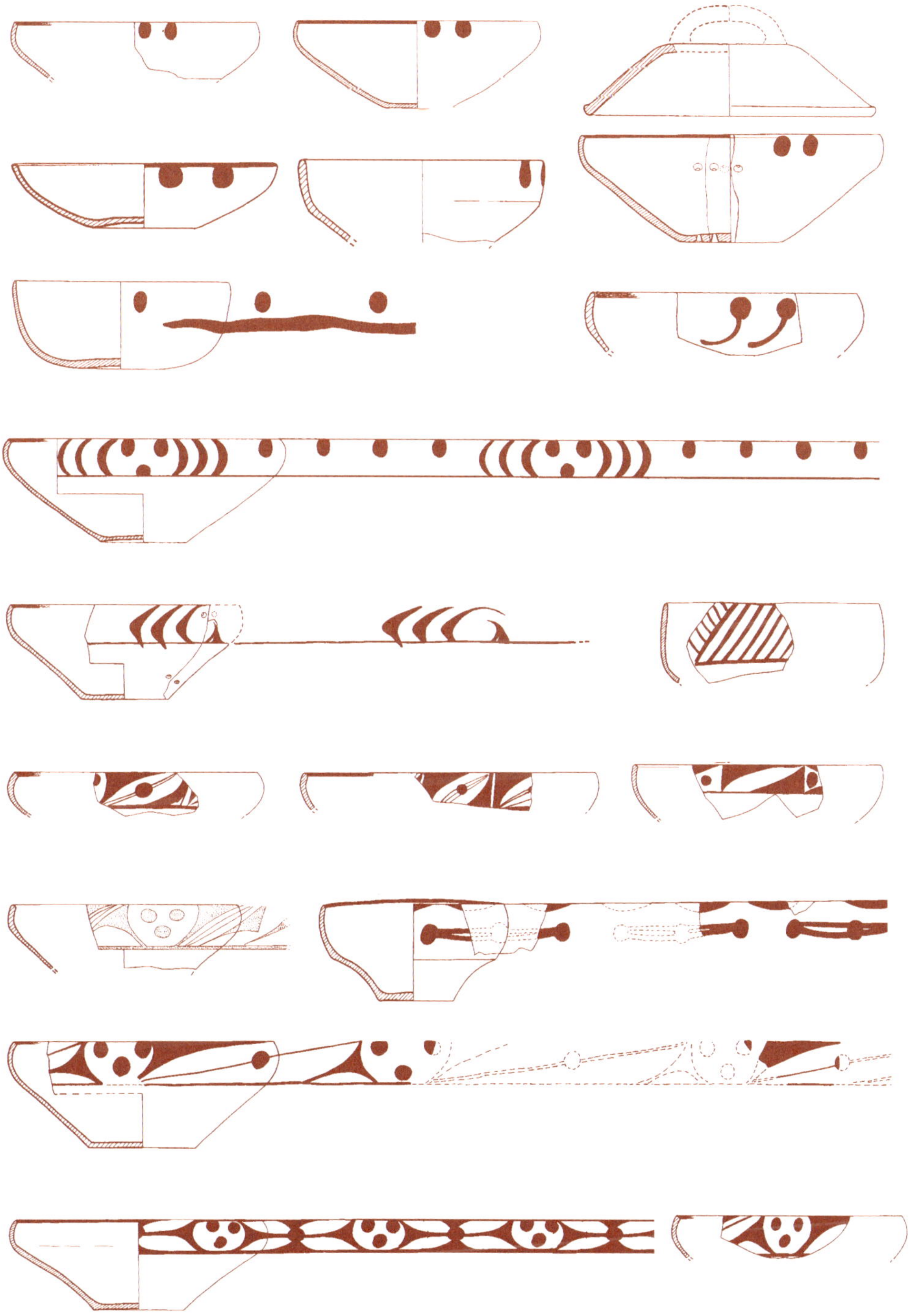

1-3-1-16 陕西华县泉护村遗址二期彩陶

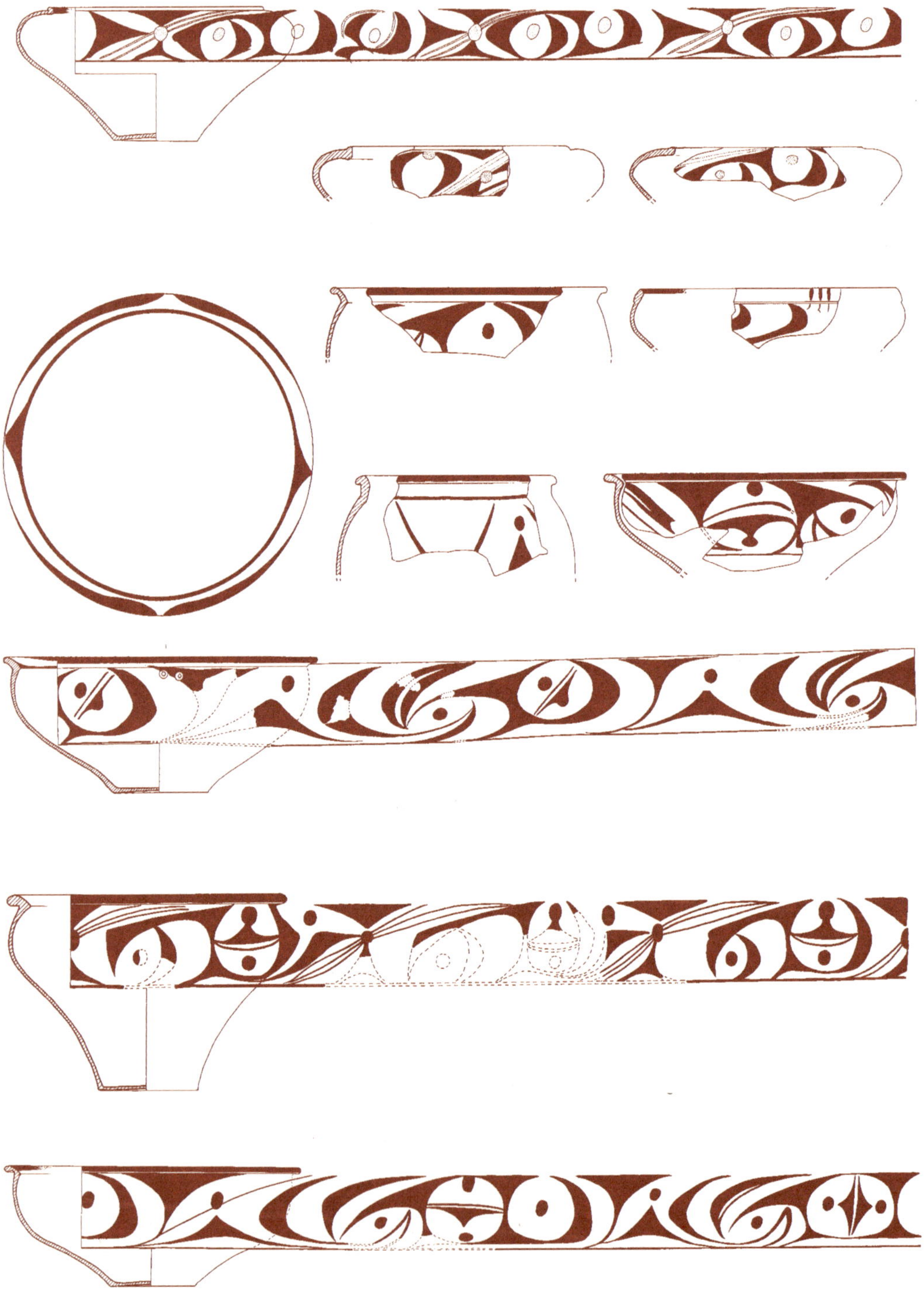

1-3-1-17 陕西华县泉护村遗址二期彩陶

1-3-1-18 陕西华县泉护村遗址二期彩陶

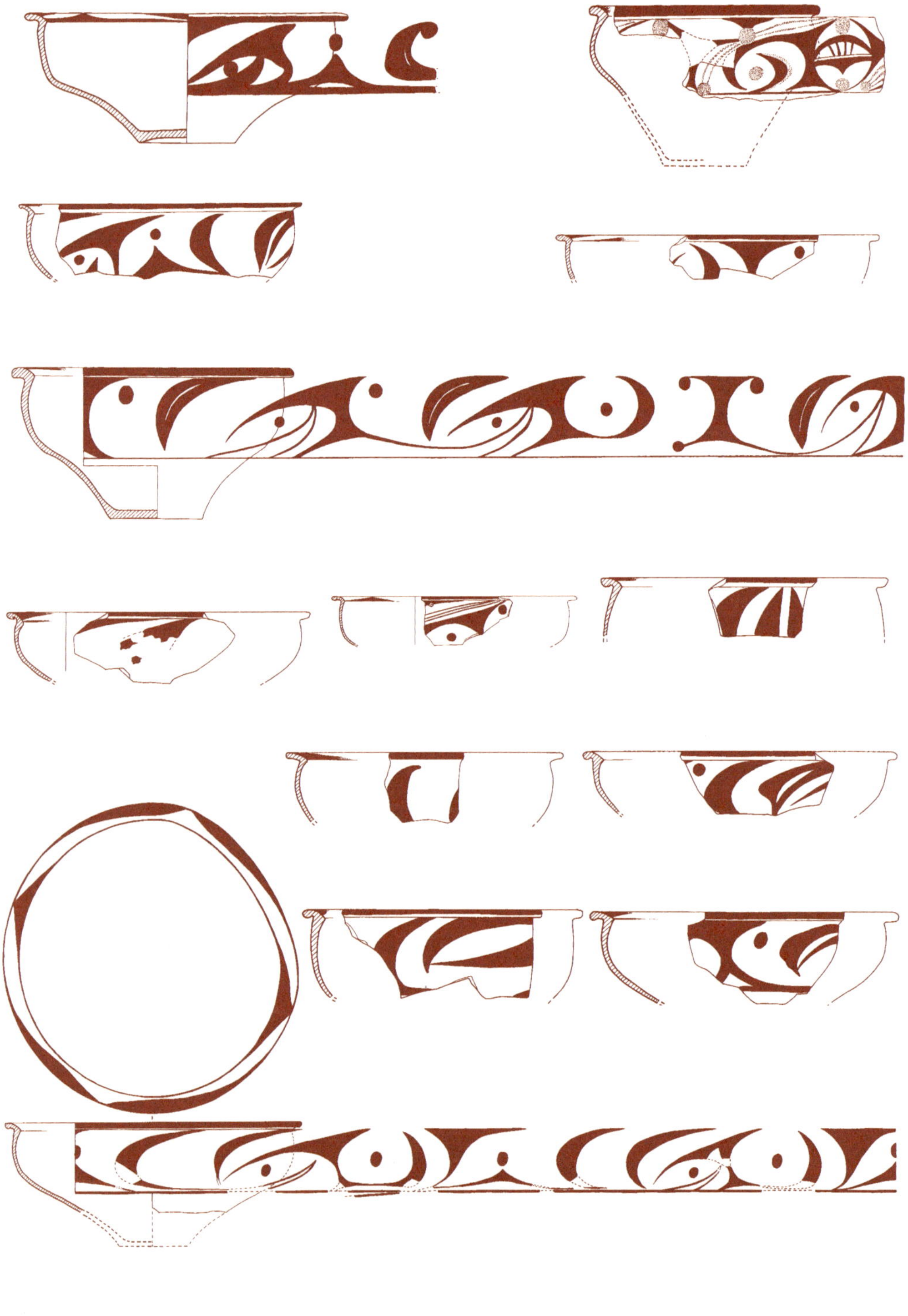

1-3-1-19 陕西华县泉护村遗址二期彩陶

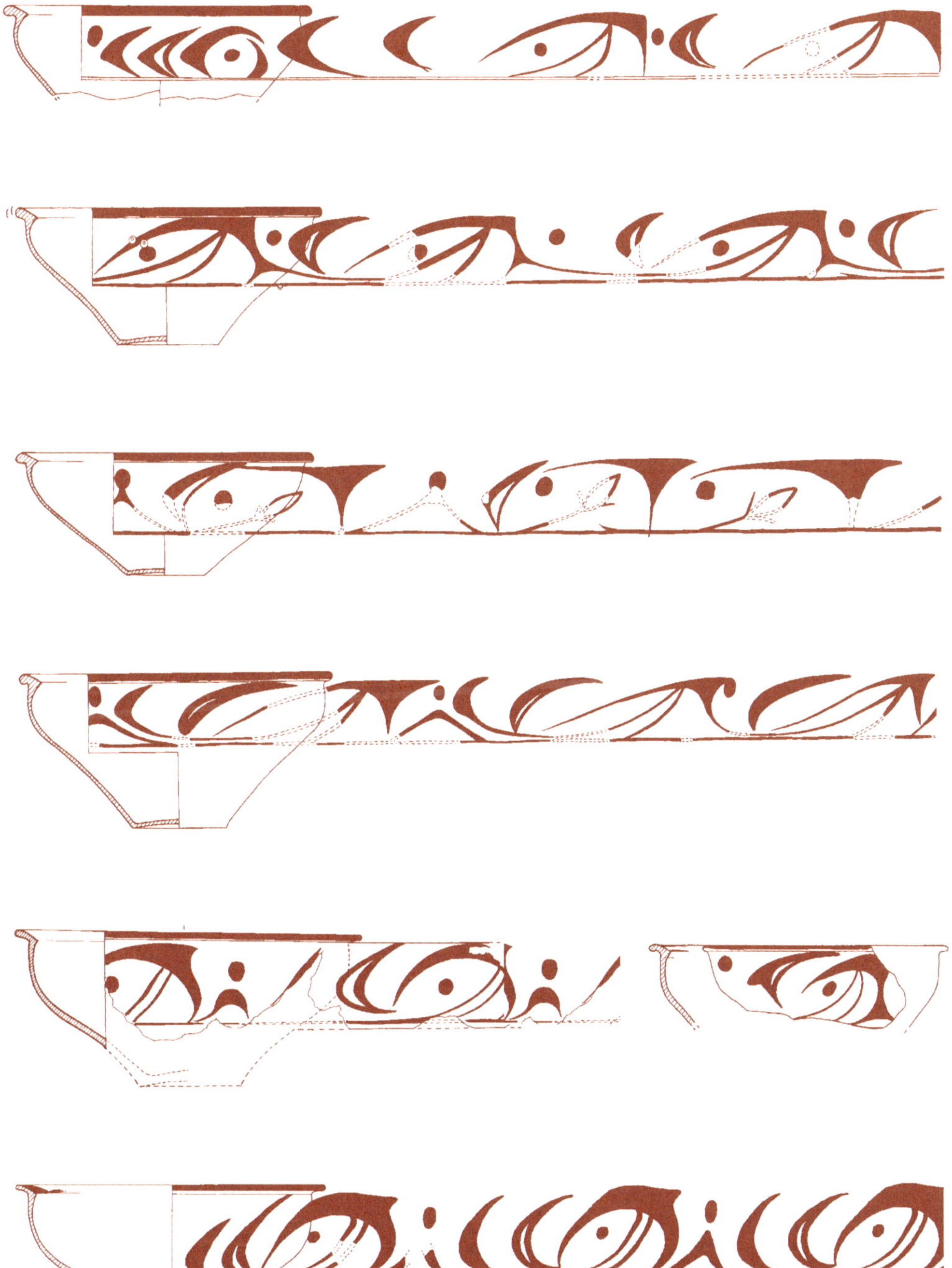

1-3-1-20 陕西华县泉护村遗址二期彩陶

1-3-1-21 陕西华县泉护村遗址二期彩陶

1-3-1-22 陕西华县泉护村遗址二期彩陶

1-3-1-23　陕西华县泉护村遗址三期彩陶

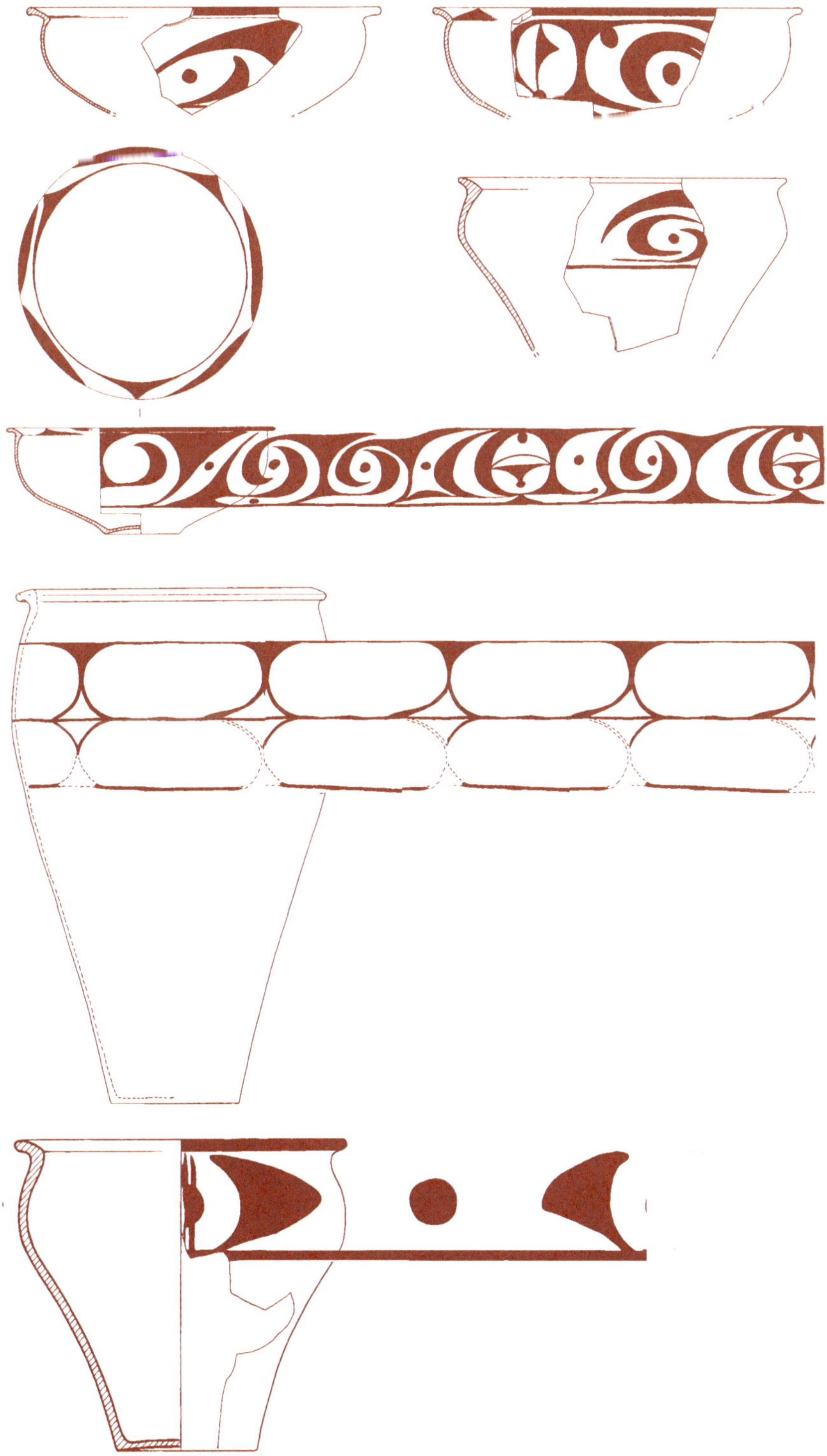

1-3-1-24 陕西华县泉护村遗址三期彩陶

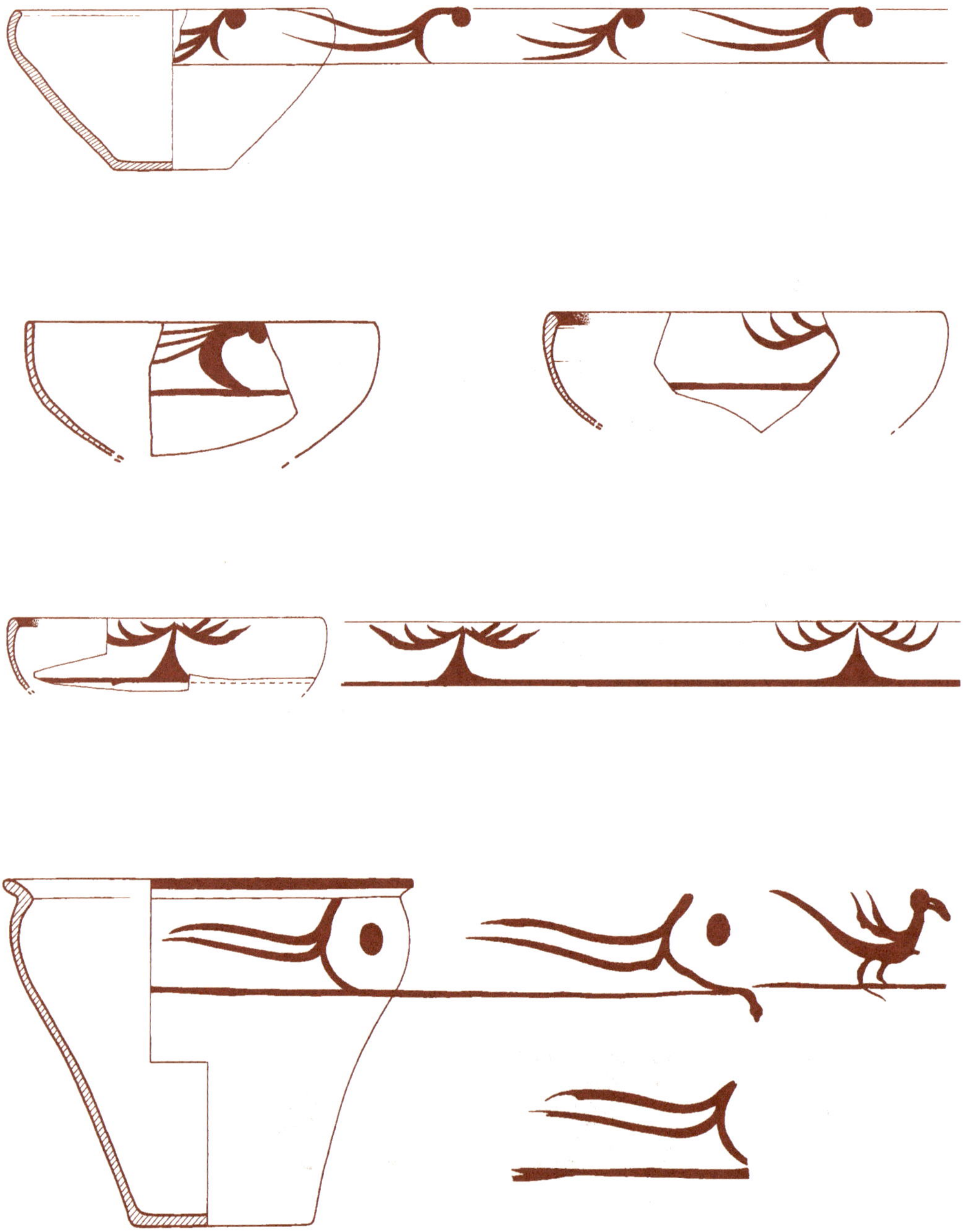

1-3-1-25　陕西华县泉护村遗址三期彩陶

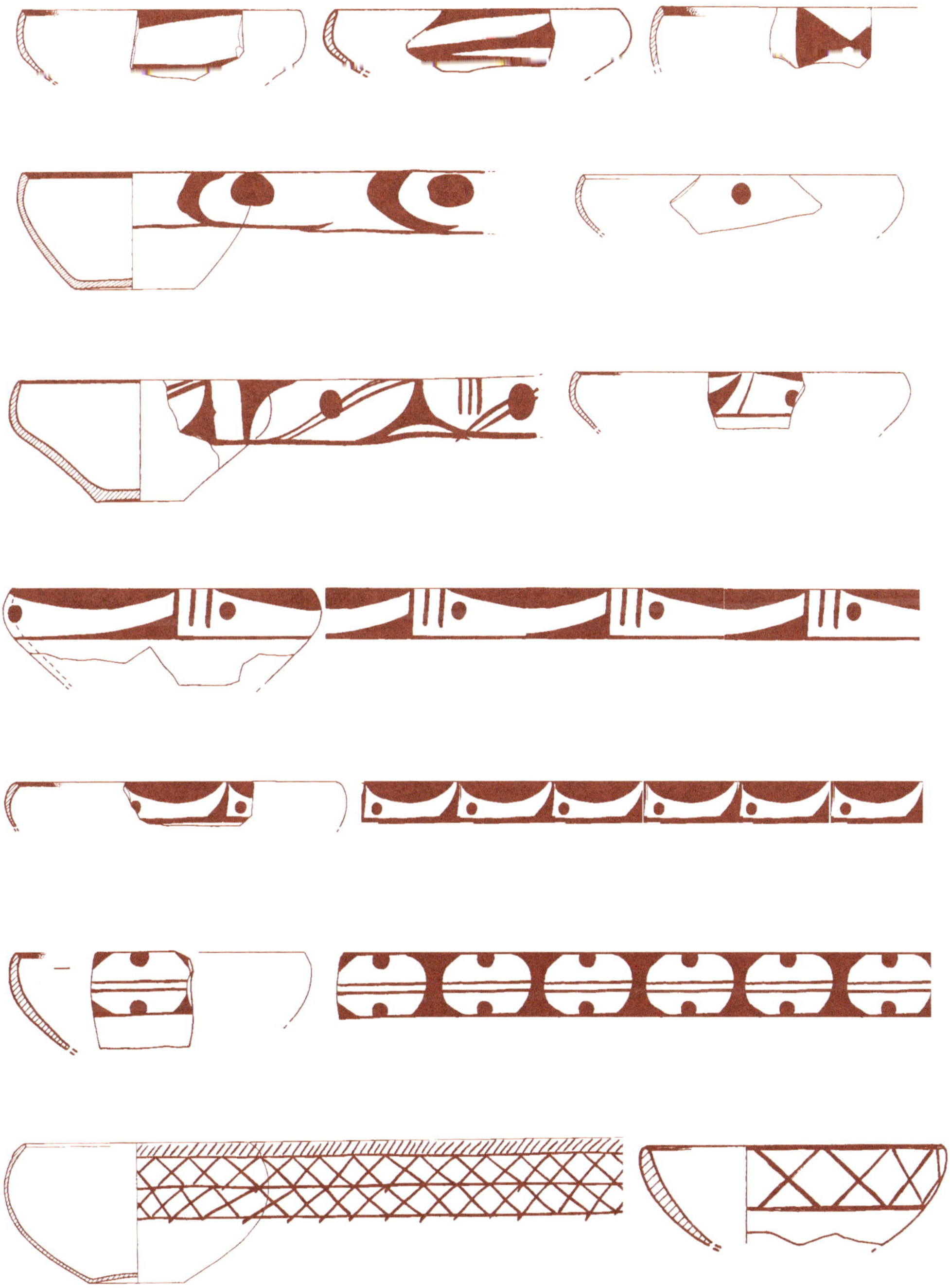

1-3-1-26 陕西华县泉护村遗址三期彩陶

2 宝鸡福临堡遗址

宝鸡福临堡遗址面积 18 万平方米，1984~1985 年由宝鸡市考古工作队和陕西省考古研究所宝鸡工作站联合发掘，发掘面积 1344 平方米，揭露的遗迹有房址、陶窑、灰坑和墓葬。遗址分属庙底沟和西王村文化，还发现了一个介乎二者之间的过渡层次，45 座墓葬属半坡文化[1]。

福临堡遗址出土庙底沟文化彩陶，只见盆钵两类，其他器形不见施彩的情形（图 1–3–2–1）。绘彩也都仅限于器口和上腹部，没有见到内彩。以黑色彩为主，少见红彩，常见圆点纹、弧线纹、弧边三角纹和网格纹，构成多变的几何形图案，有叶片纹、“西阴纹”和旋纹（图 1–3–2–2）。

彩陶中不见象生类纹饰，但有在圆圈内绘三圆点状似人面的图案，为他处所少见（图 1–3–2–3）。

[1] 宝鸡市考古工作队等：《宝鸡福临堡——新石器时代遗址发掘报告》，文物出版社，1993 年。

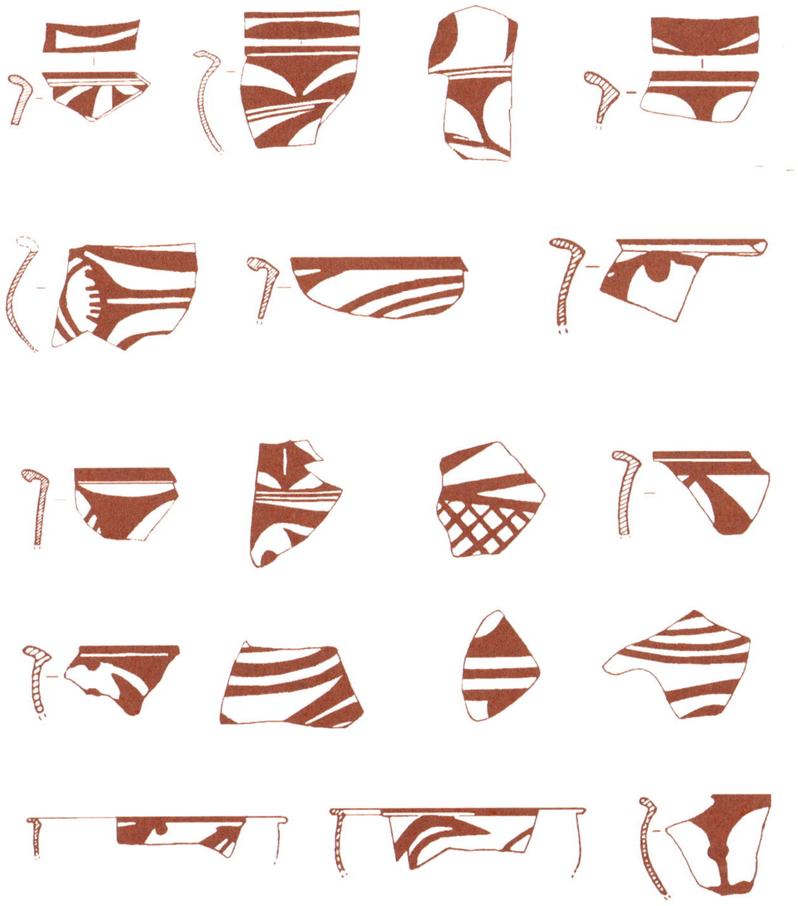

1-3-2-1 陕西宝鸡福临堡遗址彩陶

1-3-2-2 陕西宝鸡福临堡遗址彩陶

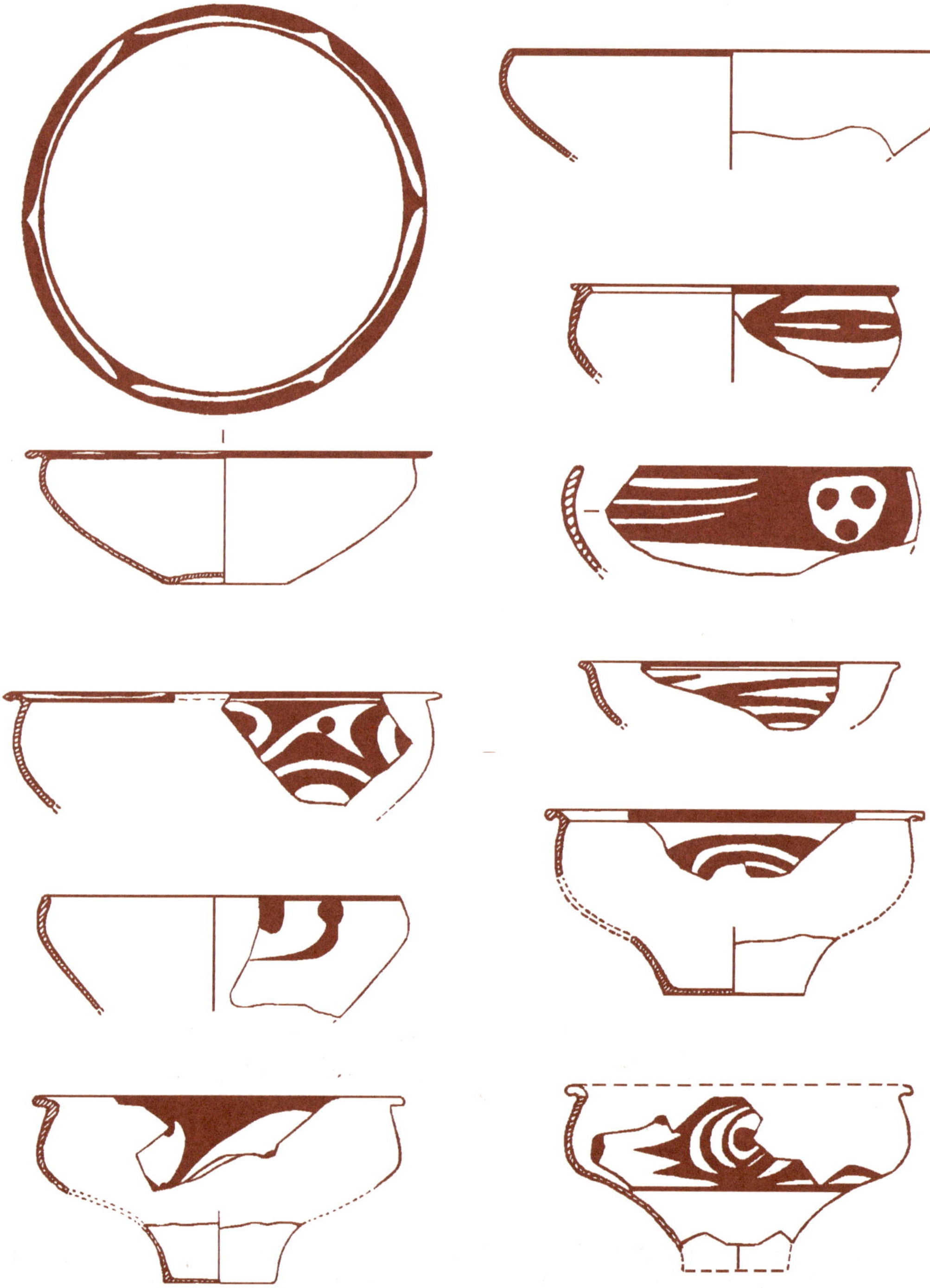

1-3-2-3　陕西宝鸡福临堡遗址彩陶

3 扶风案板遗址

扶风案板遗址面积 70 万平方米，1984~1993 年发掘 2732 平方米，上层为龙山文化堆积，下层为庙底沟文化，仰韶文化堆积分属庙底沟和西王村时期，发现有作为祭仪使用的大型房址，出土的陶塑人像很有特色[1]。

庙底沟文化层出土彩陶较少，数量只占到 3%。纹饰主要绘于盆钵上腹与口沿部位，纹样由圆点、斜线、直线、弧线、弧边三角构成叶片纹、“西阴纹”和旋纹图案（图 1–3–3–1）。见到不止一例的侧立状态的鸟纹，都作展翅欲飞状。还有一种小圆头长分尾的图案，应当是鱼纹的简化形式（图 1–3–3–2）。

案板遗址在 1997 年由宝鸡市考古工作队再次发掘，发掘面积 300 平方米[2]。主要为庙底沟文化堆积，彩陶多黑彩，少量白彩和红彩，多绘在盆钵口沿和外腹部位，主要有圆点纹、弧线纹、三角勾叶纹，组成的图案有叶片纹、花瓣纹和旋纹，还见到典型的侧立状态的鸟纹（图 1–3–3–3）。

[1] 西北大学文博学院考古专业：《扶风案板遗址发掘报告》，科学出版社，2000 年。

[2] 宝鸡市考古工作队：《陕西扶风案板遗址（下河区）发掘简报》，《考古与文物》2003 年 5 期。

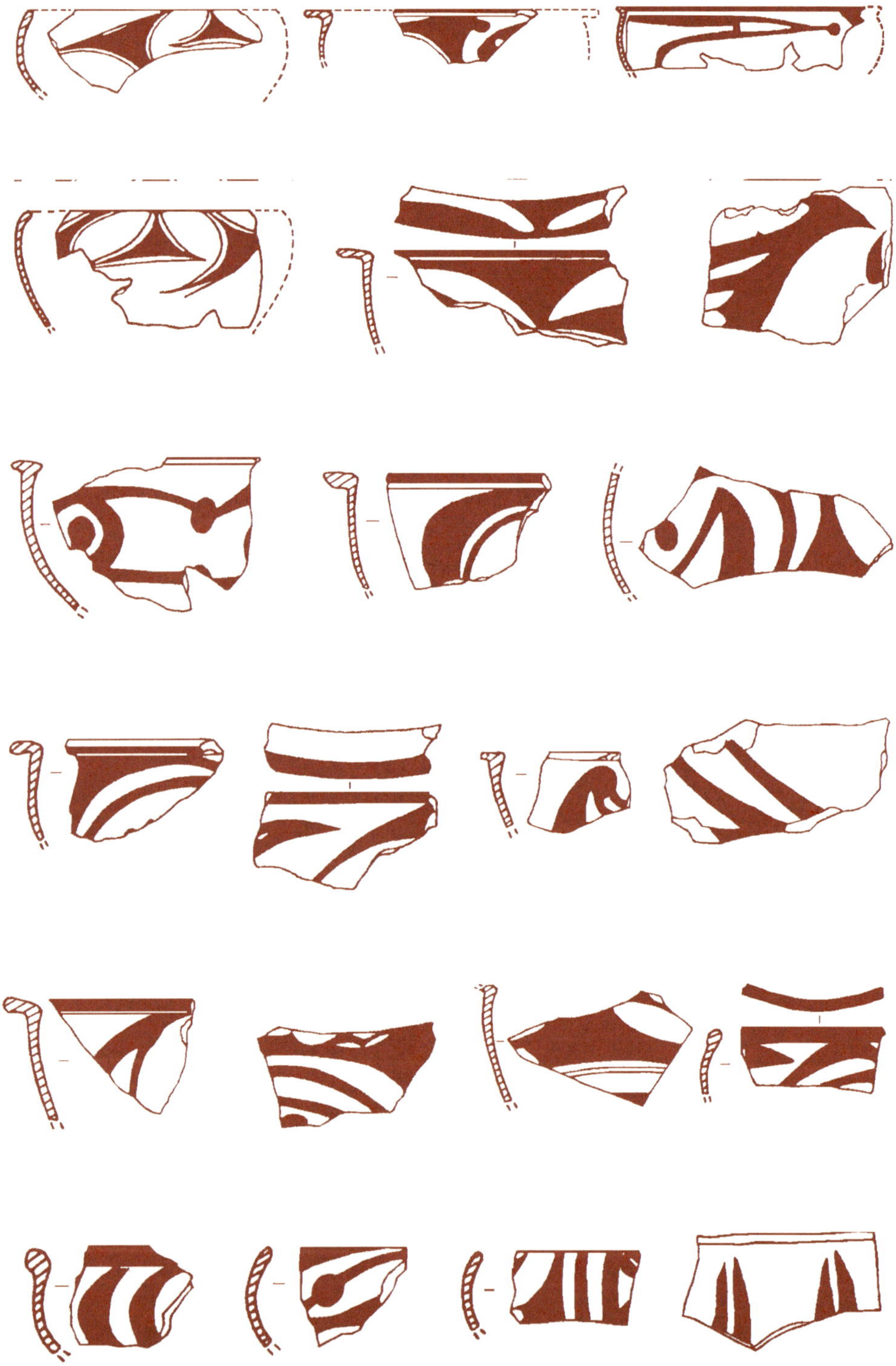

1-3-3-1　陕西扶风案板遗址彩陶

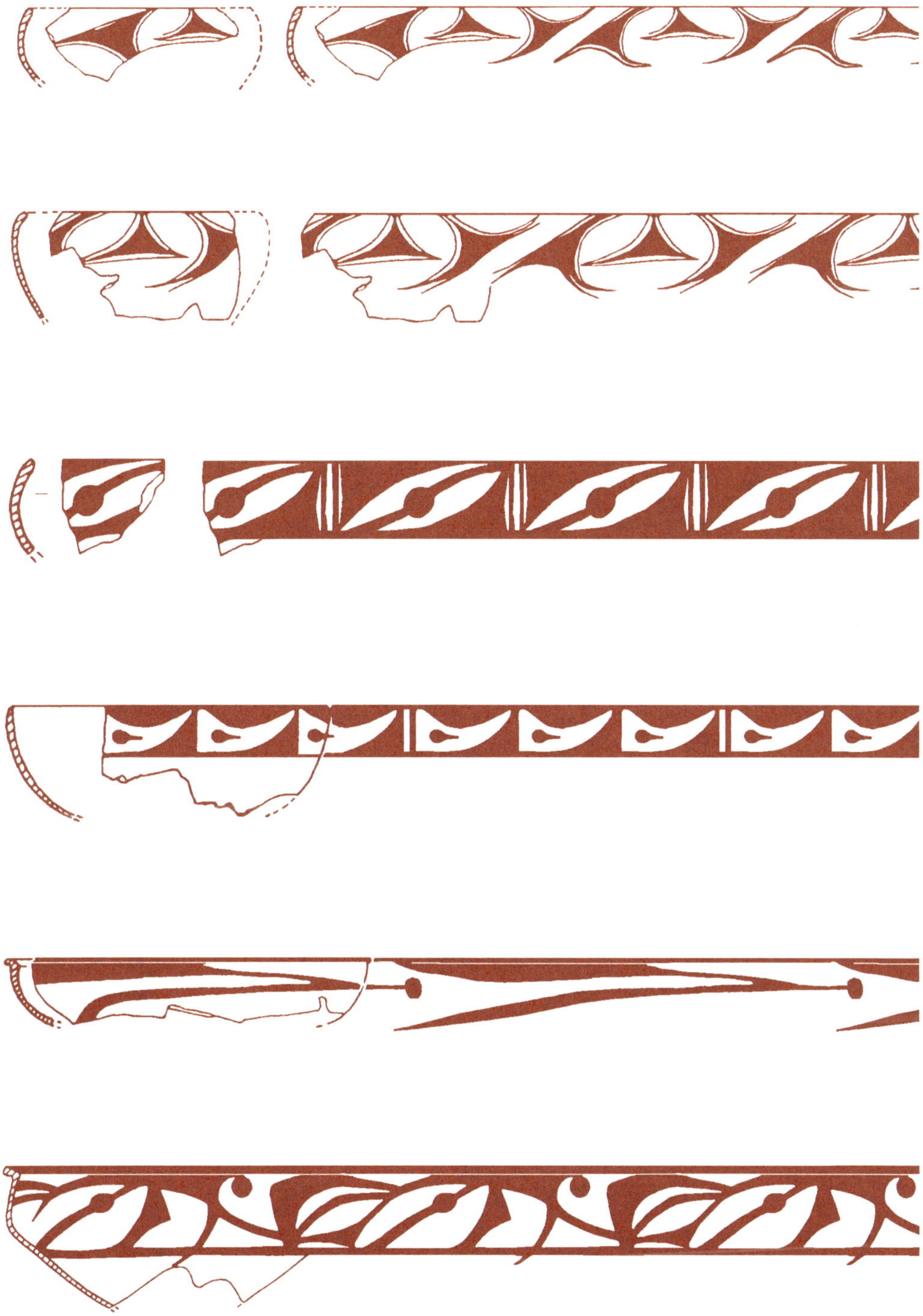

1-3-3-2 陕西扶风案板遗址彩陶

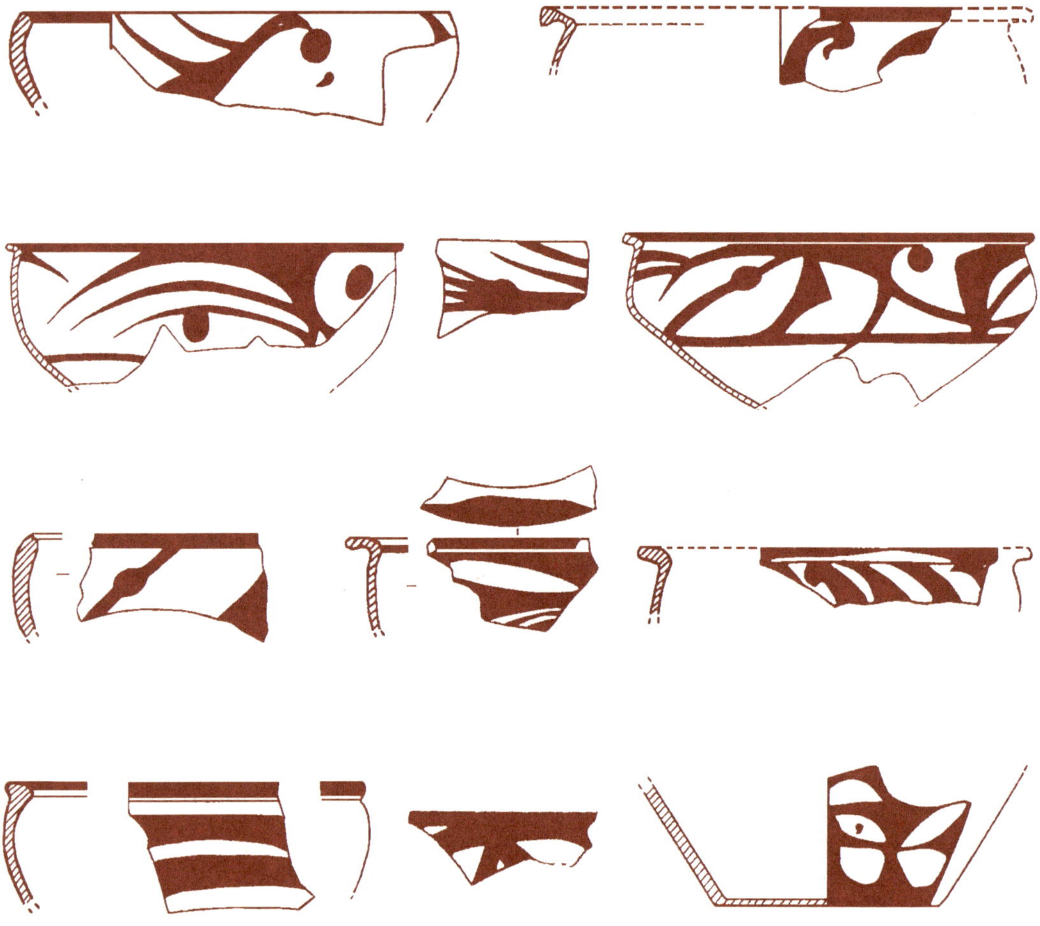

1-3-3-3　陕西扶风案板遗址（下河区）彩陶

4 华阴西关堡遗址

华阴西关堡遗址面积 92 万平方米，是较早发现的面积最大的庙底沟文化遗址，1957 年黄河水库考古队发掘 500 平方米[1]。

西关堡发现一定数量的彩陶，绘彩颜色以黑色为主，很少用红色，有少量白衣彩陶。由圆点、钩叶、弧线三角、曲线、方格纹构成的几何图案，在钵上多构成网格纹和折线纹，也有叠弧纹。更多见到的是风格较为接近的“西阴纹”，一件陶钵上绘双排“西阴纹”，是少有的发现（图 1–3–4–1）。

在盆上多构成花瓣纹和旋纹，见到复杂的单双旋图案组合，纹饰绘制非常精细（图 1–3–4–2）。在一件豆形器上，绘有白衣花瓣纹，画工非常细致，这样的豆形器在庙底沟文化极少见到（图 1–3–4–3）。

西关堡有少量鸟纹和蛙纹类动物图案。鸟纹为侧飞形状，身体呈长条形，三叉长尾，透出一种灵秀之气（图 1–3–4–4）。

[1] 中国社会科学院考古研究所陕西工作队：《陕西华阴西关堡新石器时代遗址发掘》，《考古学集刊》第 6 集。

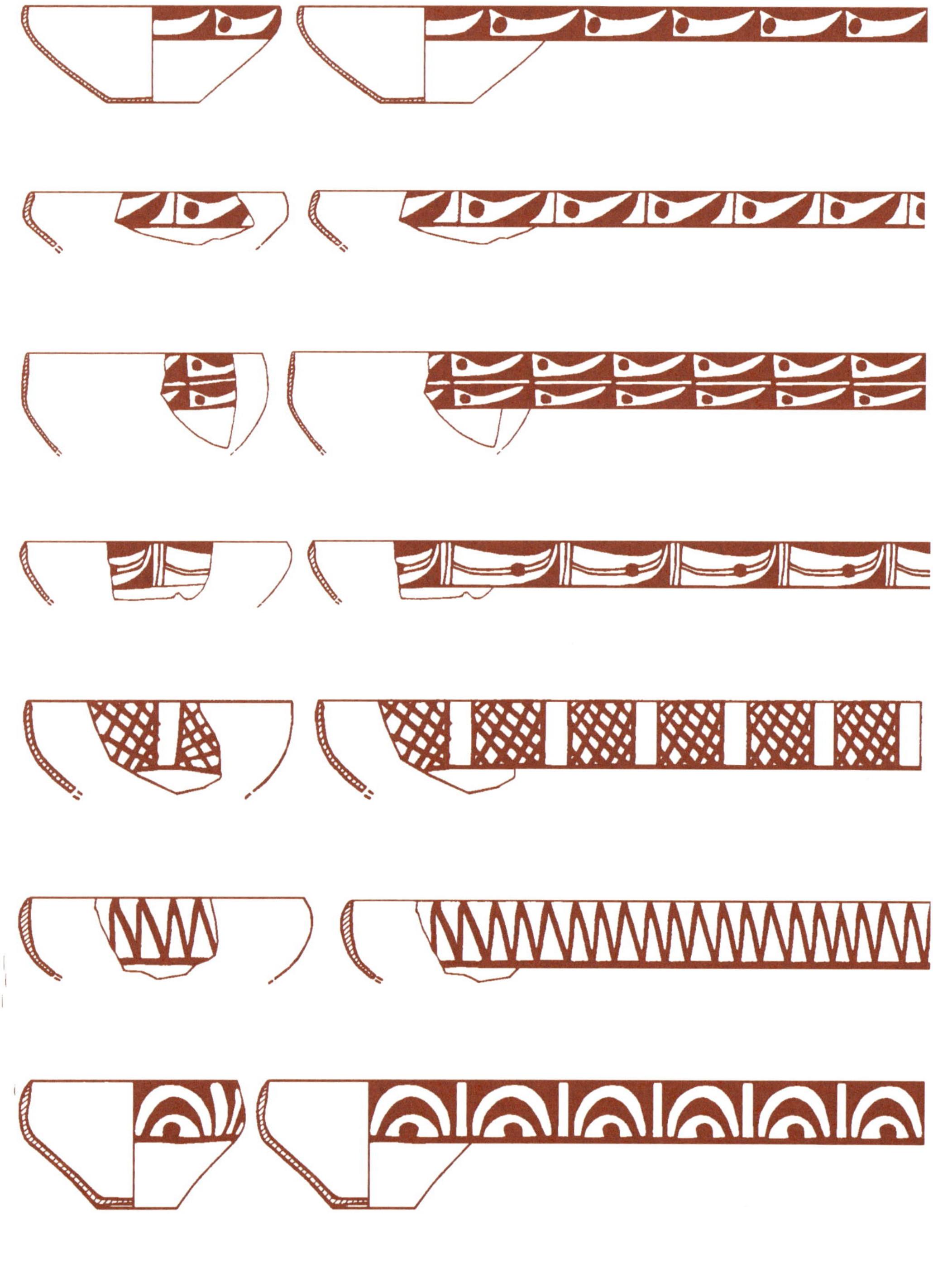

1-3-4-1　陕西华阴西关堡遗址彩陶

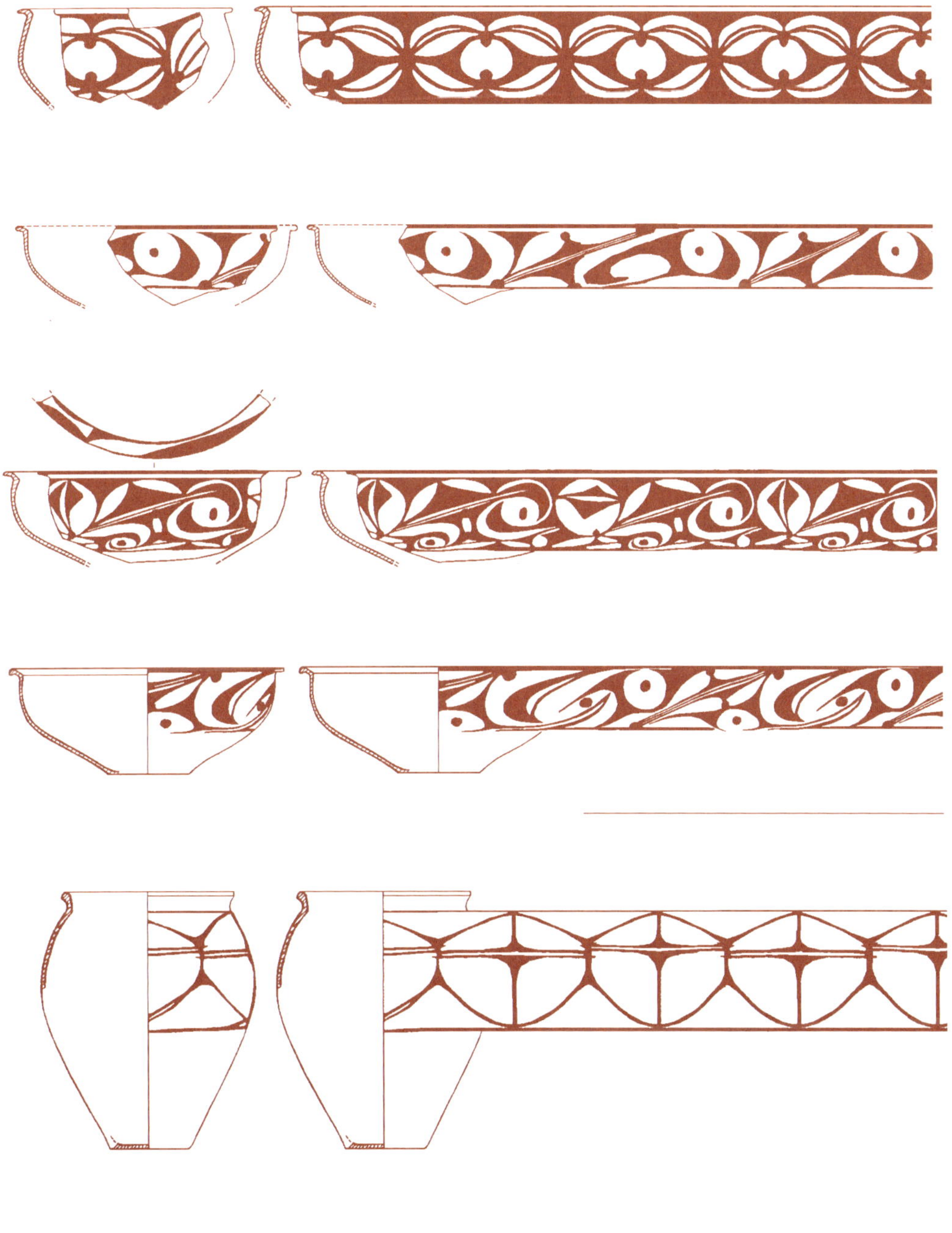

1-3-4-2 陕西华阴西关堡遗址彩陶

1-3-4-3　陕西华阴西关堡遗址彩陶

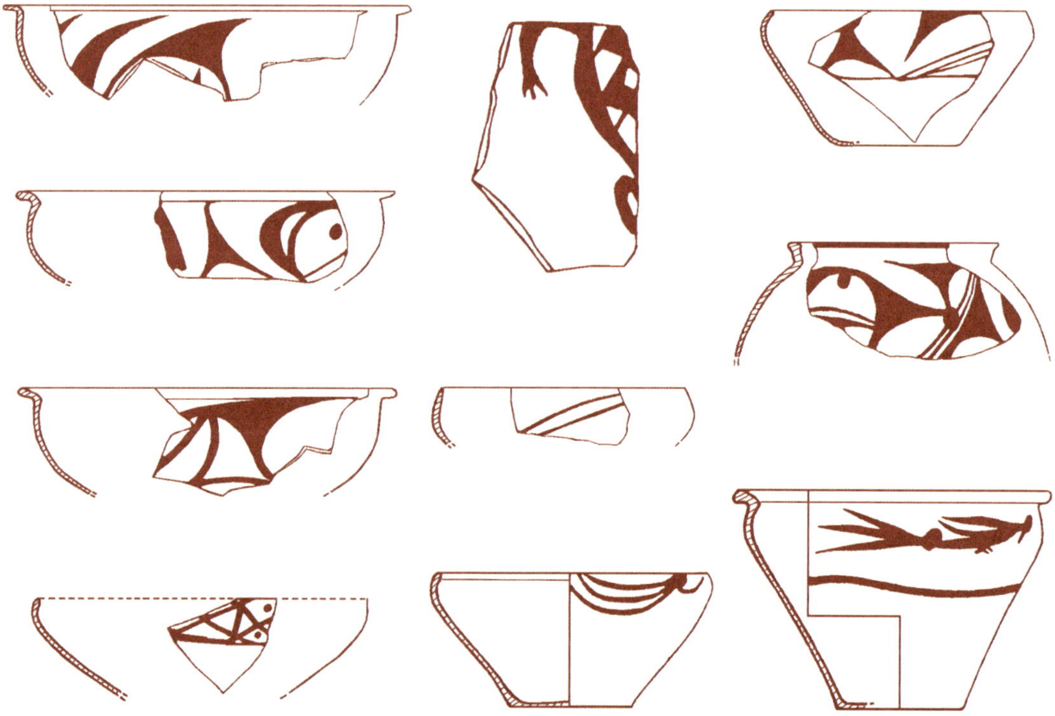

1-3-4-4　陕西华阴西关堡遗址彩陶

西乡何家湾遗址 5

西乡何家湾遗址面积约 1 万平方米，1980~1982 年由陕西省考古研究所进行发掘，发掘面积 1475 平方米。遗址文化堆积下层为李家村文化，中层为半坡文化。发现半坡时期居址 35 座，墓葬 156 座，瓮棺葬 21 座。这是分布在汉水流域的典型半坡文化遗存，出土不少精致的文化遗物。在上层发现庙底沟文化堆积，出土数量较多的彩陶[1]。

何家湾遗址所见庙底沟文化彩陶，以黑彩为主，红彩很少，个别器物上见有白衣。纹样以弧线、钩叶圆点和弧线圆点多见（图 1–3–5–1），也有花瓣纹和“西阴纹”（图 1–3–5–2），还有少量细线纹和网格纹。

值得注意的是，这里的彩陶上还出现了写实的鱼形图案，这在庙底沟文化时期是很难见到的（图 1–3–5–3）。

还要提到的是，何家湾彩陶中也见到图案化鱼纹。有两片彩陶片，因为破碎过甚，留下的线条不容易辨认出原来的纹饰，通过与其他地点的发现比对，我们可以确定那是鱼纹。两片陶片上的鱼纹分为两种，一种与半坡文化的相同，是典型鱼纹。另一种是庙底沟文化独有的纹饰，纹饰高度简化，属于简体鱼纹（图 1–3–5–4）。

[1] 陕西省考古研究所等：《陕南考古报告集》，三秦出版社，1994 年。

1-3-5-1　陕西西乡何家湾遗址彩陶

1-3-5-2　陕西西乡何家湾遗址彩陶

1-3-5-3 陕西西乡何家湾遗址彩陶

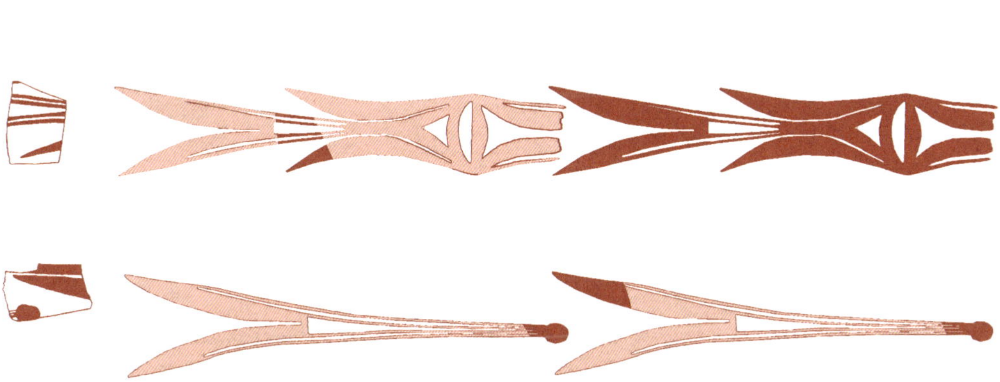

1-3-5-4 陕西西乡何家湾遗址彩陶

6 华阴南城子遗址

华阴南城子遗址面积 21 万平方米，1958 年黄河水库考古队发掘 225 平方米[1]。遗址为比较单纯的庙底沟文化堆积，出土一定数量的彩陶。

南城子彩陶均为黑彩，几何纹有条纹、弧线、三角、钩叶和圆点构成旋纹等（图 1–3–6–1）。纹饰绘制较为精致，有两种以点穿圆的图案很有特点。旋纹中有大单旋纹，还有一例清秀的草叶纹，是他处没有的发现（图 1–3–6–2）。

南城子还见到类似半坡文化彩陶的鱼纹（图 1–3–6–3），也有简化的鱼纹。在庙底沟文化彩陶中少见鱼纹，而南城子的鱼纹具有半坡文化风格，更是少见。这也许由一个点上透露出了遗址年代较早的信息，值得注意。

[1] 中国社会科学院陕西工作队：《陕西华阴南城子遗址的发掘》，《考古》1984 年 6 期。

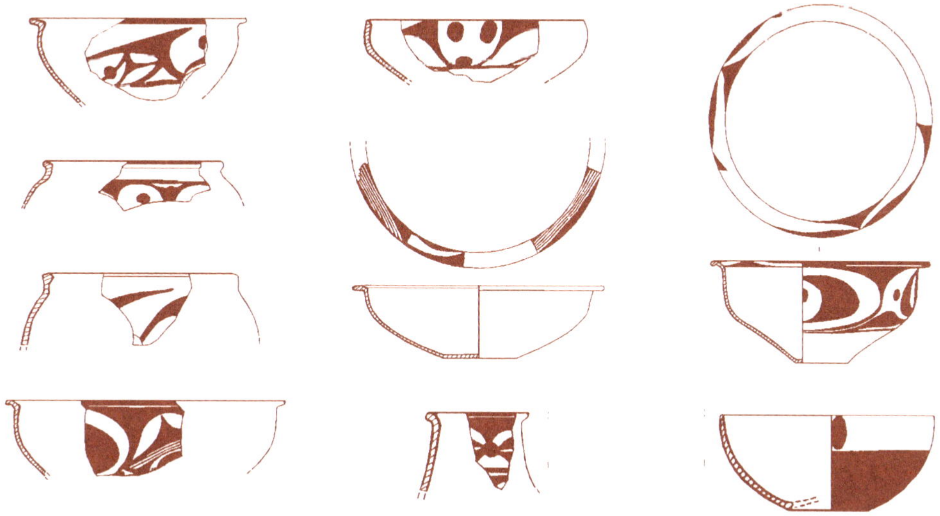

1-3-6-1 陕西华阴南城子遗址彩陶

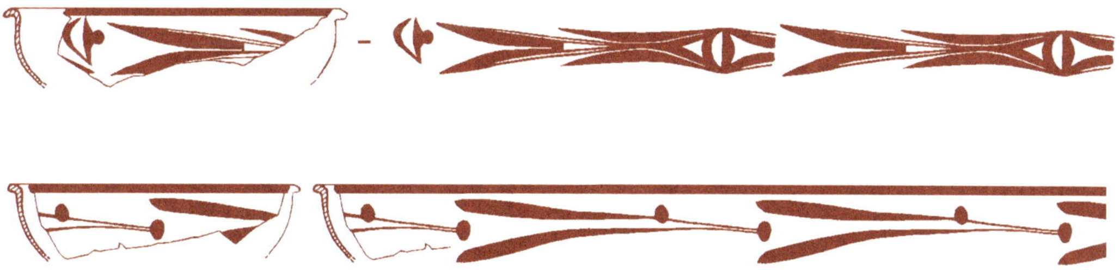

1-3-6-3 陕西华阴南城子遗址彩陶

1-3-6-2　陕西华阴南城子遗址彩陶

陇县原子头遗址 7

陇县原子头遗址面积 30 万平方米，1991~1992 年由陕西省考古研究所与宝鸡市考古队联合发掘 3800 平方米。遗址发现有前仰韶文化堆积，也有半坡文化堆积，第三期为庙底沟文化较早的遗存，发掘者认为相当于半坡向庙底沟文化过渡的中间阶段，出土较多彩陶。第四期相当于庙底沟文化晚期，出土彩陶不多。发掘者认为庙底沟文化彩陶以西部区域年代较早，可能有由西向东传播的趋势，这一点值得关注[1]。

原子头遗址第三期彩陶全为黑彩，彩陶多为盆钵类器。常见"线状黑口彩"（图 1–3–7–1），窄带状的黑彩绘在钵类口沿内，器外无彩。

盆钵上的几何纹可以明确分为两类，一类以圆弧形为主要构图单元，另一类以直线直边形为主要构图单元，组成的纹样风格差别较大。圆弧形图案采用圆点、圆圈、半圆、叶片组合，图案对称，红地与黑色对比分明（图 1–3–7–2）。直线直边形图案常见一种黑白三角形的交叉组合，构图严谨，有时也缀以圆点和叶片纹，于严谨中显出一些生动的气息来（图 1–3–7–3）。

原子头遗址出土的两件彩陶罐，也是难得一见的精品。两件都是用圆点、圆圈、弧边三角和叶片作重复组合，组合成花瓣纹和圆盘形纹，作多层排列，纹样在重叠中显得更加堂皇富丽（图 1–3–7–4）。

此外还见到有变形鱼纹和花瓣纹等，却没有发现典型的旋纹。在几件盆类器上都见到有变形鱼纹，构图相似，不绘眼睛，显现出很强的图案化风格。还有无头鱼纹，在原本应绘鱼头的位置，绘出了没有明显联系的几何图形（图 1–3–7–5）。

原子头遗址第四期彩陶虽然不多，也见到一些比较精致的标本。在盆类器上有站立在圆圈中的鸟纹，属于写实的动物纹。在一件不知名器上绘有变化不一的圆点圆圈纹，给人一种神秘感，可能是权杖头之类的物件。

[1] 宝鸡市考古工作队等：《陇县原子头》，文物出版社，2005 年。

1-3-7-1 陕西陇县原子头遗址三期彩陶

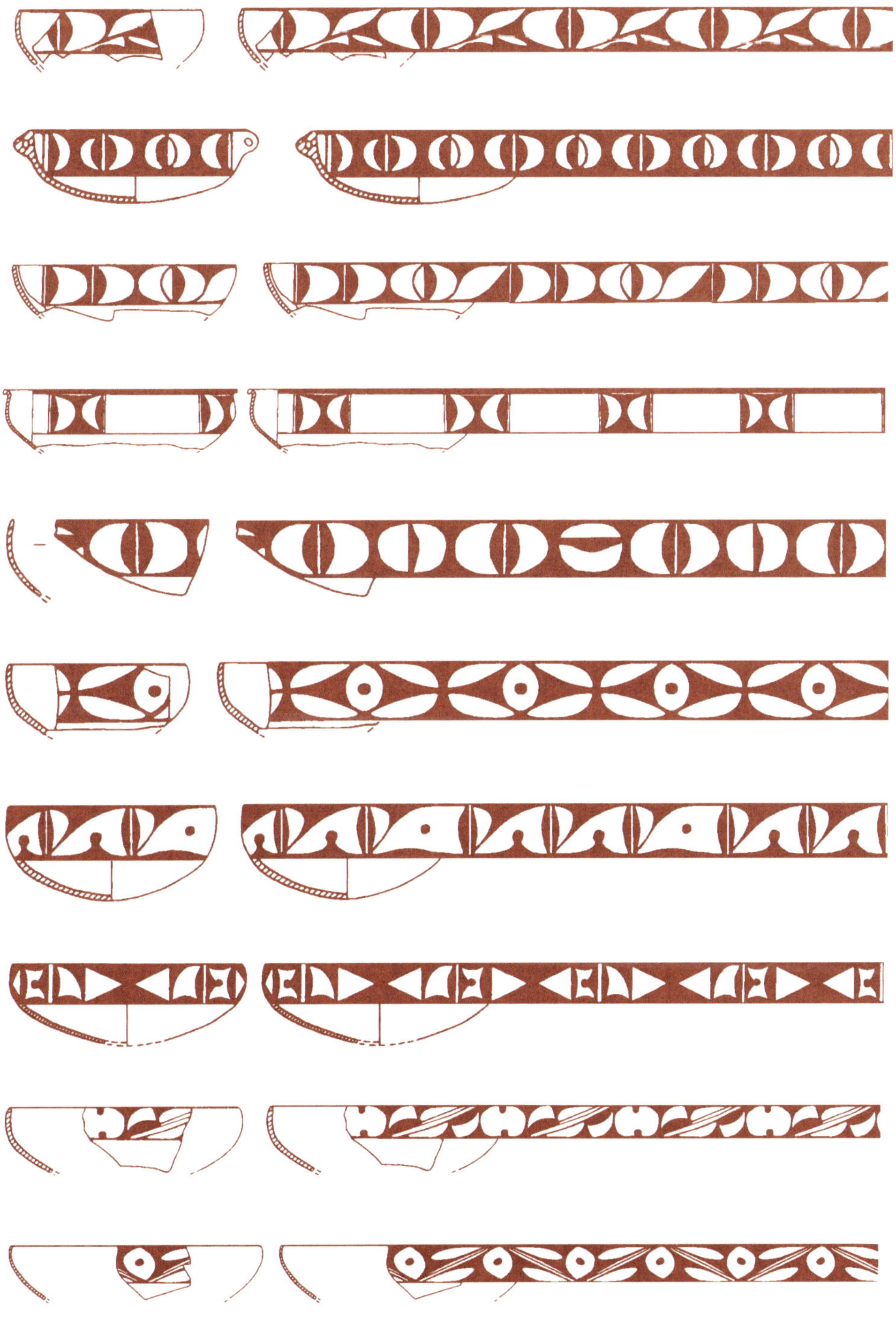

1-3-7-2 陕西陇县原子头遗址三期彩陶

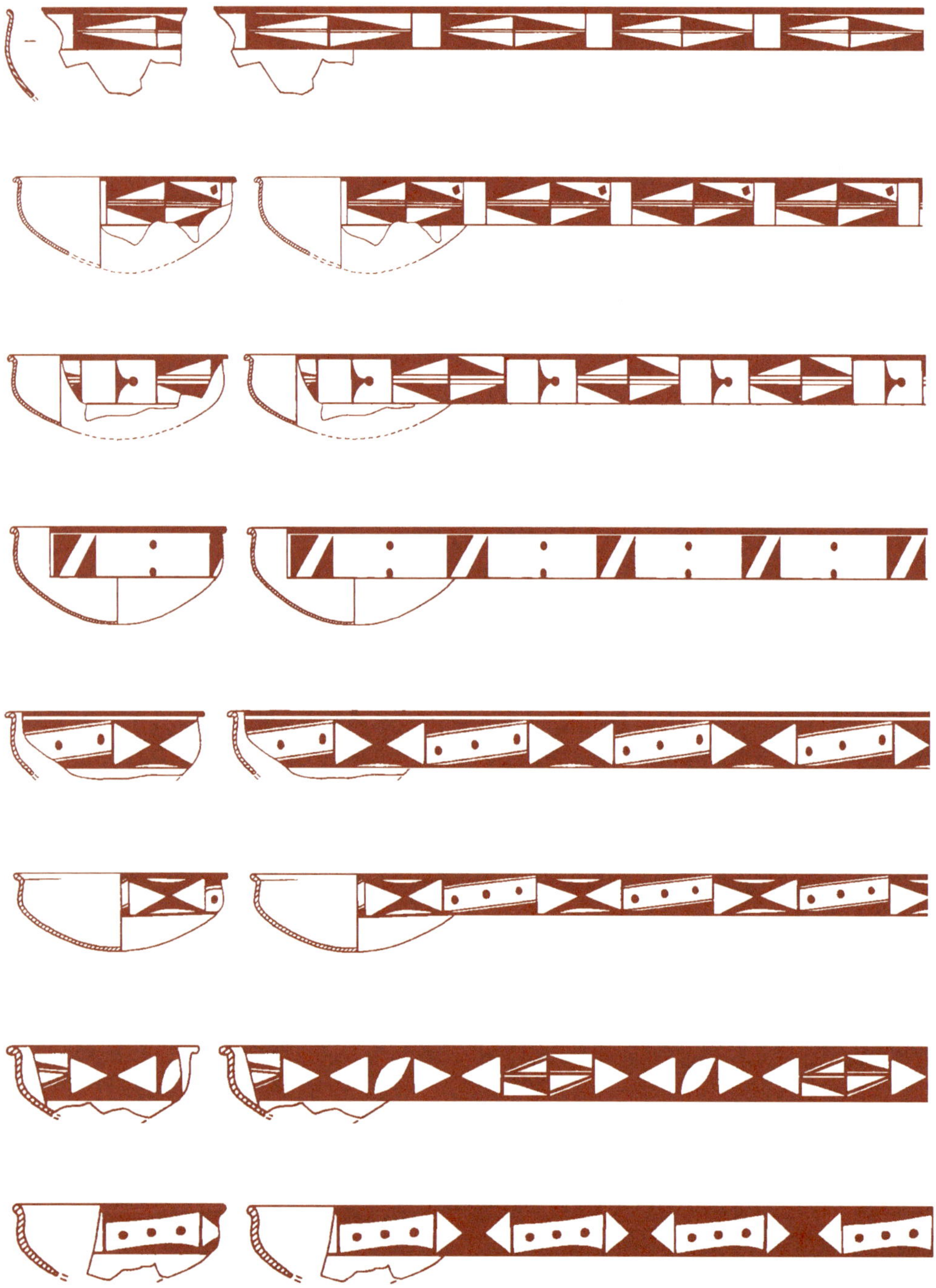

1-3-7-3　陕西陇县原子头遗址三期彩陶

1-3-7-4 陕西陇县原子头遗址彩陶

1-3-7-5 陕西陇县原子头遗址三期彩陶

铜川李家沟遗址 8

铜川李家沟遗址面积约 3 万平方米，1976~1977 年西安半坡博物馆发掘 530 平方米[1]。第一期文化接近半坡文化，发现鱼纹，平行斜线与直角三角等构成的几何形彩陶。第二期文化相当于庙底沟文化，彩陶以圆点、弧形三角纹为主要特征。但也有以圆点、直角三角及平行斜线构成的图案，发掘者认为它不同于常见的“庙底沟类型”，无论在地域上或时间早晚上，都显示出与“庙底沟类型”有着一定距离。

李家沟遗址二期文化彩陶数量较多，但均为残片，未见完整器物。彩陶绝大部分为细泥红陶，亦有个别的器表呈淡黄色、橘红色等。彩陶纹饰均为黑彩，主要绘在盆、钵等器物的口沿或腹部外，也有少量的内彩。彩绘以由圆点、直角三角与平行斜线组成的图案为主，还有弧形三角、平行线和圆点等组成的几何形图案。除了圆点以外，弧形单元较少。

较为特别的是，李家沟遗址二期文化发现较多鱼纹彩陶，有的纹饰写实性很强，与半坡文化所见相同。还见到一例人面纹等，龇牙咧嘴，表情有些恐怖，与半坡文化的人面纹区别较大（图 1–3–8–1）。

值得注意的是，李家沟遗址发现较多的圆点与平行线的组合纹饰，一般都是双圆点配黑地平行斜线，双圆点或垂直排列，或斜向排列（图 1–3–8–2）。

将破碎的彩陶片纹饰作复原以后，我们发现这里不仅有菱形纹、三角形纹，还有花瓣纹等，很值得注意（图 1–3–8–3）。

对于李家沟遗址二期彩陶这种复杂的面貌，有研究者认为它是包含了不同时代的彩陶，应当有所区分，关于这一点的讨论在后文还会提到。

[1] 西安半坡博物馆：《铜川李家沟新石器时代遗址发掘报告》，《考古与文物》1984 年 1 期。

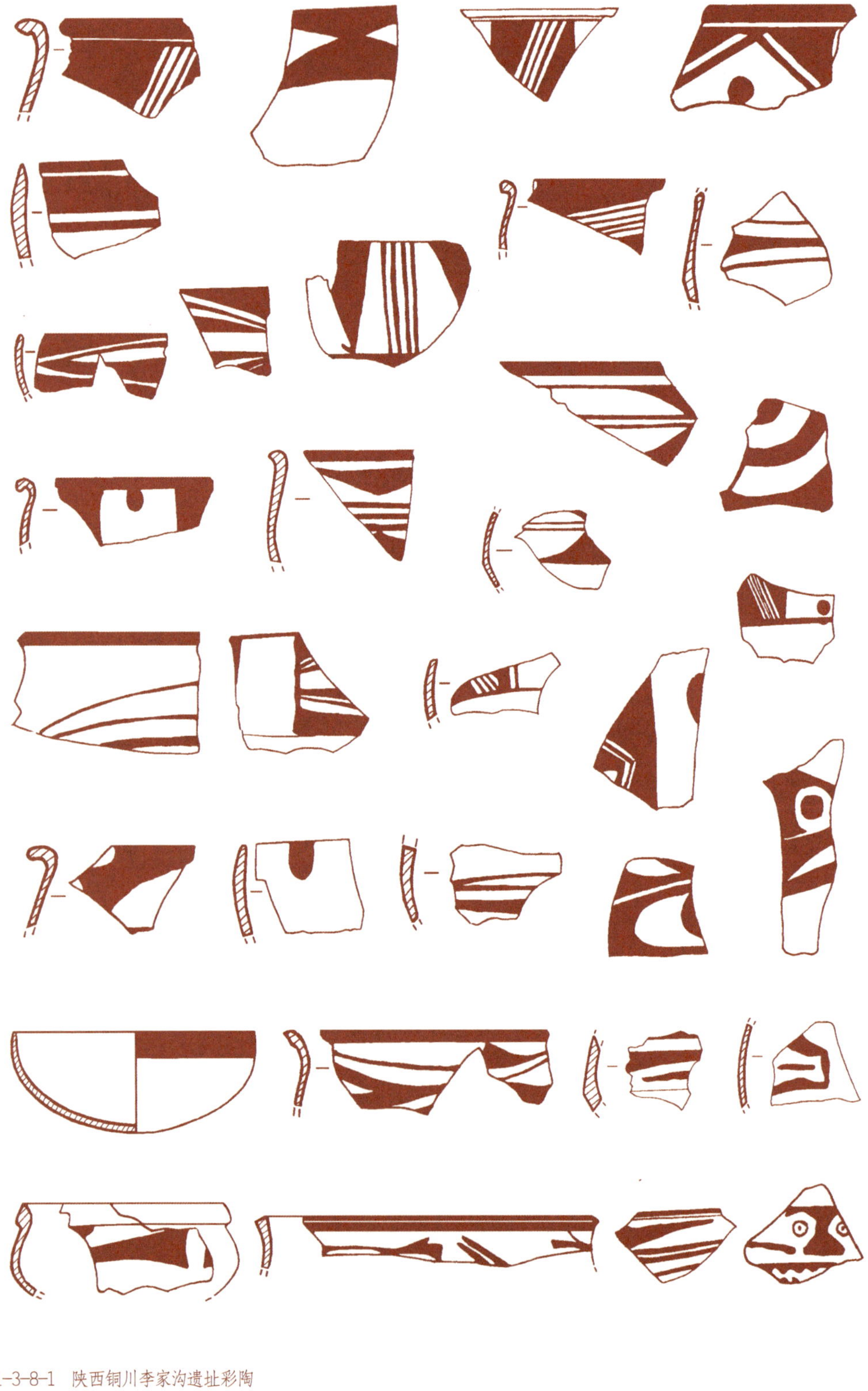

1-3-8-1　陕西铜川李家沟遗址彩陶

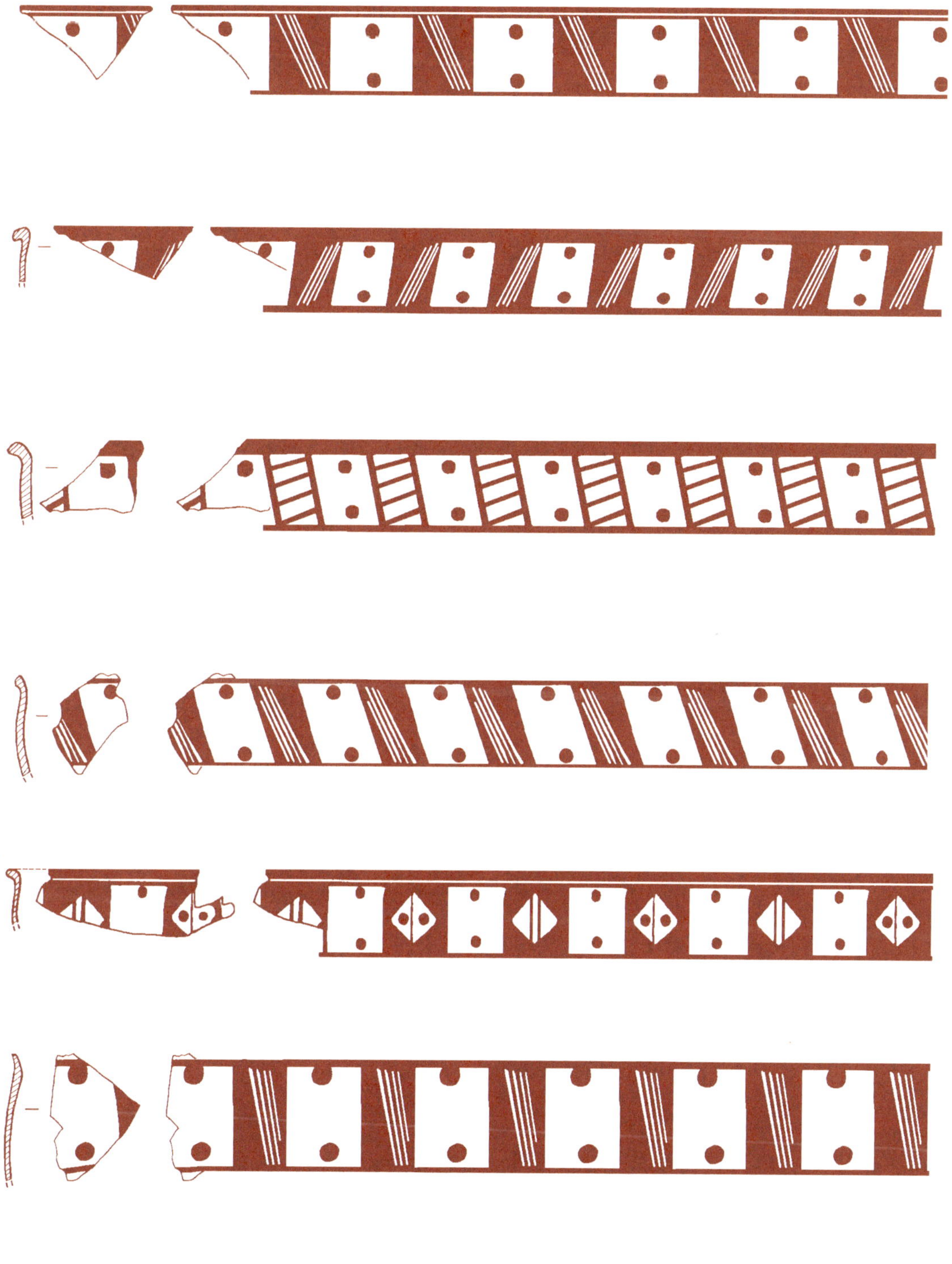

1-3-8-2 陕西铜川李家沟遗址彩陶

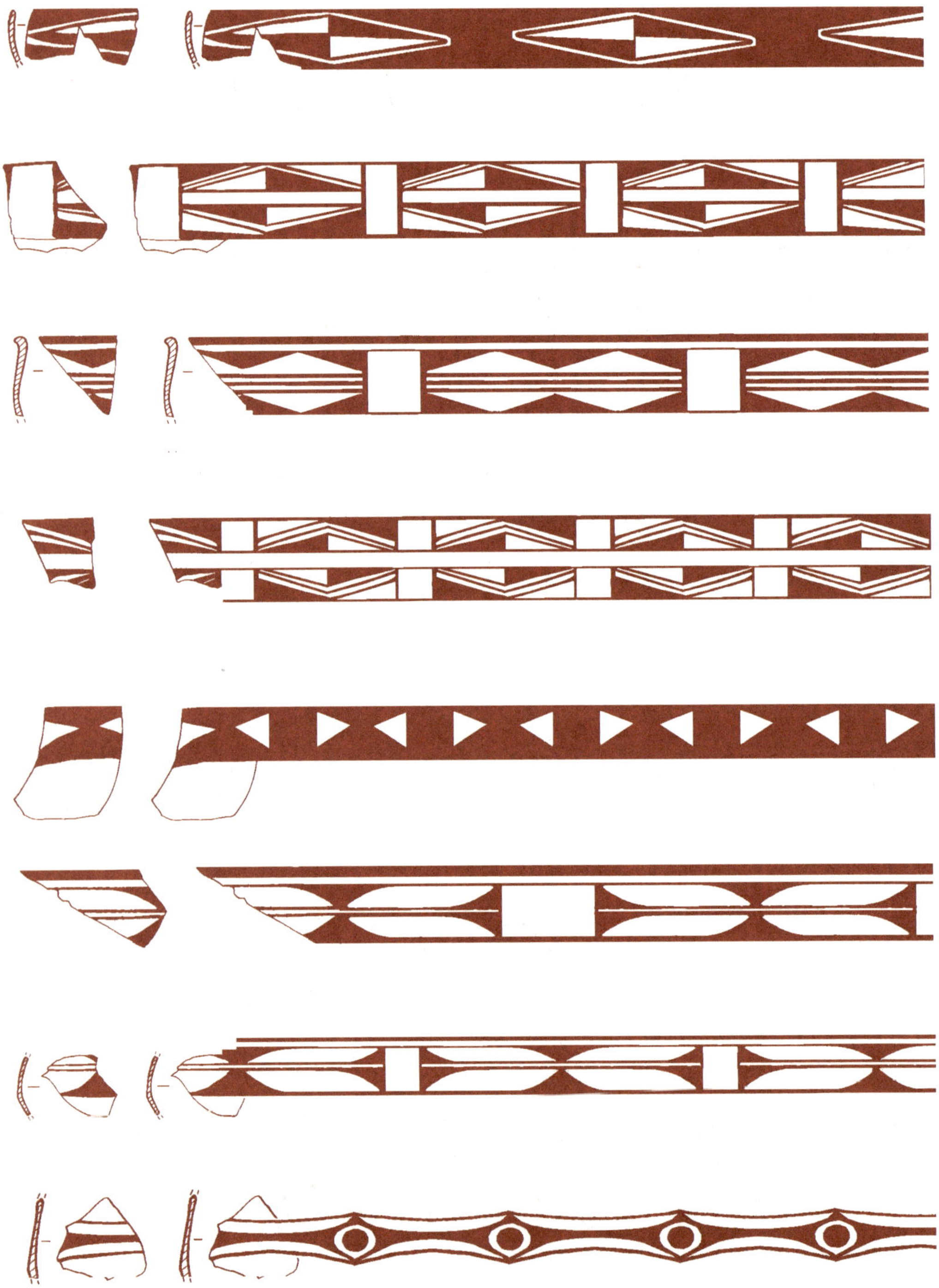

1-3-8-3　陕西铜川李家沟遗址彩陶

9 岐山王家咀遗址

岐山王家咀遗址面积达 20 万平方米，西安半坡博物馆在 1982 年进行了调查与试掘，发掘面积 307 平方米。遗址主要堆积为庙底沟文化，出土较多彩陶[1]。

王家咀庙底沟文化彩陶也是以黑彩为主，图案元素有圆点、圆形、弧边三角形等（图 1–3–9–1）。陶钵上多绘“西阴纹”，“西阴纹”构图变化较多。也见有叶片纹和网格纹，但数量较少（图 1–3–9–2）。彩陶片中有多瓣式的花瓣纹，复原出来是四瓣间六瓣的结构，这在关中是不多见的。也有少见的排弧纹，构图虽然比较简单却非常醒目（图 1–3–9–3）。

另外还有较多的旋纹彩陶，有稍显松散的双旋纹，也有绘得很精细的单旋纹与双旋纹组合（图 1–3–9–4）。

王家咀彩陶中还见到两例筒体鱼纹，有一例的侧边还加绘有圆点，为他地所不见（图 1–3–9–5）。

[1] 西安半坡博物馆：《陕西岐山王家咀遗址的调查与试掘》，《史前研究》1984 年 3 期。

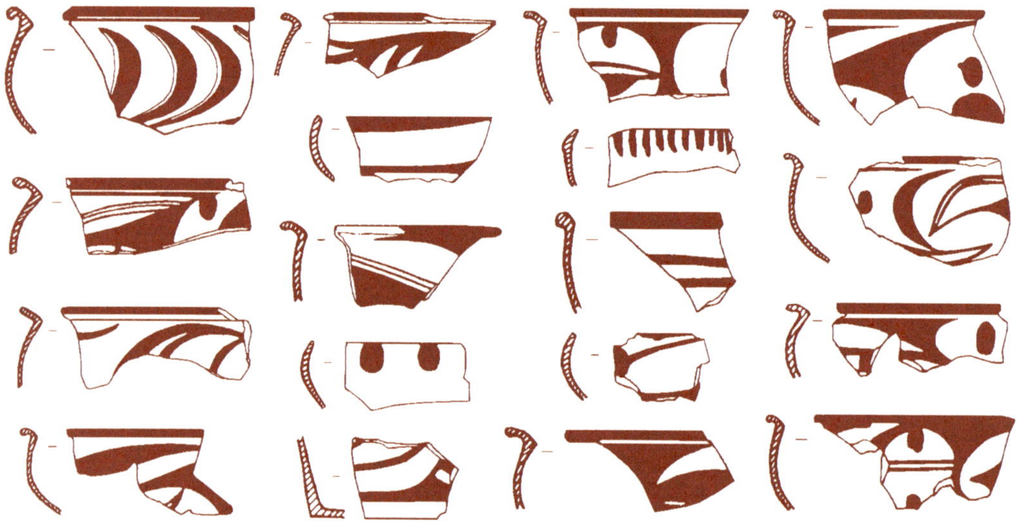

1-3-9-1 陕西岐山王家咀遗址彩陶

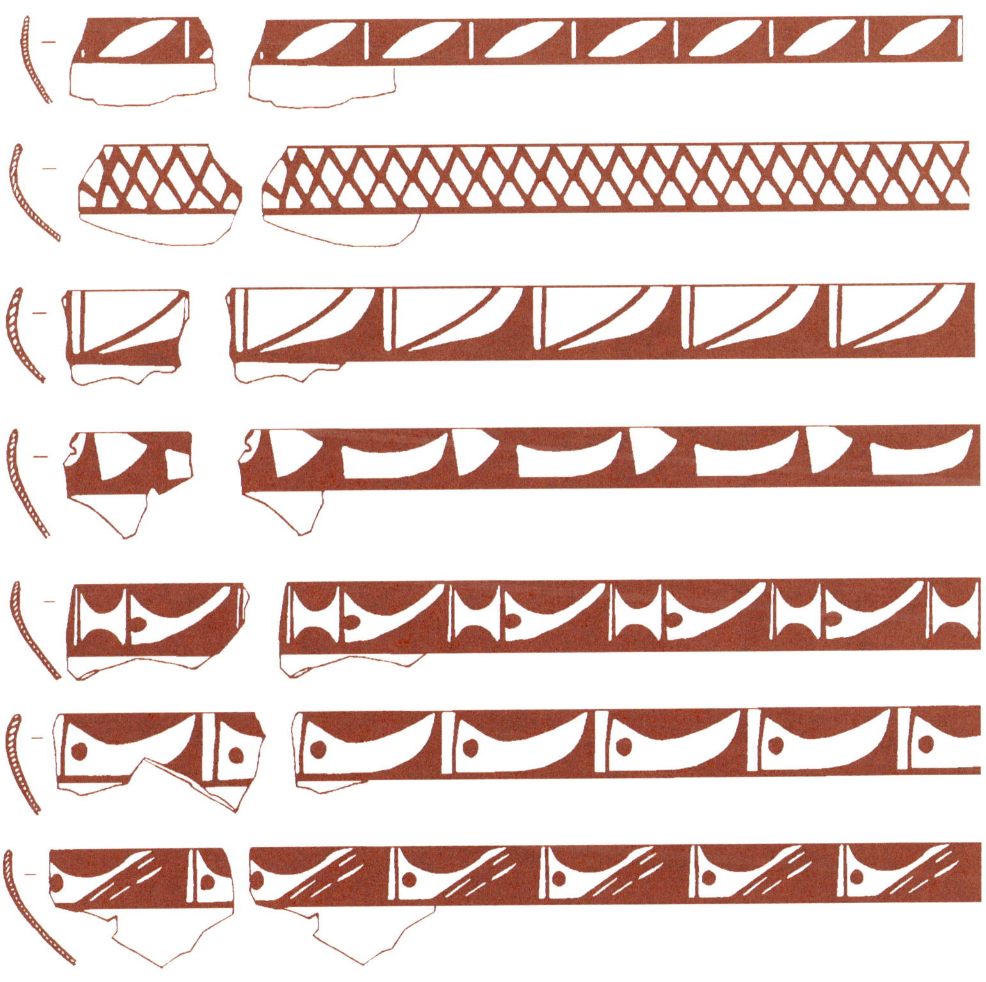

1-3-9-2 陕西岐山王家咀遗址彩陶

1-3-9-3 陕西岐山王家咀遗址彩陶

1-3-9-4 陕西岐山王家咀遗址彩陶

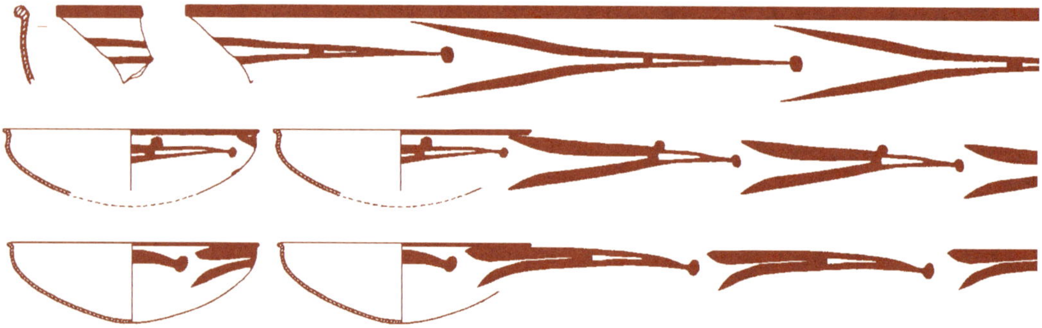

1-3-9-5 陕西岐山王家咀遗址彩陶

西安南殿村遗址 10

西安南殿村遗址面积五六万平方米，1981年经西安半坡博物馆调查[1]。遗址虽然并没有经过发掘，但调查所获得的彩陶非常丰富，是一处单线的庙底沟文化遗址。

南殿村的彩陶纹饰元素主要是圆点、网格、弧形和三角弧形等（图1–3–10–1）。构成的图案有叶片纹、垂帐纹，还有典型的“西阴纹”。“西阴纹”分宽窄两类，区别比较明显（图1–3–10–2）。其他可以大致复原的彩陶中，有正倒对称的单旋纹，有的纹饰像是眼睛，构图比较特别（图1–3–10–3）。

南殿村还发现两例筒体鱼纹彩陶，虽然比较破碎，但基本可以复原出原本的形状来。另有一例图案化动物纹饰，也有点像是鱼，但不能肯定（图1–3–10–4）。

南殿村有两例彩陶盆上的沿面装饰比较特别，一例为三瓣式的花瓣纹环形连续图案，一例则是他地所不见的纹饰，值得注意（图1–3–10–5）。

[1] 西安半坡博物馆：《西安南殿村新石器时代遗址的调查》，《史前研究》1984年1期。

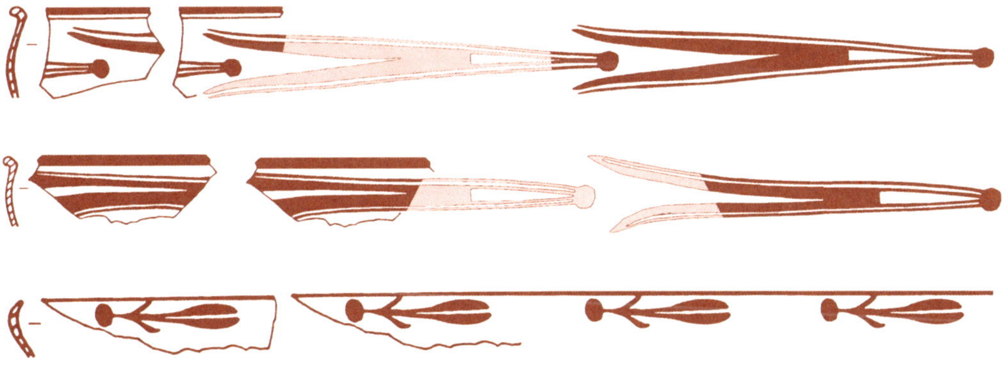

1–3–10–4 陕西西安南殿村遗址彩陶

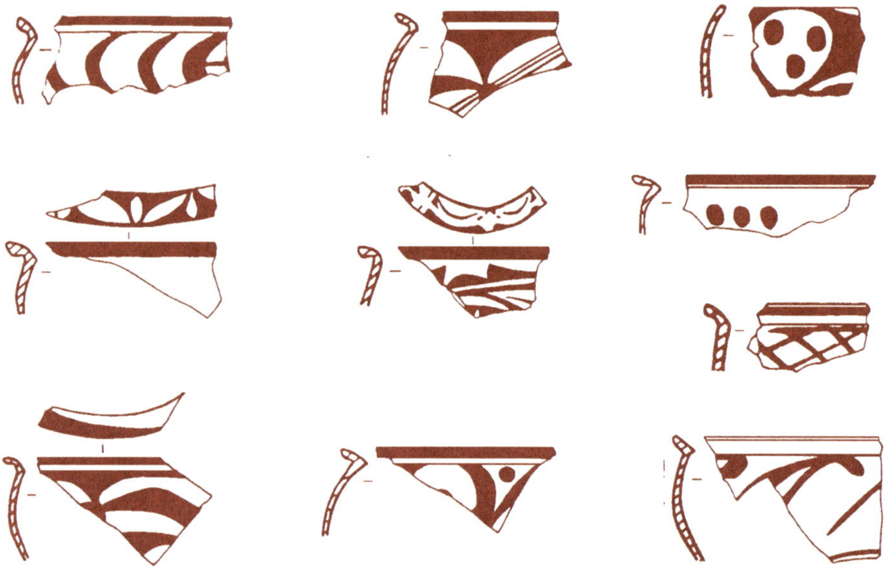

1-3-10-1　陕西西安南殿村遗址彩陶

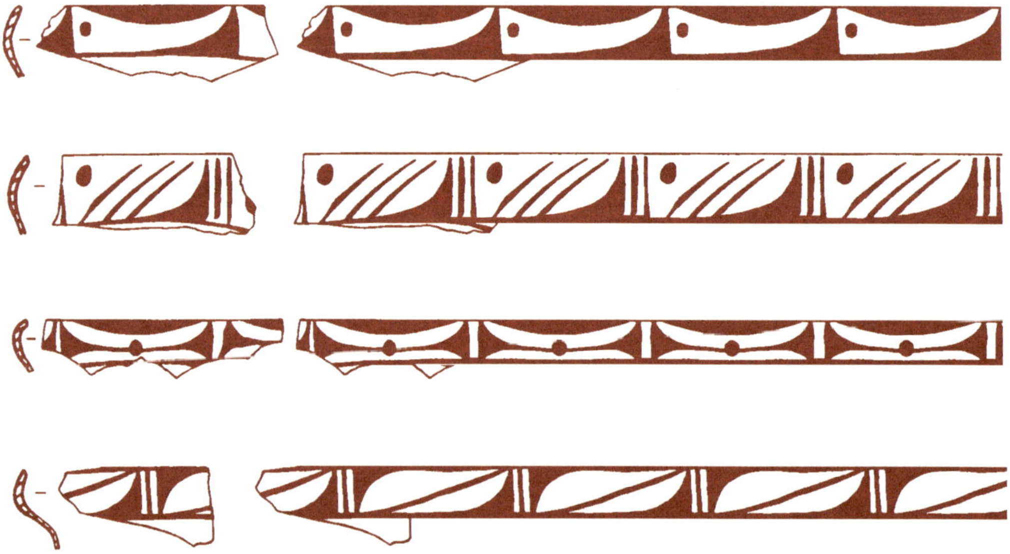

1-3-10-2　陕西西安南殿村遗址彩陶

1-3-10-3 陕西西安南殿村遗址彩陶

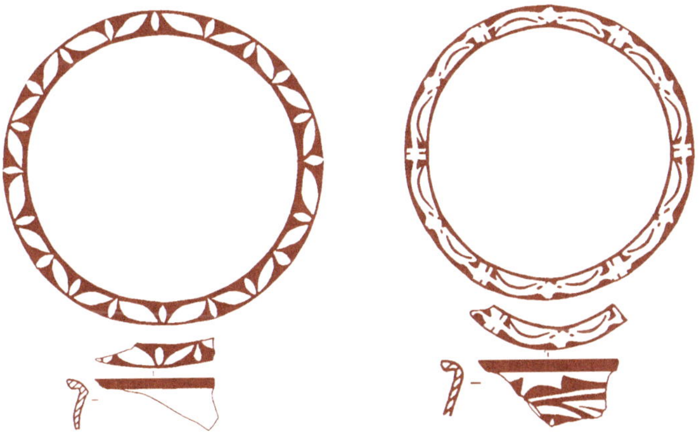

1-3-10-5 陕西西安南殿村遗址彩陶

甘肃东部地区遗址 4

甘肃地区发现的与庙底沟文化关系非常密切的遗址，有一些研究者不赞成统统纳入庙底沟文化范畴，不过甘肃东部地区的两处比较重要的遗址，我们还是暂时将相关遗存作为庙底沟文化看待，它们是天水师赵村遗址和秦安大地湾遗址。

1 天水师赵村遗址

天水师赵村遗址面积 20 万平方米，中国社会科学院考古研究所甘肃工作队于 1981~1989 年进行多次发掘，发掘面积 5370 平方米[1]。遗址下层为前仰韶文化堆积，第三期为庙底沟文化堆积。

师赵村遗址出土庙底沟文化彩陶数量不多，常见的为黑彩条纹、圆点纹、弧线纹、弧边三角纹、勾叶纹等，构成的复合纹样有花瓣纹、旋纹和叶片纹和双点穿圆纹等（图 1–4–1–1）。

[1] 中国社会科学院考古研究所：《师赵村与西山坪》，中国大百科全书出版社，1999 年。

1-4-1-1 甘肃天水师赵村遗址彩陶

2 秦安大地湾遗址

秦安大地湾遗址面积10多万平方米，甘肃省文物工作队于1978~1984年进行多次发掘，发掘面积1.4752万平方米[1]。遗址下层为前仰韶文化堆积，其次为仰韶文化和早期龙山文化堆积，仰韶层包括了半坡、庙底沟和西王村三个时期的遗存，发现有墓葬和大型建筑遗迹。发掘者虽然将遗址的第三期在文化性质与年代上与庙底沟文化相提并论，却并不主张将它纳入庙底沟文化范围，认为应当新命名一个文化。本文暂时仍将它看作是庙底沟文化，当然这也不能抹杀它的地域特点，它终归距离庙底沟文化的中心分布区比较遥远。

大地湾遗址出土庙底沟文化彩陶数量较多，盆、钵类是主要的装饰对象。以黑彩为主，极少的红、黑、白三彩并用。图案复杂绚丽，线条自然流畅，有弧边三角纹、勾连纹、花瓣纹、叶片纹和网格纹等，圆点和弧线是出现较多的纹饰单元（图1–4–2–1、2）。

盆类器的中腹到上腹一般都绘满纹饰，最常见的是构图华丽的各式旋纹，也见到长尾鱼形纹（图1–4–2–3、4）。也有规整的花瓣纹和花朵形图案，绘制非常精细（图1–4–2–5）。

钵类器上的纹样一般都比较简练，有叶片纹和花瓣纹，更多见到的是各式“西阴纹”（图1–4–2–6、7）。

对于大地湾遗址第三期文化丰富的彩陶，发掘者在进行时代细化分析时也有一定程度地关注，我们在原报告上看到了一张陶器分段图，这里将其中涉及的彩陶抽出另制成一幅新图，可以寻出彩陶发展变化的一些脉络来（图1–4–2–8）。从图中主要标示的钵与盆两类彩陶至少可以看出：旋纹在早期已经较为成熟发达，而在晚期则不易见到；长尾的图案化鱼形纹只见于早期，“西阴纹”出现也比较早。

[1] 甘肃省文物考古研究所：《秦安大地湾：新石器时代遗址发掘报告》，文物出版社，2006年。

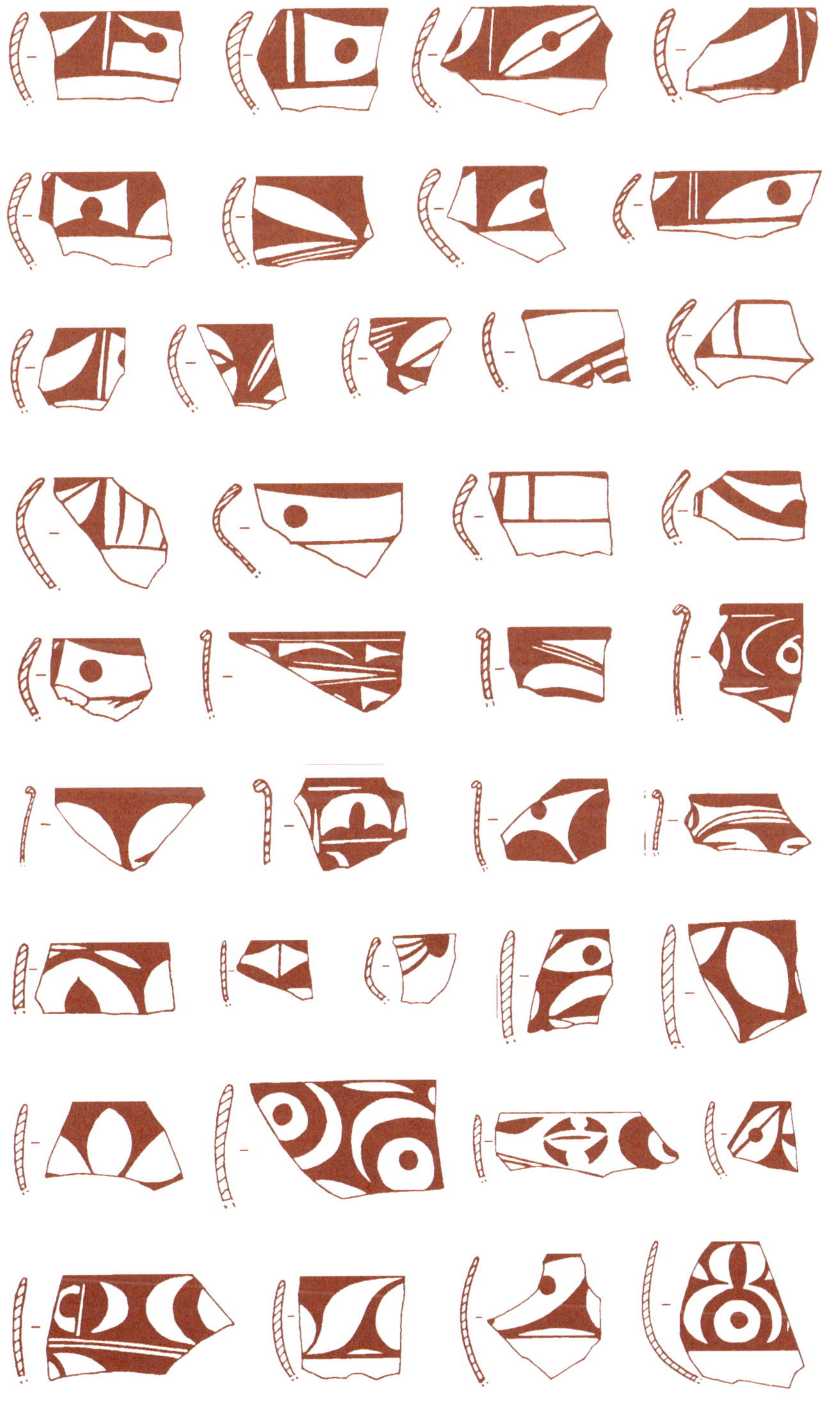

1-4-2-1 甘肃秦安大地湾遗址彩陶

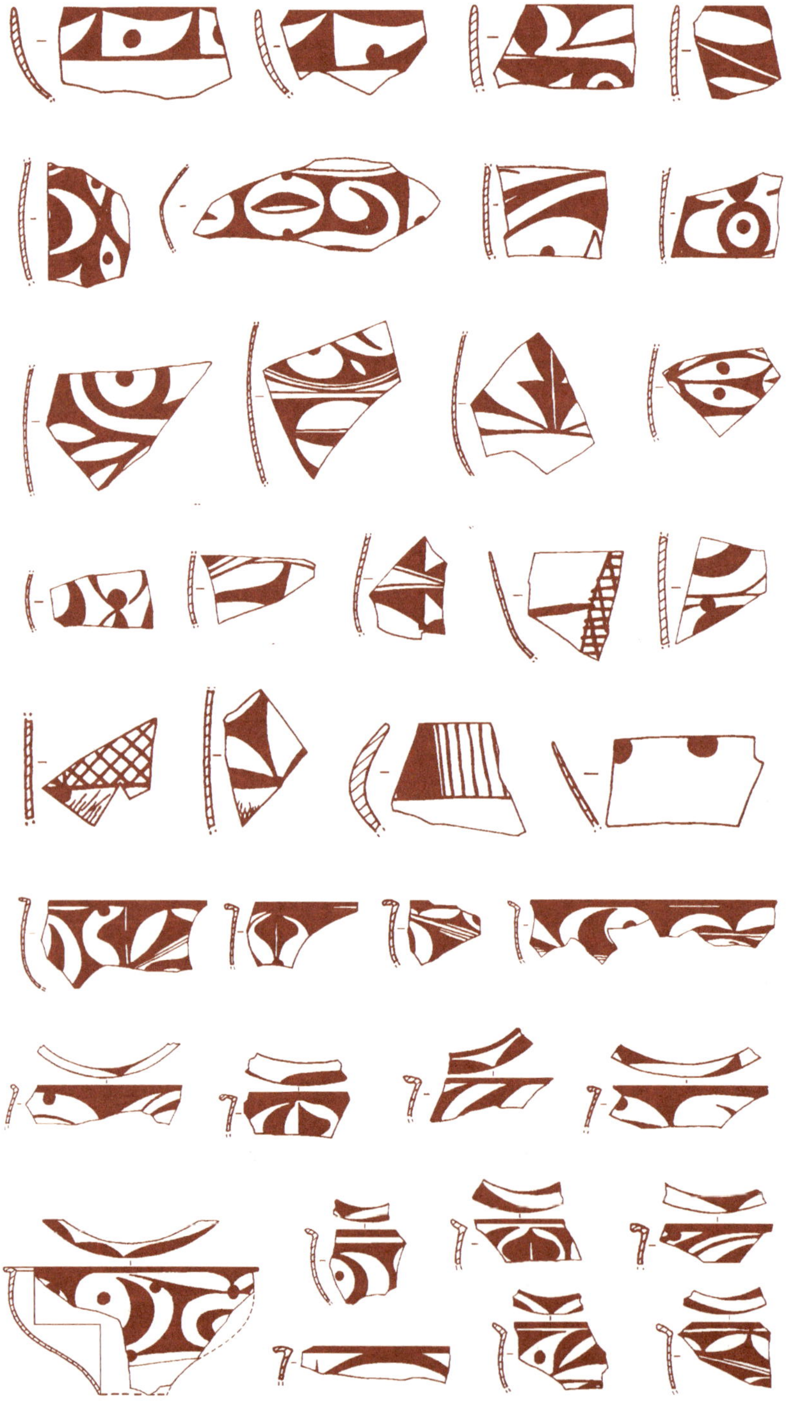

1-4-2-2 甘肃秦安大地湾遗址彩陶

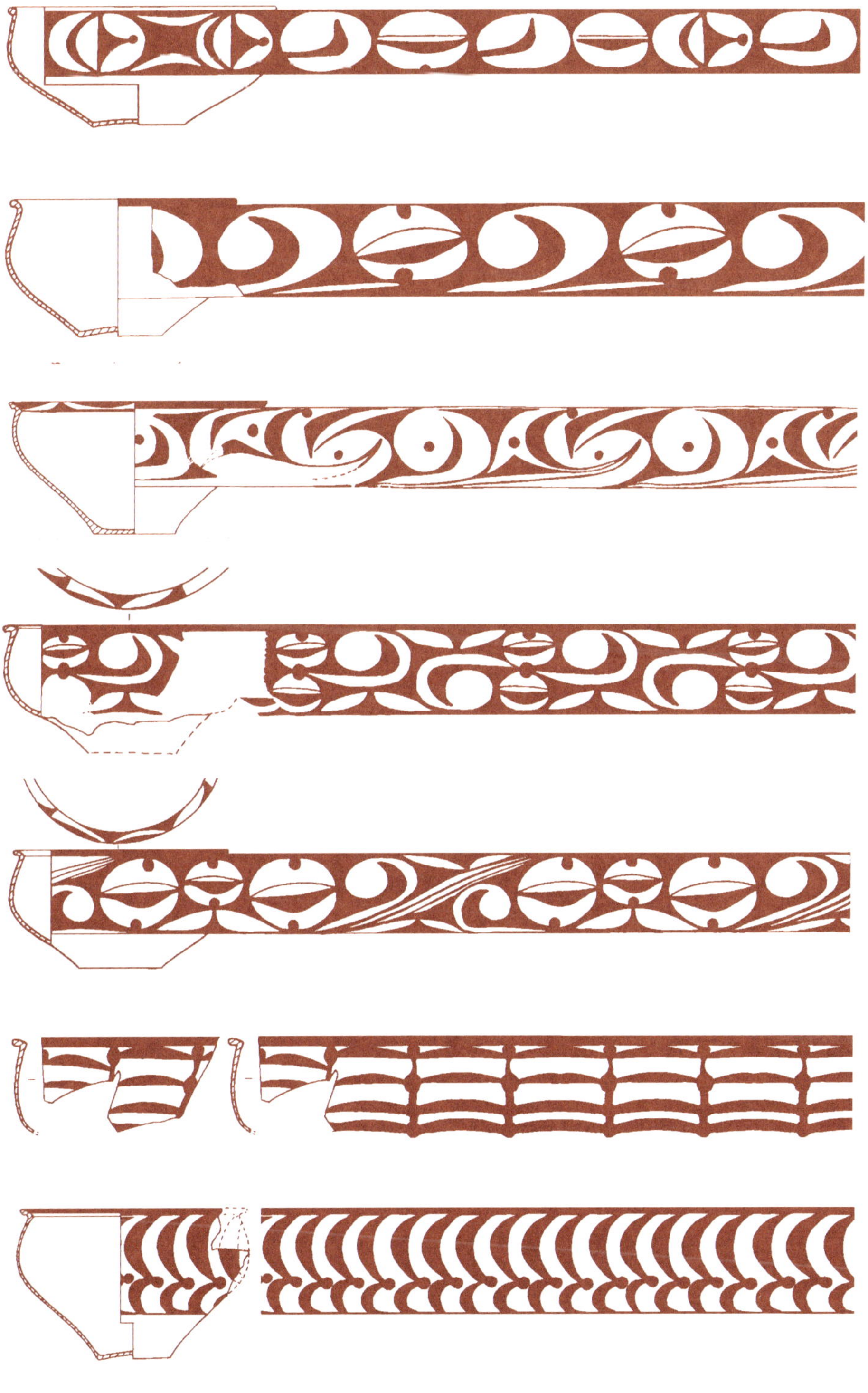

1-4-2-3 甘肃秦安大地湾遗址彩陶

1-4-2-4 甘肃秦安大地湾遗址彩陶

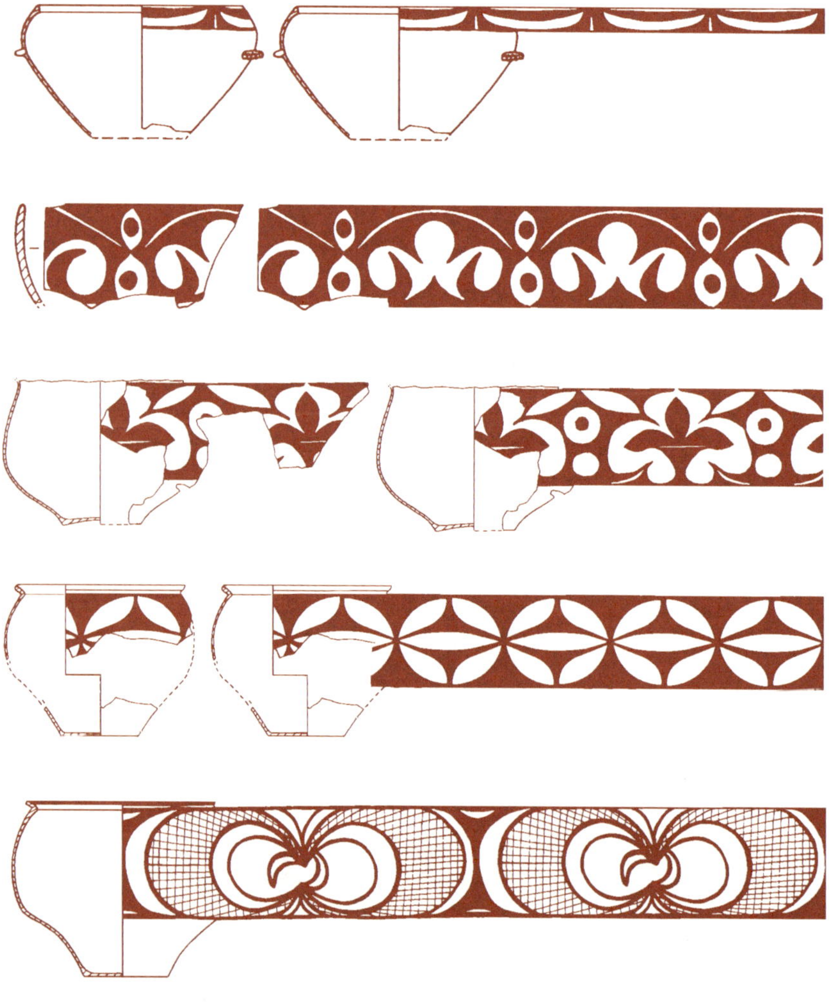

1-4-2-5 甘肃秦安大地湾遗址彩陶

1-4-2-6 甘肃秦安大地湾遗址彩陶

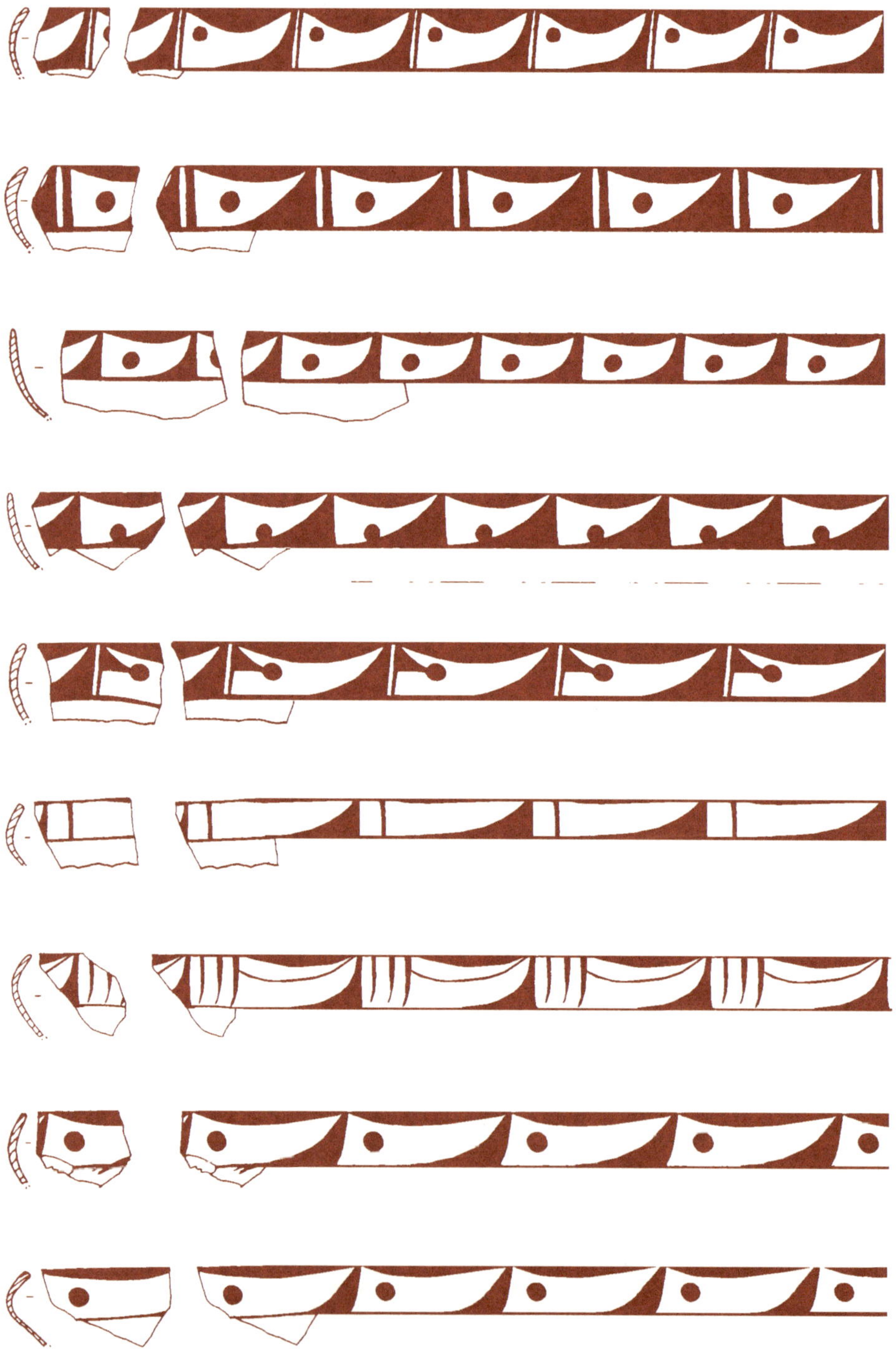

1-4-2-7　甘肃秦安大地湾遗址彩陶

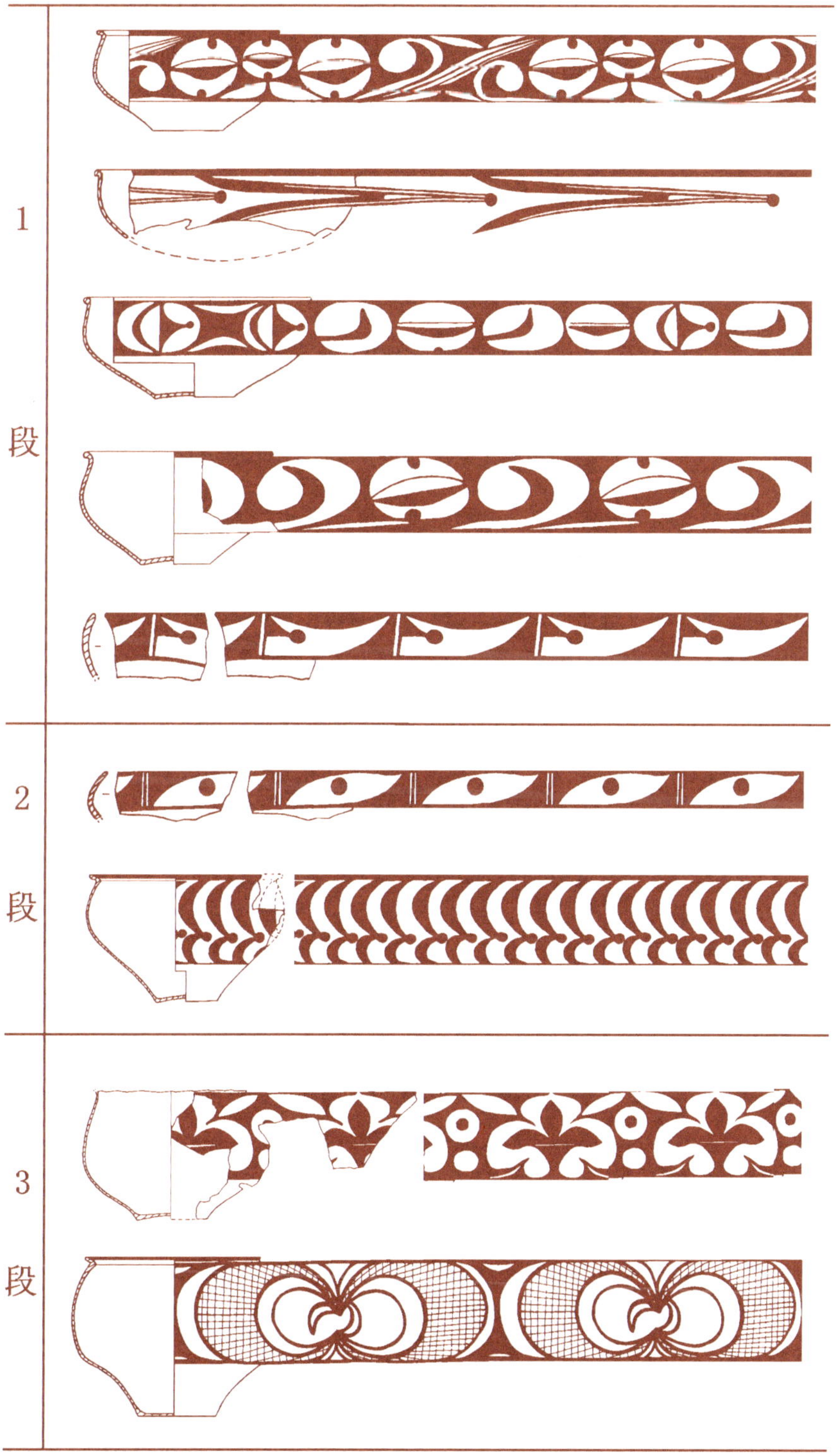

1-4-2-8 甘肃秦安大地湾遗址庙底沟文化彩陶分段图

同期文化外围分布区 5

在典型仰韶文化的外围区域，在河南西南部、湖北北部、江苏北部、山东南部、青海东部、内蒙古南部都发现了一些有明显庙底沟文化特征的遗址，出土了不少典型庙底沟文化色彩的彩陶器，它们有的被划入庙底沟文化范畴，有的则命名为另外的文化，有的原本就并不属于同一文化系统。

在此我们将几处重点遗址出土的彩陶作一番归纳，觉得它们有的是可以与典型庙底沟文化遗址等同看待的，这些遗址主要有河南郑州大河村遗址、淅川下王岗遗址、湖北枣阳雕龙碑遗址，现在它们已经有了新的文化命名。另外山东兖州王因遗址和泰安大汶口遗址，也发现不少庙底沟文化风格的彩陶，它们都属于大汶口文化。青海民和胡李家遗址和阳洼坡遗址，也发现有浓厚庙底沟文化风格彩陶，青海东部一带发现的类似遗址还没有新的命名。另外内蒙古清水河县与凉城及附近发现的一些遗址，也出土有一些庙底沟文化风格彩陶，它们已被命名为“白泥窑子文化”。

1 河南郑州大河村遗址

河南郑州大河村遗址面积30万平方米，文化堆积厚达7米。1972~1987年间郑州市博物馆进行了21次发掘，发掘面积约5000平方米。遗址前四期堆积原被划属仰韶文化，一、二期相当于庙底沟文化。以三、四期的遗迹遗物最为丰富，发现单间和连间的房址20多座、瓮棺葬70多座，出土大量文化遗物。遗址还发现有更早的早于庙底沟文化的堆积[1]。不少研究者认为大河村遗址的前龙山遗存与仰韶文化关系密切而又另具特点，所以同类遗存可以命名为大河村文化，并不直接纳入庙底沟文化范畴。

大河村遗址一期出土彩陶占近5%，有少量白衣陶和米黄衣陶，主要绘黑色或棕色单彩，也有少量黑与红双色复彩。主要有宽带纹、弧形三角纹、直线纹、平行直线纹、圆点纹、钩叶纹、弧线纹、花瓣纹和旋纹等（图1–5–1–1）。主要绘在盆、钵、碗和器座外表上，少数器物还绘有内彩。除了宽带纹以外，主要构图单元是以圆弧形为主，几乎都采用二方连续图式，图案大多比较简洁（图1–5–1–2）。

大河村遗址二期出土彩陶占比不足3%，多为白衣陶，以黑彩为主，少见棕色彩，黑红双色彩比例较一期增多。主要有宽带纹、弧形三角纹、直线纹、平行直线纹、圆点纹、曲线纹、花瓣纹和旋纹等，还见到写实的鱼纹（图1–5–1–3）。常见的彩陶主要是钵与盆两类，纹饰一般绘在上腹部（图1–5–1–4、5）。

二期彩陶中有两例相当规范的双旋纹，旋纹有规整的上下两条旋臂，旋心饰有圆点。旋纹采用二方连续图示排列，旋纹之间以平行斜线作隔断（图1–5–1–6）。

[1] 郑州市博物馆：《郑州大河村》，科学出版社，2001年。

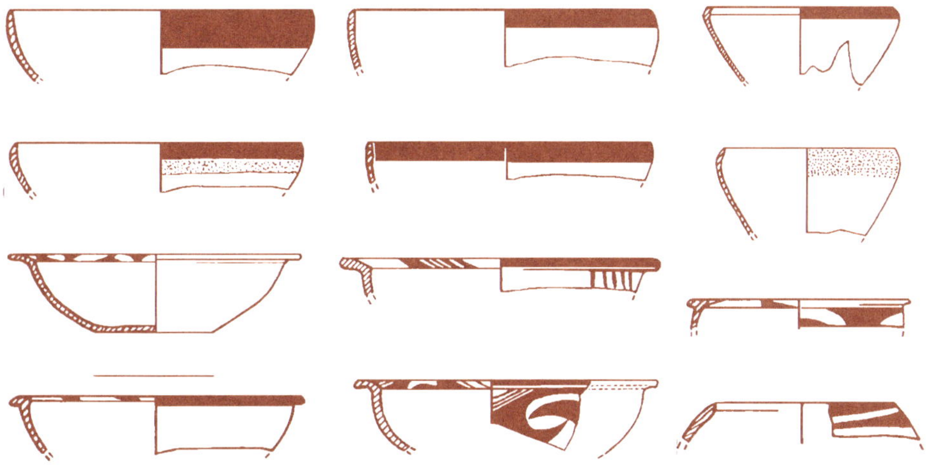

1-5-1-1 河南郑州大河村遗址一期彩陶

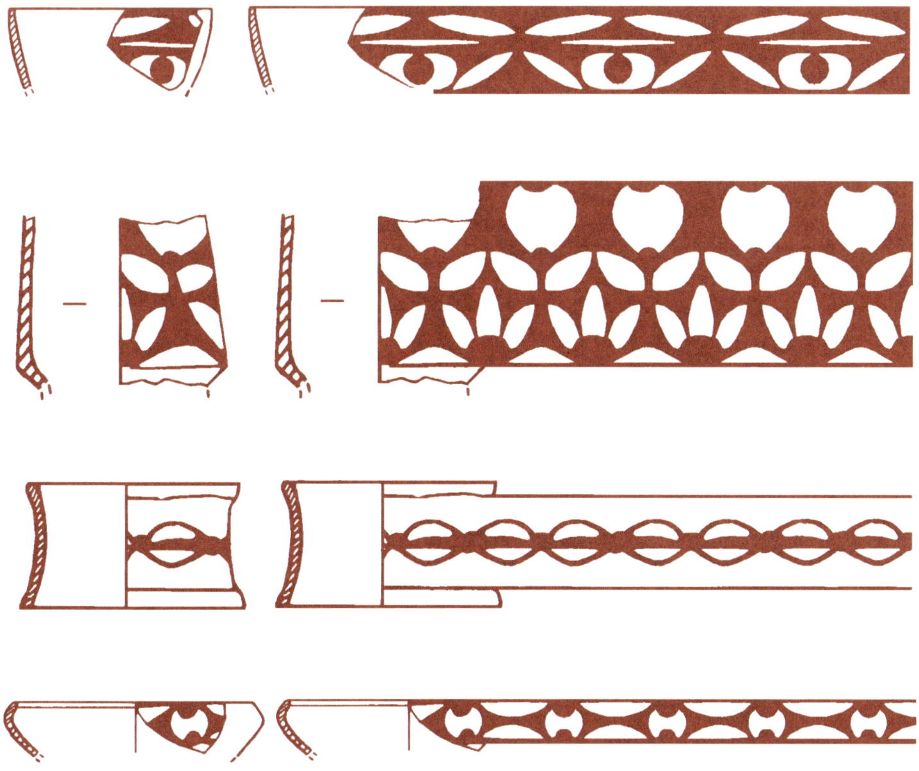

1-5-1-2 河南郑州大河村遗址一期彩陶

1-5-1-3　河南郑州大河村遗址二期彩陶

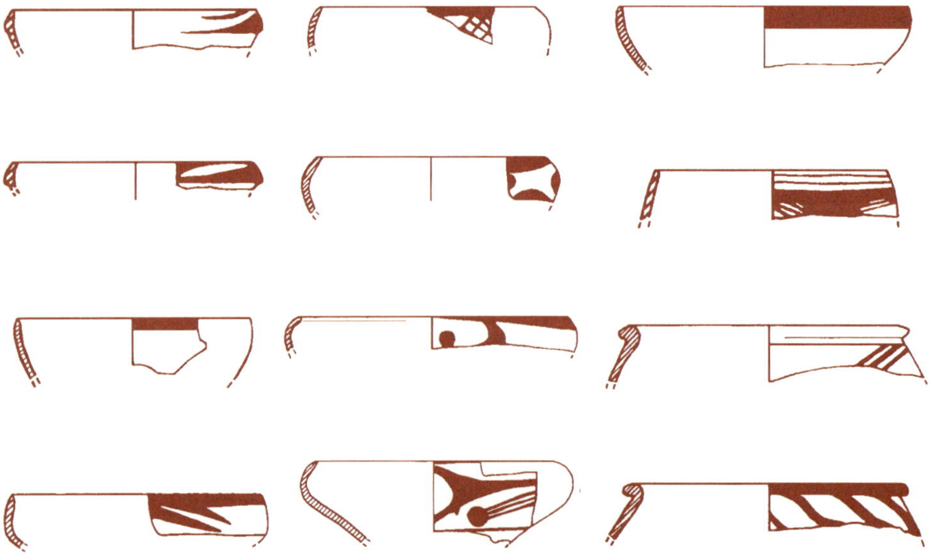

1-5-1-4　河南郑州大河村遗址二期彩陶

1-5-1-5 河南郑州大河村遗址二期彩陶

1-5-1-6 河南郑州大河村遗址二期彩陶

2 河南淅川下王岗遗址

河南淅川下王岗遗址面积6000平方米，由河南省博物馆文物工作队于1971~1974年发掘，发掘面积2300余平方米。遗址下层发现居住址43座，墓葬575座，瓮棺葬22座，揭露的晚期大型长屋居址最为重要[1]。前三期堆积原被划属仰韶文化，已有命名为下王岗文化的动议。

淅川下王岗遗址二期文化与庙底沟文化年代大体相当，出土彩陶占到3%强。纹饰主要绘于钵、碗、盆的上腹与口沿、杯与器座的通体。比较特别的是，发掘者认为多数彩陶是在陶器烧成以后才绘彩的，所以很多在出土时有明显的颜色脱落现象。以黑色和深褐色绘彩，少数施白色或暗红色陶衣。纹饰多见三角纹、叶片纹、花瓣纹、圆点纹、菱形纹、斜线纹、平行线纹、波折纹，以圆点、三角和叶片纹为主。有时一器又以两种或两种以上的纹饰为组合，构图也都比较简洁（图1–5–2–1）。

陶钵上绘以单叶片二方连续图案较多见，叶片之间又以简单的三角或方块图形作隔断。这样的叶片纹有时还作双行上下排列，构成了新的花瓣图案（图1–5–2–2），也有在钵和鼎绘一种箭头形纹饰，这在其他遗址还不曾见到（图1–5–2–3）。在钵上除了绘弧形的叶片纹，还有较多的直边形的菱形纹，是以相对顶的黑白三角组合而成，对比强烈（图1–5–2–4）。

下王岗遗址出土不少器座，有的为高长的筒形，有的为低矮的亚腰形，都通体绘彩，纹饰与陶钵相似，有叶片构成的花瓣纹，也有黑白三角构成的菱形纹，基本也都是二方连续样式，而且纹样多成双行排列（图1–5–2–5、6）。

下王岗遗址彩陶纹饰中不见动植物图案，也没有旋纹，与典型庙底沟文化彩陶区别较大。

[1] 河南省文物研究所等：《淅川下王岗》，文物出版社，1989年。

1-5-2-1 河南淅川下王岗遗址彩陶

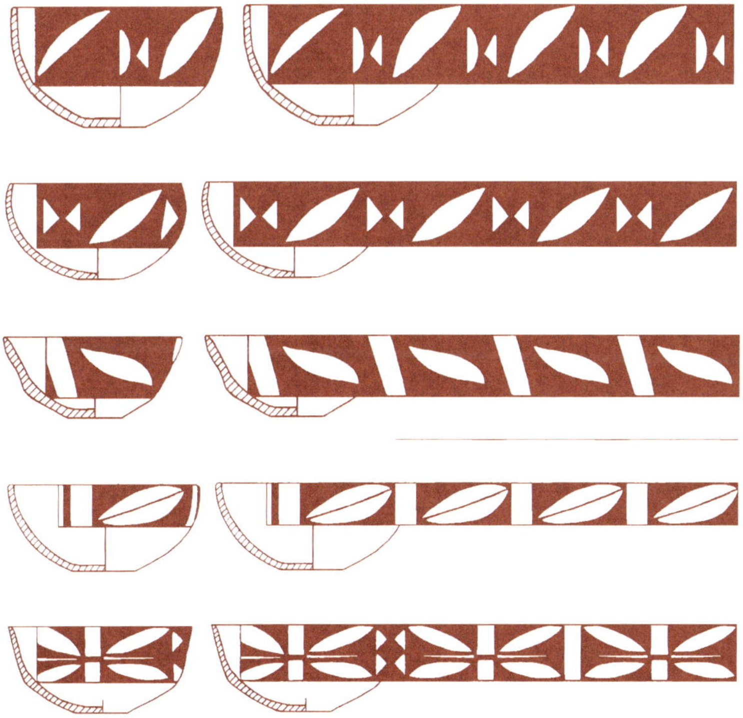

1-5-2-2 河南淅川下王岗遗址彩陶

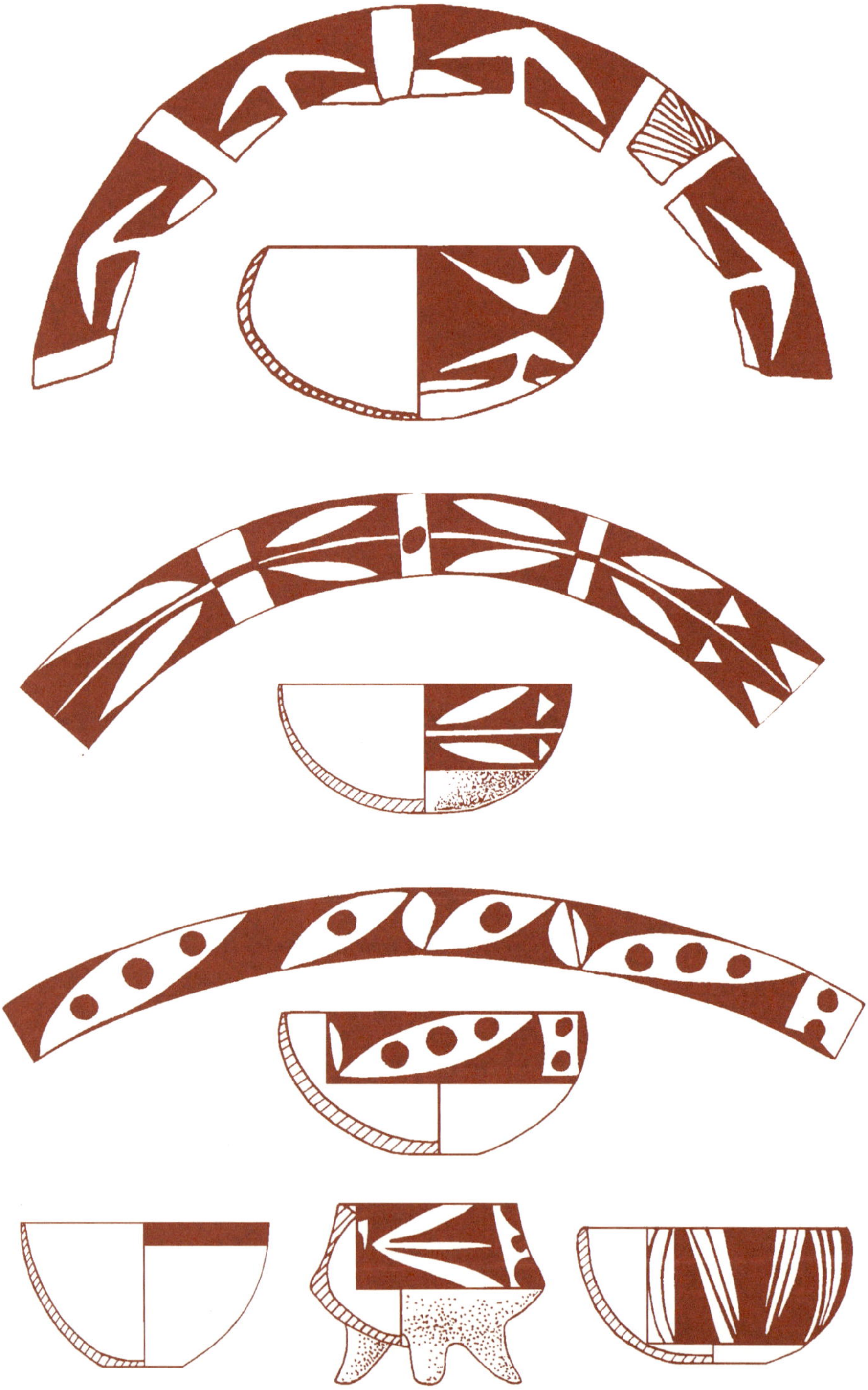

1-5-2-3　河南淅川下王岗遗址彩陶

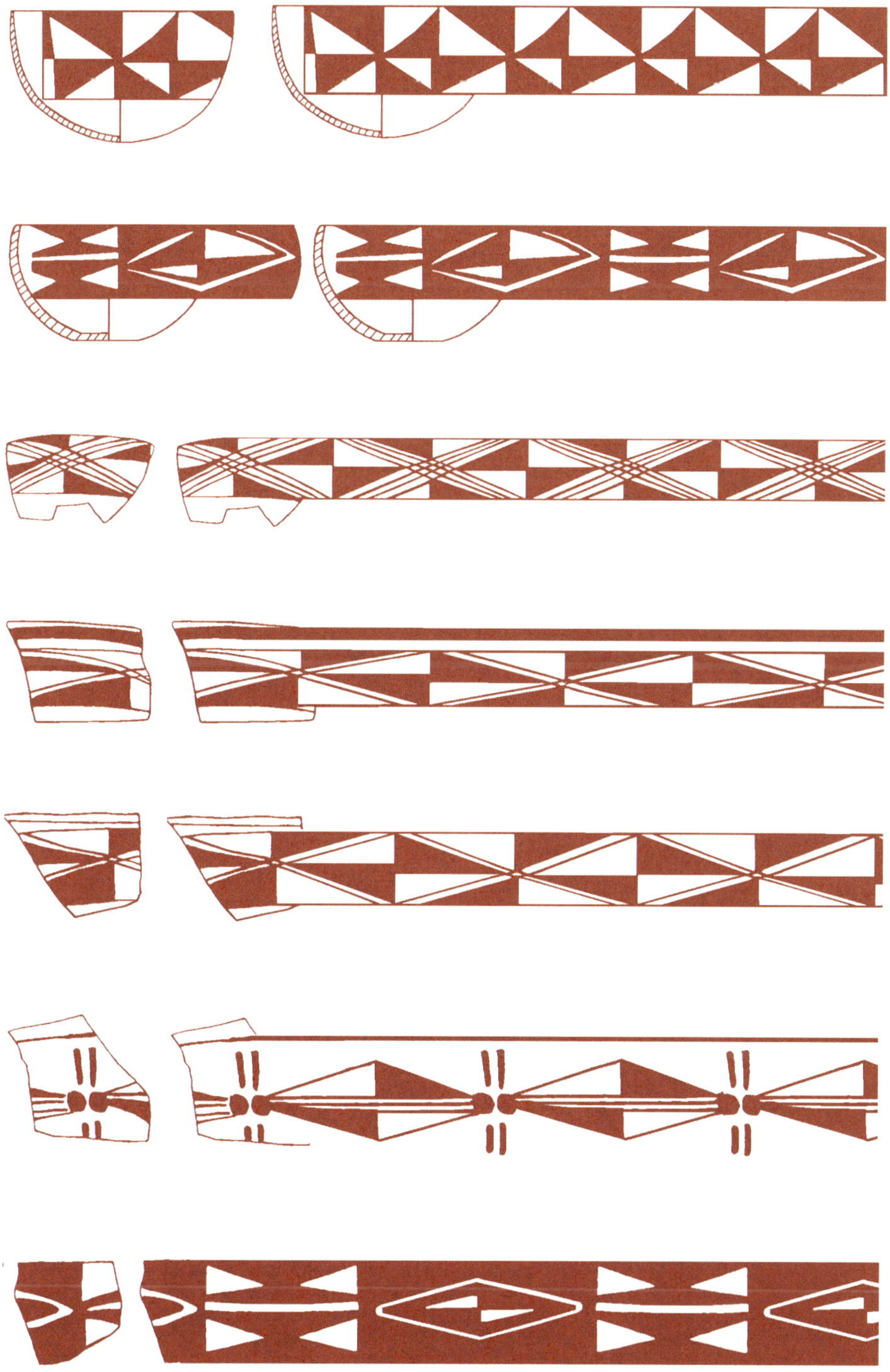

1-5-2-4 河南淅川下王岗遗址彩陶

1-5-2-5　河南淅川下王岗遗址彩陶

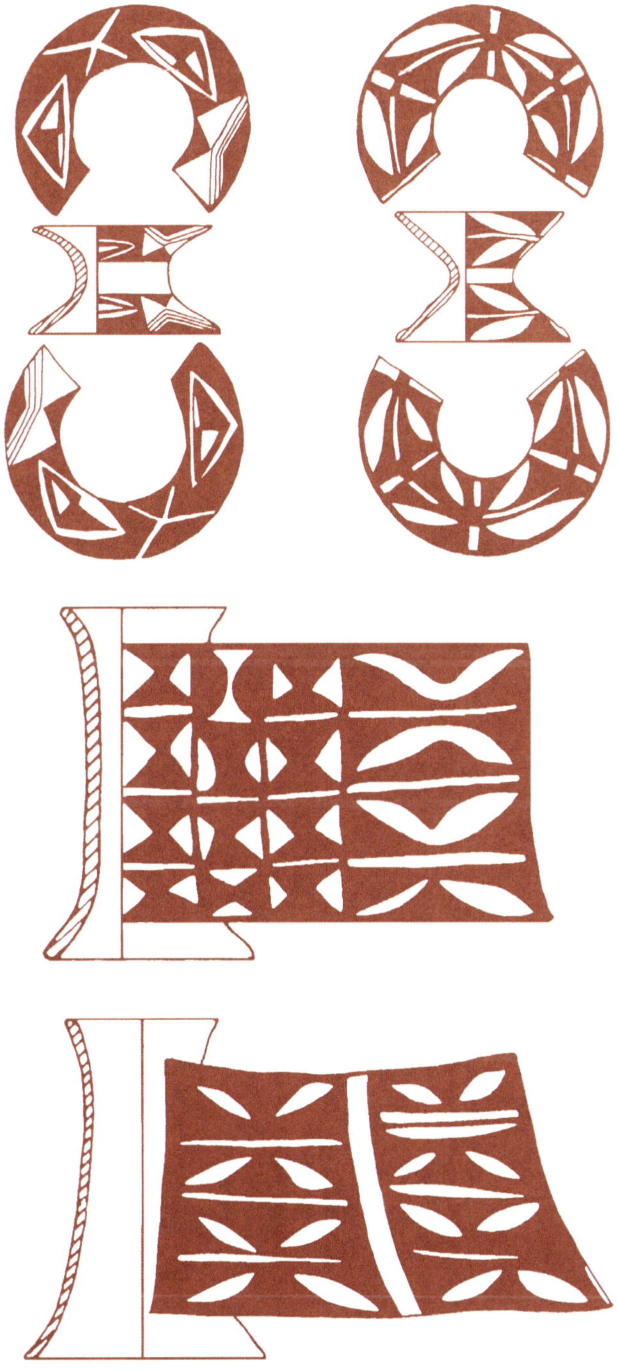

1-5-2-6 河南淅川下王岗遗址彩陶

3 湖北郧县大寺遗址

湖北郧县大寺遗址面积5000平方米，1958~1964年由中国科学院考古研究所长江队发掘345平方米[1]。遗址下层内涵与庙底沟文化相当，出土一定数量的彩陶。

大寺遗址下层出土彩陶多为盆钵类器，均为黑彩，纹饰有圆点、宽带、弧线、直边三角和弧边三角构成，由残片看应当有旋纹（图1–5–3–1）。直边三角变化较多，黑白三角构成的菱形纹与淅川下王岗遗址彩陶相似。

在盆钵中所绘的四叶片组成的花瓣纹，花瓣分宽短和窄长两种，风格明显不同（图1–5–3–2）。圆形与三角构成的图案都很有特色，黑白三角构成的菱形纹较多绘在直口和敛口的陶钵上（图1–5–3–3）。

我们还注意到，大寺遗址后来又作过发掘，新近公布的2006年的发掘资料中，就有一些值得研究的彩陶[2]。纹饰除了大单旋纹以外，还有标准的鱼纹残片。鱼纹虽然典型，陶片因为过于残存，所以发掘者并没有辨认出来（图1–5–3–4）。

---

[1] 中国社会科学院考古研究所：《青龙泉与大寺》，科学出版社，1991年。

[2] 湖北省文物考古研究所、湖北省文物局南水北调办公室：《湖北郧县大寺遗址2006年发掘简报》，《考古》2008年4期。

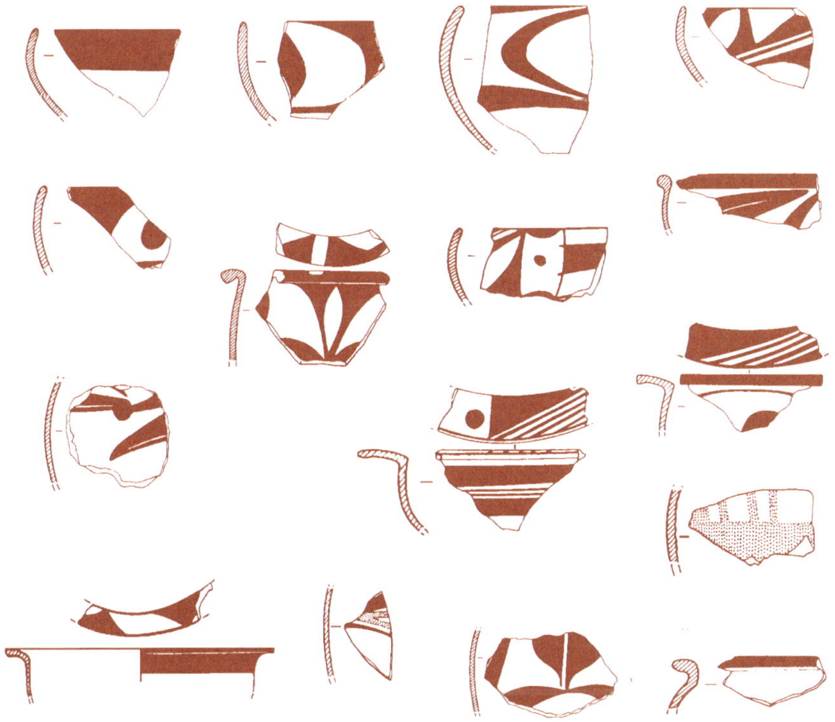

1-5-3-1 湖北郧县大寺遗址彩陶

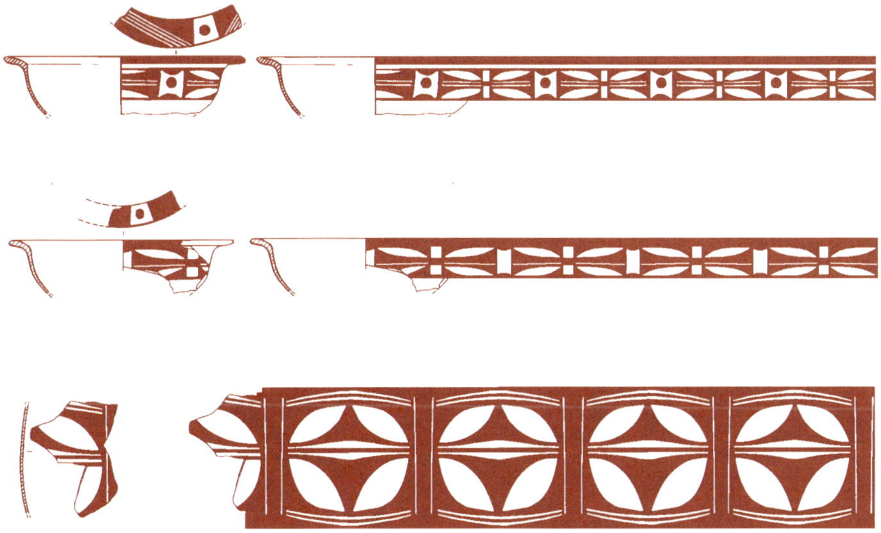

1-5-3-2 湖北郧县大寺遗址彩陶

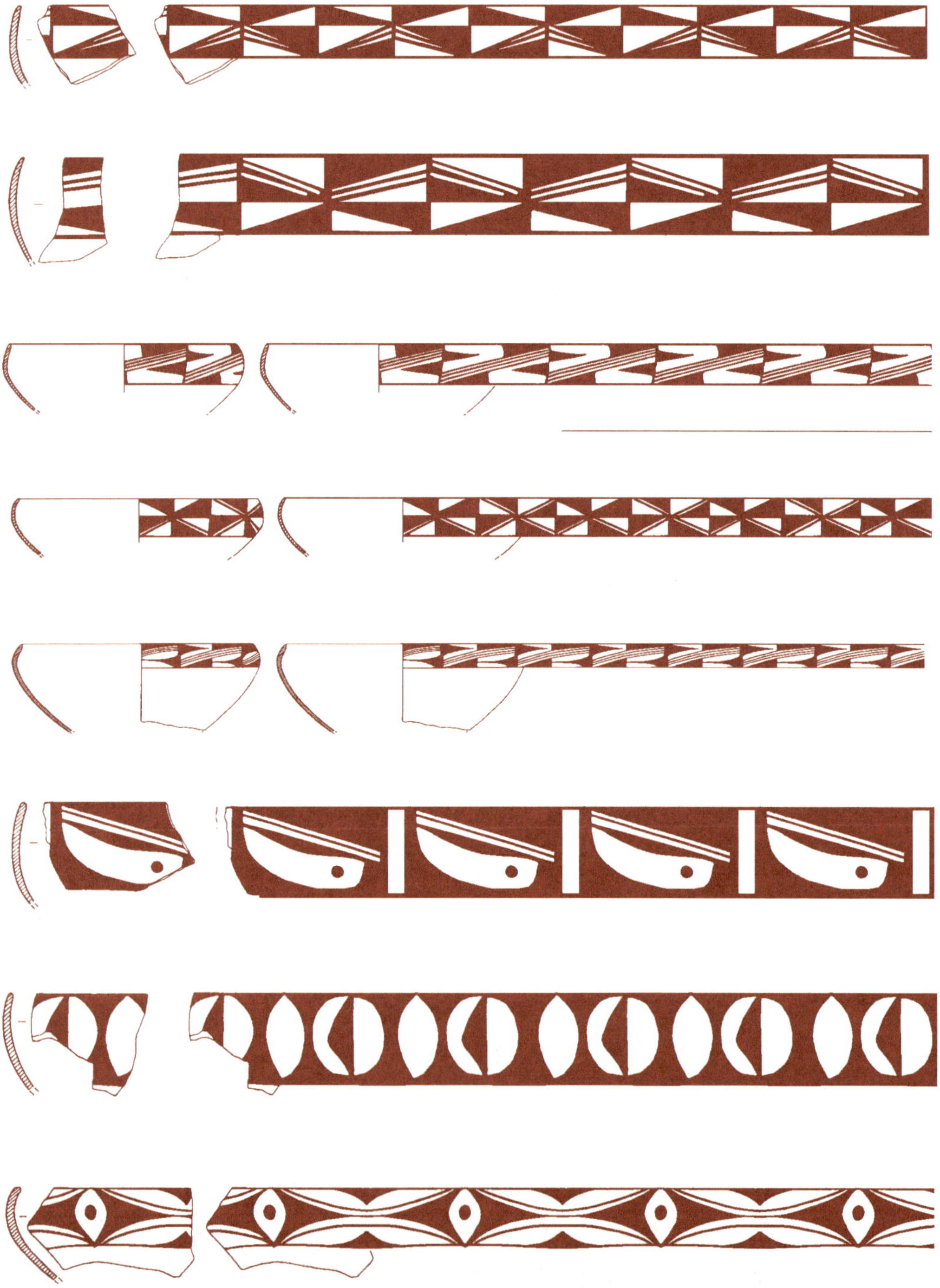

1-5-3-3　湖北郧县大寺遗址彩陶

1–5–3–4　湖北郧县大寺遗址彩陶

4 湖北枣阳雕龙碑遗址

湖北枣阳雕龙碑遗址面积5万平方米，1990~1992年由中国社会科学院考古研究所湖北工作队陆续5次发掘，发掘面积1480平方米[1]。遗址堆积可分为三期文化，大体可以与下王岗文化的一、二、三期文化相对应，年代在距今6300~4800年之间，主要遗存的年代与庙底沟文化同时，可以看出受到了庙底沟文化明显的影响。

雕龙碑遗址出土彩陶非常丰富，彩陶片数以千计，数量相当可观。在长江中游乃至整个长江地区，雕龙碑遗址发现的彩陶最为丰富。彩陶器形以盆类器较多，也有一些罐和碗类，中期还有少量蛋壳彩陶。绘彩的部位，主要是在器表上部，部分小型器通体上彩，有些盆类器口沿上也绘有纹饰。色彩比较艳丽，以多层次的复彩表现纹饰，纹饰所用色彩主要有黑、褐和红三色，红色和褐色还有深浅之分。少量深色纹饰采用白彩勾边，还见到罕有的黄彩，与深色纹饰搭配使用。大量的纹饰都采用白色作衬地，较多见到的花瓣纹便是以深色的弧边三角作纹，以白地作花瓣。

彩陶纹样全部为点、线、面构成的几何形，纹饰的构图，主要采用了成熟的二方连续形式，显示出均衡、对称、重现的风格。彩陶按构图单元划分，可以归纳出宽带纹、弧边三角纹、平行线纹、菱形纹、网格纹、花瓣纹、叶片纹、旋纹、斜行线纹、并行弧线纹、并行三角纹、角状地纹、大圆点纹和太阳纹等10多类，其中以弧边三角纹、平行线纹、菱形纹、网格纹、花瓣纹和旋纹数量较多。

根据发掘者的研究，雕龙碑遗址堆积大致可分为早中晚三期。属于一期的彩陶数量最少，属于二期的最多，但都是以陶片为主，

[1] 中国社会科学院考古研究所湖北工作队：《枣阳雕龙碑》，科学出版社，2006年；王仁湘、王杰编：《雕龙碑史前彩陶》，文物出版社，2005年。

能复原的很少。

一期彩陶色彩较为单一，纹饰构图也比较简单，以弧边图案为主要单元（图 1–5–4–1）。色彩以黑、褐两色为主色，褐色一般较深，与晚期的浅褐色区别明显。绘彩有时分用单色，有时又两色并用。一般地子为泥陶本身的自显红色，也有近半数在红陶色外涂以纯白色作地，然后以黑、褐色作图。少数虽然不涂白地，但却采用白彩为黑彩勾边，黑白互衬，对比非常强烈。

一期纹饰构图较为简单，全部为几何纹。以弧边三角为主要图形单元，代表性纹饰有旋纹、叶片纹、四片对称花瓣纹、大圆圈加圆点纹和不多的凹边菱形框网格纹。多采用二方连续样式，沿器物上腹部构成主要纹饰带。纹饰多接近黄河流域庙底沟彩陶风格，图案大都描绘认真大方，走笔谨慎细腻，色块边缘平滑，线条流畅整洁（图 1–5–4–2）。

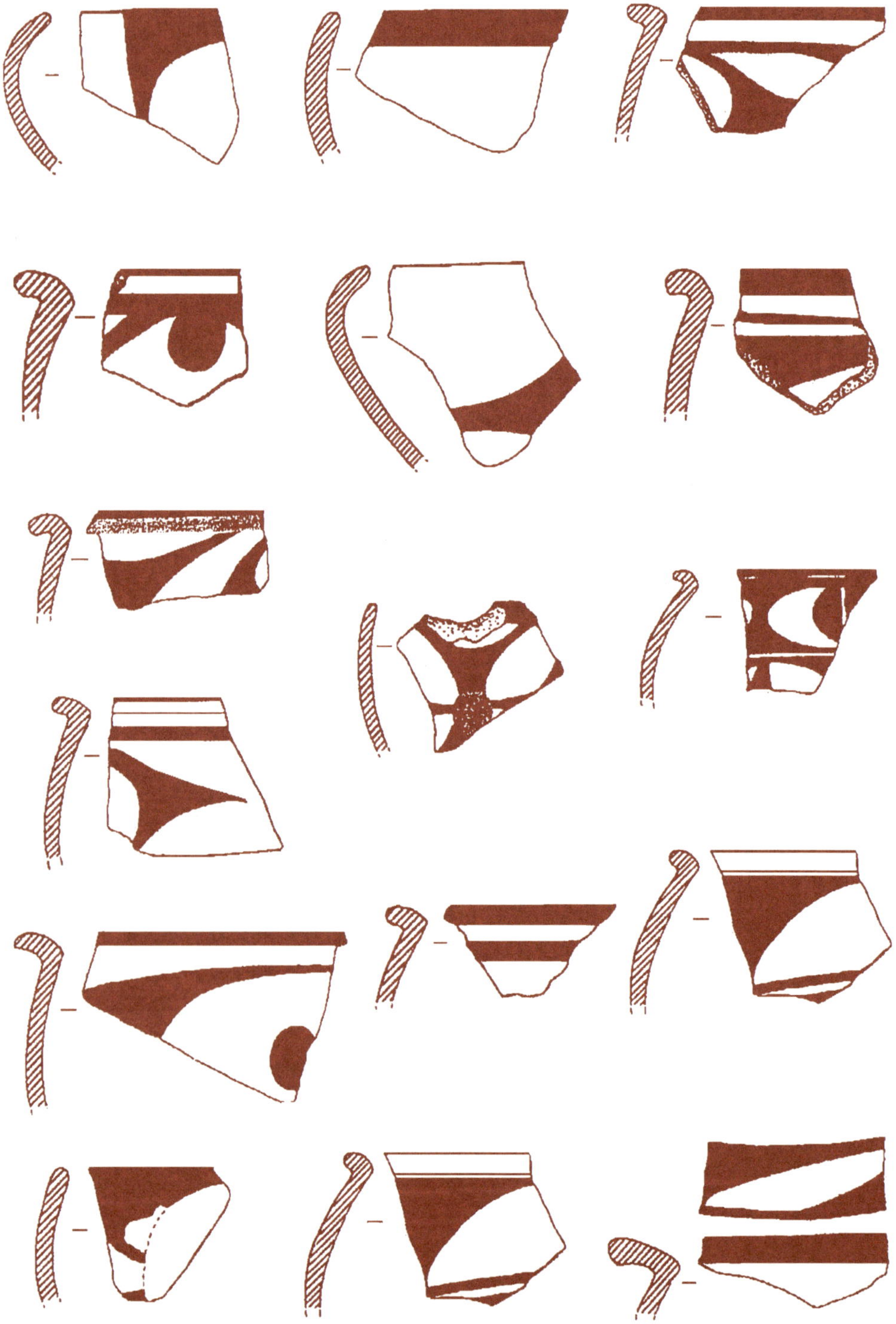

1-5-4-1　湖北枣阳雕龙碑遗址一期彩陶

1-5-4-2 湖北枣阳雕龙碑遗址一期彩陶

属于二期文化的彩陶片出土数量最多，纹饰种类也最为丰富。二期白地彩在数量上有明显增加，达到一半以上，还较多运用红彩加入，并见到新石器时代罕有的黄彩。一期的纹饰在二期基本都能见到，弧边三角依然是主要的结构单元（图 1–5–4–3），二方连续样式的旋纹、花瓣纹（图 1–5–4–4、5）和凹边菱形框网格纹等仍然保留了早期的风格（图 1–5–4–6），构图没有明显变化。新出现的纹饰主要有直边菱框网格纹、平行线纹、斜行线纹、并行弧线纹、圆点菱形纹、宽带纹、大圆点纹等，多数纹饰也都是以二方连续形式出现。

二期还见到了蛋壳彩陶，都是小型的杯碗，橙红色的地子上绘宽带纹、绳索形和排点状黑彩，风格与大件彩陶明显不同。

二期彩陶采用不同纹饰所作的简单组合与复杂组合的现象较为普遍，构图繁复，用红、褐、黄、黑彩分绘不同的单元，辅以白地作衬，对比强烈，纹样亮丽（图 1–5–4–7）。如一件宽沿浅腹盆，上层的彩绘很有特点，先在红陶底上满涂一层白地，再用深褐色在平展的沿面上绘一周弧曲的宽带纹，弧曲部位另绘并列弧边三角作支撑，最后在宽带上再以白彩均匀地点染三列小圆点。盆腹外侧对称地用褐彩衬出白地上的大朵花蕾图形，构图比较简练。这件彩陶不仅器形少见，平沿上的纹饰也是首次见到，可能有特定的含义。双瓣、四至六瓣花瓣的组合，构图也都非常严谨，可以看出明显的庙底沟文化风格（图 1–5–4–8）。

二期彩陶还包括有数量较多的“西阴纹”，多以比较朴实的风格构图，有的是在图案中填以圆点或斜线，这当然也是庙底沟文化的特色（图 1–5–4–9）。

1-5-4-3 湖北枣阳雕龙碑遗址二期彩陶

1-5-4-4 湖北枣阳雕龙碑遗址二期彩陶

1-5-4-5　湖北枣阳雕龙碑遗址二期彩陶

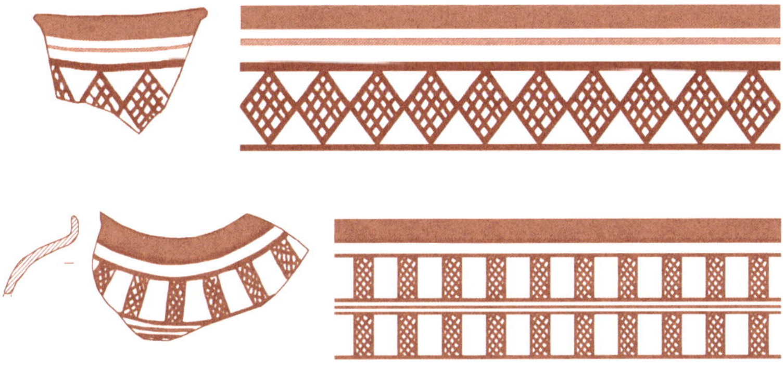

1-5-4-6 湖北枣阳雕龙碑遗址二期彩陶

1-5-4-7 湖北枣阳雕龙碑遗址二期彩陶

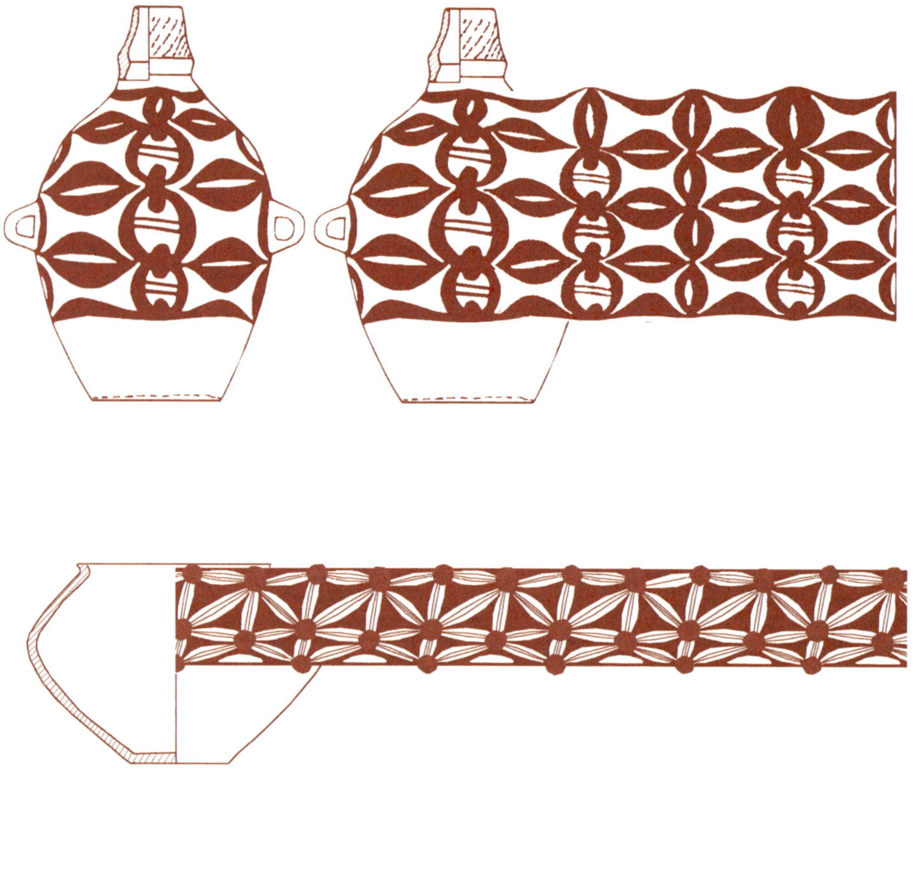

1-5-4-8　湖北枣阳雕龙碑遗址二期彩陶

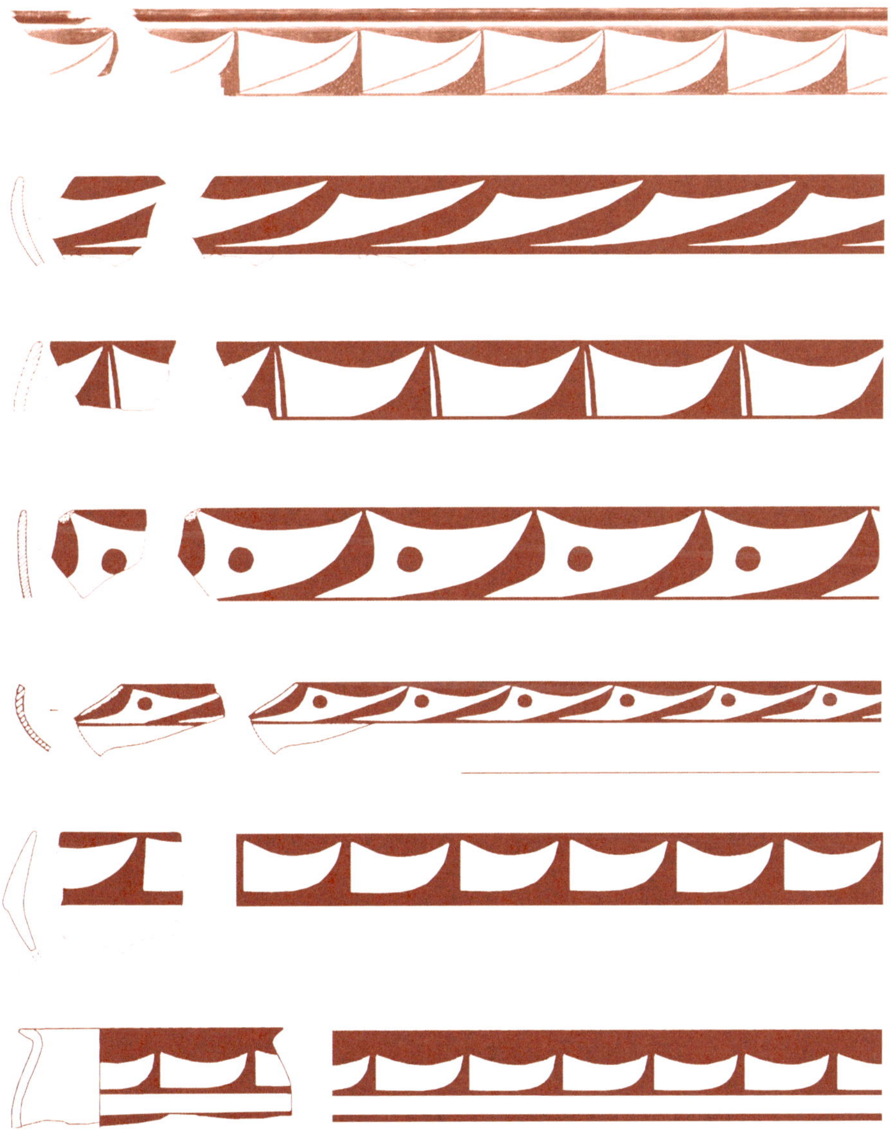

1-5-4-9 湖北枣阳雕龙碑遗址二期彩陶

三期文化的彩陶在总体风格上与二期区别不很明显，构图仍以二方连续式为主，复杂组合纹饰有明显增加，构图更加繁复。复杂组合常常表现为纹饰的多层次重复叠加，绘制非常细腻（图 1–5–4–10）。大量见到白地彩陶，所占比例要高到 90% 以上。新见的还有并列长三角纹和类似太阳图形的纹样，也许都是表现的太阳（图 1–5–4–11）。花瓣纹和旋纹仍是彩陶中的重要主题，其中有一件罐以黑红双色在白地绘彩，双旋纹绘得十分工整（图 1–5–4–12）。纹饰中较有特色的是网格纹，而且多为细网格纹（图 1–5–4–13、14）。三期最精致的彩陶是一件小口双耳罐，中腹以上满饰彩绘。先衬一层白地，再用深褐色绘出图案，间以红色细线条勾勒。纹饰分三层以二方连续方式排列，上两层构图相同，下层纹饰稍宽大，均为弧边三角和弧线组成的花瓣纹。下层为双排菱形纹，以地纹方式描绘。还有一件小口罐，在白地上绘有精致的旋纹图案，构图均衡对称，线条流畅自然（图 1–5–4–15）。

雕龙碑遗址三期重叠的竖行弧形图案也很有特色，或与成排尖三角组合，或上下背向排列，使本来沉静的线条有一种律动感（图 1–5–4–16）。三期还有不多的“西阴纹”，有一件小口罐图案亦是分多层排列，一层叠一层，以红线作间隔，以白彩作地。上下两层纹样相同，是以地纹方式描绘的二方连续角状图案，角状中间饰圆点。中层以较细的线条绘菱形纹，中间填有平行的斜线。

雕龙碑彩陶早晚三期有一些共性，如流行白地复彩，有相同和相似的纹饰组合。早晚的变化趋势也有轨迹可寻，如弧线和弧边色块在早期运用较多，也较为熟练，晚期用直线较多，白地有明显增加的趋势，由早期的不足 50% 上升到晚期的 90% 以上。另外菱形边框网格纹早期较少，中期渐多，晚期更甚，且变化也多。

1-5-4-10 湖北枣阳雕龙碑遗址三期彩陶

1-5-4-11 湖北枣阳雕龙碑遗址三期彩陶

1-5-4-12　湖北枣阳雕龙碑遗址三期彩陶

1-5-4-13 湖北枣阳雕龙碑遗址三期彩陶

1-5-4-14 湖北枣阳雕龙碑遗址三期彩陶

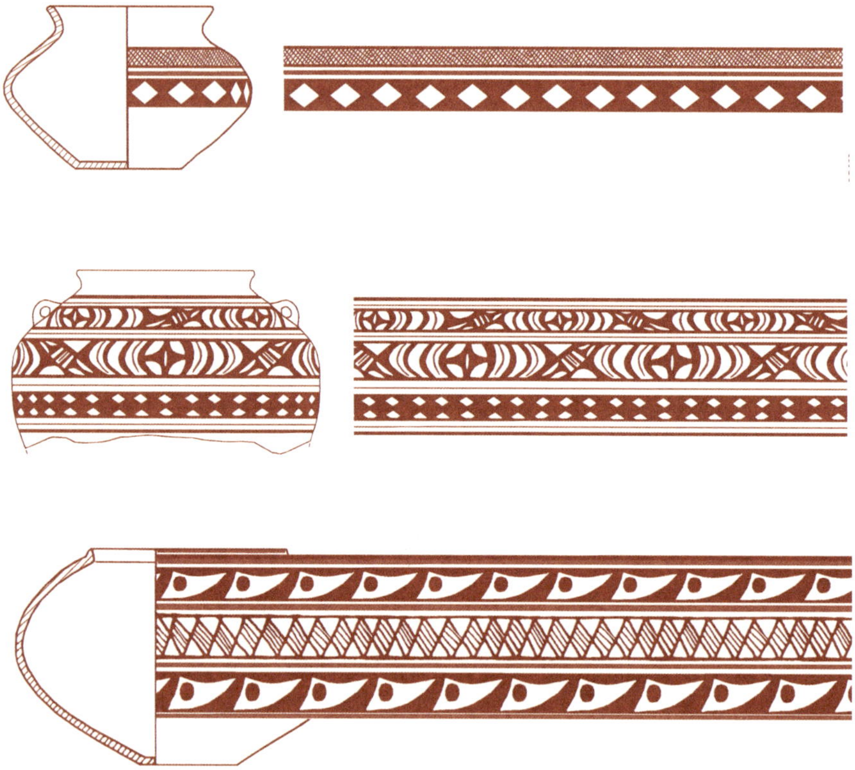

1-5-4-15　湖北枣阳雕龙碑遗址三期彩陶

1-5-4-16　湖北枣阳雕龙碑遗址三期彩陶

青海民和胡李家遗址 5

青海民和胡李家遗址面积 6 万平方米，1999 年由中国社会科学院考古研究所甘青工作队发掘，发掘面积 500 平方米[1]。遗址的主体堆积为比较单纯的庙底沟文化，出土的彩陶整体上体现了庙底沟文化特点，不过由于距离庙底沟文化中心分布区较远，在纹样的构图上也显示出一些独特之处。

胡李家遗址出土庙底沟文化彩陶多为红陶施黑彩，也有少量红彩和褐彩。彩陶主要器形为曲腹盆和敛口钵，还有一些薄胎碗。纹饰以弧边三角、圆点勾叶、弧线与网格为单元，组成不同的图案，有的一器采用多种单元，构图繁复（图 1–5–5–1）。

陶钵上的纹样单元以圆点和弧形线为多，组成二方连续图案，每组图案间一般都用数条垂直线作隔断（图 1–5–5–2）。陶盆上的纹样变化较多，常见花瓣式构图，有双瓣，也有多瓣。花瓣形状变化较多，有宽大与窄长之分，也有简素与繁复之别（图 1–5–5–3）。大幅网格纹也能见到，是二方连续图案中的主体构成单元，方片的网格间以用弧边三角形作衬的单叶片作间隔（图 1–5–5–4）。

特别引人注意的是发现了较多的并行式构图彩陶，它是以一二种简单的纹样作基本构图，采用横行、竖行或斜行方式重复排列，图案虽然素朴，但却有较大的视觉冲击力（图 1–5–5–5）。

胡李家遗址没有见到典型旋纹图案。

[1] 中国社会科学院考古研究所甘青工作队等：《青海民和县胡李家遗址的发掘》，《考古》2001 年 1 期。

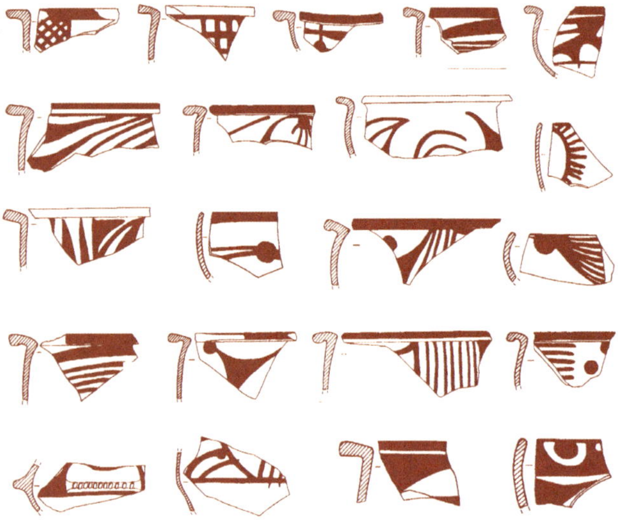

1-5-5-1 青海民和胡李家遗址彩陶

1-5-5-2 青海民和胡李家遗址彩陶

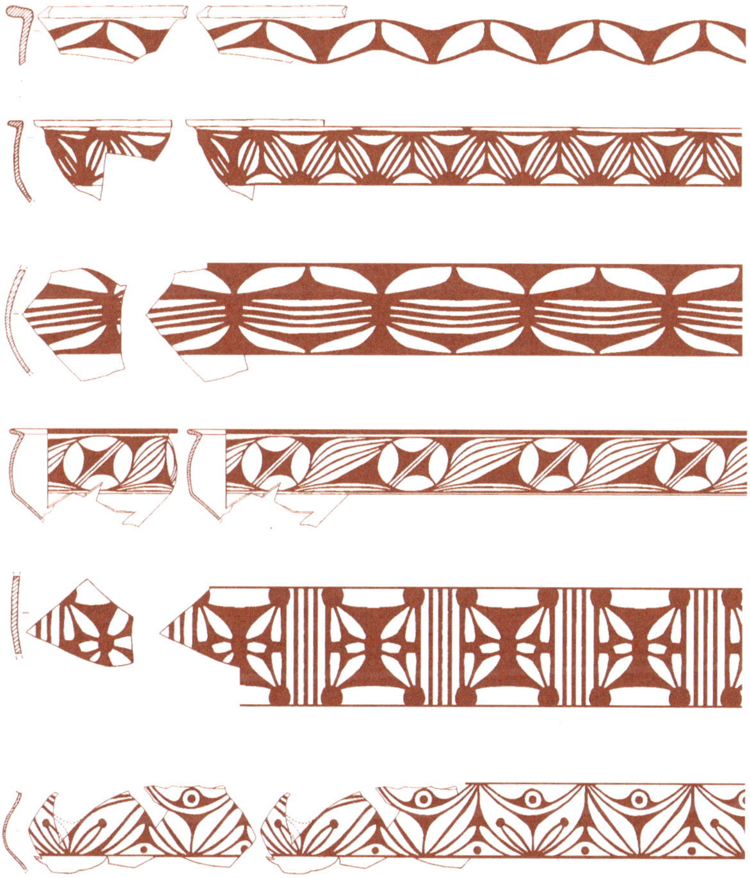

1-5-5-3 青海民和胡李家遗址彩陶

1-5-5-4 青海民和胡李家遗址彩陶

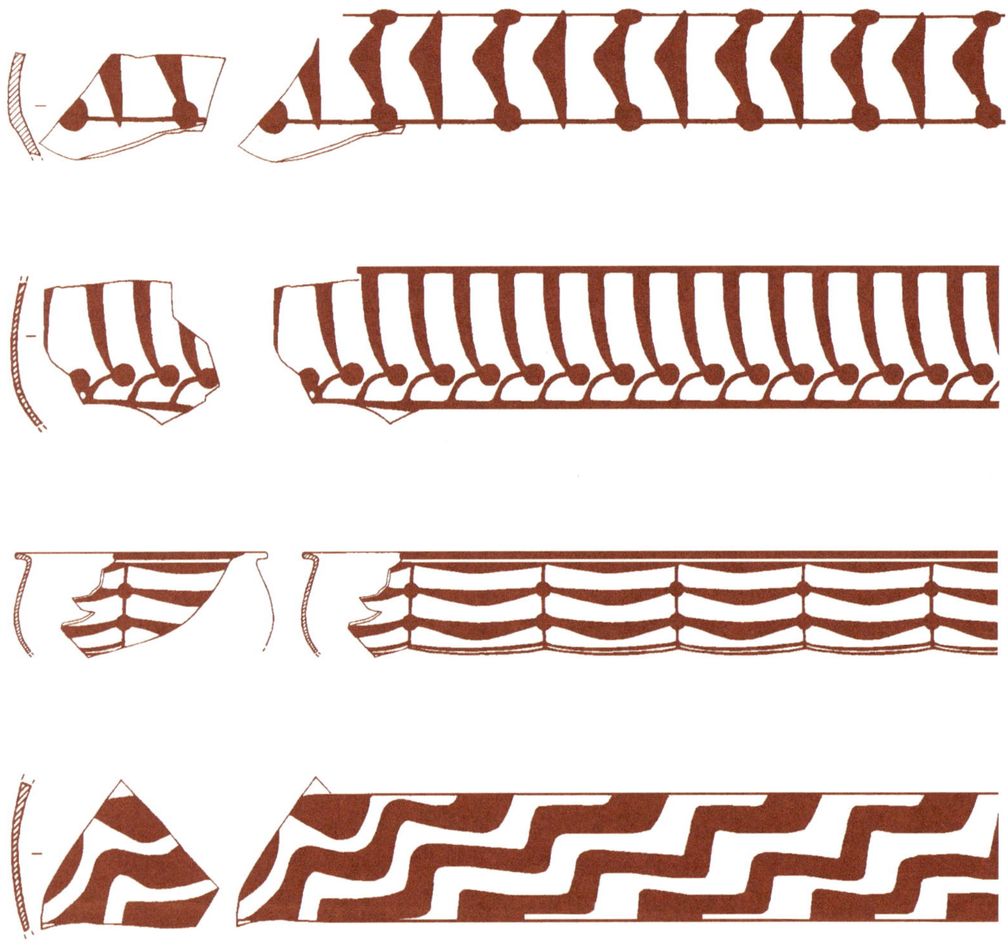

1-5-5-5 青海民和胡李家遗址彩陶

6 青海民和阳洼坡遗址

青海民和阳洼坡遗址面积2.8万平方米，1980年青海省文物考古队发掘850平方米[1]。遗址内涵比较单纯，大体同于庙底沟文化，发掘者将它归入仰韶文化向马家窑文化过渡的石岭下类型，或者以为就是仰韶文化晚期遗存。在民和境内类似遗存发现较多[2]，这大体可以看作是庙底沟文化扩展的西限，我曾经在更西的循化县调查，仍能发现庙底沟文化的强烈影响。

阳洼坡遗址彩陶也是以盆钵类器具为多，图案更为复杂一些，不过仍可以看出有明显的庙底沟文化风格。以黑彩为主，有以弧线三角纹、直线、垂帐纹、圆点、方格组成的图案（图1–5–6–1）。陶钵上的纹样多以点、圆、圆弧、叶片与花瓣构成，见到少量内彩（图1–5–6–2）。陶盆上的纹样多见并行弧线、并行直线与并行斜线，也用圆点作点缀，构成的图案有花瓣纹、垂帐纹，还有菱框形网格纹（图1–5–6–3）。

阳洼坡遗址也没有见到典型旋纹。

[1] 青海省文物考古队：《青海民和阳洼坡遗址试掘简报》，《考古》1984年1期。
[2] 青海省文物考古研究所：《青海省民和县古文化遗存调查》，《考古》1993年3期。

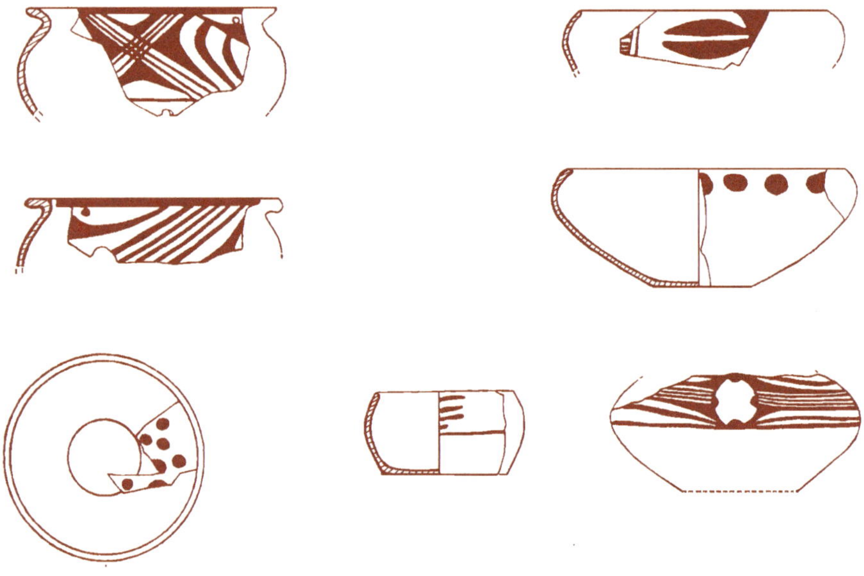

1-5-6-1 青海民和阳洼坡遗址彩陶

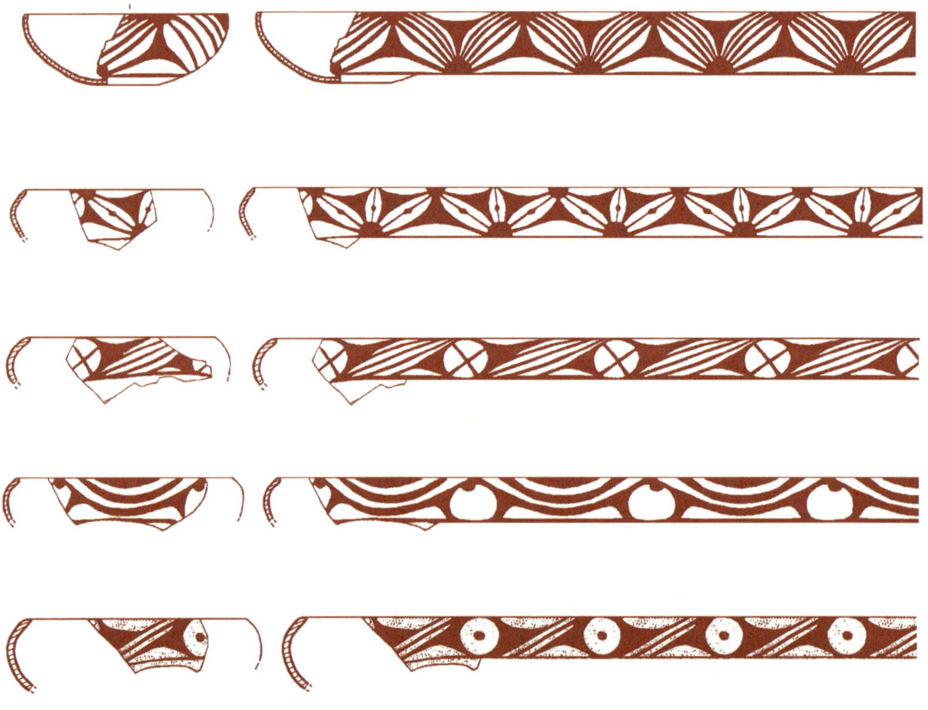

1-5-6-2 青海民和阳洼坡遗址彩陶

1-5-6-3 青海民和阳洼坡遗址彩陶

7 江苏邳县大墩子遗址

江苏邳县大墩子遗址面积5万平方米，南京博物院1963年发掘128平方米，在上文化层发现一批大汶口文化墓葬，有彩陶随葬[1]。

第一次发掘虽然只出土8件彩陶，但绘制很精。有的施红衣，绘黑彩直线、曲线、三角和圆点组成的纹样，器形有鼎、罐和高柄杯。有的施白衣，绘红黑彩，还有的旋红衣绘黑白彩，绘弧线三角纹、涡纹、圆点纹、直线、曲线与八角星纹，多绘在盆钵口腹部（图1–5–7–1、2）。

大墩子遗址1966年又发掘了540平方米，揭露300座墓葬[2]。高等级的墓葬有彩陶随葬，多为白黑红三色彩，极少见单色彩，多绘在口腹部，“色彩鲜艳协调，线条舒展流畅”。稍早的“刘林期”彩陶有钵、盆、鬶、罐等，图案由涡纹、弧线三角纹、条纹、圆点和叶片纹组成，有的构图相当复杂。稍晚的“花厅期”彩陶有小口壶、背水壶、鼎和罐等，纹饰大多绘在器腹，有圆圈纹、连贝纹、弦纹、条纹和圆点等，构图渐为简单（图1–5–7–3）。

---

[1] 南京博物院：《江苏邳县四户镇大墩子遗址探掘报告》，《考古学报》1964年2期。

[2] 南京博物院：《江苏邳县大墩子遗址第二次发掘》，《考古学集刊》第1集，1981年。

1-5-7-1 江苏邳县大墩子遗址第一次发掘出土彩陶

1-5-7-2　江苏邳县大墩子遗址第一次发掘出土彩陶

1-5-7-3 江苏邳县大墩子遗址第二次发掘出土彩陶

8 山东兖州王因遗址

山东兖州王因遗址面积 12 万平方米，1975~1978 年由中国社会科学院考古研究所山东工作队发掘 10230 平方米[1]。遗址下层为北辛文化，主体堆积属大汶口文化。大汶口文化层清理墓葬 899 座，彩陶多见于高规格墓葬。

王因遗址彩陶一般先涂一层红衣，然后绘红、褐、黑、白色彩，以黑彩为主，一般为双色或三色并施。纹样有带状纹、八角纹、菱形纹、太阳纹、叶片纹和弧线三角纹等，这些十一月样中很多体现着大汶口文化自身特点，也多是以二方连续方式排列（图 1–5–8–1）。此外也见到绘制精美的花瓣纹和旋纹，这些都有庙底沟文化明显的影响，从纹饰到器形均有相似之处。旋纹（报告称勾连纹）构图比较繁复，两旋之间正背相对，组成兽面形状，旋心为眼，非常有特点（图 1–5–8–2）。

在王因遗址地层中也出土少量彩陶片，色彩有红、褐、黑、白四色，主要纹样有带状纹、三角纹、波浪纹、弧线勾连纹组成的花瓣纹和旋纹等。其他还有菱形纹、连山纹、八角纹等（图 1–5–8–3）。

将所得的彩陶片进行纹饰复原，可以看到王因的叶片纹等纹饰与庙底沟文化的非常接近（图 1–5–8–4）。

[1] 中国社会科学院考古研究所山东工作队：《山东王因：新石器时代遗址发掘报告》，科学出版社，2000 年。

1-5-8-1 山东兖州王因遗址彩陶

1-5-8-2 山东兖州王因遗址彩陶

1-5-8-3 山东兖州王因遗址彩陶

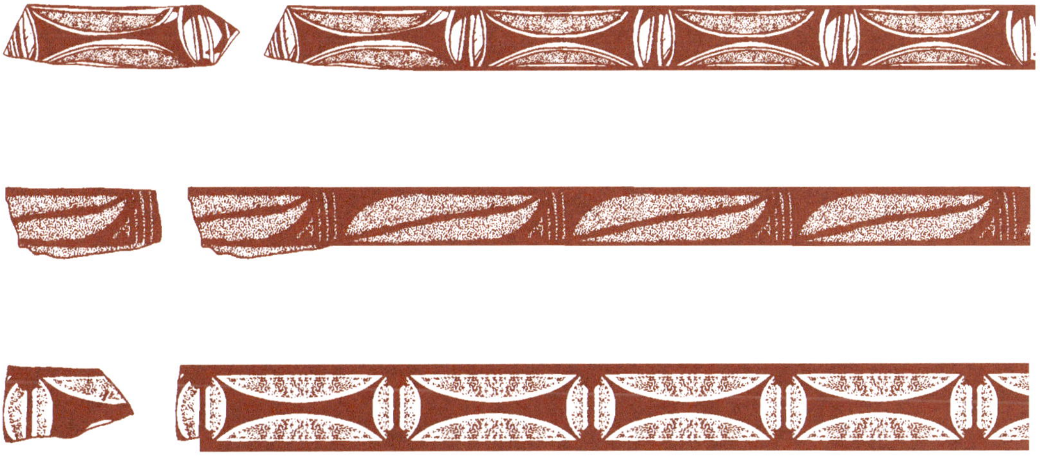

1-5-8-4 山东兖州王因遗址彩陶

9 山东泰安大汶口遗址

山东泰安大汶口遗址由山东省文物考古研究所继第一次发掘之后，又进行了二、三次发掘，发掘2050平方米[1]。一些墓葬中也随葬有彩陶，数量尽管不多，但多比较精美。

后来出土的彩陶与第一次所得有些区别，材料也丰富一些。彩陶有单彩和复彩，纹样有平行线、宽带、链形纹、圆心和方心八角纹、云雷纹、太阳纹、花瓣纹和涡纹。报告所称的涡纹即旋纹，以三色弧线勾绘（图1–5–9–1）。除了盆上绘彩，一些豆盘、豆柄和豆足上也绘彩，豆上多见宽带纹和八角星纹（图1–5–9–2）。

在钵、盆、罐和器座上绘出的叶片纹和花瓣纹，以红黑白多彩勾画弧线三角纹，构成由四至六瓣构成的花瓣，绘制比较精细（图1–5–9–3）。

值得注意的是，陶器上有的刻纹也有彩陶纹饰样式，有花瓣和圆圈纹等，纹样较多接近于庙底沟文化。

---

[1] 山东省文物考古研究所：《大汶口续集：大汶口遗址第二、三次发掘报告》，科学出版社，1997年。

1-5-9-1 山东泰安大汶口遗址彩陶

1-5-9-2　山东泰安大汶口遗址彩陶

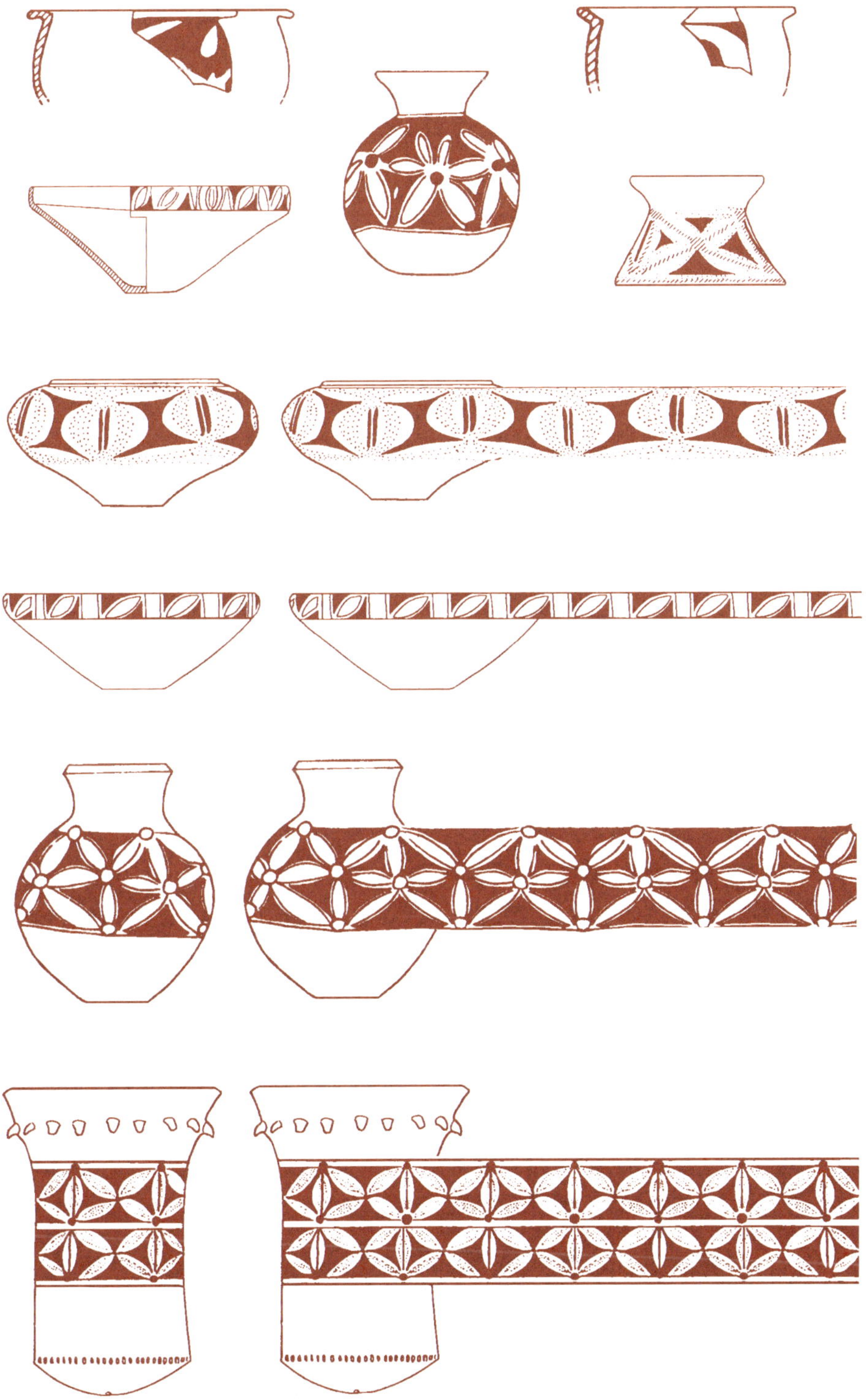

1-5-9-3 山东泰安大汶口遗址彩陶

10 内蒙古清水河县及邻近区域诸遗址

在内蒙古河套地区的东北一线，在清水河县及其附近地区的与庙底沟文化相当的一些遗址中，也出土一些风格类似的彩陶，可以看出与庙底沟文化关系非常密切。我们选择几处遗址的彩陶资料在此一并叙述。

清水河县白泥窑子 A 地点，内蒙古社会科学院历史所考古研究室 1984 年发掘 447 平方米[1]。遗址的主要堆积被称作“白泥窑文化”，文化曾受到庙底沟文化强烈影响，年代约当距今 6000 年以上。出土的彩陶中有黑彩宽带纹、圆点纹、钩叶纹和弧边三角纹，都明显体现有庙底沟文化风格。

清水河县白泥窑子 J 地点，面积 3000 平方米，内蒙古社会科学院历史所考古研究室 1982~1984 年发掘[2]。遗址的主要堆积相当于庙底沟文化，出土的彩陶中有黑彩宽带纹、菱形纹、圆形纹和弧边三角纹，还有旋纹，都是庙底沟文化风格。引人注意的是，在一件旋纹彩陶盆的沿面上，绘着典型的“西阴纹”，这可以看作是“西阴纹”到达的北限（图 1–5–10–1）。

清水河县庄窝坪遗址面积 3 万平方米，乌兰察布博物馆等 1990 年发掘 425 平方米[3]。下层堆积当白泥窑子文化早期，出土彩陶见宽带纹、圆点纹、钩叶纹和弧线三角纹（图 1–5–10–2）。

清水河县后城嘴遗址，1990 年由内蒙古文物考古研究所等发掘 1000 平方米[4]。在相当于白泥窑文化的第一期层位出土的彩陶，有黑彩宽带纹、三角纹、钩叶纹、弧线三角纹，复原出来的纹饰中有典型的花瓣纹。

---

[1] 内蒙古文物考古研究所：《清水河县白泥窑子遗址 A 点发掘报告》，《内蒙古文物考古文集》 第二辑，中国大百科全书出版社，1997 年。

[2] 内蒙古文物考古研究所：《清水河县白泥窑子遗址 A 点发掘报告》，《内蒙古文物考古文集》第二辑，中国大百科全书出版社，1997 年。

[3] 乌兰察布博物馆等：《清水河县庄窝坪遗址发掘简报》，《内蒙古文物考古文集》第二辑，中国大百科全书出版社，1997 年。

[4] 内蒙古文物考古研究所等：《清水河县后城嘴遗址》，《内蒙古文物考古文集》第二辑，中国大百科全书出版社，1997 年。

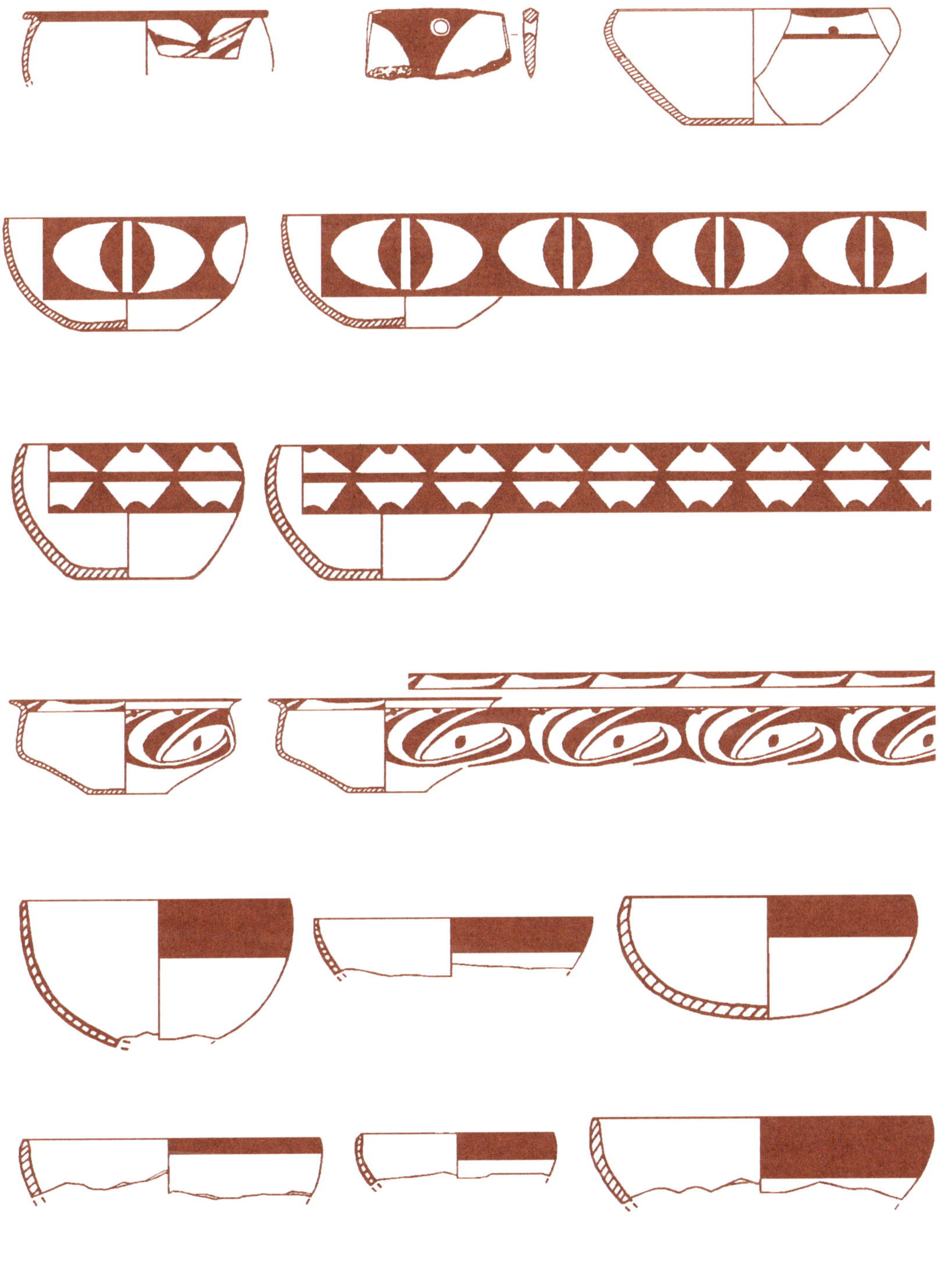

1-5-10-1 内蒙古清水河白泥窑子J点彩陶

1-5-10-2　内蒙古清水河庄窝坪等遗址彩陶

清水河石板遗址由中国社会科学院考古研究所内蒙古队调查，这也是一处与庙底沟文化关系密切的地点[1]。调查发现彩陶并不多，但内涵却非常重要。这里的彩陶有三瓣花式的花瓣纹，更有典型的鱼纹。鱼纹在报道时仅描述为“施黑彩条纹”，其实它是鱼纹双尾的中段，而且还存有一点背鳍的痕迹，所以复原图像为典型鱼纹，而不是无鳍的简体鱼纹。石板发现的鱼纹，是这类彩陶分布的北限。

商都县章毛勿素遗址，1990 年内蒙古文物考古研究所等联合发掘 188 平方米[2]。在第二期层位上出土不多的彩陶，有明显的庙底沟文化风格（图 1–5–10–3）。

准格尔旗官地遗址，面积 2 万平方米，1991 年内蒙古文物考古研究所发掘 1500 平方米[3]。第一期年代相当于半坡文化，出土彩陶中有宽带纹。第二期年代相当于庙底沟文化早期，彩陶有宽带纹、叶片纹和弧边三角纹。

再往更北面的凉城，在岱海周围发现一些与仰韶文化非常接近的遗址，研究者一般将它们归入仰韶系统，这里面就有相当于庙底沟文化的遗址，出土一定数量的彩陶。其中王墓山坡下遗址最值得关注，遗址面积约 7 万平方米，1989 ~ 1992 年发掘 2164 平方米，发现房址 24 座、灰坑 34 个，灰坑和房址内都出土有一些彩陶[4]。彩陶占到陶器总数的三分之一，比例不小，以黑彩为主，有极少的红彩。大多数圜底钵口沿部位绘一周宽带彩，平底钵多绘双瓣式花瓣纹或三角与斜线组合，也见有网格纹和菱形纹。深腹的盆常绘图案化鱼纹，鱼纹构图与渭河两岸所见相同（图 1–5–10–4）。

王墓山坡下遗址有的彩陶具有半坡文化风格，发掘者根据整体特征研究，将它归入庙底沟文化时期，碳十四年代测定的数据也支持这个认识。

[1] 中国社会科学院考古研究所内蒙古队：《内蒙古中南部古文化遗址调查简报》，《考古学集刊》12 集，1990 年。
[2] 内蒙古文物考古研究所等：《商都县章毛勿素遗址》，《内蒙古文物考古文集》第二辑，中国大百科全书出版社，1997 年。
[3] 内蒙古文物考古研究所：《准格尔旗官地遗址》，《内蒙古文物考古文集》第二辑，中国大百科全书出版社，1997 年。
[4] 内蒙古文物考古研究所等：《岱海考古（三）：仰韶文化遗址发掘报告集》，科学出版社，2003 年。

1-5-10-3　内蒙古商都县章毛勿素等遗址彩陶

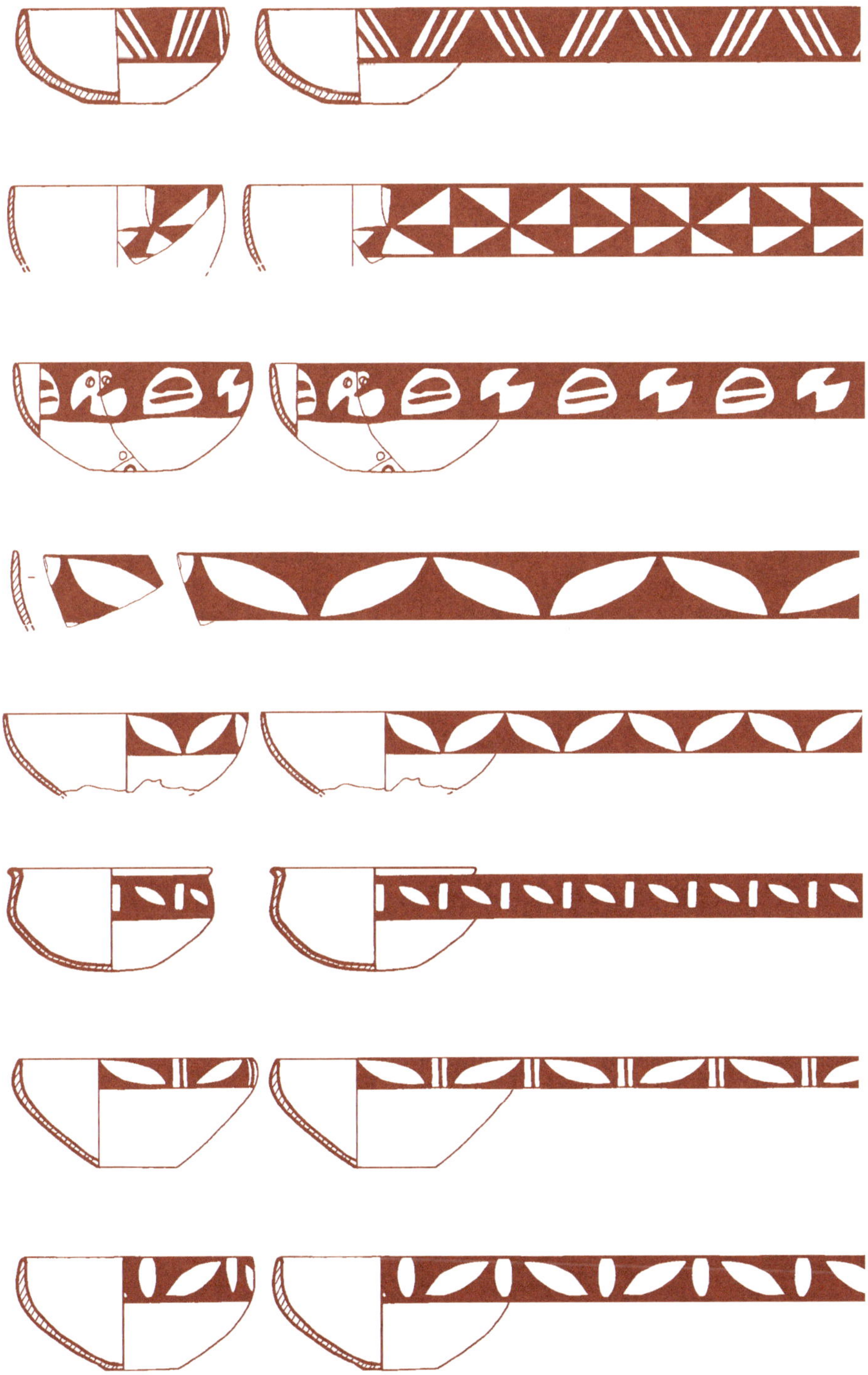

1-5-10-4　内蒙古凉城王墓山坡下遗址彩陶

由色彩配合、纹饰结构以及纹样元素选择等方面看，不同区域的庙底沟文化彩陶都体现出相当一致的风格，不难判断庙底沟人已经发现了一些基本的艺术原理，确立了自己的艺术规范，他们也一定创立了自己的初级艺术理论。

第二章

彩陶
艺术特征

1 彩陶一般特征

庙底沟文化彩陶的基本特征，可由彩陶器类的选择、色彩的应用、纹饰基本元素分类等方面了解。

1 器类选择

彩陶的器类有一些基本的选择原则，有的器类适合于绘彩，有些器类原本就是为绘彩而成器，是预制的彩陶器坯。

彩陶选择的器形是以较为细腻的泥质陶为大宗，只是在极个别的情形下才在夹砂的粗陶上绘彩。泥质陶器表本来比较光滑，绘彩前如果再经打磨，绘彩效果更好。最精致的彩陶器坯都经过精心打磨，焙烧后表面光泽度很好。

彩陶一般绘在小巧的陶器上，有的时候也会在大型器上绘彩。仰韶文化彩陶选择的器类多是食器之类，器体一般都不大。

庙底沟文化彩陶器类的选择也很有特点。庙底沟陶工最常选择的是钵和盆两类，器形都不大。尤其是彩陶钵数量最多，它应当是庙底沟人日常使用的食器。这样的陶钵由于器体较小，彩绘的纹饰大都较为简练，一般都没有太复杂的纹样组合。钵面多见圆弧形纹样，有很少的直线、三角和网格纹组合。纹饰的构成方式，是以二方连续形式为主流（图 2–1–1–1）。

器形稍大的盆类器，由于适宜绘彩的器腹表面较大，更易于发挥陶工的绘画技巧。庙底沟文化中最具特点的陶盆是曲腹盆，许多精致的彩陶盆就是这种曲腹盆。曲腹盆彩绘纹样也是以圆弧类为主，少见直线构成的网格纹、三角纹、矩形纹等。彩绘纹饰构成亦是以二方连续形式为主，以花瓣纹和旋纹最具特色，纹饰富于变化。曲腹盆上的彩绘，多数都比较精致，庙底沟文化那些最精美的彩陶纹饰都是来自曲腹盆。

河南西部地区的彩陶盆以陕县庙底沟遗址出土最多，纹饰也最为丰富。其他地点如济源长泉和灵宝西坡，也有一些精品发现。纹饰组合多见花瓣纹和旋纹，也有方格纹和其他圆弧类组合（图 2–1–1–2）。

山西南部地区出土彩陶盆以夏县西阴村数量最多，纹饰组合与构图形式同豫西地区较为接近，旋纹较多，也见到非常规整的花瓣纹，不过与庙底沟遗址所见并不全同，构图更富于变化（图2–1–1–3）。

陕西出土彩陶盆数量很多，大体可分为关中东部和西部两个区域。关中东部地区彩陶盆集中发现于华阴和华县诸遗址，以泉护村出土数量最多。纹饰以各类变化多端的旋纹为主，花瓣纹少见且大不同于豫西的庙底沟文化遗址。鸟纹作为比较写实的纹样出现的频度较高，这是在晋南和豫西都不曾见到过的（图2–1–1–4）。

关中西部地区彩陶盆的发现以陇县原子头数量最多，扶风案板等处也有发现。纹饰与东部地区有明显区别，圆弧类纹饰并不占主流，三角和四边形图案明显多于东部。基本不见旋纹和典型的花瓣纹。有接近半坡文化的图案化鱼纹及简化鱼纹，也有类似东部地区的鸟纹（图2–1–1–5）。

甘肃东部地区出土彩陶盆以秦安大地湾最为集中，基本都是矮体盆。纹饰以圆弧类结构为主，有旋纹，旋纹以大单旋纹为多，没有典型的双旋纹。也有简化的鱼纹，少见典型的花瓣纹（图2–1–1–6）。

庙底沟文化彩陶也有少量的大罐小罐上见到彩绘，这些罐器形区别很大，所绘纹饰也不相同，都是彩陶盆上常见的图案，有旋纹也有花瓣纹。有的绘很复杂的组合，也有的仅在口沿绘一条带状彩条（图2–1–1–7）。

其他器类的彩陶有些零星发现，如壶类和瓶类器及器座、器盖等，所见纹饰一般也并无特别之处，多类同于钵和盆（图2–1–1–8）。

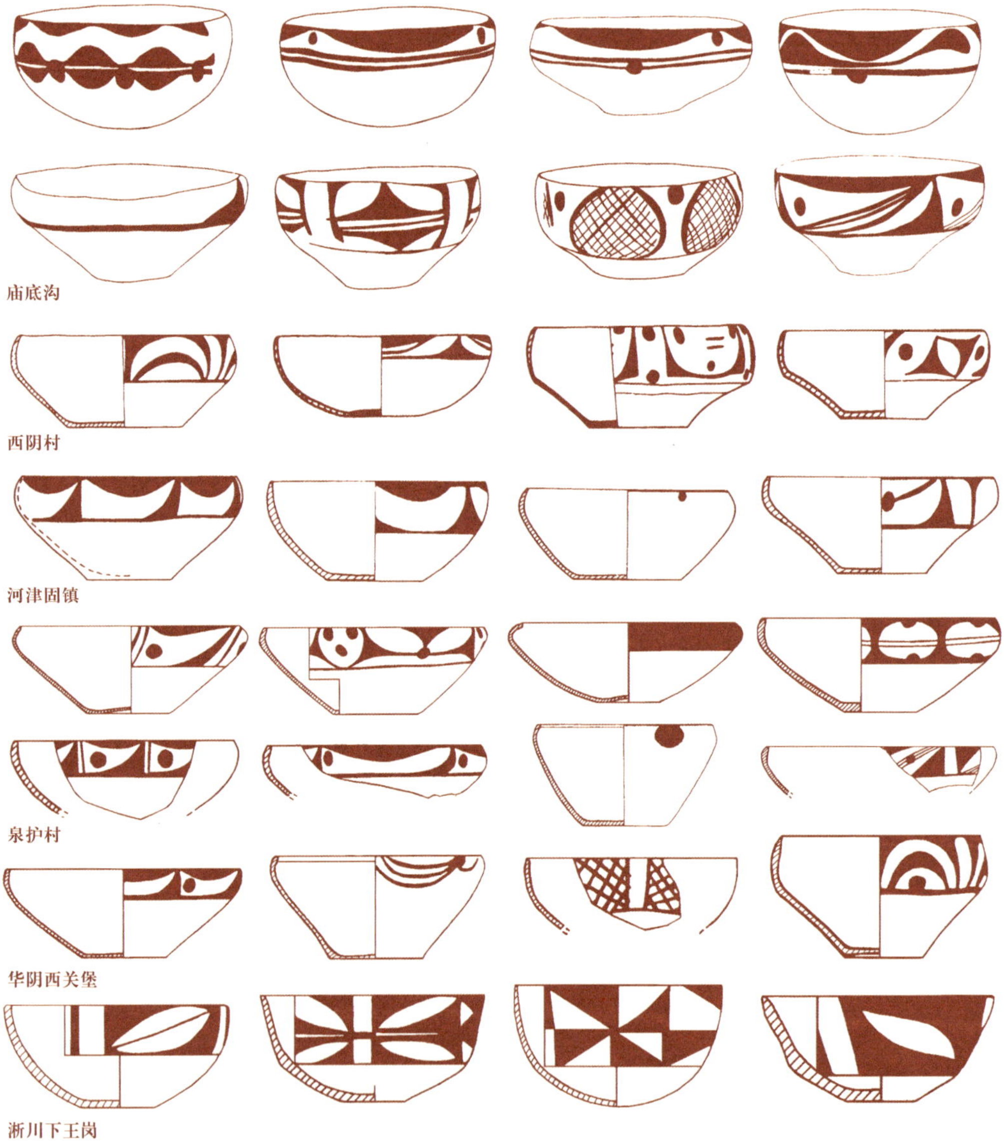

2-1-1-1　庙底沟文化各式各样的彩陶钵

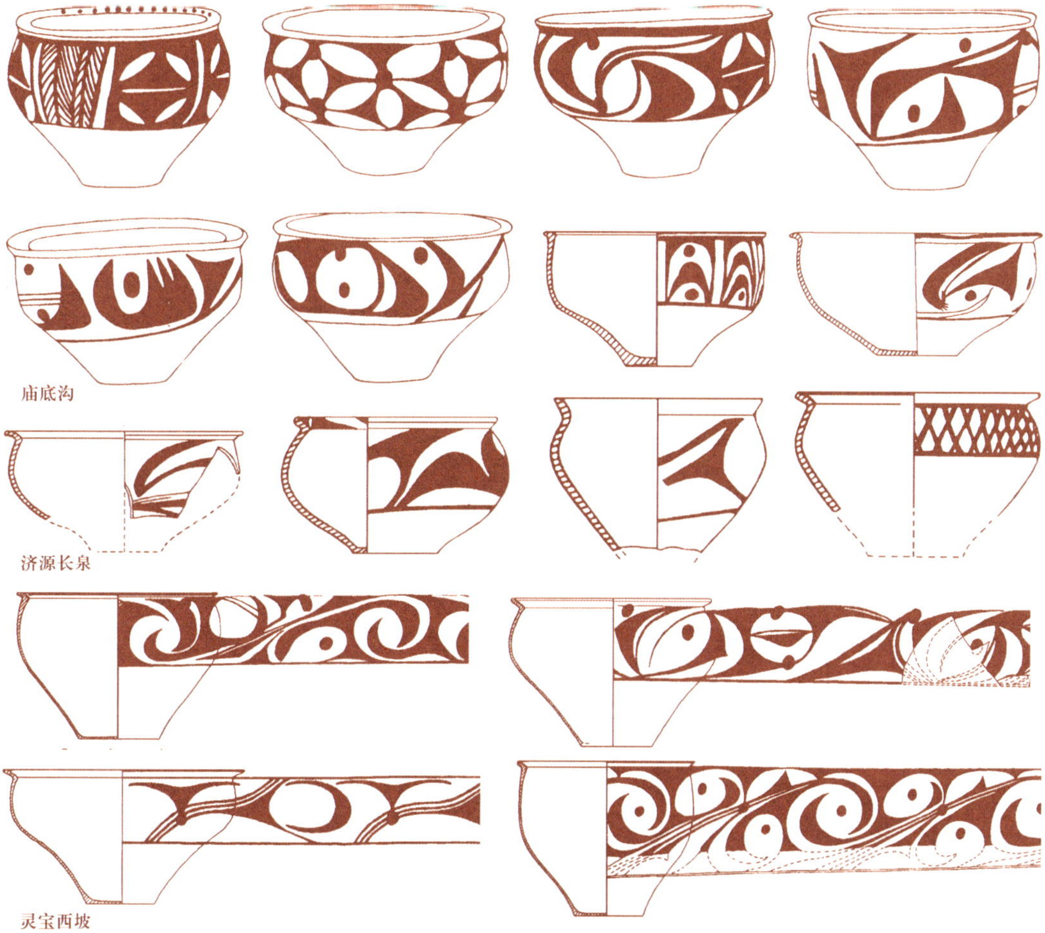

2-1-1-2 河南西部地区出土彩陶盆

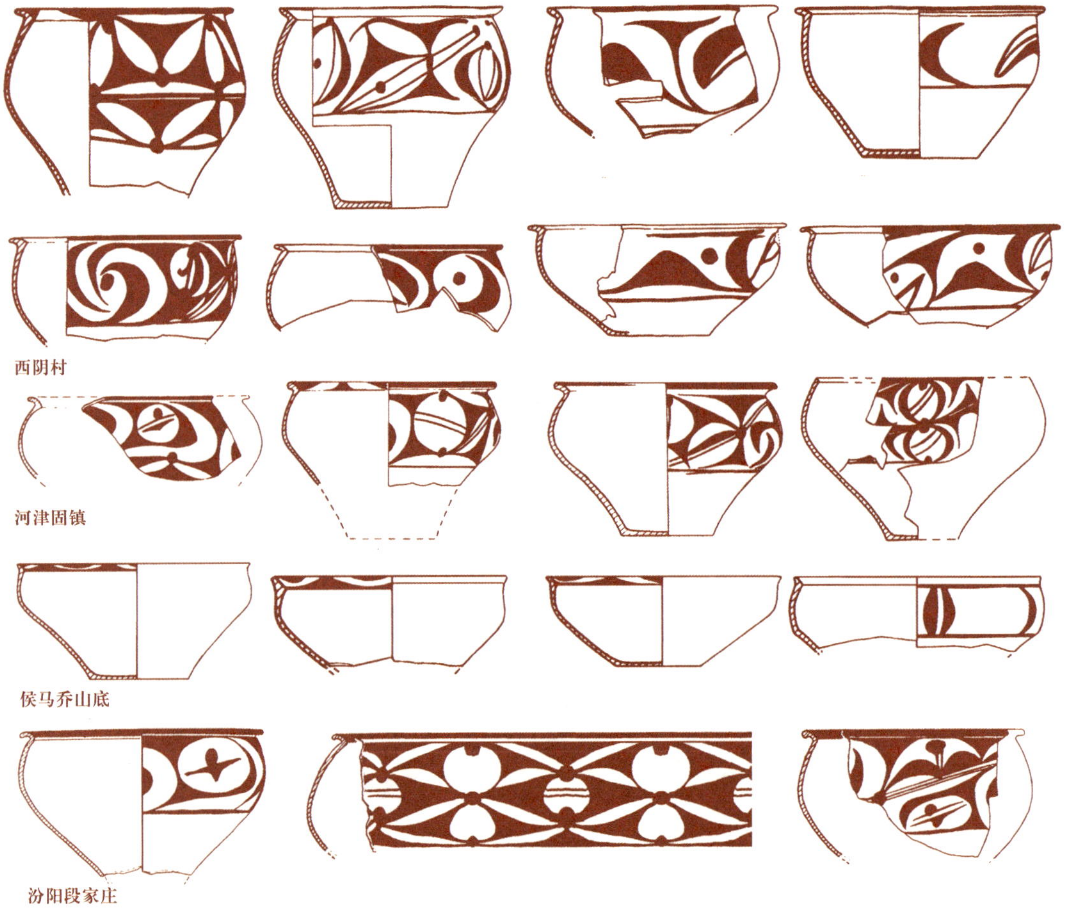

2-1-1-3 山西南部地区出土彩陶盆

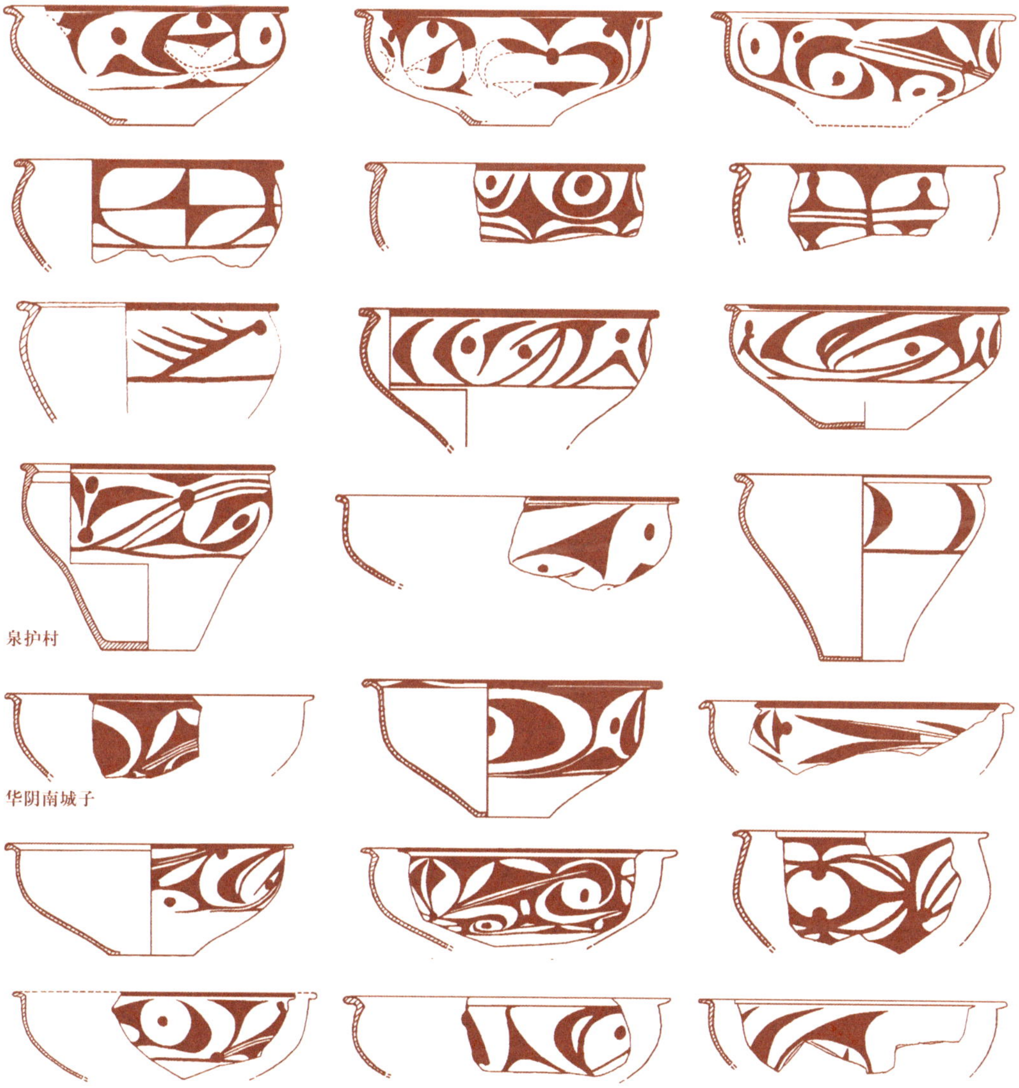

2-1-1-4 陕西关中东部地区出土彩陶盆

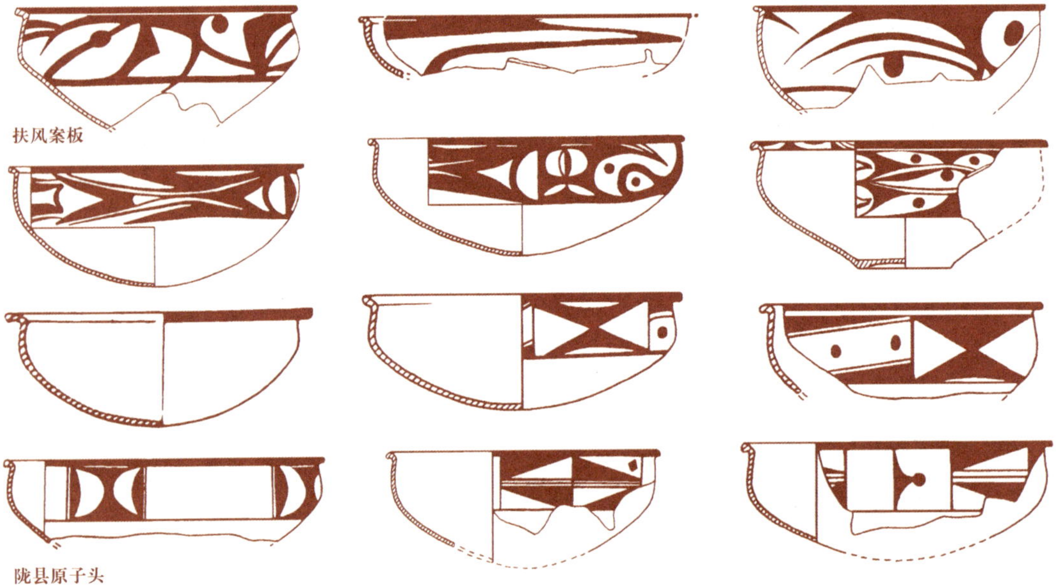

2-1-1-5 陕西关中西部地区出土彩陶盆

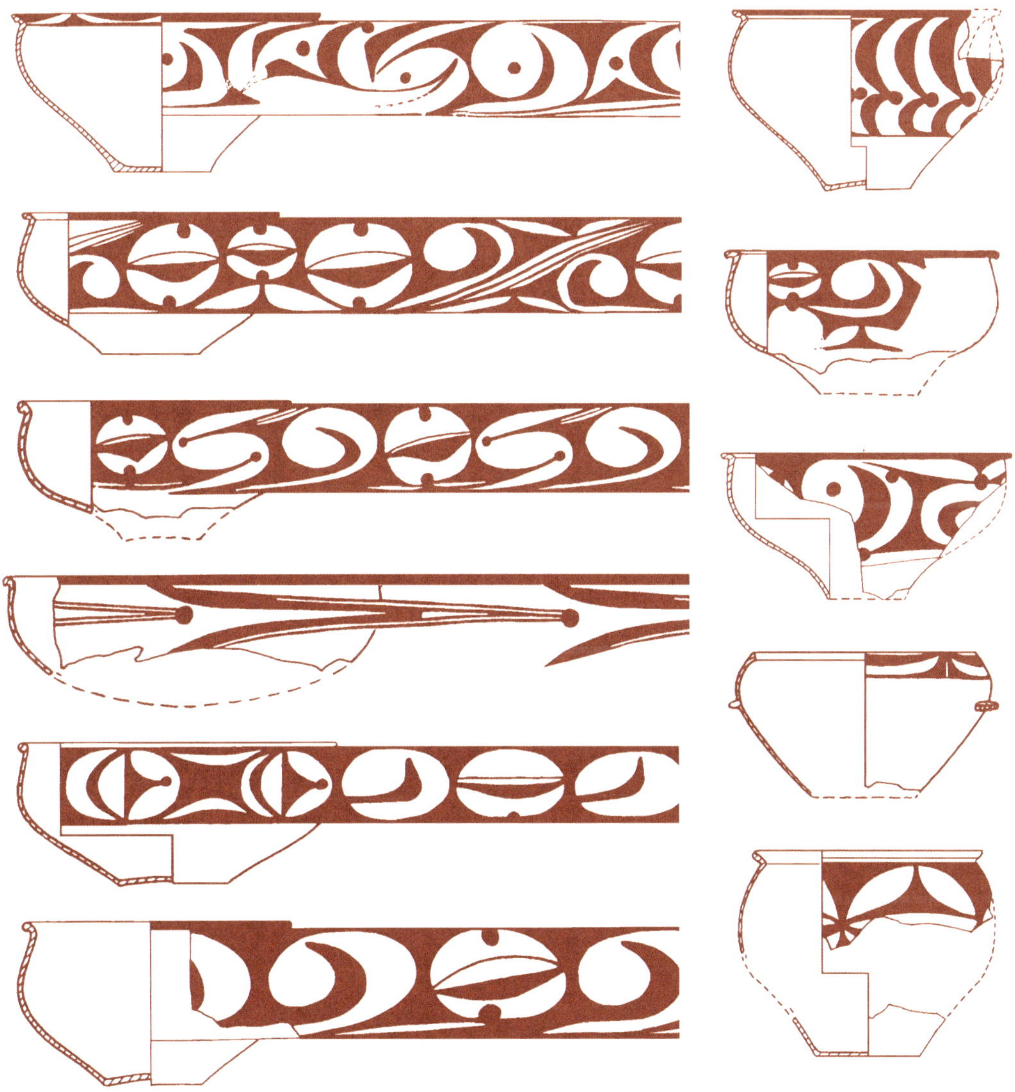

秦安大地湾

2-1-1-6 甘肃东部地区出土彩陶盆

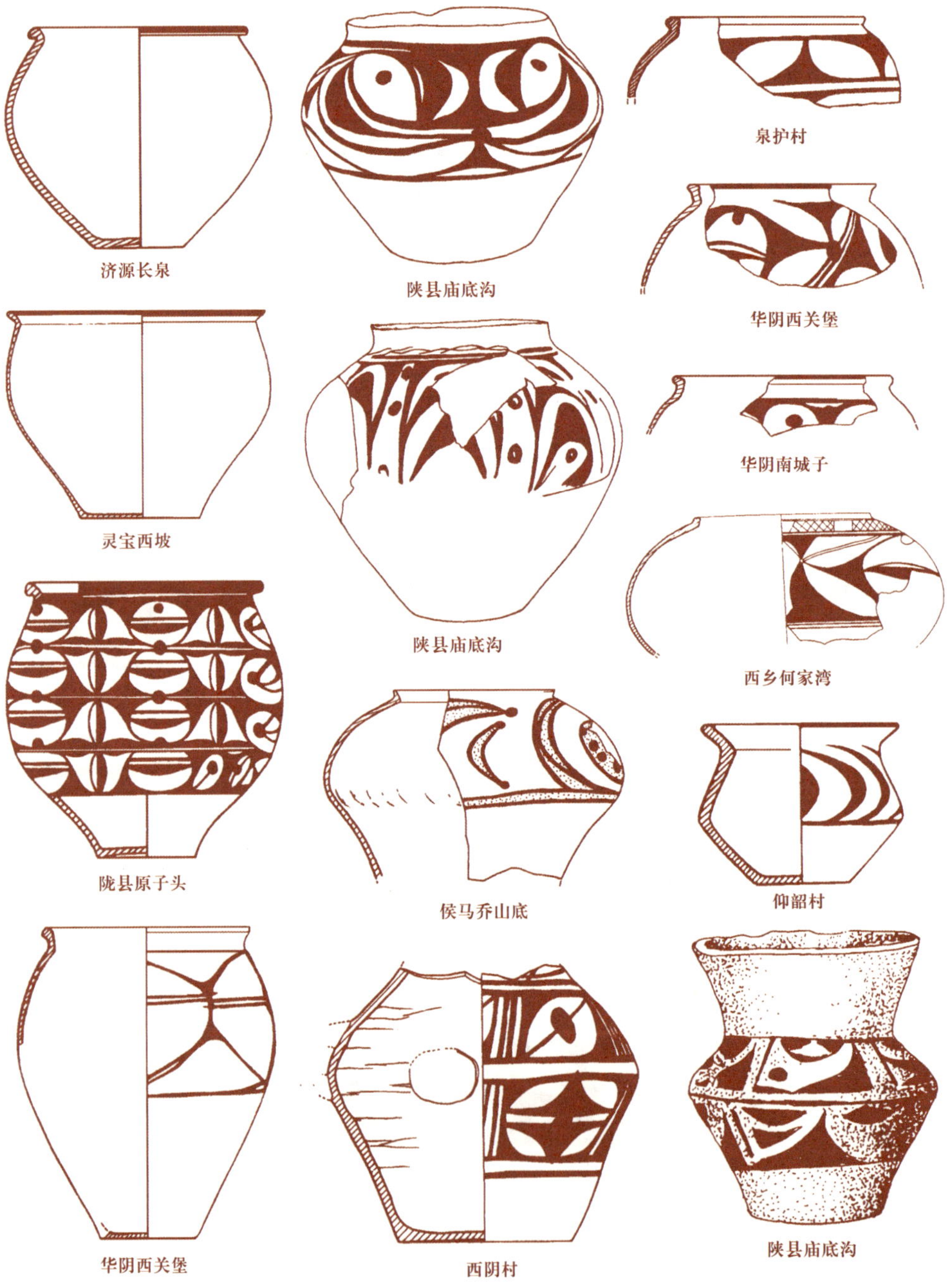

2-1-1-7 庙底沟文化各式各样的彩陶罐

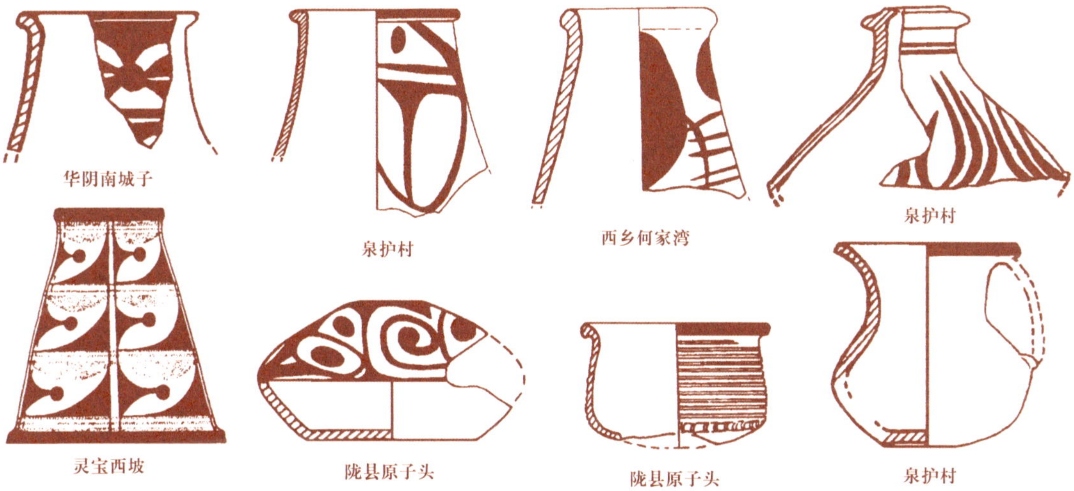

2-1-1-8 庙底沟文化其他器类的彩陶器

2 色彩配合

庙底沟文化彩陶的色彩，主色调上是黑色，大量见到的是黑彩。与这种主色调相对应的是白色的地子，白色在大多数情况下是绘彩前先平涂上去的，也是画工作为一种客观使用的色彩。彩陶上还有并非是画工主动绘出的一种借用色彩，它是陶器自显的红色。这种借用红色的手法，是一个奇特的创造，它较之主动绘上去的色彩有时会显得更加生动。

庙底沟文化彩陶的主要颜色是红白黑三色，主打色是黑色。除了借用色以外，分析彩绘颜色是来自矿物原料。黑彩的着色剂是氧化铁和氧化锰的混合物，白彩的着色剂是一般石英（石膏、方解石）。红彩的着色剂主要是铁，应当是以赭石为颜料。实验表明，用纯锰作原料在陶器上绘彩，高温下锰元素会全部分解。如果羼入赤铁矿，颜色浓度较淡时彩陶烧成后显红色，较浓时则显黑色[1]。

史前陶工一定掌握了这样的显色规律，在黑与红之间作出了自由选择。

庙底沟文化中虽然少见红彩直接绘制的纹饰，但红色却是一个不能忽略的图案元素。它的重要性主要还不在于是绘制一些纹饰单元的必须用的色彩，它更主要的是被作为一种背景色使用的。彩陶上的红色有两个来源，一是红彩，一是陶器上自带的红色。自带的红彩又有两种情形，一种是因为大量彩陶的胎色与表面色在烧成后就显现出的本色，这本色就是红色，考古上称为红陶。另一种是陶器表面特别装饰的红色，是烧制前挂上的一层红黏土泥浆，出窑后也呈现出红色，称为红衣陶。

[1] 李文杰：《中国古代制陶工艺研究》，科学出版社，1996 年；郎树德、贾建威：《彩陶》，敦煌文艺出版社，2004 年。

我们所说的庙底沟文化彩陶的红色，主要指的是这种自带色，或者称为陶器的自然色。庙底沟人在绘制彩陶时，明显是借用了这种陶器的自带色，将它作为一种地色或底色看待，这样的彩陶就是后面还要特别提到的“地纹”彩陶。

黑彩与红地，形成了一种强烈的对比，也是一种非常和谐的色彩组合。在纹饰带，绘出的黑彩面积有时会超过空出的地子，显出特别沉稳的色调。有时是相反，是空出的地子面积大大越过了黑彩，显出特别清亮的色调（图2–1–2–1）。当然在更多的时候，绘上的颜色与留出的地子面积大体相等，并没有明显的倾斜感觉，显得非常和谐。

庙底沟文化彩陶是黑与红、白三色的配合，主色调是红与黑、白与黑的组合。红与白大多数时候都是作为黑色的对比色出现的，是黑色的地色。从现代色彩原理上看，这是两种合理的配合。不论是红与黑还是白与黑，它们的配合结果，是明显增强了色彩的对比度，也增强了图案的冲击力。也有的时候，画工同时采用黑、白、红三色构图，一般以白色作地，用黑与红二色绘纹，图案在强烈的对比中又透出艳丽的风格（图2–1–2–2）。

由彩陶黑与白的色彩组合，很容易让我们想到中国古代绘画艺术中的知白守黑理念。“知白守黑”，出自《老子》，所谓“知其白，守其黑，为天下式”，本是道家提倡的一种处世态度，与“知雄守雌”是一个意思。

“知白守黑”是中国古代绘画艺术的一个重要传统。这样的知白守黑，这样的黑中观白，其实如果作为绘画的一种境界，并非是源出于老子，应当可以上溯到更早的彩陶时代。在彩陶上，不仅有这知白守黑的定式，画工们还掌握着“颠倒黑白”的功夫。同中国画一样，在彩陶上黑是实形，白是虚形，它们相互排斥，又相互依存，相辅相成。可是对观者而言，那白是实形，黑是虚形，画工的意象完全是颠倒的。在彩陶上挥洒自如的史前画工，一直就练习着这样一种“知白守黑”的功夫。他们已经懂得了以黑作衬以白为纹的表现手法。

中国古代艺术家对红与黑两色比较敏感，也非常偏爱，这个艺术传统非常古老。红与黑，史前彩陶的主色是它们。彩陶时代的庙底沟人，他们在彩陶上红与黑与白这三色中追求的是一种什么样的色彩情感？彩陶三色流行的理由，首先自然是以技术为基础的，但技术成熟以后，色彩一定被赋予了丰富的文化内涵。

彩陶三色虽然运用非常普遍，但却并不是随意地调配组合，画工对自己作品色彩的感觉是非常敏感的，有明确的追求。如一般都是以白与红为地，以黑色为纹，也即是说是以浅色为地，以深色作图，这种色彩风格显然体现出了陶工的追求，这便是“知白守黑”的渊源所在。又如汝州洪山庙瓮棺上的一组纹饰，如果先不考虑这纹饰的意义，我们可以非常清楚地了解到陶工对色彩效果的刻意追求。这组纹饰可以分为相关的两组，每一组其实是一对反色图形（图 2–1–2–3）。

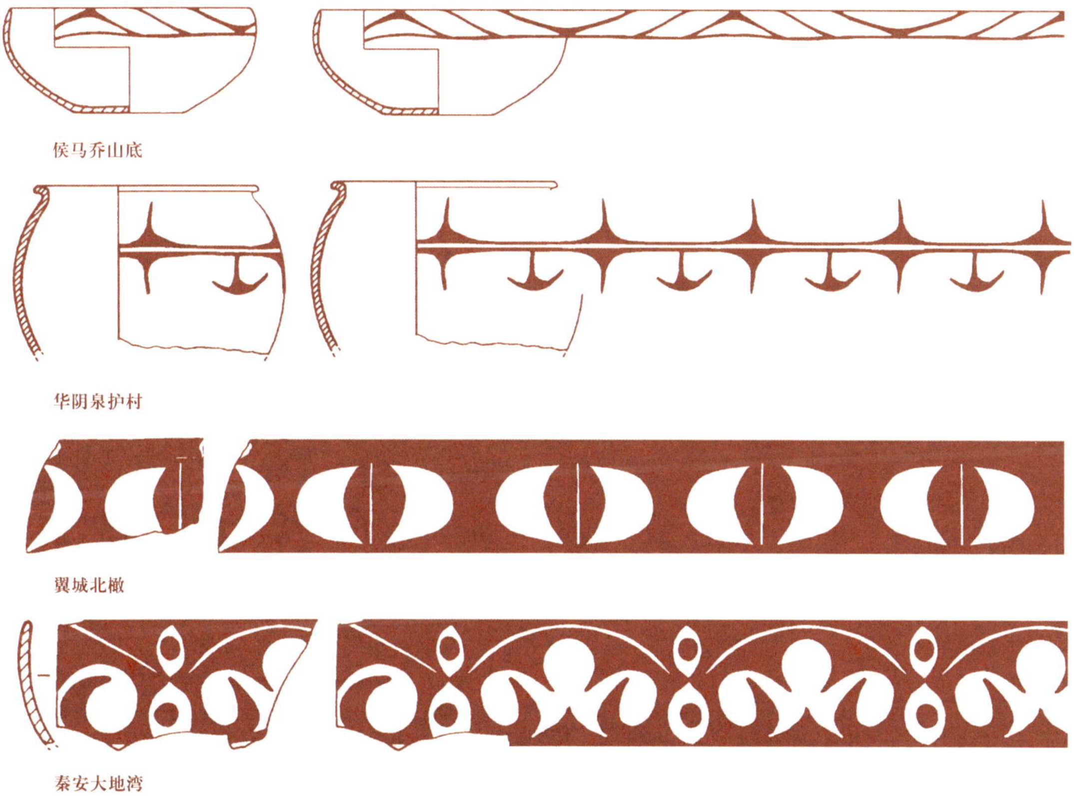

2-1-2-1 彩陶上的明暗两种色调

侯马乔山底

灵宝西坡

陕县庙底沟

扶风案板

郧县大寺

枣阳雕龙碑

2-1-2-2　彩陶上的双色与多色氛围

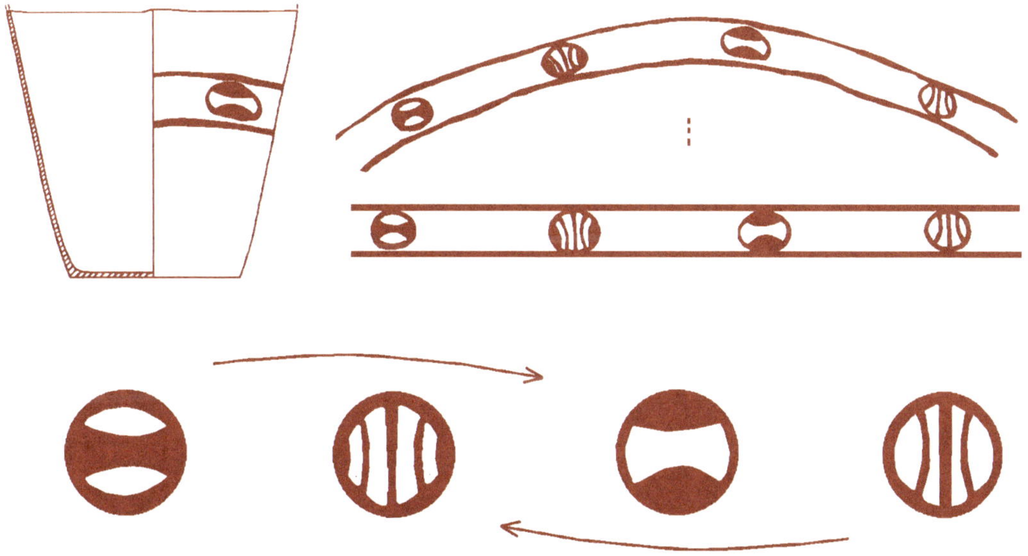

2-1-2-3　汝州洪山庙彩陶上纹饰色彩的互换

3 图案元素

图案一般常见的元素，不外就是点、线、面这三大元素。点、线、面是最基本的形态，这些基本形态的相互结合与作用，形成了点线面的多种表现形式。

点元素的特点是细小，点的大小、数量、空间与排列，与其他元素的配合，会使图案产生不同的感觉效应，可以形成活跃、轻巧等不同的表现效果。

线元素的特点是宽度窄，长度大，形态有直线和曲线两种。以现代的理念看，线有不同的性格表现。垂直线有力度感和伸展感，水平线有稳定感和平静感，斜线有运动感和方向感，折线有空间感，曲线有弹力感。曲线图案自由、优美，细线图案精致、锐利，粗线图案壮实、敦厚。

面元素有几何形和自然形两大类。几何形的特点是单纯、明快、规整和秩序，自然形的特点是体现有生机、趣味、情节和情态。

我们细划一点，元素可分为直线、曲线、点、圆形、三角形、四边形和不规则形几类。庙底沟文化彩陶使用的图案元素，也就是这样一些内容。这些元素正好有七类，就像乐谱上的那些音阶一样，七个音阶不同的组合，会呈现不同的旋律，七类不同的图案元素的组合，会呈现出无数富有特点的图案（图 2–1–3–1）。

在庙底沟文化彩陶中，线形元素运用较少，点、面形元素运用较多，面形元素中又以圆形和不规则形运用较多。我们就按七元素的分类，分析它们在庙底沟文化彩陶上的变形规则和出现的频度，还要了解它们之间的组合规则以及最常见的组合形式。

2-1-3-1 庙底沟文化彩陶使用的图案 7 个元素

a. 直线

两点之间的连线，就是直线。也有一种说法是，直线就是有序连续的点。如果由这个意义出发，那图案最基本的元素就是点，由点可以到线，也可以到面，线和面都是点扩张的结果。

庙底沟文化彩陶中的直线元素,有水平线、垂直线、斜线和折线四种。

彩陶中多条平行的水平线同时出现的时候并不太多，而且常常是与其他点圆纹饰组合出现。更多的情况是单条出现的窄条或宽条的带状纹饰，发掘者一般称之为宽带纹。水平线元素在河南和山西地区彩陶中出现的频度较高。陕西地区的彩陶上少见水平线元素，多是在器物口沿内绘一周窄带（图 2–1–3–2）。

庙底沟文化彩陶似乎较少使用垂直线元素，但仔细观察后，发现它其实并不少见。由于许多图案都是采用二方连续形式绘制，每两个单元之间的间隔或连接，往往采用的是短短的垂直线。这样的垂直线，少的只有一条二条，多的可达五条六条，大体是等距离平行排列。纹饰加进间隔后的布局，显示出一种很强的节奏感（图 2–1–3–3）。

庙底沟文化彩陶中斜线元素运用也不多，一般都是充作组合纹饰的单元。非常流行的那种呈右斜方式的单瓣叶片纹，中间一般都绘有一条或数条斜线，就好似叶片的叶脉一样，这样的叶片纹彩陶在许多遗址都有发现。一些简单的和复杂的旋纹图案，有时也会使用斜线来作单元之间的隔断（图 2–1–3–4）。

折线是半坡文化彩陶的常见元素,但在庙底沟文化彩陶上极少出现,这个时期最流行的是曲线弧线元素（图 2–1–3–5）。

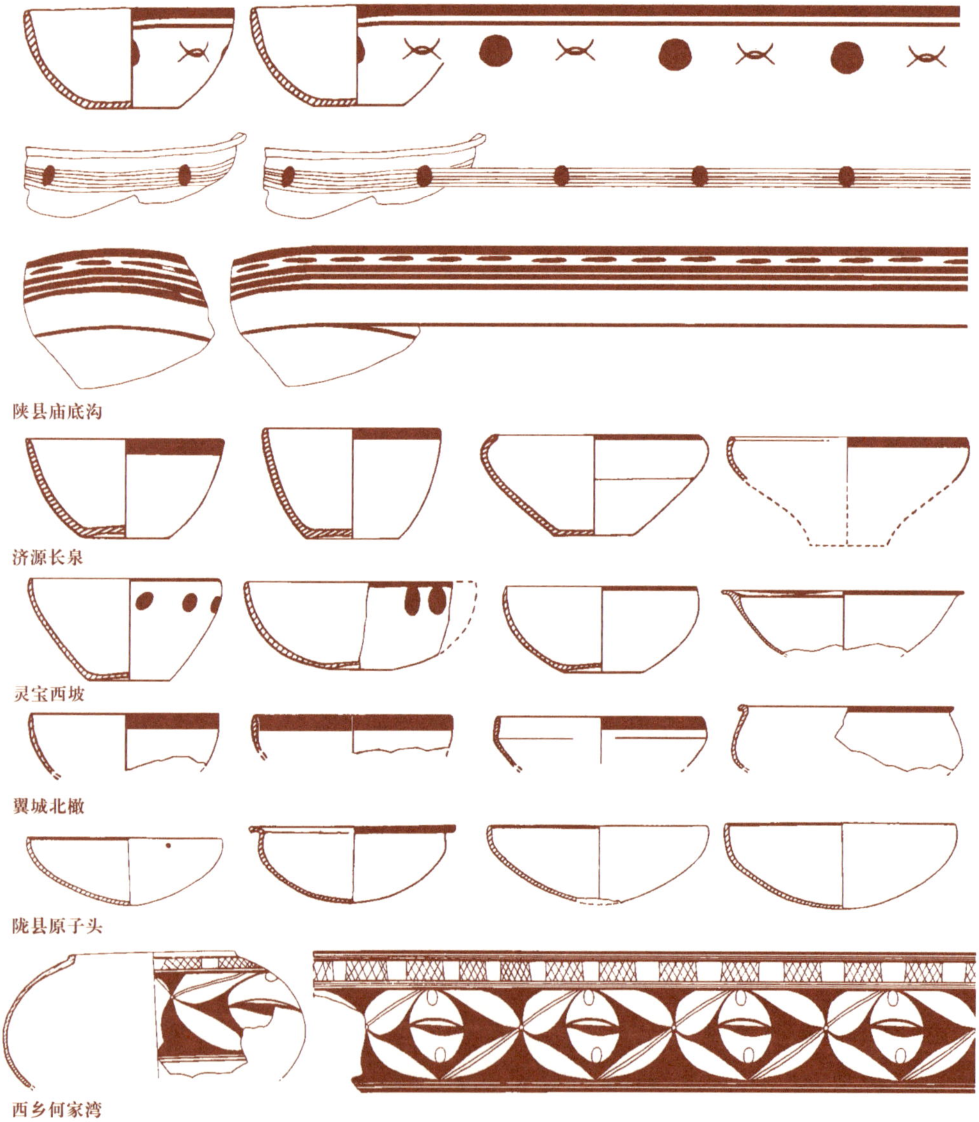

2-1-3-2　彩陶纹饰中的水平线元素

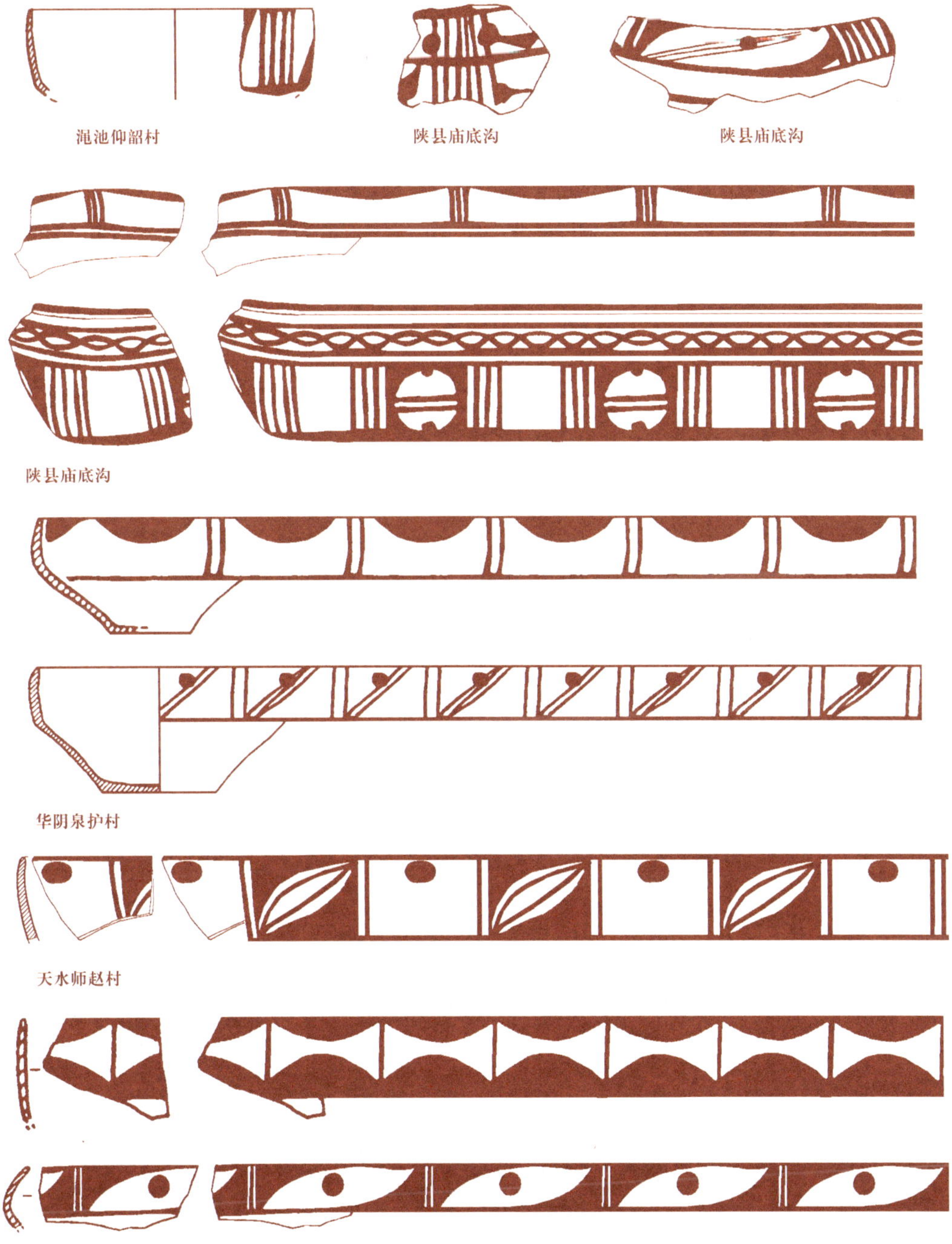

2-1-3-3 彩陶纹饰中的垂直线元素

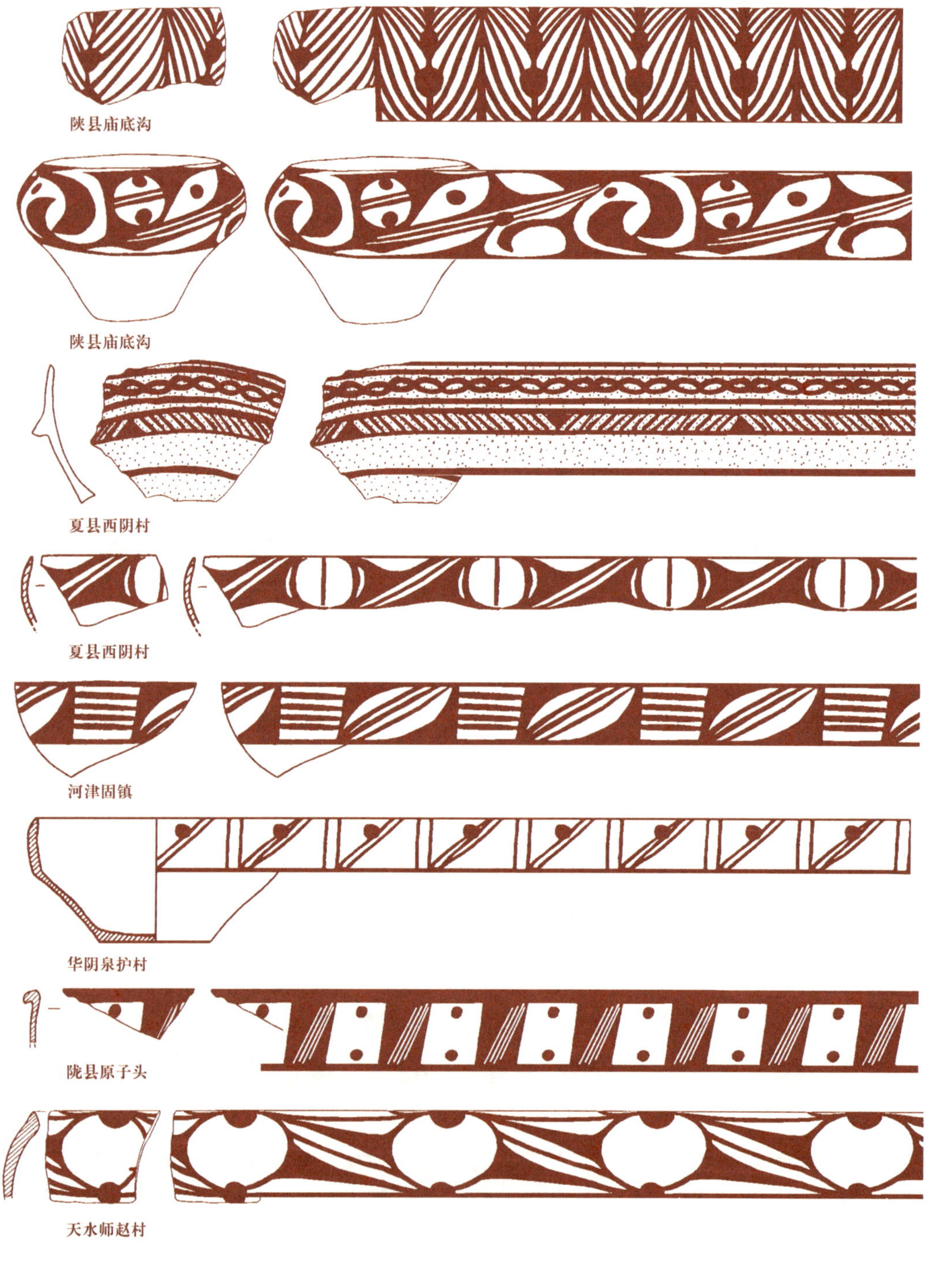

2-1-3-4　彩陶纹饰中的斜线元素

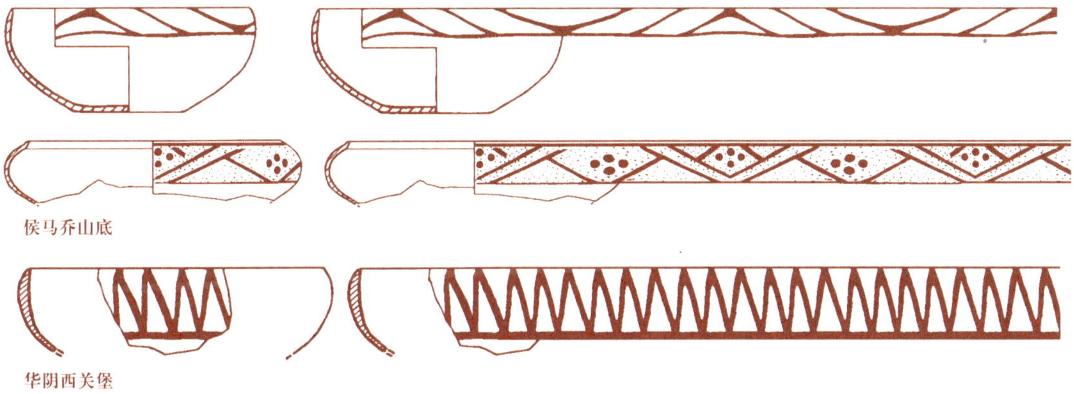

2-1-3-5 彩陶纹饰中的折线元素

b. 曲线

曲线具有运动感和节奏感，富有生气。它不断变化着方向，它被看作是所有线条中最具吸引力最优美最富魅力的线条。

曲线是庙底沟文化彩陶上的主流元素之一，在流畅的直线元素以外，更多见到的是婉转的曲线，就是这些曲线元素造就了庙底沟文化彩陶特别的美感，是一种活泼律动的美感。在有的遗址见到用两条交合的曲线绘出的纹饰，结构像绳索一样。也有一部分曲线是以地纹方式表现的，用上下或左右的弧边色块映衬出曲线来（图 2–1–3–6）。

c. 弧线

弧线可以看作是曲线的一段，当然也可以反过来看作是构成曲线的元素，也是优美的线段。

庙底沟文化彩陶中的弧线元素使用较多，许多的图案单元都包括有弧形因素。从独立的角度看，相关元素可以大体区分为弧线形和弧边形两类（图 2–1–3–7）。

弧边形色块稍宽，也可以看成是一种粗壮的弧线，不过一般它不是等宽的。可以有上拱弧也有下垂弧，过去将其中下垂弧的组合称为垂帐纹，如下垂的帷幔（图 2–1–3–8）。

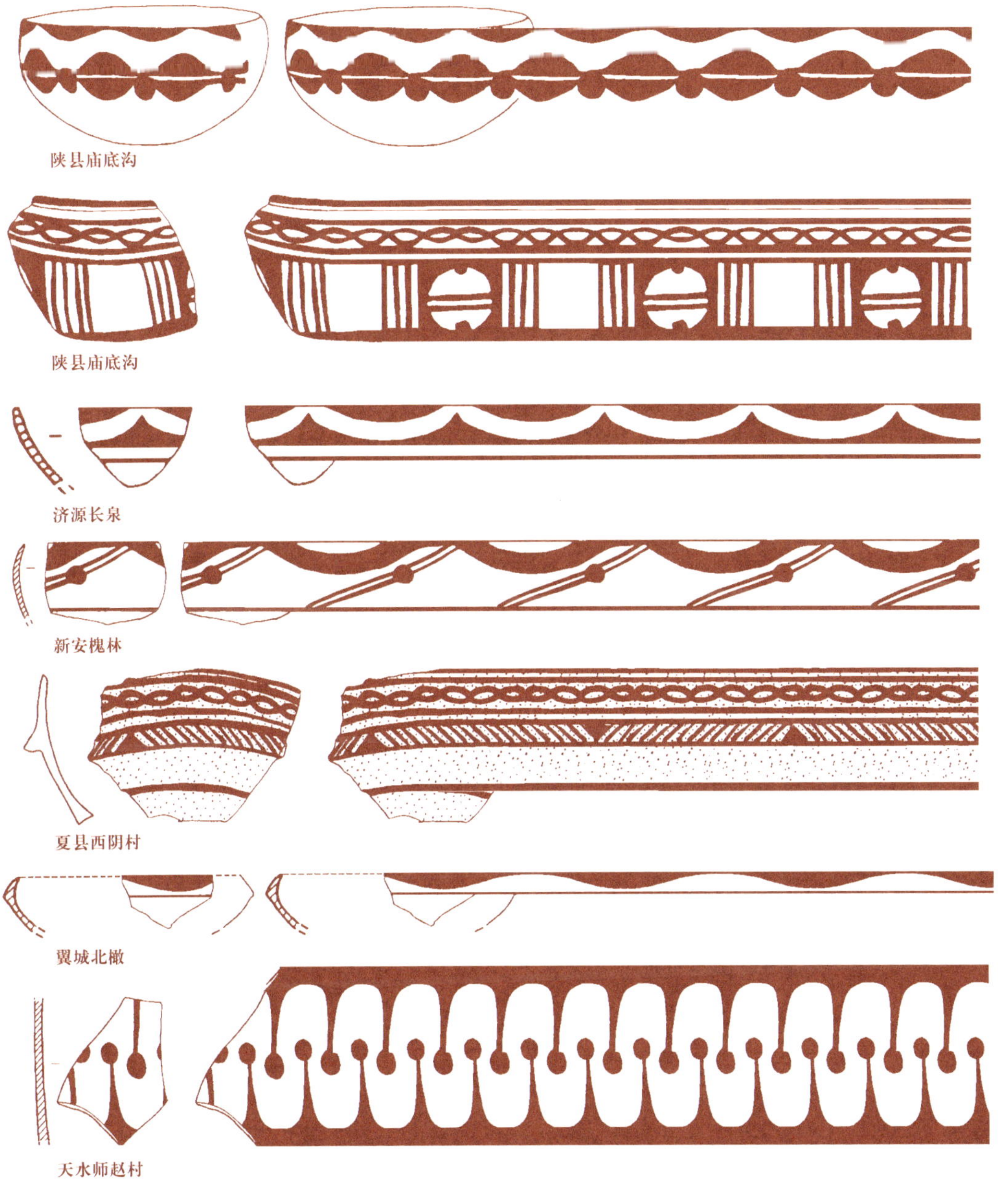

2-1-3-6 彩陶纹饰中的曲线元素

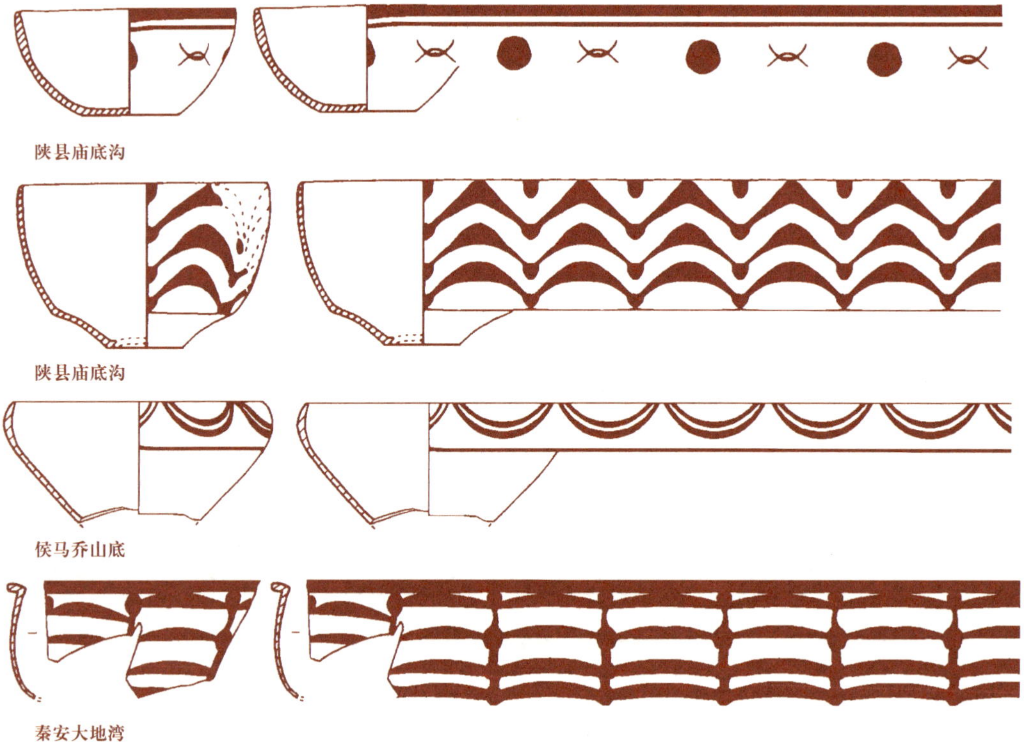

2-1-3-7　彩陶纹饰中的弧线元素

陕县庙底沟

陕县庙底沟

济源长泉

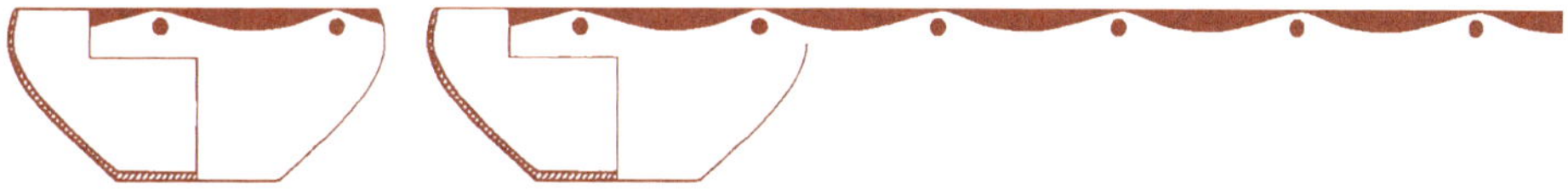
灵宝西坡

夏县西阴村

河津固镇

华阴泉护村

华阴西关堡

2-1-3-8 彩陶纹饰中的弧线元素

d. 圆点

点是造型艺术中最基本的元素，连续单向运动的点形成线，扩散的点就是面。严格意义的点是只有位置，没有面积和体积的限定，也就是没有大小。点的大小虽然并无明确的限度，只有在比较中才能作出判断，但在图案中我们还是可以得到一个模糊的印象。

点状元素在庙底沟文化彩陶中运用最广，都是圆点，有小点大点之分。在许多的纹饰组合中，都可以看到点的存在。点与其他元素组合，就造成了一种新复合元素。它与直线结合，组合起圆珠一串。它与弧线组合，就像是小鸟飞翔。它与弧边三角结合，使这流行的纹样获得了跳跃的动力（图 2–1–3–9）。

点的另一个作用是点缀，这在庙底沟文化彩陶中有灵活运用。在花瓣纹、旋纹、“西阴纹”等这些流行纹饰中，都可以见到点缀的各式点状元素（图 2–1–3–10）。点的出现，使得庙底沟文化彩陶增加了明显的动感，单元纹饰显得更活泼，纹饰之间有了一种呼应。这是史前彩陶纹饰绘法上的一个很大的提高，庙底沟人的艺术领悟能力于此有充分展示。

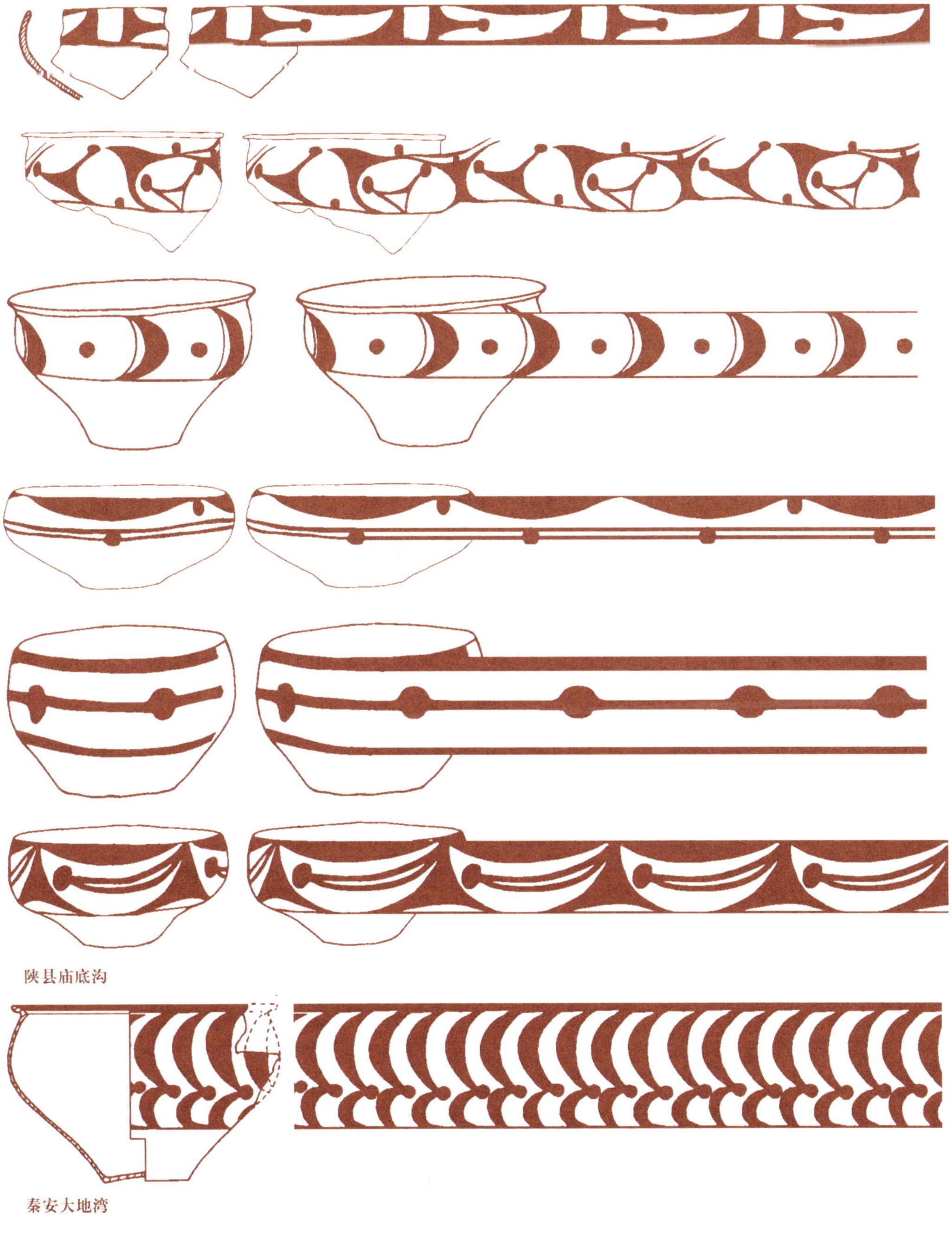

2-1-3-9 彩陶纹饰中的点状元素 A

2-1-3-10 彩陶纹饰中的点状元素B

e. 圆形

圆形是所有形状中最简明的图形，它无首尾，无始终。圆圈可以看作是封闭的曲线，圆形是富于灵气的图形，也是最能感动人的图形。

圆形元素，有时与点的界线难以划定。我们将大些且可能不是一次绘出的大点都归入点元素之列，这里所指的圆形元素有实圈的圆形，也有空圆形，空圆属地纹表现的圆形。实圆与空圆中一般都有一二个圆点或其他附加元素。彩陶纹饰中还见到一些较为规整的半圆形元素，是半体的圆，也归入圆形元素一并叙述。

庙底沟文化彩陶上的圆形元素往往并不是常规意义上的正圆形，包括许多不很规则的椭圆或圆盘形等。所见实圈圆形其实也是一种空心圆，它的外形有封闭的圆圈，并不见用颜色充满的圆形。当然这样的实圈圆一般也并不单独构成纹饰，它可以是纹饰的中心，却并不独立存在，它的周围还有附加构图（图 2–1–3–11）。

地纹圆形没有专为绘出的外廓，是因其他元素的存在而存在的元素，构成地纹圆形最常用的元素是弧边三角纹（图 2–1–3–12）。

庙底沟文化彩陶上半圆形元素远不如圆形使用得多。最有特色的半圆形元素见于翼城北橄和陇县原子头，纹饰中的半圆都是两两相对，好似扣合在一起。在它们的中间又包容着两个相互扣合的实心半圆（图 2–1–3–13）。

2-1-3-11 彩陶纹饰中的实圈圆形元素

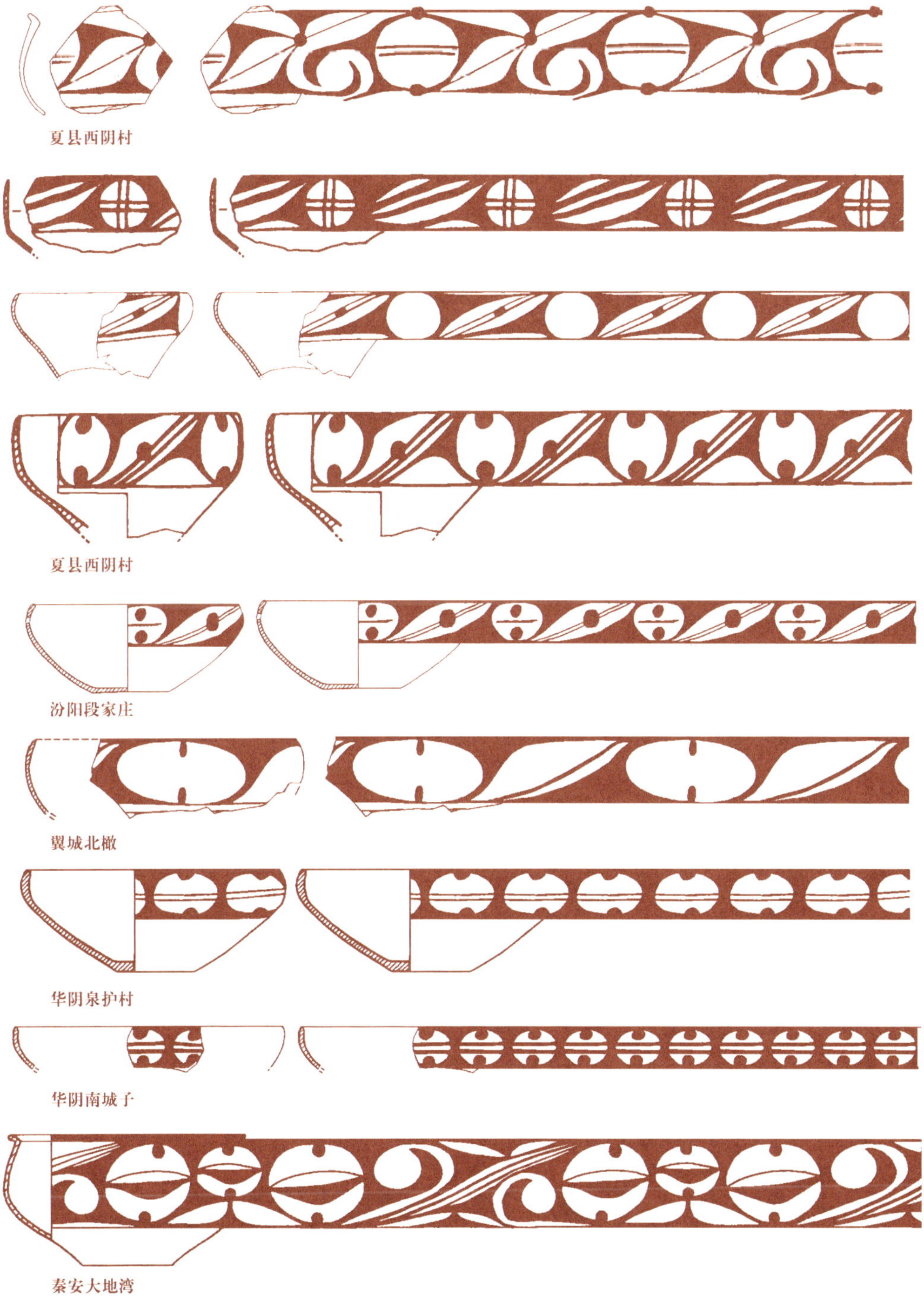

2-1-3-12 彩陶纹饰中的地纹圆形元素

2-1-3-13　彩陶纹饰中的半圆形元素

f. 三角形

庙底沟文化彩陶中标准的三角形元素很少采用，弧边三角和其他变体三角形却是最常见的元素。有一种八个黑白相间正背颠倒的直边三角形构成一个长方形，长方形中间又能看出一个菱形来。彩陶上的菱形纹是一种非常精妙的构图，究其渊源应当是来自半坡文化（图 2-1-3-14）。

弧边三角形又可分为阳纹和阴纹两类。标准的阳纹弧边三角，一般是三边或两边内凹，流畅的曲线有一种飞扬的感觉。这种弧边三角是一种衬底元素，当它们的凹边两两相对时，空出的地纹就形成了一种新的纹饰，新纹饰常见的有叶片纹、花瓣纹和旋纹等（图 2-1-3-15）。

阴纹的弧边三角，是包容色块中间的一个空白三角形。这个三角形有两个长边，长边一条为向内弧，一条向外弧，合成一个弯起的尖角。第三条边或直或斜，并不规则（图 2-1-3-16）。

陕县庙底沟

夏县西阴村

扶风案板

陇县原子头

陇县原子头

陇县原子头

陇县原子头

2-1-3-14 彩陶纹饰中的三角形元素

秦安大地湾

洪洞耿壁

渑池仰韶村

陕县庙底沟

夏县西阴村

华阴泉护村

秦安大地湾

2-1-3-15　彩陶纹饰中的弧边三角形元素

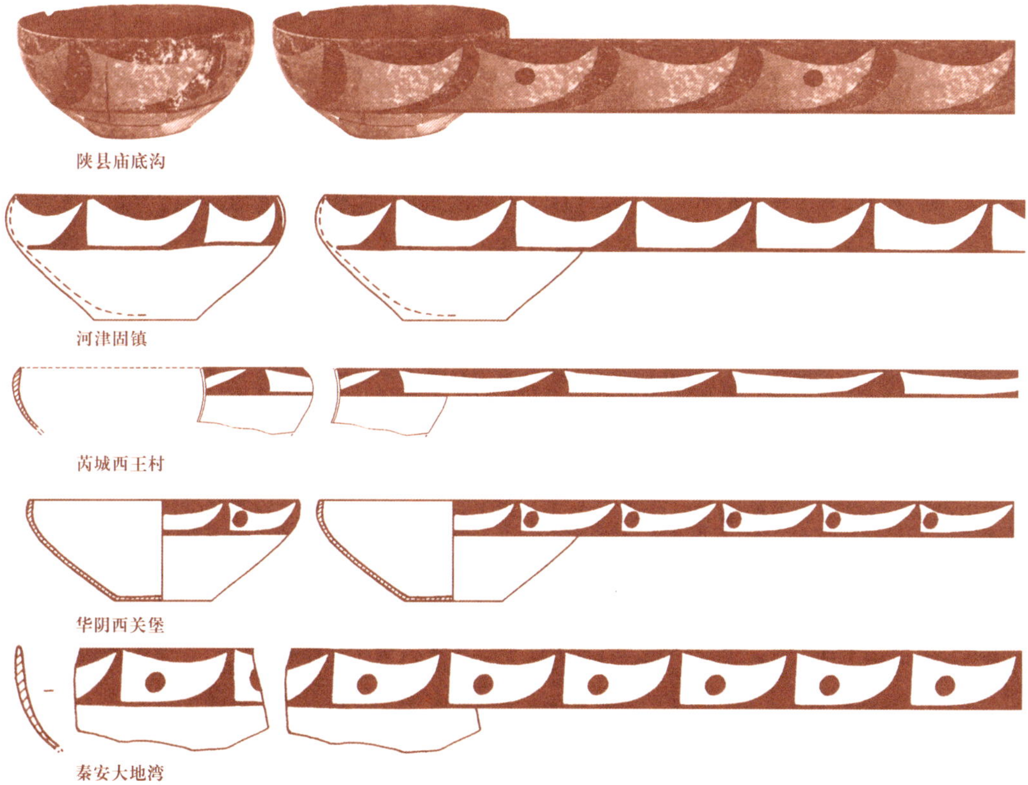

2-1-3-16 彩陶纹饰中地纹弧边三角（西阴纹）元素

g. 四边形

在庙底沟文化彩陶中，许多二方连续图案都有明显的方形外框，但包括矩形在内的四边形图案元素，却并不很常见，只是在有些遗址发现稍多，计有菱形、长方形和平行四边形等。如陇县原子头就出土不少这类元素的彩陶，陶盆上与三角形等元素相间出现的长方形和平行四边形，都用地纹手法表现，四边形中有时还绘一二个圆点，方圆之间彼此呼应（图 2–1–3–17）。

网格纹只是左斜与右斜直线交叉的结构，不见纵横线交叉的纹样。虽然是变化很小的网格，也常常是采用二方连续的构图方式。有时是将网格分割成不相连续的若干块，中间以空白带作隔断，这空白带一般是竖长形，有时会是长圆形（图 2–1–3–18）。

特别值得关注的是加单点的弧边三角纹，一个弧边三角形的顶尖上绘一圆点，很难为这个元素取一个恰当的名字。如果以圆点所在的三角的那个角为正向，它并没有固定的方向，可以向上向下，也可以向左向右。有时圆点并没有出现在顶尖上，而是绘在与顶尖相对的三角形底边之外。它极少单独出现，处在圆形图案中的时候最多（图 2–1–3–19）。

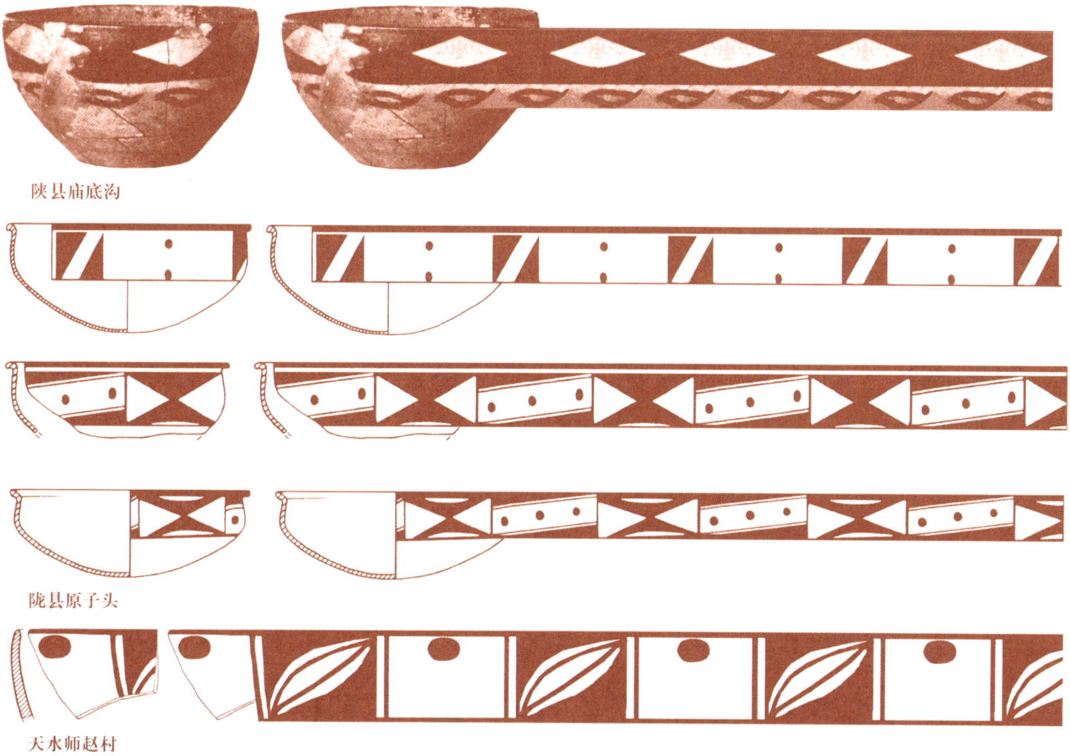

2-1-3-17 彩陶纹饰中的四边形元素

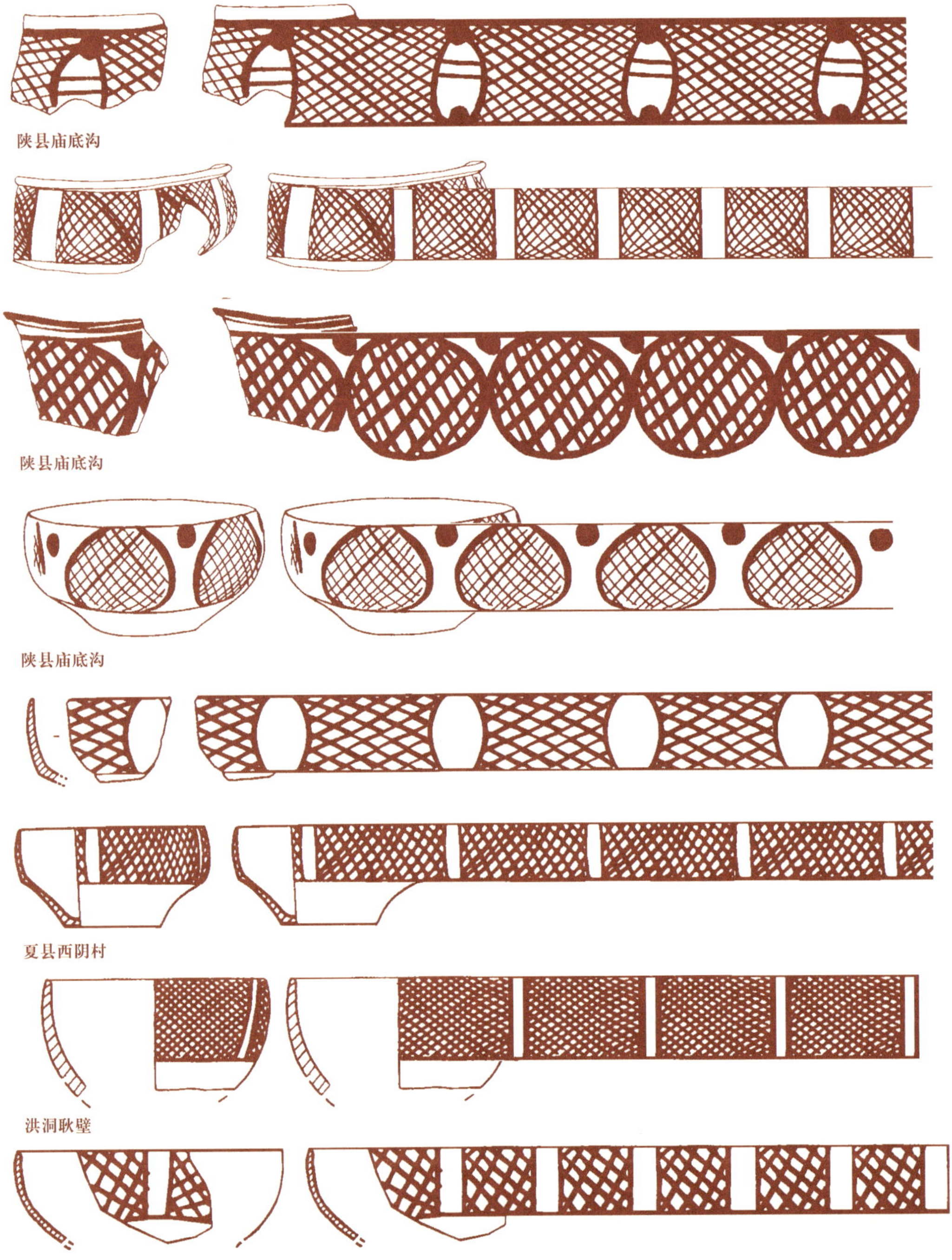

2-1-3-18　彩陶纹饰中的网格纹元素

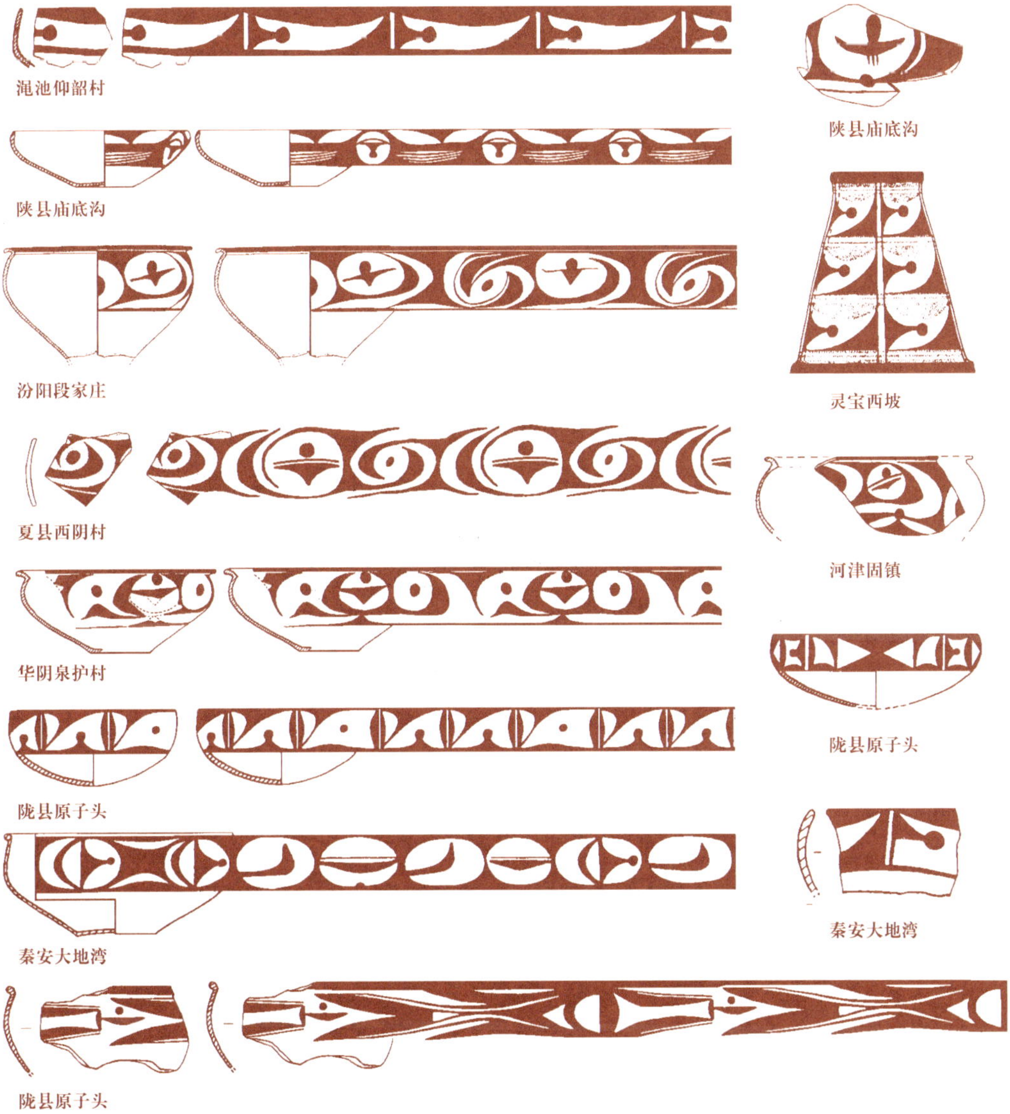

2-1-3-19 彩陶纹饰中的加点弧边三角元素

彩陶 2
艺术形式

从艺术形式上考察，庙底沟文化彩陶有一些明确的特征。二方连续式构图，强调颜色与纹饰的对比，注重图案的对称与均衡，元素与结构不断变化，广泛运用地纹表现手法等等，这样的一些艺术形式造就了庙底沟文化彩陶的整体特征。

有了这样的一些艺术形式特点，也就形成了庙底沟文化彩陶自己的艺术风格。由这样一些特点，我们可以体味出庙底沟人已经掌握的一些艺术原理，也由此而认知6000年前史前艺术发展的高度。

1 基本形式原则：连续

由纹饰的组织和构图规则看，庙底沟文化彩陶主要遵循着这样一条基本形式原则，就是连续。这种连续是用重复出现的纹饰单元，在器物表面一周构成一条封闭的纹饰带，这样的构成主要表现为二方连续形式。庙底沟文化彩陶图案 90% 以上都属于二方连续式，庙底沟人在彩陶纹饰构成上始终固守着这样的艺术形式原则。

二方连续是图案的一种重复构成方式，是在一个纹饰带中使用一个形象或两个以上相同的基本图形进行平均而且有规律的排列组合，这种排列组合一般要利用重复的骨骼线作图形、方向、位置、色彩、大小的重复构成，图案是向左右或上下两个方向延伸。连续往往呈现首尾相接的封闭形式，封闭可以是方框形式，也可以是圆环形式。

庙底沟文化彩陶上的二方连续构图，多数并没有明确的骨骼线作支撑，少数能见到平行线或斜行线，偶尔也有曲线，但这样的曲线一般并不是以骨骼线的形式出现，它只不过是一个独立的元素而已。

彩陶上的纹饰，其实是一种适形构图，它是在陶器有限的表面进行装饰。画工在有限的空间表述一种无限的理念，那二方连续构图就是最好的选择，它循环往复，无首无尾，无始无终，无穷无尽。

a. 简单二方连续图案

彩陶上作为重复构成的基本图形，绝大多数是线、点、圆、弧、三角、方形等几何形。极少见到具象与抽象的图形（图 2-2-1-1）。这是二方连续图案中的散点式排列方式，是最基本的构成形式，只是用一个单位纹样顺着一定的方向有秩序地排列成带状，单位纹样之间没有直接的连接关系，也没有明显的过渡纹饰呼应。这种散点式构成表现出整齐、谨严和朴实，但是布局上缺少变化，整体上缺乏活力。

彩陶中的二方连续制技术在庙底沟文化时间提高很快，各式构图陆续出现在彩陶上。从整体中看，可以区别出简单构图与复杂构图两个大类。

简单构图的二方连续彩陶又分简单纹饰和复杂纹饰两类，都只是同一元素反复出现，中间再没有其他间隔的连接纹饰（图2–2–1–2）。

再复杂一点的图形，就是双瓣的花瓣纹之类的纹饰，它其实也就是一正一倒排列的两个叶片。这一对叶片纹，连接得非常紧密，我们甚至不容易确定它的分隔点是在什么地方，彼此之间没有特别的纹饰作隔断（图 2–2–1–3）。

在简单构图的二方连续彩陶中，多瓣花的花瓣纹是最绚丽的，结构也是最严密的，严密得无懈可击。它也可以看作是叶片纹由不同角度所作的有规律的组合，也许庙底沟人并不一定描绘的是花朵盛开的情景。花瓣纹图案单元有四至六瓣的不同。四瓣式可以看作是双瓣式的扩展，或者可以说就是一正一倒的两排双瓣式二方连续，当然也可以看成是准四方连续图案。五瓣与六瓣式二方连续图案结构奇巧，连绵无隙，是体现庙底沟人艺术素养的代表作（图 2–2–1–4）。

简单构图的二方连续彩陶中还有一类仅见点与线的构图，并无成形复杂的其他几何形元素。水平线、曲线或斜线的严谨组合，虽无明确分隔的图案单元，却又是经典的二方连续结构（图 2–2–1–5）。

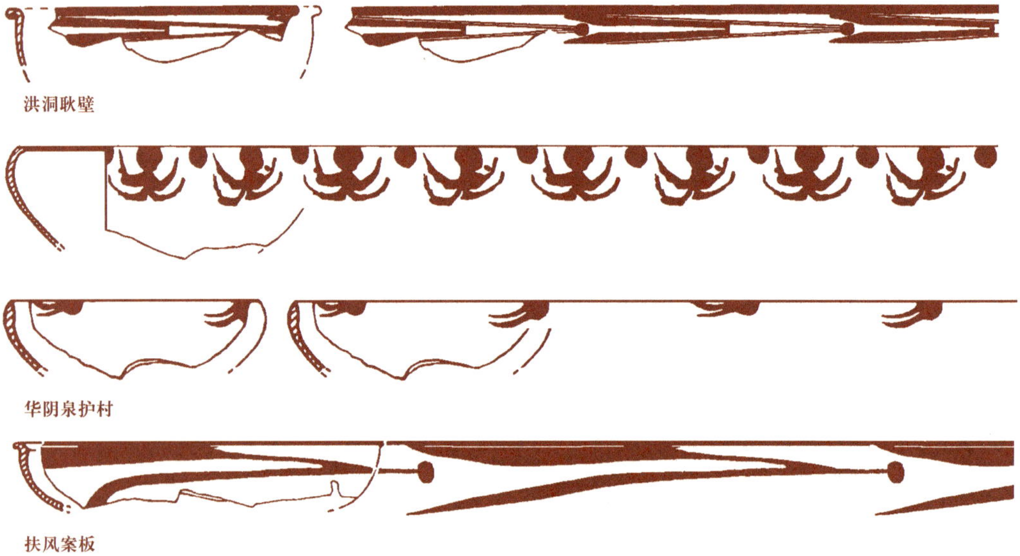

2-2-1-1　非几何形纹简单二方连续彩陶图案

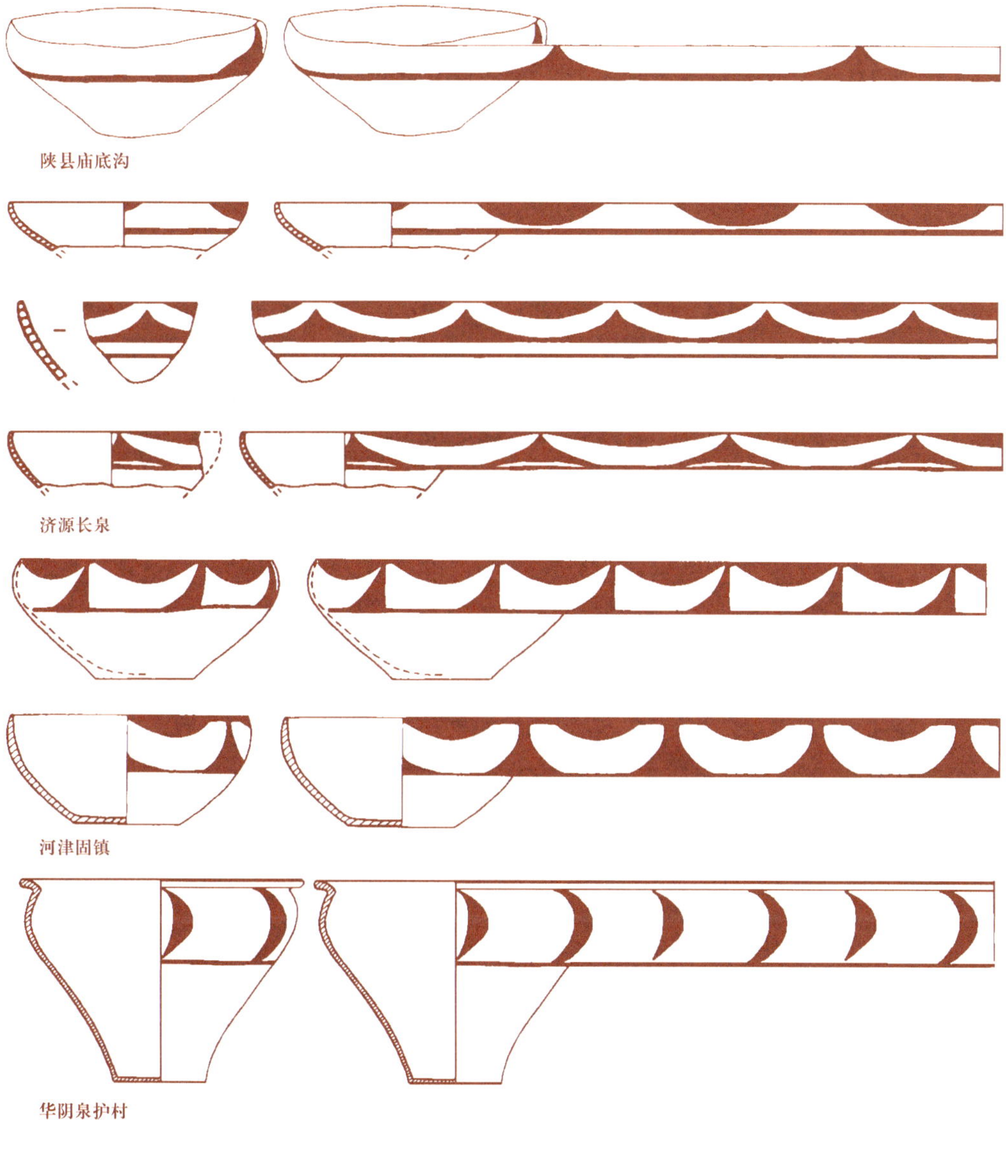

2-2-1-2 简单二方连续彩陶图案

2-2-1-3 简单二方连续彩陶图案

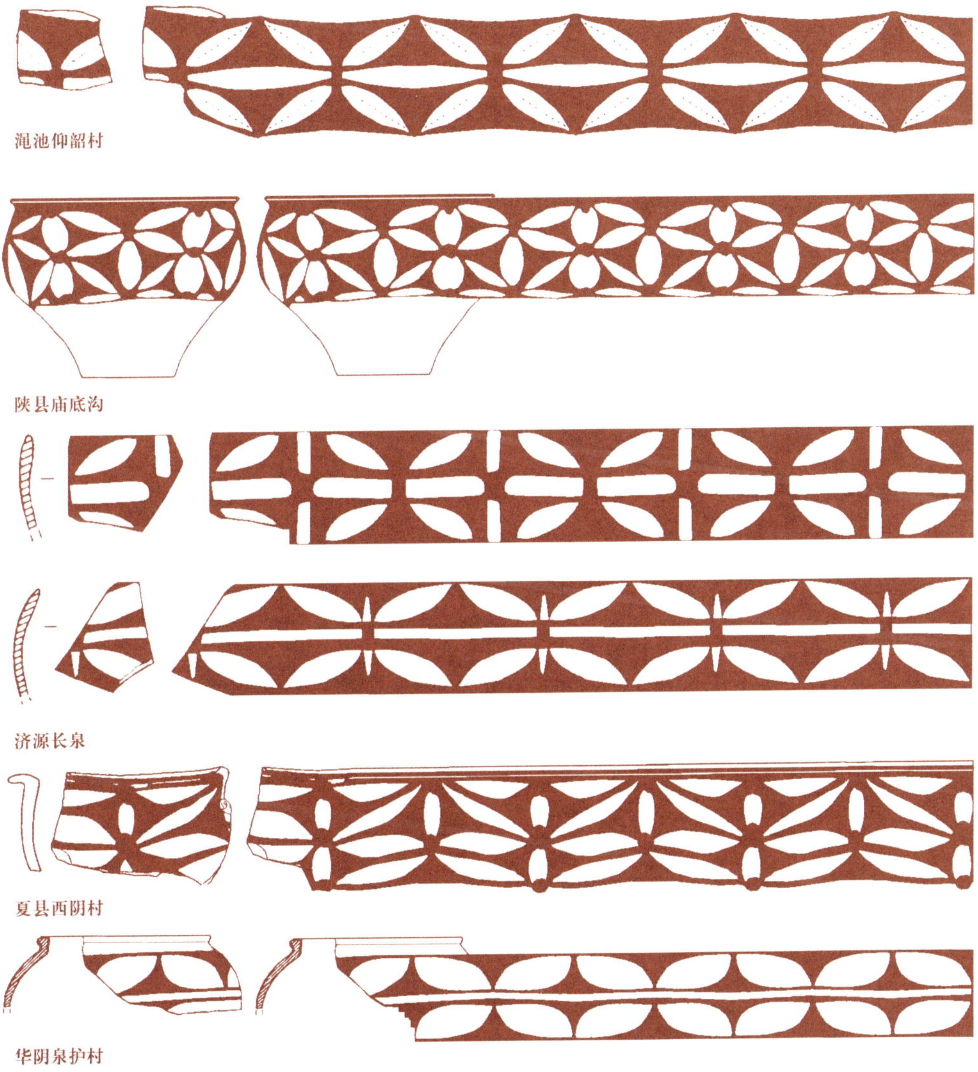

2-2-1-4 简单二方连续彩陶图案

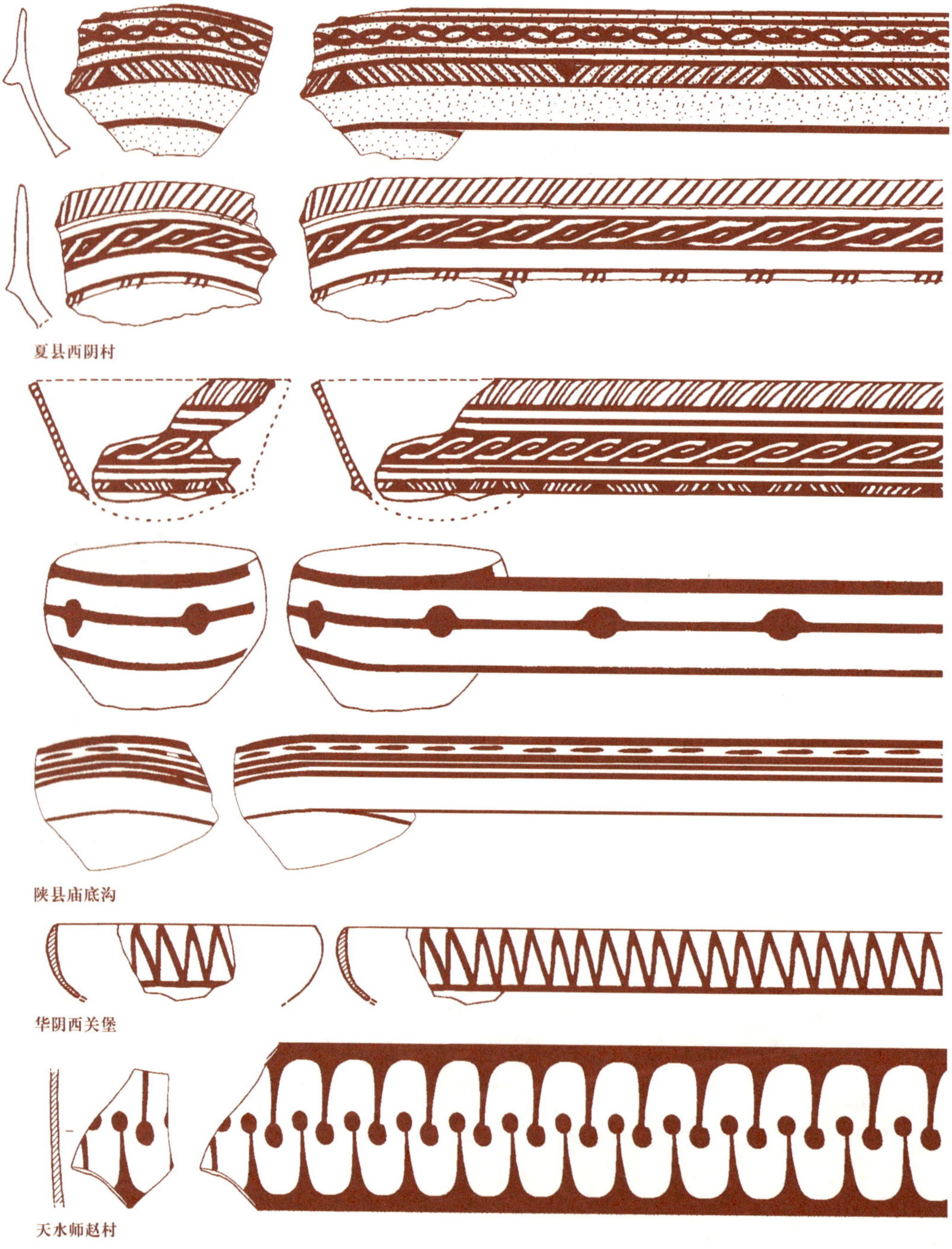

2-2-1-5 简单二方连续彩陶图案

b. 一般二方连续图案

在简单二方连续图案基础上生发的一般二方连续图案，在图案元素的选择上并无多大变化，依然是以简洁为主要格调。最明显的区别是结构上有了调整，在图案单元之间增加了一个隔断。这个隔断通常也许只是一块固定形状空白，或方或圆，或者就是两条垂直的平行线，非常简洁（图 2–2–1–6）。

一般二方连续图案的隔断，有时也采用一个简单的图案单元，这可以看作是一种附纹，与主纹互为左右。有时分不出图案单元中的主与次，或者只能以图案单元所占面积的大小来作区分。有时图案单元又是地纹与阳纹（色块）交叠出现，是这类二方连续图案中较有变化的一种（图 2–2–1–7）。

渑池仰韶村

陕县庙底沟

灵宝西坡

夏县西阴村

夏县西阴村

华阴泉护村

华阴泉护村

2-2-1-6 一般二方连续彩陶图案

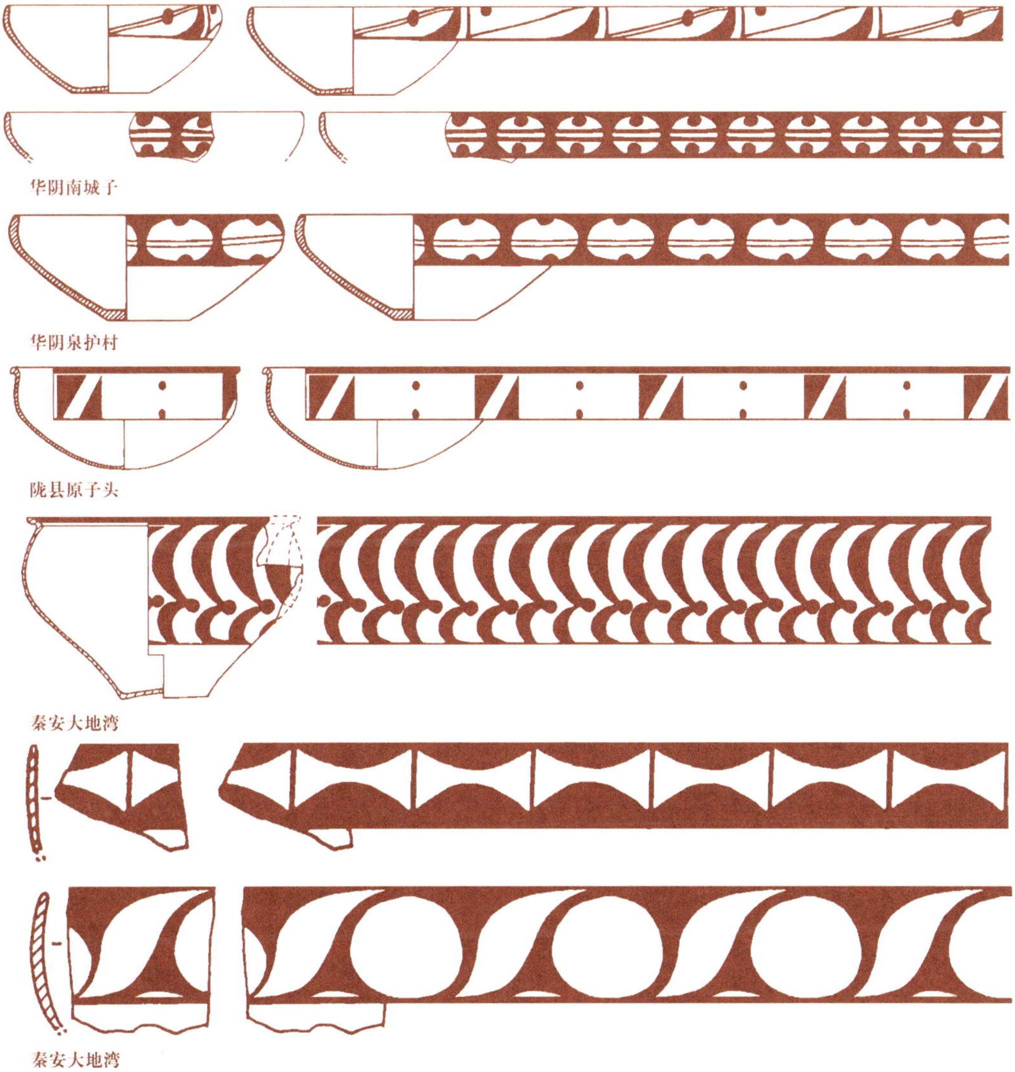

2-2-1-7 一般二方连续彩陶图案

c. 复式二方连续图案

所谓复式二方连续图案，是在一般二方连续图案基础上衍生出来的。这里指的以下三种结构的二方连续图案：

一是有明确的骨骼线支撑，图案单元有时以骨骼线作隔断。二是有两个以上比较复杂的图案单元，图案彼此互为间隔。三是兼有以上两个特点，既有骨骼线作支撑，也有两个以上比较复杂的图案单元。

在庙底沟文化彩陶的二方连续图案中，有明确规则的骨骼线支撑的例证并不多。能看出是作为骨骼线出现的彩陶，稍多一些的是那些连续曲线构图的图案，这样的曲线有时还以地纹方式出现。它们其实有时是二方连续图案的主体，上下并没有其他明显的纹饰单元（图 2–2–1–8）。

两个以上复杂单元构成的二方连续图案，这样的例证在庙底沟文化彩陶中见到较多。如旋纹与花瓣纹的组合，花瓣纹与编织纹的组合，都是典型的例子。这样的二方连续图案有时构图繁复，但却见不到骨骼线（图 2–2–1–9）。

既有骨骼线作支撑，也有两个以上比较复杂的图案单元，这是庙底沟文化彩陶二方连续图案中最为成熟的一种，也是最能体现绘画技巧的一种。大量的旋纹采用的都是这种结构方式，它们都用斜线兼作支撑和隔断，在主纹大旋纹之外，在斜线上下还附加有其他一些地纹，有单旋纹、圆形、叶片纹等，结构紧密有充，显出一种富丽堂皇的感觉。作为骨骼的斜线经右上斜向多见（图 2–2–1–10），也有少量的为右下斜向，如华县泉护村和天水师赵村就有发现，这也许与画工的偏好有关，不一定有什么特别不同的意义（图 2–2–1–11）。

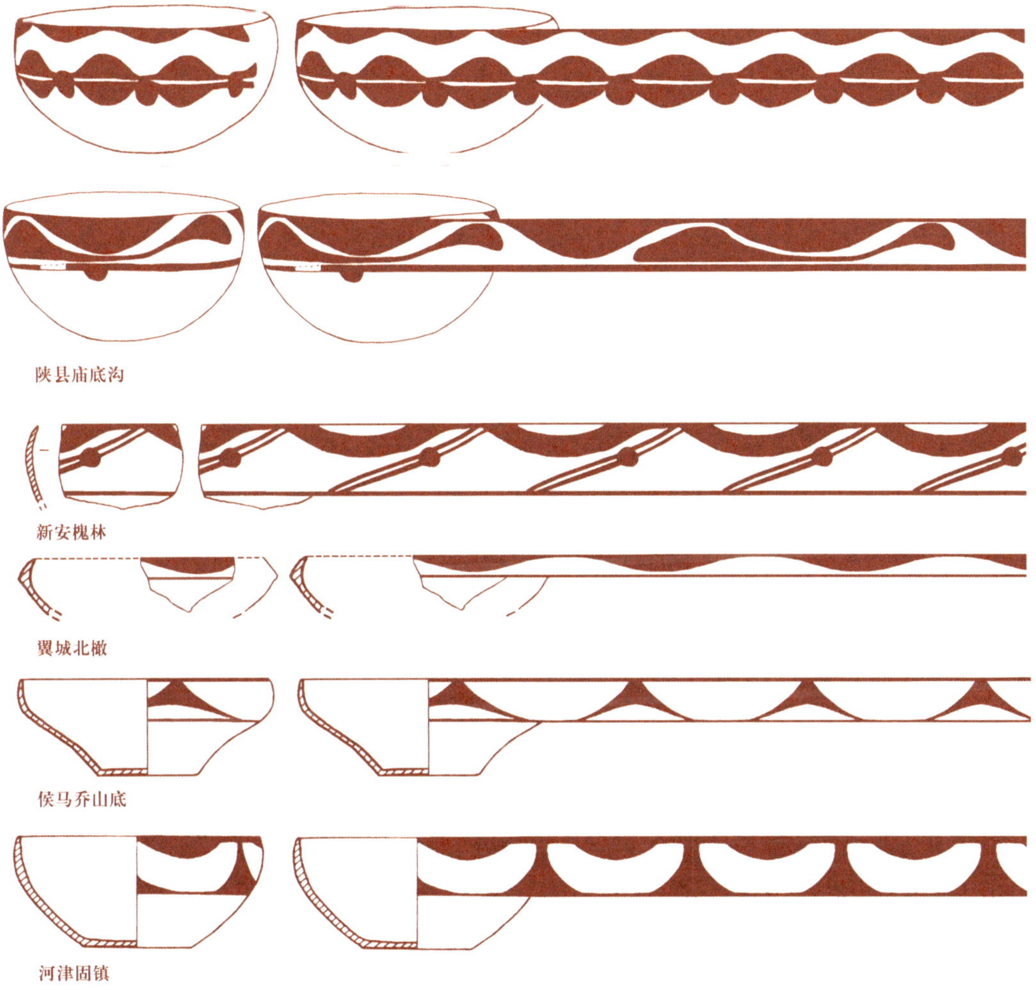

2-2-1-8 复式二方连续彩陶图案

陕县庙底沟

陕县庙底沟

陇县原子头

秦安大地湾

2-2-1-9 复式二方连续彩陶图案

陕县庙底沟

灵宝西坡

夏县西阴村

河津固镇

汾阳段家庄

2-2-1-10 复式二方连续彩陶图案

2-2-1-11 复式二方连续彩陶图案

d. 其他二方连续图案

庙底沟文化彩陶中的二方连续，还有一些更特别更复杂的构图形式，在此要提到的有双重单元连续形式、复杂单元的简单连续形式、复杂单元交叠连续形式和同一单元正倒连续形式。

双重单元连续形式的二方连续图案发现并不多，可分为两类，一类是完全相同的单元上下并行排列，一类是不同单元的上下平行排列。相同单元上下并行排列的例子，见于华阴西关堡遗址，一件陶钵上绘有完全相同的两排“西阴纹”，两排纹饰的方向一致。又在夏县西阴村发现一件陶钵，也绘着两排并行的“西阴纹”，不过两排纹饰略有一些区别，上排稍为宽大，下排略见窄小。而且纹饰方向也不同，上排向右，下排向左（图 2–2–1–12）。

复杂单元的简单二方连续形式彩陶，在陇县原子头有集中发现。那些黑白三角正倒相间接合成的菱形纹，作为一种复杂单元在构成二方连续图案时，它们左右连接并没有选用其他什么纹饰，只是留出一点空白的距离。还有非常复杂的图案化的鱼纹，彼此连接首尾相衔，一般并无其他附加纹饰（图 2–2–1–13）。

复杂单元交叠连接的二方连续形式的彩陶发现很少，可以秦安大地湾的两件彩陶为例。两罐的主要单元都是对称的类似花朵的图案，在连接处又交叠使用了双瓣花、圆点和弧线等纹饰，使得左右单元并不能简单拆解开来（图 2–2–1–14）。

同一单元正倒连续的二方连续形式彩陶有一定数量，最典型是那种单旋单元的正倒连接形式彩陶，在河津固镇、翼地北橄、秦安大地湾都有发现。这种二方连续图案的绘制需要较高的技巧，不然是很难绘好的（图 2–2–1–15）。

后面这两种连接形式，是庙底沟文化彩陶二方连续图案中比较精致的构图方式，创作者一定是非常熟练的画工。

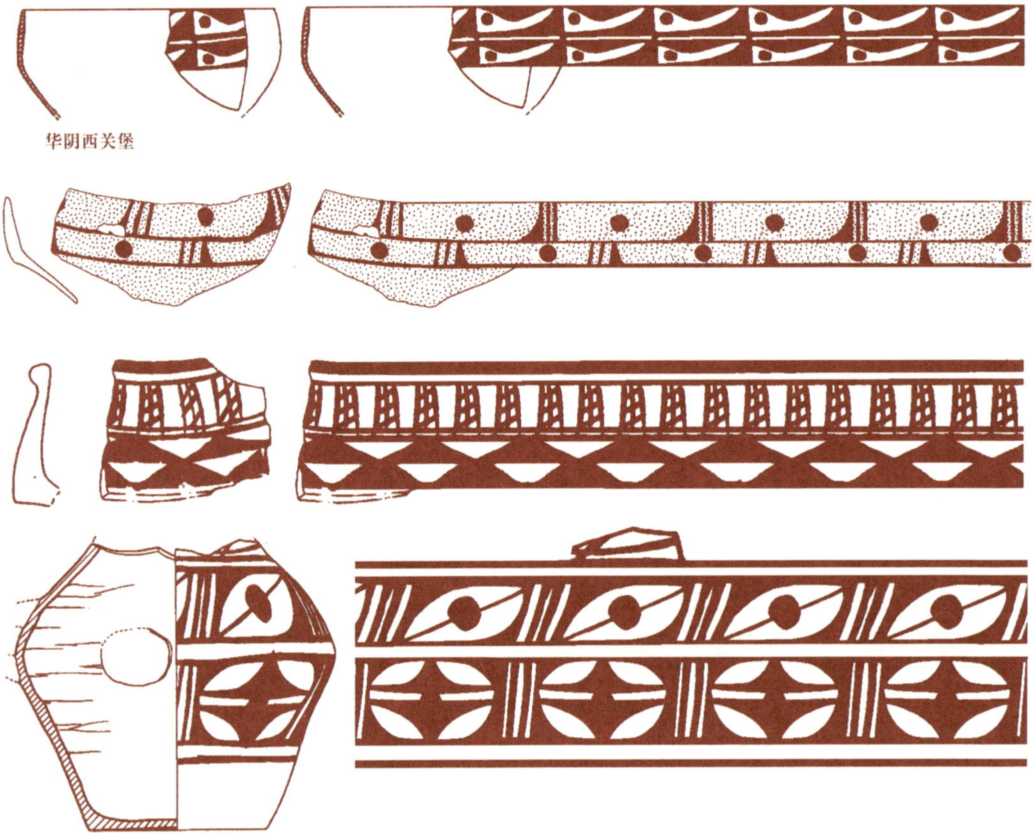

2-2-1-12 双列二方连续彩陶图案

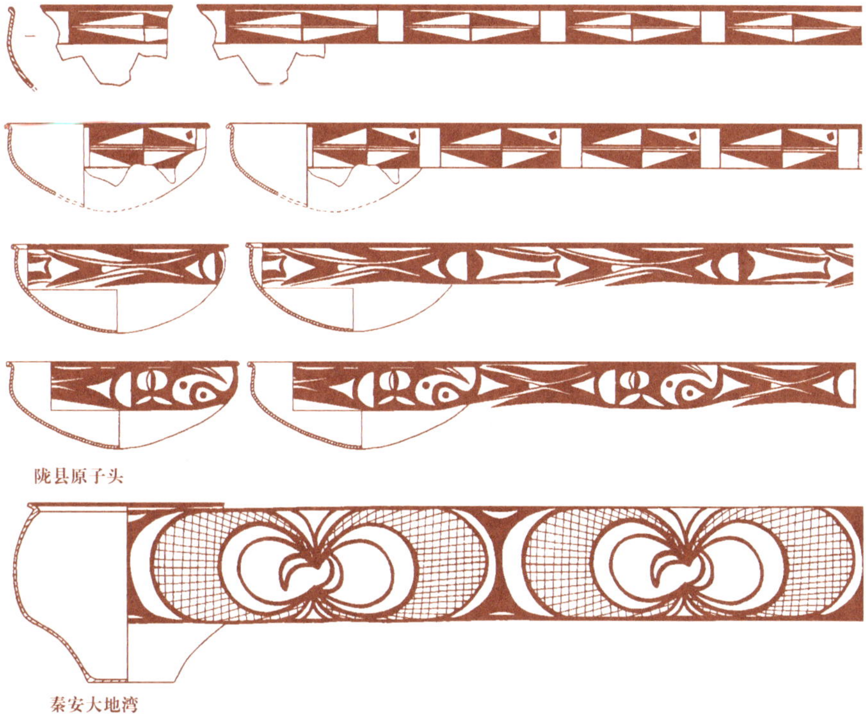

2-2-1-13　复杂纹饰的简单二方连续彩陶图案

2-2-1-14　复杂纹饰交叠二方连续彩陶图案

2-2-1-15　正倒式二方连续彩陶图案

e. 四方连续图案

前面已经提到，庙底沟文化彩陶中并没有标准的四方连续图案，但类似的图案还是见到了一些。像秦安大地湾一件陶罐上的四排边弧纹和灵宝西坡一件器座上的三排“西阴纹”，应当说大体具备了四方连续图案的特点。又见陇县原子头一件罐上，绘四排复杂的花瓣纹与旋纹组合，也可以看作是四方连续图案（图 2–2–1–16）。

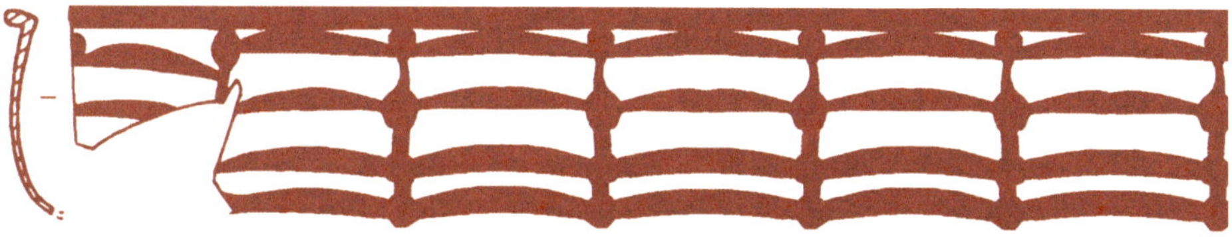

秦安大地湾

灵宝西坡

陇县原子头

2-2-1-16 四方连续彩陶图案

f. 连续图案的等分布局

彩陶二方连续图案还有一个重要特征，就是单元纹饰的等分布局特征。彩陶表面连续而且首尾相接的纹饰带，重复的元素在布局时需要有周到的设计，而最基本的设计就是等分布局。有了等分布局，纹饰才有可能均匀地首尾相接，才会有匀称完整的效果。

我们在彩陶上见到的二方连续布局程式大致有二分、四分、六分、八分若干式，其中二分式少见，四分式最多，八分式有的地点稍多，也见到不多的三分式。二分程式见于抽象图形单元，四、六、八分式则主要见于几何图形单元（图 2–2–1–17）。

彩陶中四分式二方连续图案最多的原因，首先也许是绘制便利，将器物表面分出四个等分的范围是轻而易举的事。

画工在开绘之前，一定先有等分规划，这是布局，不然这二方连续的结果就会是既不能续也不能连，最后环形纹饰无法封闭越来。我们在出土二方连续彩陶上，还没有见到没有封闭的纹饰，这说明等分规划是个基本功，也是一个固定的程式。

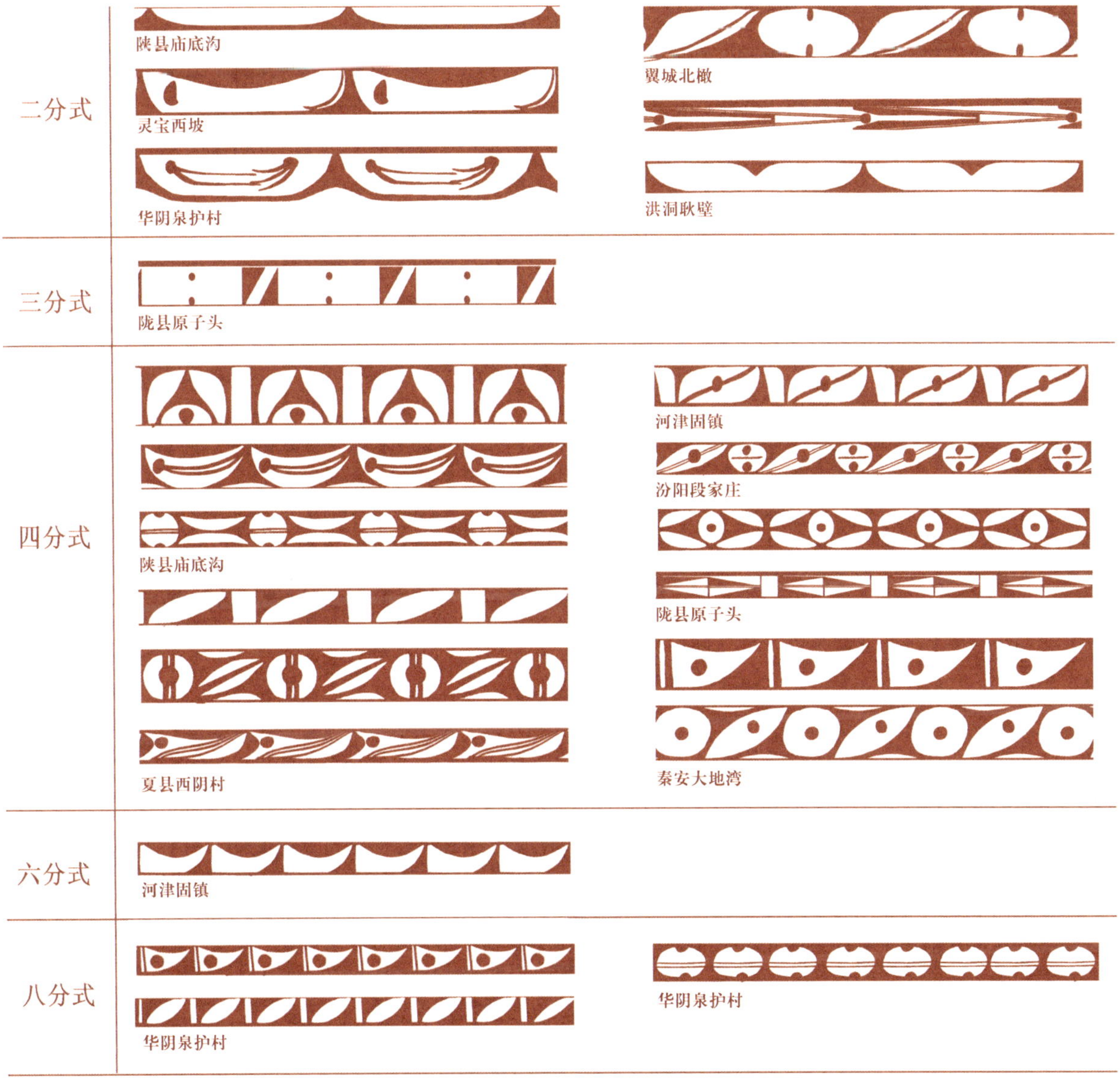

2-2-1-17 二方连续图案的单元布列程式

g. 器物沿面上的连续图案

庙底沟文化彩陶还比较重视器物的沿面装饰，当然这个传统是承自半坡文化，也有一些变化。彩绘将正圆的器物沿面用纹饰作了分割组合，呈现在我们眼前的是一幅幅变化多姿的图景。

庙底沟文化的彩陶盆一般都有一个宽平的沿面，在器物上腹绘彩后，如果沿面不加装饰，会觉得很不协调。最简单的办法就是将沿面平涂上黑彩，与纹饰的黑彩呼应起来。有些在上腹并未绘彩的陶盆，有时也要在沿面和沿口位置涂上黑彩，这便是常说的宽带纹。

彩陶沿面上的图案，几乎全为二方连续式结构，而且是圆环式二方连续结构，同器腹的二方连续图案一样，也是首尾相连，无始无终（图 2–2–1–18）。

同器腹的彩绘一样，沿面上的二方连续也采用等分布局。将沿面划作若干等分，每一等分绘上相同的纹饰元素，构成环形二方连续图案。沿面等分有二分三分式，多见四分式和五分式，也有七分式。个别为六分式和八分式，可以看作是三分式和四分式扩展变化的结果。彩陶中也见到少量不规则结构的沿面装饰，没有明显的等分对称布局（图 2–2–1–19）。

沿面图案采用的元素，多数都与器腹出现的元素雷同，这是一种借用（图 2–2–1–20）。当然同一类元素，在器腹上和在沿面上绘制的感觉多少会有些不同，都是二方连续，一个是环带式，一个是圆环式，而沿面上的圆环式二方连续绘制的难度显然要大一些。

一般在陶器沿面进行绘彩，使用的元素构图都比较简洁，也偶尔会发现一些繁缛的构图（图 2-2-1-21）。

由彩陶图案看，连续是一种没有开始、没有终结、没有边缘的非常严谨的秩序排列。不论是四方连续还是二方连续，图案的意义都是一种无始无终，无限反复，是连续中的递进与回旋。由这一点看，彩陶图案显然并不只是一种器物装饰，它是史前人思想的记录，寓示出史前人思考过的哲理。

二方连续图案的表现方式，起于半坡文化的鱼纹。二条或三条鱼形图案，还有三角形图案，都是构成二方连续图案的单元。是庙底沟人将二方连续构图技巧提升到成熟，最终将它作为装饰纹样的一个重要艺术原则确定下来，成为延续至今的一个重要艺术传统。

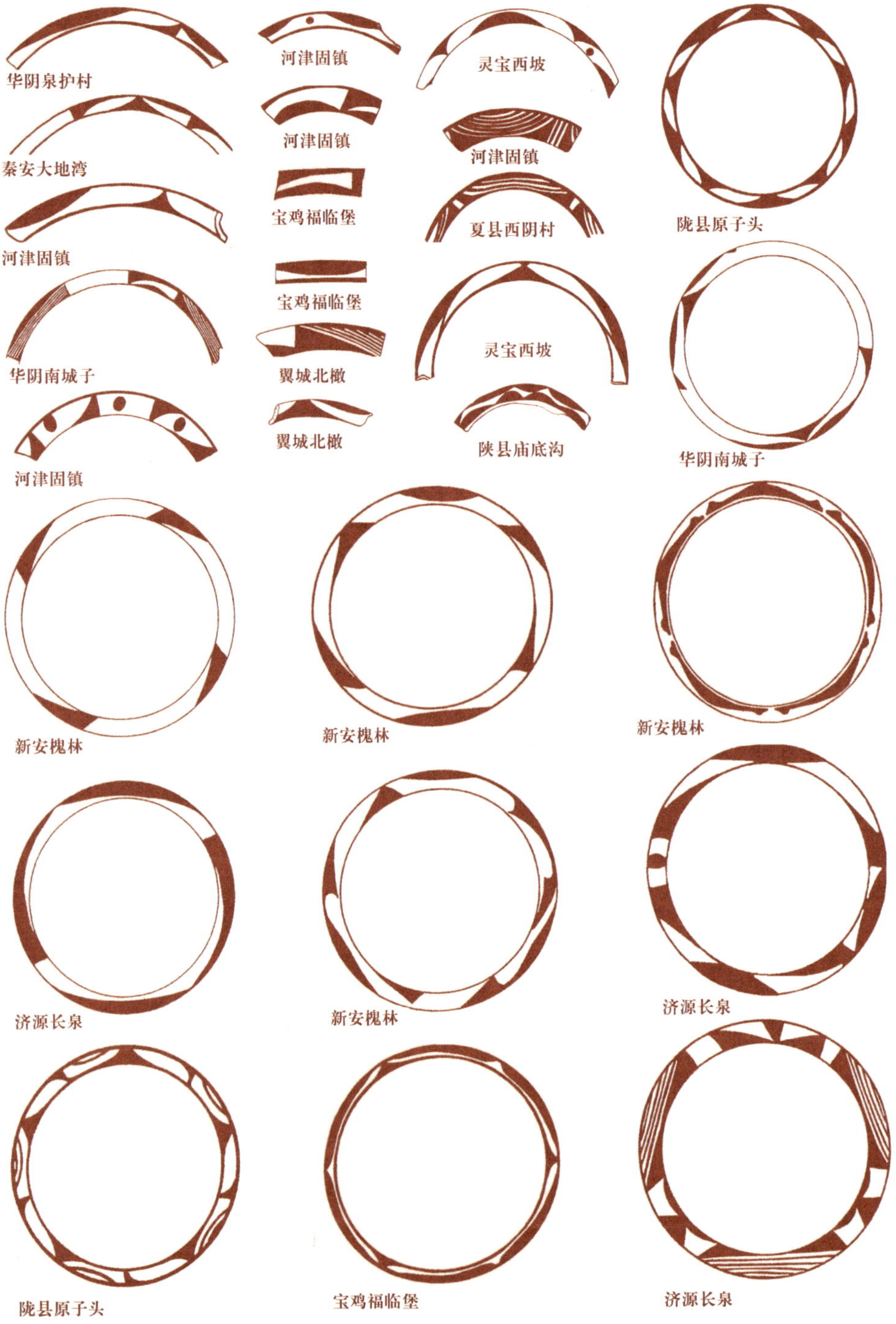

2-2-1-18　彩陶的沿面装饰

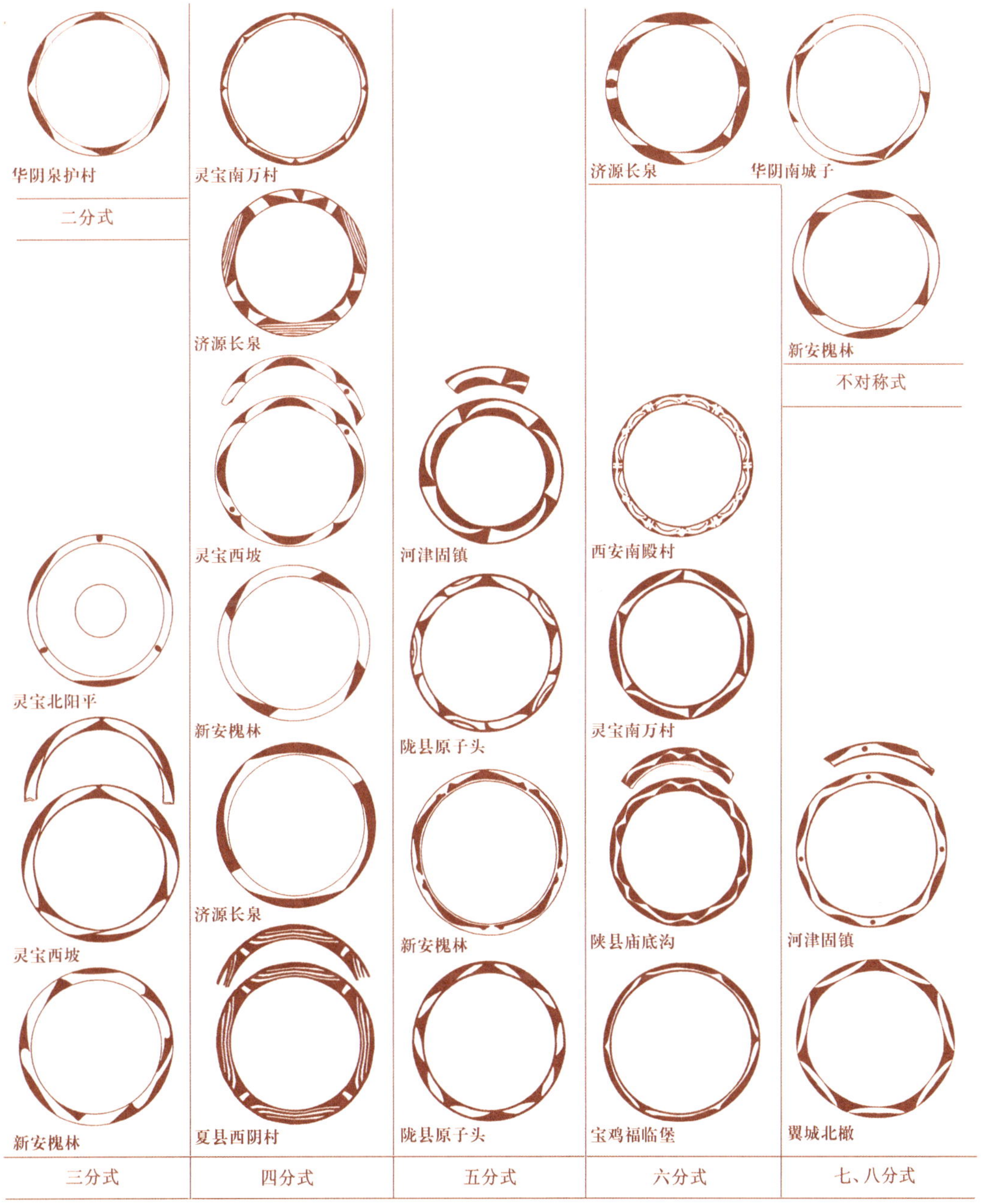

2-2-1-19 彩陶的沿面装饰

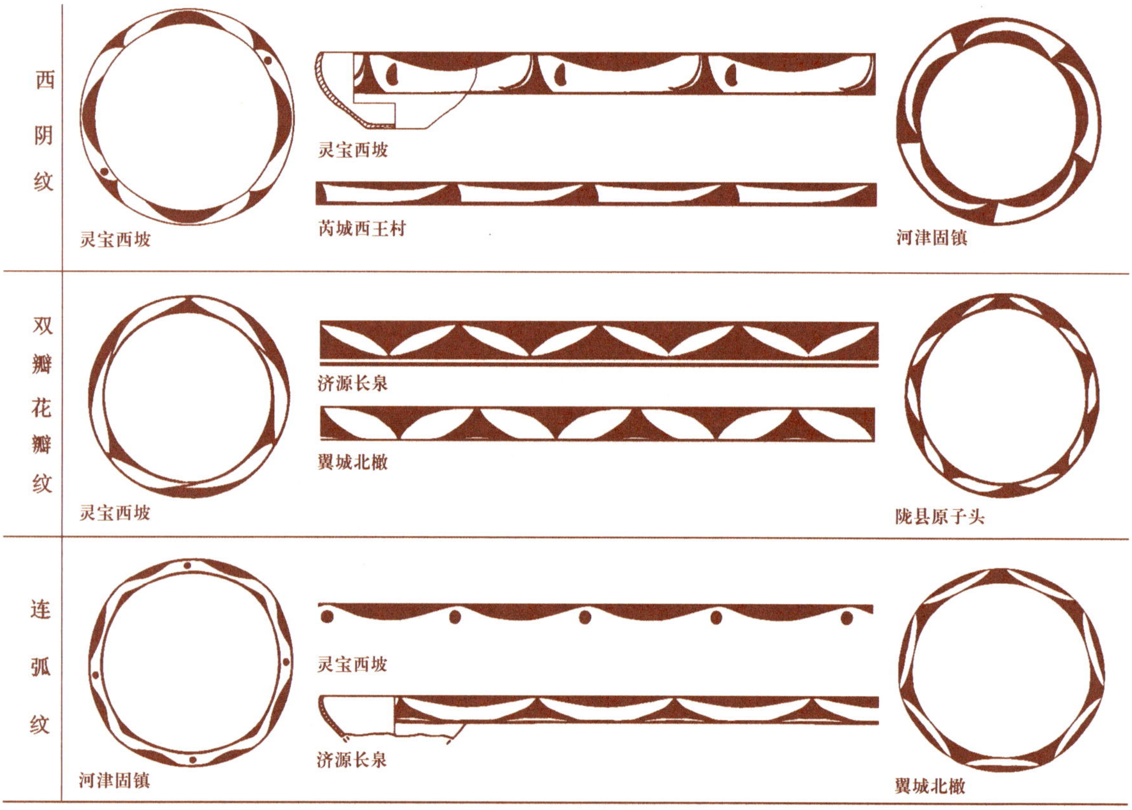

2-2-1-20 彩陶沿面装饰与腹面纹饰的比较

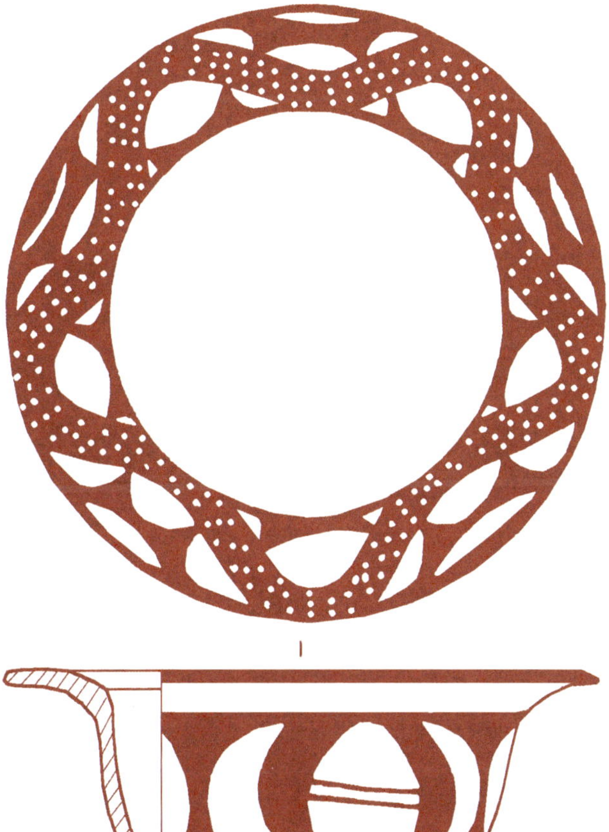

枣阳雕龙碑

2-2-1-21 彩陶的沿面装饰

2 基本形式原则：对比

将相对的要素配置一起，相互作比较，形成对立的状态，这便是现代艺术设计中所说的对比原理。造成相对排斥性质的要素，就是所谓的对比要素。艺术设计中的对比要素非常广泛，造型、色彩、质感、方向、位置、大小等，都可以形成对比。如圆形、三角形、方形等几何形状，都属于造型的对比。不同的要素结合在一起，彼此产生对比现象，使强者更强、弱者更弱，大者愈大、小者愈小，建立对比关系时会增强要素本来所具有的特性，对比的原理在于使特定的要素更加醒目和突出。一些性质相反或存在视觉差异的构成要素，都会形成对比效果。

在庙底沟文化彩陶中，也充分调动了对比表现艺术手段，在构图上有色彩的对比、线形的对比、形状的对比、大小的对比和方向的对比等。通过这样的一些对比，突出了主题，增强了纹饰的观赏效果。

a. 色彩对比

彩陶中的色彩对比，在前文已经有所涉及。彩陶上色彩的红与黑、白与黑的对比，黑与白是色感中最基本的要素，它们产生的对比效果既是一种冲突，也是一种和谐，会呈现出最容易令人激动的感觉。

画工有意利用陶器的地色红色，与黑彩纹饰作鲜明对比，这是很明显的艺术追求。到了中晚期，彩陶上大量出现白衣，原有的红地色被白色取代，红色地纹变为白色地纹，于是又形成了更鲜明的黑白对比。由红向白的改变，是一种新的艺术追求，也是一种新的发展。

论及庙底沟文化彩陶的色彩对比，在这里要进一步强调的是对比色彩中面积大小的对比，这是又一个层次的对比。我们特别注意到彩陶中颜色与地色在色块方面的对比，这是一种明与暗的对比，也可以说是阴与阳、正与反、昼与夜之间的对比，或者就是天与地之间的对比。

彩陶见到的这种明与暗的对比，表现出两种非常明显的倾向。一是特明，一是特暗。

当画工将大块的黑色绘在陶器表面，只留出很少的空白来，不论他表现的是什么结构的图案，那给人的第一感觉就是“暗”。这种暗也许就是浓重，还有沉稳和浑厚。不论是细密的网格纹，还是细柳状的叶片纹和纤纤的花瓣纹，浓重的黑色占据了绝大部分画面时，它的厚重感一定就非常明显了（图 2-2-2-1）。

如果是相反，画工只用一些细碎的颜色绘在陶器表面，留出来的是大块的空白，不论他表现的是什么结构的图案，那给人的第一感觉就是“亮”。这种亮也许就是轻巧，还有通透和飘逸。不论是整齐的连弧纹，还是重叠的折线纹和大旋臂的旋纹，明亮的地色占据了绝大部分画面时，它的疏朗感一定就非常明显了（图 2-2-2-2）。

色彩对比是最鲜明的对比，庙底沟文化时代的陶工将有限的色彩，在陶器有限的表面上，展示出无限的空间。他们一定掌握了基本的色彩原理，将色彩感觉发挥到了极致。

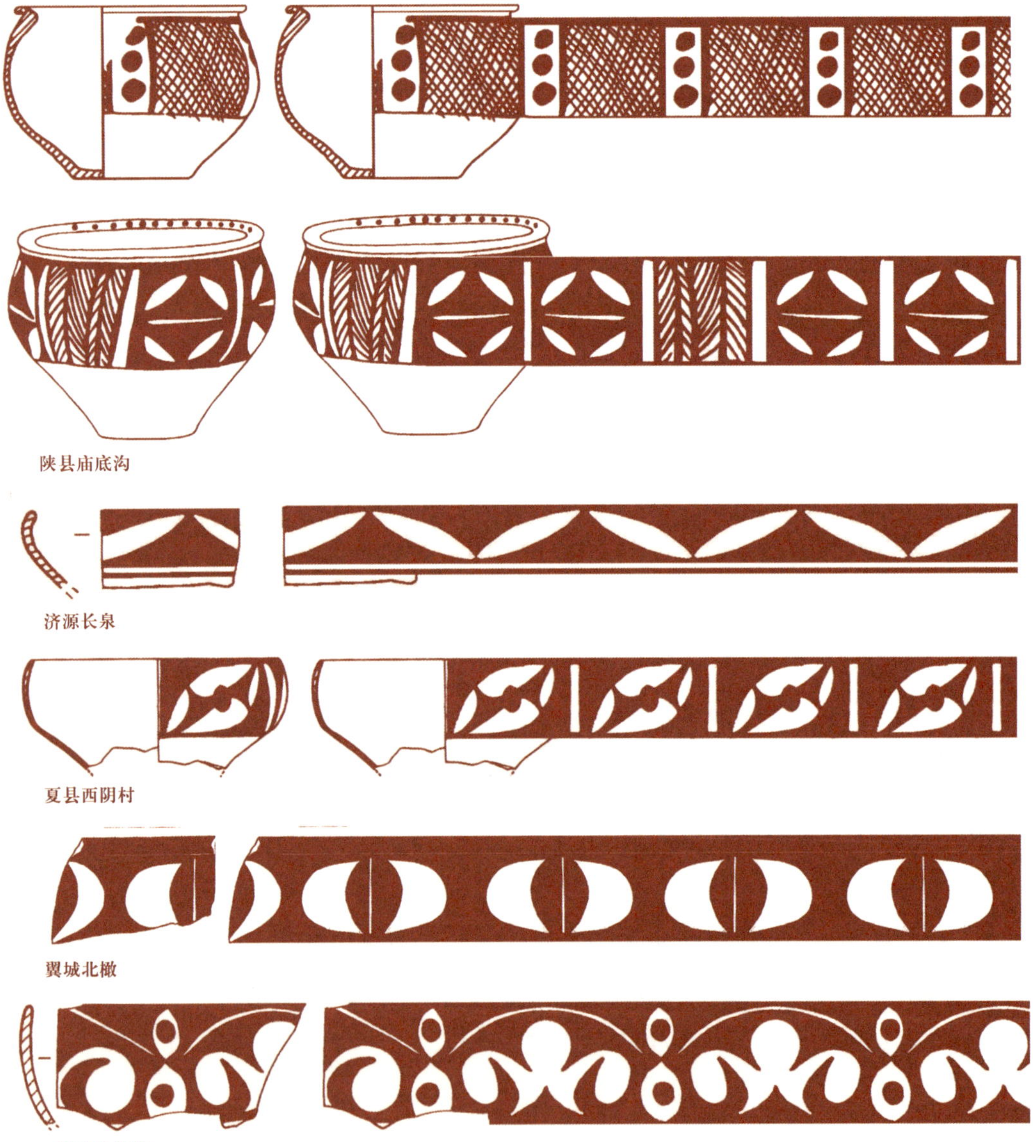

2-2-2-1　彩陶纹饰单元颜色与地色的色块对比

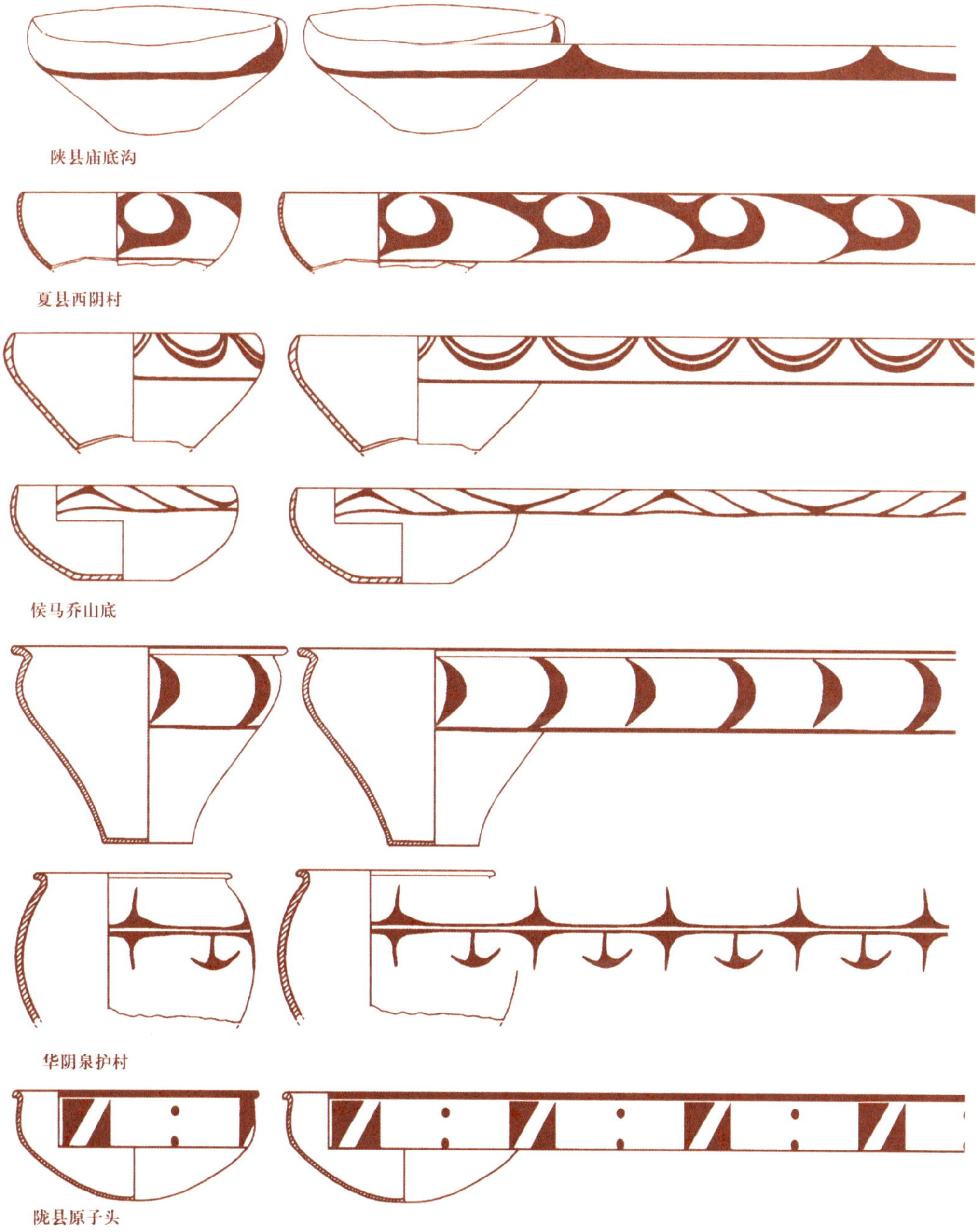

2-2-2-2 彩陶纹饰单元颜色与地色的色块对比

b. 线形对比

线形的对比，在彩陶图案中运用最多。有不同线形的对比，有粗细线的对比，最直接的是曲线和直线的对比。水平直线使曲线更为醒目，也更加富于柔美的动感。曲线富于柔美感，直线则富于坚韧感，配合在一起，呈现出一种阴阳刚柔的对比效果。

庙底沟文化彩陶中运用最多的是各类曲线元素，直线元素使用较少。当水平线出现在弧线下面时，让人感觉到摆动中的平静。当曲线与平行的斜线同在时，让人感觉到紧密中的舒缓。当平行的水平线与斜线交替出现时，让人感觉到安静中的躁动（图 2–2–2–3）。

线形的组合虽然没有图形组合那样给人直观的形象，但当它们作为对比元素出现时，就有了语言，有了情感，有了力量。

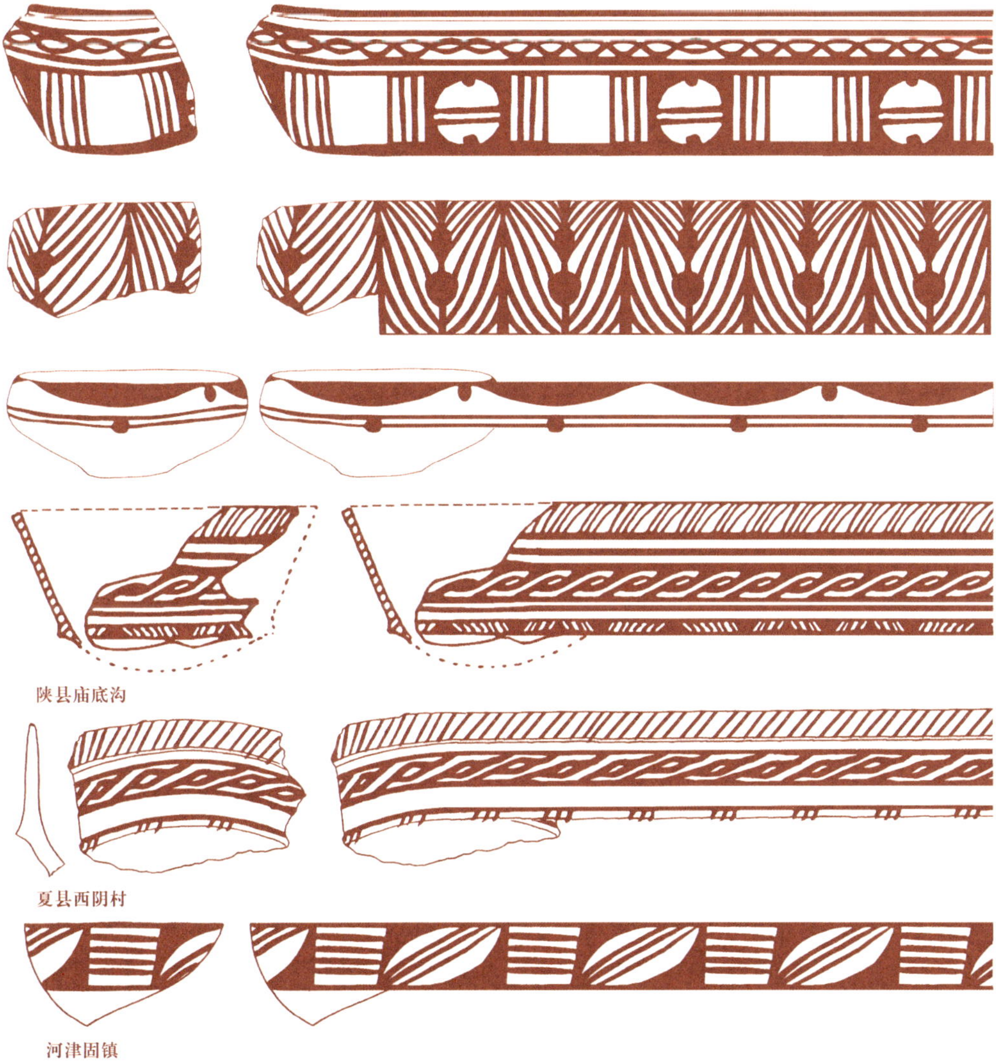

2-2-2-3 彩陶纹饰单元的线形对比

c. 形状对比

图形元素一目了然，将不同图形元素按一定秩序排列起来，会产生形状的对比。不同形状元素的对比，会增强彼此的原有特点，会给人留下更深的印象。

在很多的时候，画工在彩陶上常常只采用一种图案元素，有一种元素构成的二方连续图案，有一种秩序、恒定和平静的美感，但有时也会有呆板单调的感觉。画工也常常使用形状对比手法，将不同的元素组合起来，增强了构图的动态感，丰富了彩陶的内涵。圆形与扁弧形组合，可以象征整形与分割的对比。网格与弧形、圆点组合，可以象征密集与疏懈的对比。圆形与单旋纹组合，可以象征闭合与开敞的对比。圆形与叶片纹组合，可以象征正与斜的对比（图 2–2–2–4）。

除了上面这样的交替对比，彩陶中的形状对比还有一种并行对比，就是用两行不同的二方连续纹饰作平行对比。这样的例子并不多，但在陕县庙底沟和夏县西阴村都见到很精彩的例证。庙底沟有一件残罐，上面绘菱形地纹二方连续图案，下面绘一周网格纹，两条纹饰带平行并列，疏密对比强烈。西阴村有一件彩陶罐，上面绘叶片纹二方连续图案，下面绘花瓣纹二方连续图案，两条纹饰带平行并列，都采用平行斜线作元素的隔断，让两行纹饰彼此上下呼应，正斜对比鲜明（图 2–2–2–5）。

在不同的图形对比中，最值得关注的是叶片纹与圆形的组合，它也许强调的并不只是正与斜的对比，可能还有其他的意义（图 2–2–2–6）。对于这类组合，后文还要进一步讨论它的来龙去脉。

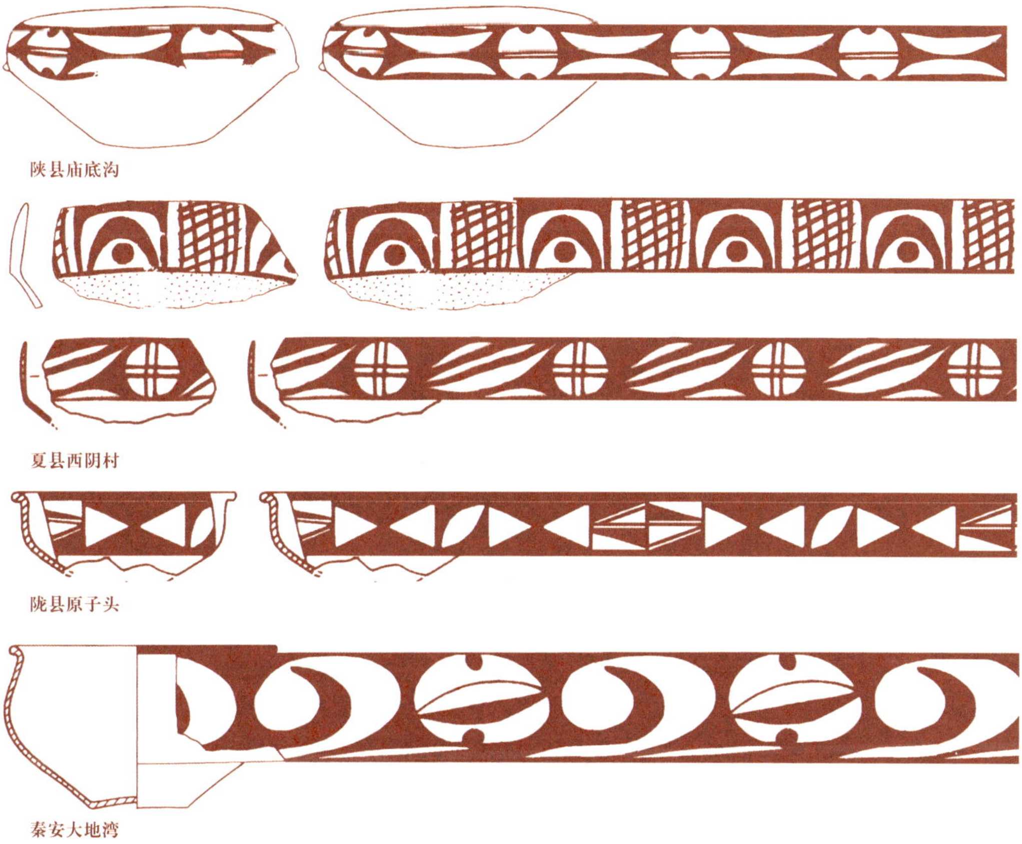

2-2-2-4 彩陶纹饰单元的形状对比

2-2-2-5 彩陶纹饰单元的形状对比

2-2-2-6 彩陶纹饰单元的形状对比

d. 大小对比

艺术设计中的大小对比，是一种基本对比。在彩陶图案运用的大小对比中，有同类纹饰大小不同的对比，也有不同纹饰大小的对比。

同类纹饰的大小对比，是明确的主与从的对比，主从对比的手法是艺术设计上一种非常正统的构图方法。在陕县庙底沟的一件陶钵上，在四个圆廓网格纹之间，在上方点缀着四个小圆点。这是大圆与小圆的对比，显得大圆特大，小点特小（图 2-2-2-7）。

e. 方向对比

将同类的纹饰元素，以不同的方向交替出现，这是一种方向的对比。彩陶上这也是一种常用的对比手法，虽然是同类纹饰，由于改变了排列的方向，较之同方向的排列活泼了许多，也深刻了许多。

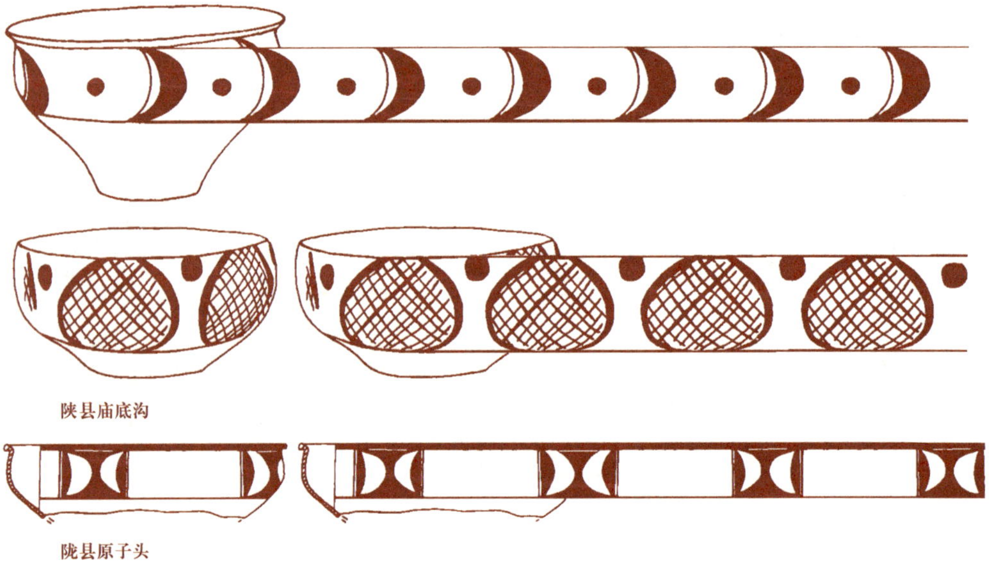

2-2-2-7 彩陶纹饰单元的大小对比

彩陶上见到的同类纹饰不同方向的排列，常见的是单旋纹元素的正倒构图，在河津固镇和秦安大地湾见到典型例证。经过颠倒排列的单旋纹，不仅使左右纹饰单元体现出一种绝对的对立，更体现了一种紧密的联系（图 2-2-2-8）。

对比必然产生美感。彩陶将抽象的几何形或线条组合起来，将简单的色彩配合起来，创造了彩陶的美感。对比在现代艺术设计中既是美的原则，也是获取设计美感的重要方法。在数千年前，对比也是彩陶艺术的一个基本法则，它极大地丰富了彩陶艺术的表现形式。

2-2-2-8 彩陶纹饰单元的方向对比

3 平衡与对称

对称与平衡，是艺术设计中两个相互关联的原则，它们有联系，也有区别。

对称，是整体的各部分以对称轴或对称点为中心，两侧具有等形等量的对应关系，这就是标准的对称形态。对称在视觉上非常均匀、协调，显得十分典雅、庄重，这样的造型作品具有稳定与统一的美感，对称会显出高格调、风格化的意象。

平衡，是从运动规律中升华出来的美的形式法则，轴线或支点两侧不等形而等量，有稳定的重心，具有视觉上的平衡感觉，这样的艺术作品虽不对称却有均衡的美感。这种均衡使得作品形式在稳定中更富于变化，显得活泼生动。对称表现为一种静止状态，平衡则表现为运动状态。

对称是绝对的，平衡是相对的。庙底沟文化彩陶在构图中，有对称也有平衡。彩陶纹饰在对称形式中也可区分为点对称和轴对称两种，许多精致的纹饰都采用了对称结构。

a. 轴对称图案

彩陶图案左右非常对称，两边元素互为镜像，中间有一个或意想中有一个对称轴，这样的图案我们归入轴对称图案。在庙底沟文化彩陶中，轴对称图案又可分为纵轴与横轴对称两种，以前者为多。

彩陶中的纵轴对称图案，以大量见到的双瓣或多瓣式花瓣纹最为典型，它们的左右两边完全对称。陕县庙底沟发现的连续折线图案，单元左右对称，中间有明确的纵轴。像陇县原子头那样的变体花瓣纹与椭圆形组合图案，一个单元两边纹饰完全对称，可以感觉到对称的中心存在着纵轴，这纵轴存乎画工心中，也会出现在观者的感觉中（图2–2–3–1）。

秦安大地湾见到若干件构图较为复杂的彩陶，构图单元像是花朵，又似枝叶，虽不见描绘的纵轴，但左右非常对称，也是明确的纵轴对称图案（图2–2–3–2）。

彩陶中的横轴对称图案虽然见到的并不多，但有一些也很精致。其中那些四瓣式花瓣纹既可以看作是纵轴对称图案，也可以看作是横轴对称图案，不仅左右对称，上下也对称。有的单旋纹地方连续作上下两行相对排列，也是明确的横轴对称图案(图2-2-3-3)。这是一种新的发展。

2-2-3-1 彩陶纵轴对称图案

华阴泉护村

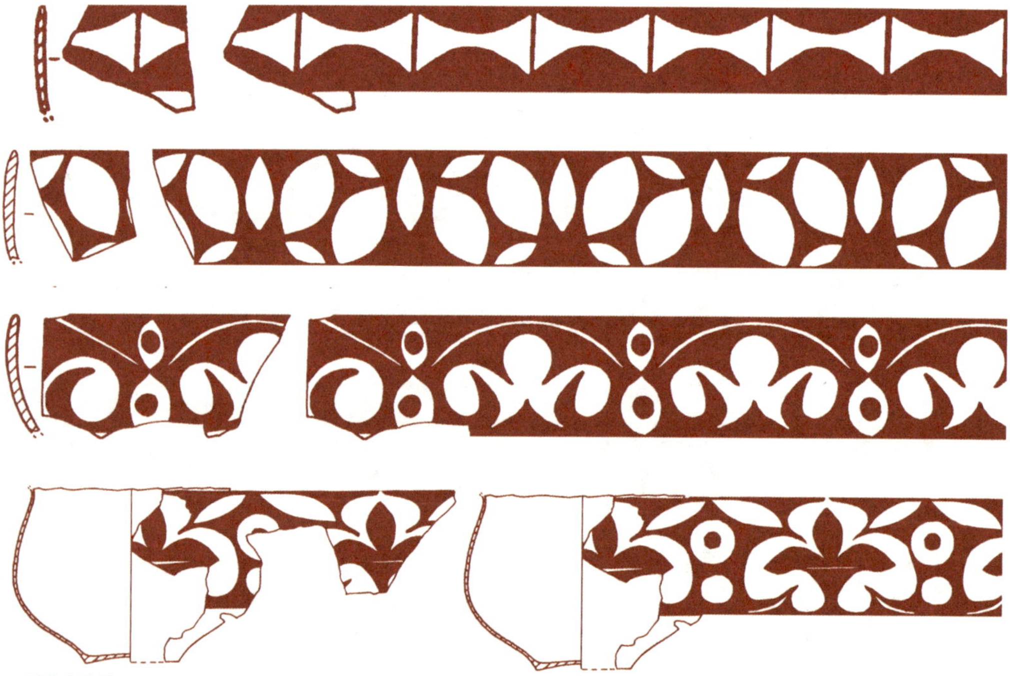

秦安大地湾

2-2-3-2 彩陶纵轴对称图案

翼城北橄

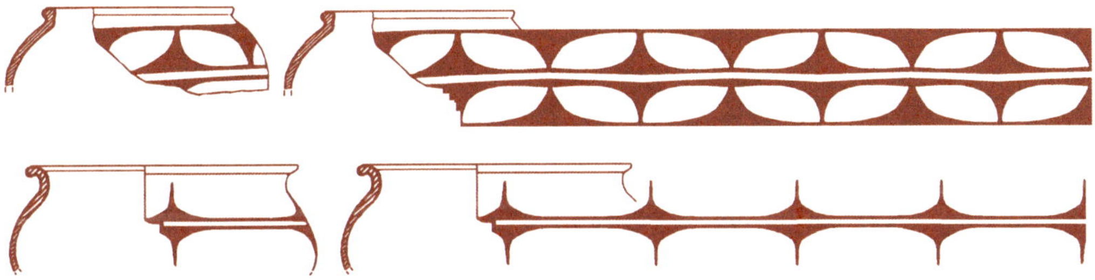

华阴泉护村

2-2-3-3 彩陶横轴对称图案

b. 点对称图案

彩陶图案并没有明确的对称中心，但左右元素却非常对称，中间有一个意想中的对称点，这样的图案我们归入点对称图案。人们归纳出点对称有向心的“求心对称”、离心的“发射对称”、旋转式的“旋转对称”和逆向组合的“逆向对称”，还有自圆心逐层扩大的“同心圆对称”等等。这些对称形式在庙底沟文化彩陶中都有体现，在一定程度中体现了史前彩陶构图的多样性。

庙底沟文化彩陶中的向心对称图案，有时与轴对称图案不易区分，很多图案其实具有双重特征。各地见到的多瓣式花瓣纹组合，也有这种向心对称特点，花瓣的中心一般绘一个圆点，就像是一个花蒂，所有花瓣的底部都在这圆点上集聚起来。还有像华县泉护村见到的类似四瓣花的图案，虽然并不是标准的花瓣形，但构图元素具有以中心点作斜对称构图的特点，可以看作是一种向心对称图案。又如陇县原子头见到的几例黑红三角颠倒构成的菱形图案，也取这种斜向的向心对称方式，构图很是巧妙（图 2–2–3–4）。

彩陶中的旋转对称见到较多例证，许多的旋纹都有旋转对称特点。彩陶旋纹一般都能感觉到一个旋转的圆心，有时这个圆心会明确地画出来，两条旋臂的力点就集中在这圆心位置。还有夏县西阴村和秦安大地湾等地见到的对称叶片与圆组合的图案，我也将它们部分地归入点对称中的旋转对称范畴。以圆的圆心为中心，这个圆在旋转，圆左右的叶片也在作斜向旋转（图 2–2–3–5）。这是一组很重要的构图，它是后来马家窑文化大量旋纹出现的源头，这一点在后文再作议论。

彩陶中的逆向对称，与前文谈到过的反向对比有些相似。翼城北橄、河津固镇和秦安大地湾见到的几件彩陶，都是用同样组合元素作反向排列，这是一种特别的对比构图，也是一种特别的点对称构图，符合点对称中逆向对称特征。在图案元素的结合部都能找到一个中心点，这个点往左右延伸出去则是一对或更多的逆向对称纹饰（图 2–2–3–6）。

彩陶中的圆形出现极多，但表现有圆对称特点的图案还是有限的，尤其是同心圆对称很难见到。同心圆不见，但偏心圆元素却有发现，陕县庙底沟等地点就见到了偏心圆对称彩陶，以地纹表现的椭圆内套叠着一个正圆形，但是圆心却是偏离的，并没有重合。其他地点如侯马乔山底发现有圆点与圆心对称彩陶，是以一个圆点为中心，表现出一个地纹的圆形，圆形外再配以其他对称纹饰，可以看作是简单的圆对称（图2-2-3-7）。

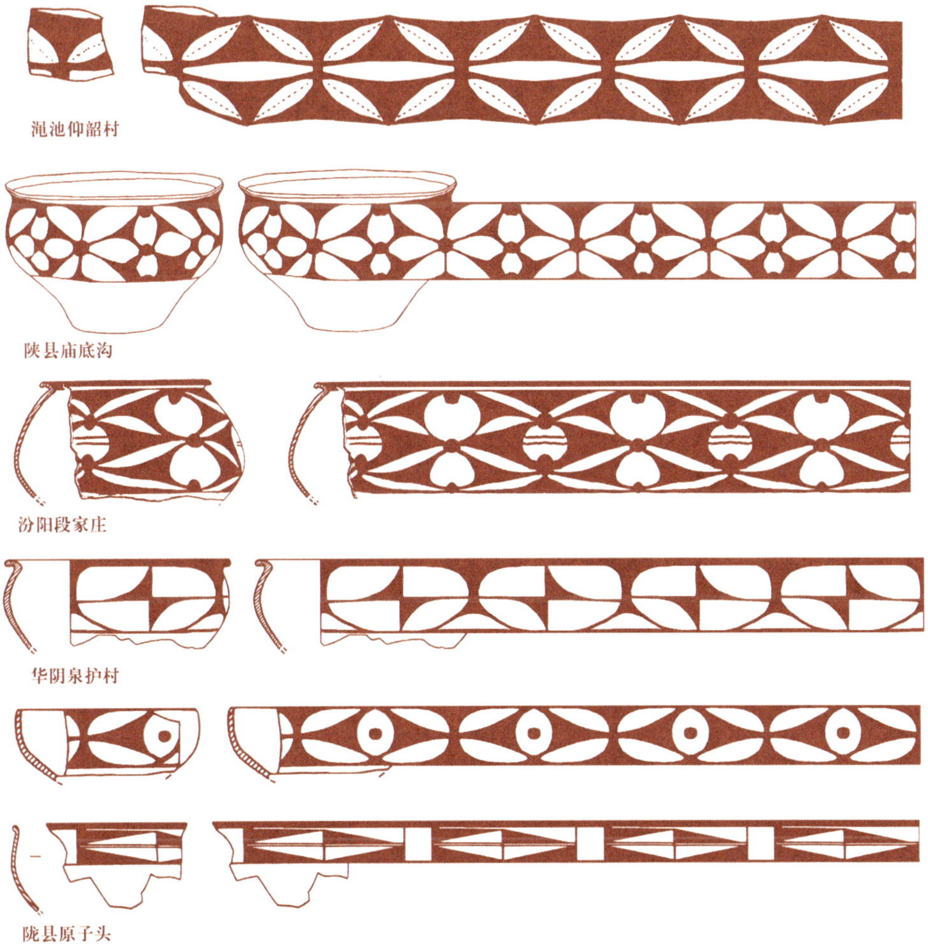

2-2-3-4　彩陶纹饰中的向心对称图案

2-2-3-5 彩陶纹饰中的旋转对称图案

2-2-3-6 彩陶纹饰中的逆向对称图案

2-2-3-7 彩陶纹饰中的圆对称图案

c. 感觉平衡图案

彩陶纹饰单元左右形状虽然并不对称，但却能给人一种平衡的感觉，较之对称的纹饰单元更加富有生气。创作这样的平衡图案，要求画工有更高的素养。这样的平衡图案一般并不好确认，画工凭借着感觉画成，那观者也要依赖感觉来感受。

如扶风案板见到的两例以弧边三角为元素的彩陶，它的构图单元是中间用一个弧边三角作纹饰的中心，左右用两个相对的弧边三角包围。中心的三角并无对称形态，左右的三角也不是全等对称，它们完全是颠倒的角度。细部虽不对称，但整体还是有一种对称的感觉，也算是一种很高妙的构图（图 2-2-3-8）。

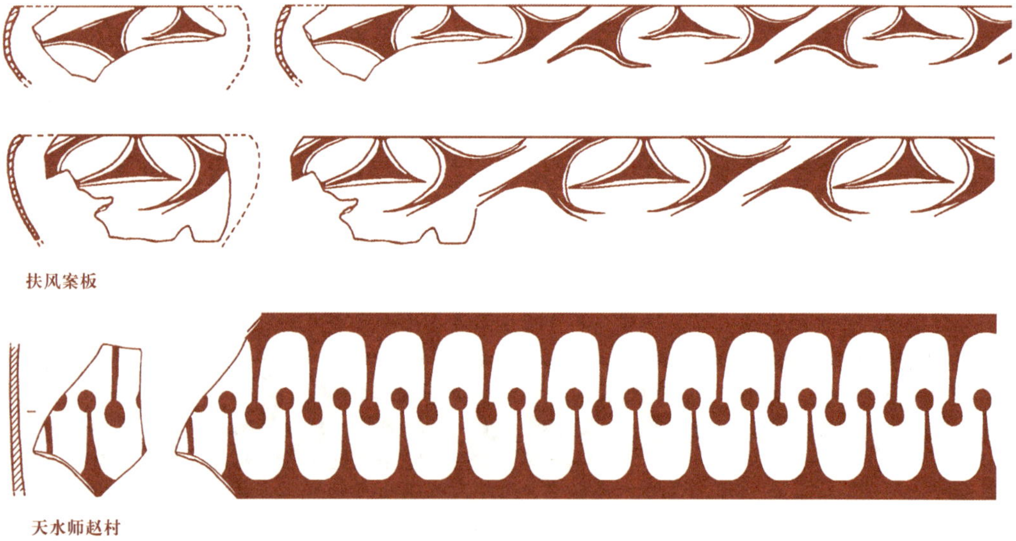

2-2-3-8　彩陶纹饰中的感觉平衡图案

d. 附加元素对称图案

在艺术设计中，绝对的对称运用过多会产生单调和呆板的感觉。所以有时候在整体对称的格局中，会附加一些不对称的元素，用于增加生动性。彩陶中也存在这种表现手法，如秦安大地湾的一件彩陶罐，绘左右对称网格月形纹饰，在对称的中心又加绘有左右两条月牙纹。这小月牙并不是以常规对称方式排列，而是作旋形的动态，这么一个小小的点缀，明显加强了纹饰的整体张力（图 2-2-3-9）。

彩陶中对称与平衡原则的掌握，在庙底沟人来说已经是相当熟练了。不少纹饰可能都是随手画出，除了基本的等分筹划，不一定有起稿的过程。成竹在胸，一气呵成，所以画面非常简洁，线条也十分流畅。

2-2-3-9 彩陶纹饰中的附加元素对称图案

4 律动

艺术设计中的节奏感和韵律感，是一种更高层次的创作。节奏具有空间感，可以指构图设计中同一元素连续重复时产生的运动感，节奏强调对比。韵律具有时间感，是节奏的变化与丰富，是节奏的整体表现，它使构图中单一元素重复时的单调状态有所改变，由此产生的变化好似一种变奏，可以增强单调重复的生机感，韵律强调和谐。韵律也是一种和谐，是变化中的一种统一的风格。有研究者说，造型艺术中的对称均衡是低级简单的多样统一，和谐才是高级复杂的多样统一，这是很有道理的[1]。

表现在艺术设计中的节奏感与韵律感，我想可以称之为律动。有的艺术家认为，艺术节奏建立在人的生理节奏和心理节奏基础之上，当音响、线条、色彩、形体等艺术节奏与欣赏者的生理、心理节奏相吻合时，就会引起生理与心理情感活动的相应变化，产生共鸣，产生美感。

庙底沟文化彩陶有很强的律动感，从那些多变的构图上，我们似乎可以感受到慢板、快板、散板和进行曲式的区别。

[1] 王菊生：《造型艺术原理》，黑龙江美术出版社，2000 年，第 227 页。

a. 慢板：行云流水式的图案

曲线与水平线组成的细碎的元素，我们会感受到节奏，但节奏感并不强烈，就像是一曲慢板。像陕县庙底沟和翼城北橄见到的那种连续曲线带彩陶，图案如同是行云流水，节奏并不明快，但却非常流畅动人，这是一种舒缓的节奏。还有那些大幅面的旋纹图案，元素之间跨度很长，好似通过一个漫长的通道才能渡过，这种节奏显得也较为散慢（图 2-2-4-1）。

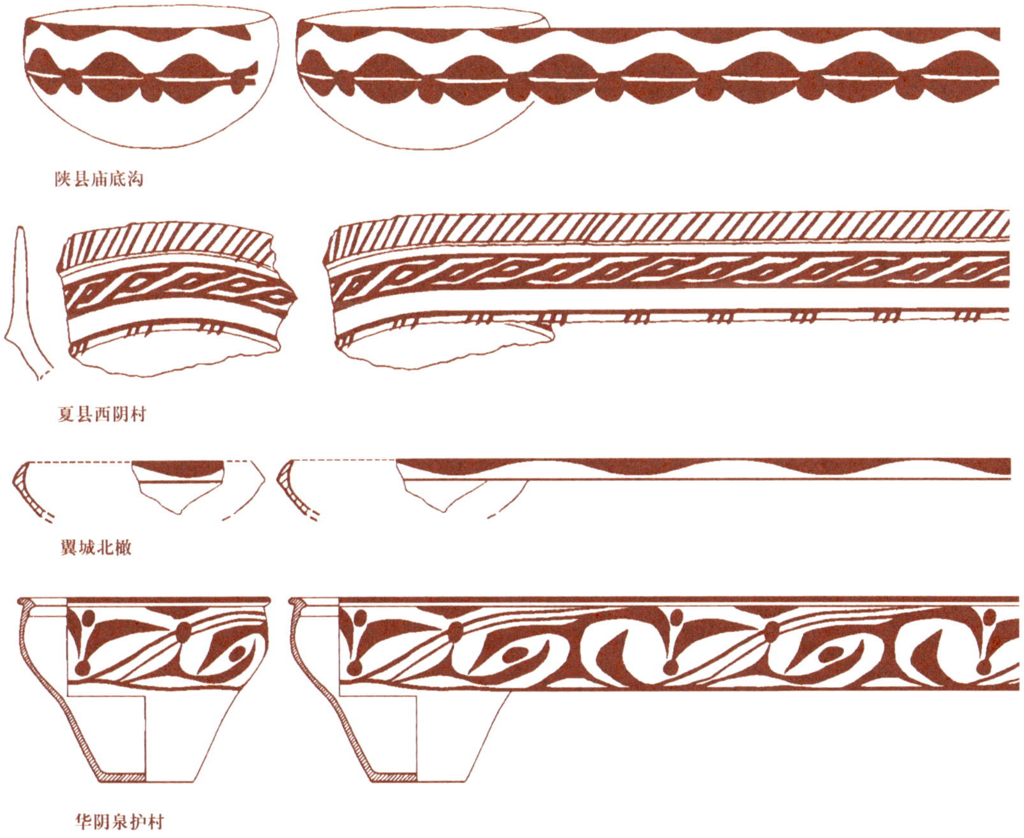

2-2-4-1 彩陶纹饰中慢板节奏的图案

b. 快板：简练的二分四分式图案

彩陶在二方连续图案上，我们能感受到的节奏是最明朗的。留给我们最明朗的快板印象的，是那些不加间隔元素的二分与四分连续图案。

庙底沟文化彩陶中四分式的二方连续图案最多，元素较为固定，构图也非常简练，没有什么修饰图案。这样的快板式节奏图案，是庙底沟文化彩陶的代表性风格之一。差不多每个遗址都能发现这种构图图案的彩陶，这种风格影响的范围也非常广泛，它还跨文化跨地域传播很远（图2-2-4-2）。

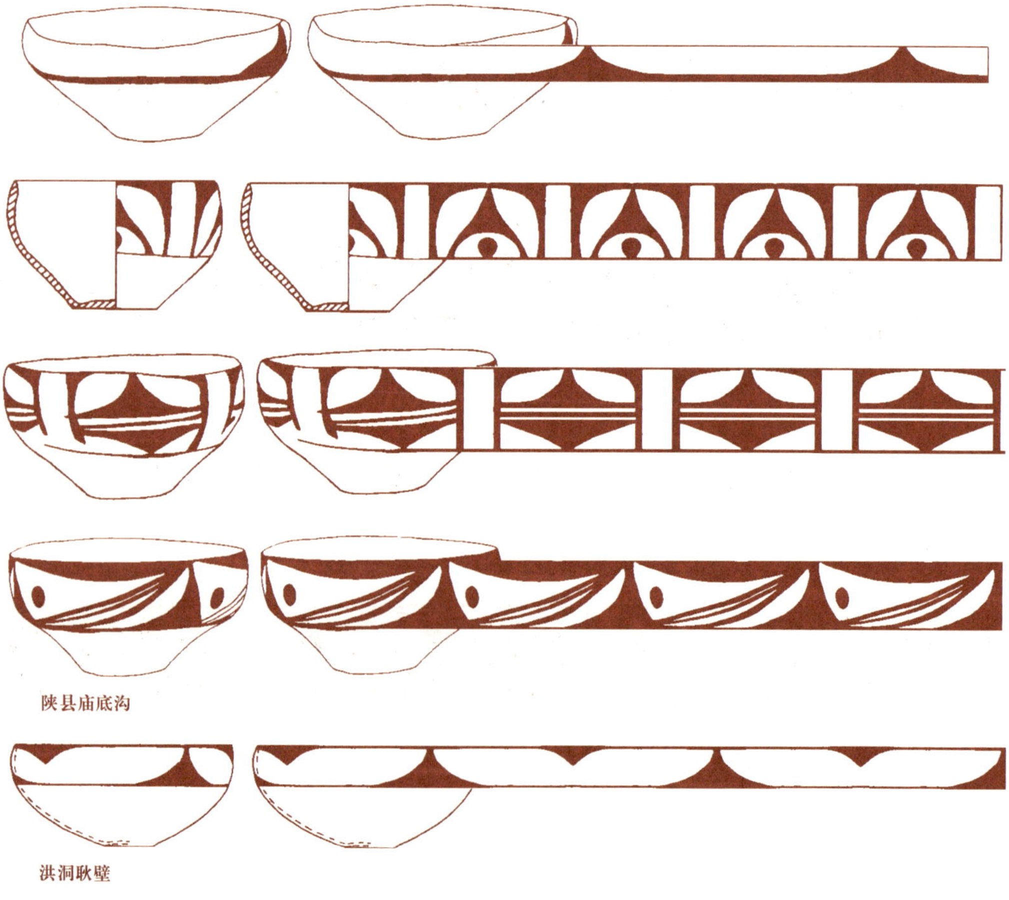

2-2-4-2 彩陶纹饰中快板节奏的图案

c. 进行曲：稳健的四分式图案

这类图案与上述快板式节奏图案相似，只是在感觉上没有那样的急促，显得比较稳健一些。四分式二方连续图案广泛采用附加隔断式元素的构图，主体图案有一种停顿后的重复感觉，节奏显得坚定有力，感觉是一种进行曲式。两种元素交替重复，出现一种更丰富感觉更强烈的大节奏。

有隔断的二方连续式图案在庙底沟文化彩陶中也非常流行，甚至出现的频率超过了无隔断的图案。在这样的进行曲式节奏的构图中，主体图案常常呈现出倾斜的态势，加强了纹饰的动感（图 2-2-4-3、4）。

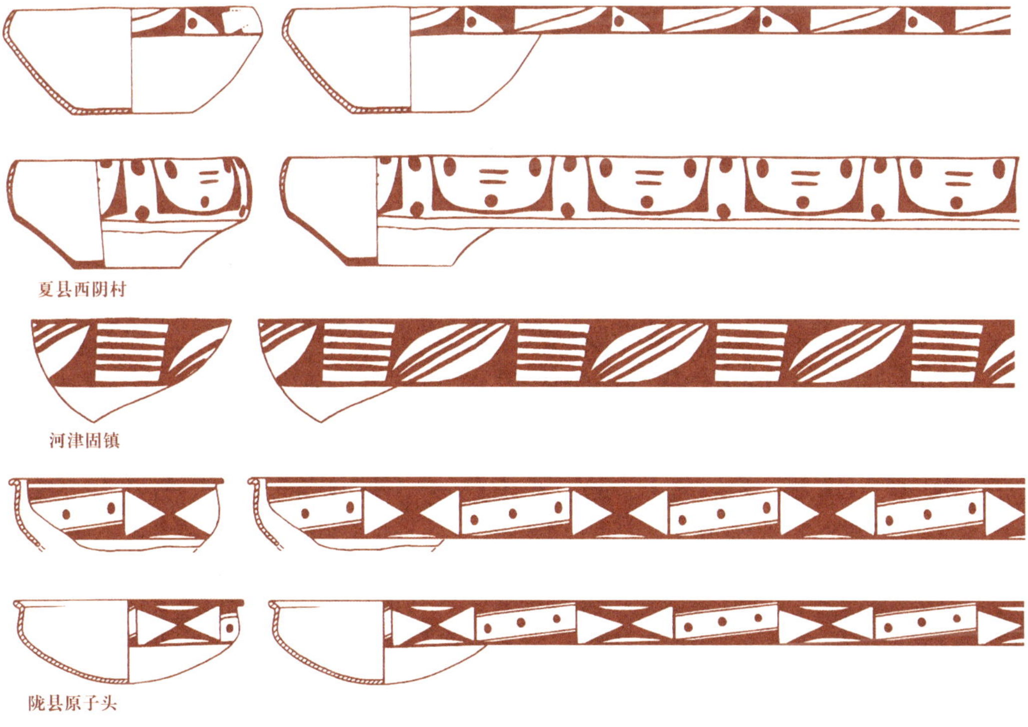

2-2-4-3 彩陶纹饰中进行曲式节奏的图案

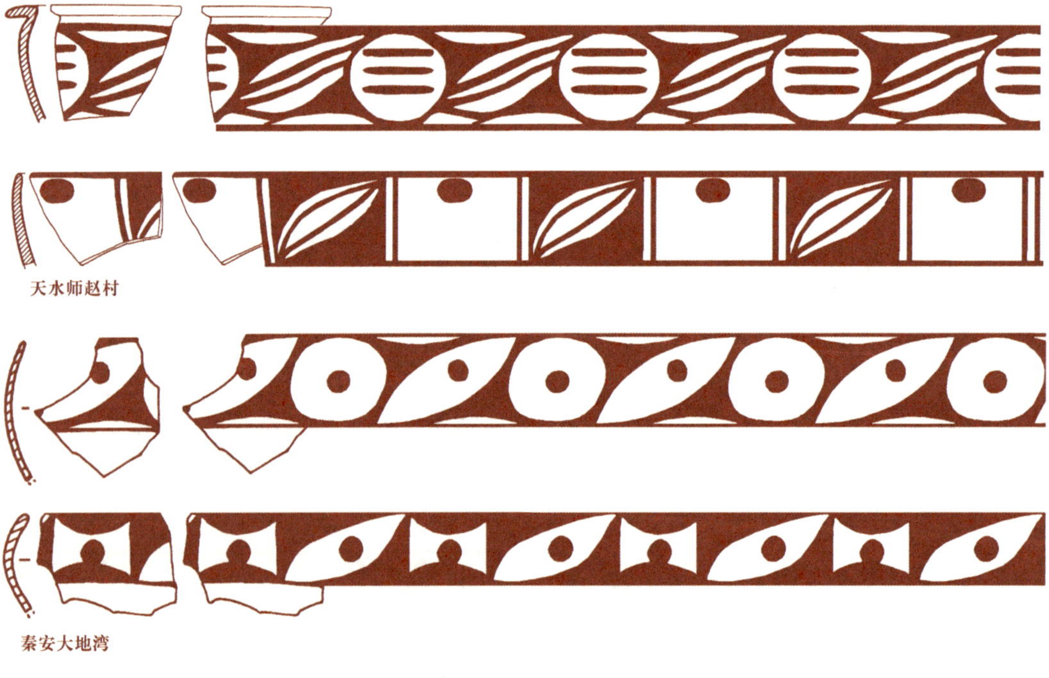

2-2-4-4　彩陶纹饰中进行曲节奏的图案

d. 散板：节奏不明朗的自由式图案

乐曲有时会出现散板曲式，这通常是用于表现一种高潮。戏曲如京剧的板式中也有散板如西皮散板、二黄散板等，散板节奏自由，可依据演唱者的情绪与内容自由发挥。彩陶中的图案，有时觉得有节奏但节奏感并不明朗，是一些画工自由发挥的图案，就像乐曲的散板一样。

彩陶中的自由式构图，当然并不是毫无章法。有的是元素在作左右连接时出现穿插现象，偶尔让人觉得分不清彼此，节奏不明朗。有的是左右元素连成一体，很难分辨出元素的本来构图。这种较为自由的彩陶图案在陕县庙底沟、灵宝西坡和新安槐林都有发现（图 2-2-4-5）。

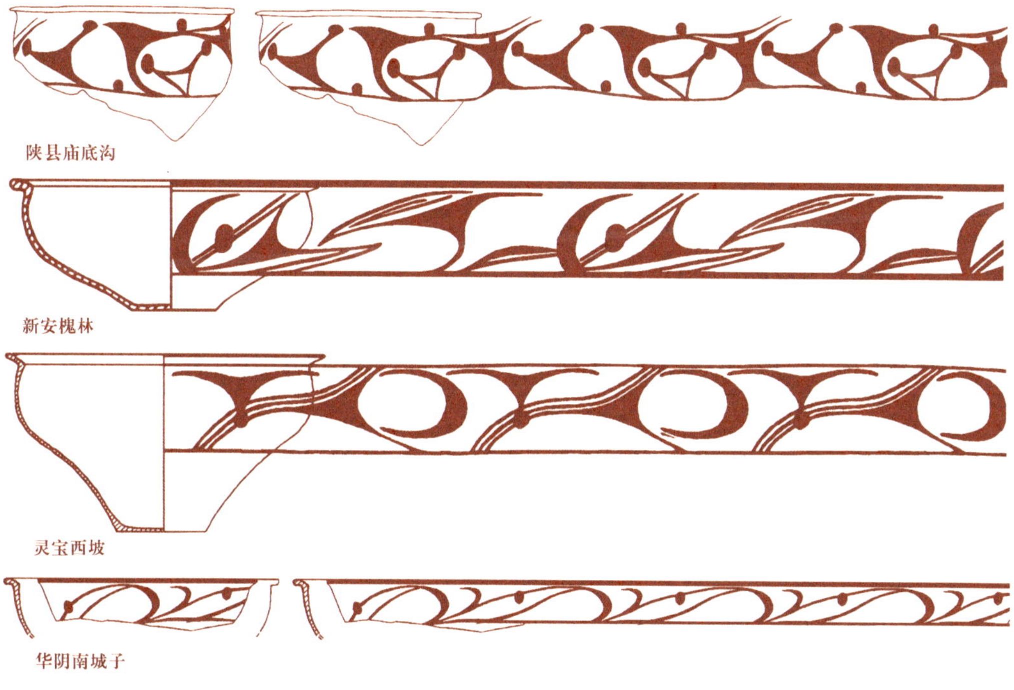

2-2-4-5 彩陶纹饰中散板节奏的图案

e. 交响曲：跌宕起伏的复合元素图案

彩陶中有不中断的匀速连续图案，也有均匀起伏的连续图案，还有一些跳跃式结构、大起大落的图案，这便是彩陶上听到的交响组曲。

那些构图繁复的旋纹组合，就是一首首跌宕起伏的交响曲。旋纹作为主旋律出现在显眼位置，还有一些附加的作为次旋律或修饰音的纹饰分布在它的左近。这样的图案组合，真的就是一首雄壮的华彩乐章，让人回味无穷（图 2–2–4–6）。

彩陶纹饰规则的或不规则的反复排列，这样的循环与变化，就会产生律动。它同乐曲一样，也能给人抑扬顿挫起伏跌宕的感觉。一件精致的彩陶就是一首乐曲，它的旋律与节奏就蕴含在那些图画元素中。彩陶图案是通过空间来表现时间的变换，在这时间的变换中，它的律动美得到了完美的展示。

2-2-4-6 彩陶纹饰中的交响曲式节奏的图案

5 变化

变化也是美的形式之一，包括渐变与突变在内，变化被认为是艺术设计的灵魂，是艺术生命力之所在。没有变化就没有发展，也就没有了活力。渐变是逐渐的改变，有一定的秩序与规律。渐变除形状渐变外，还有大小渐变、色彩渐变、位置渐变和方向渐变等。如形状渐变，以某一形状为基调，逐渐有所改变。

彩陶也是在类似的变化中得到发展和丰富的。我们所能见到的是，不仅有元素和单元的变化，也有构图上的变化。

a. 形状变化

一个基本元素发生渐变，可以由简单到复杂，也可以由抽象渐变到具象，或由具象渐变到抽象。彩陶元素形状上的变化，是一种最基本的变化方式。一个元素，会以多种形态出现，它丰富了彩陶的内涵，也使彩陶获得统一和谐的风格。

每一个元素都可以由简单向复杂变化，这里举圆形元素为例。彩陶上见到的圆形元素，有正圆和椭圆，还有很不规则的似圆形等，形态上有许多变化（图 2–2–5–1）。圆中附加纹饰的做法，是圆形变化的一个主要方式，变换一种附加纹饰，就会使圆形拥有新的内含（图 2–2–5–2）。

圆形内附加纹饰变化不少。最基本的形态是“空圆”，是一个最简单的地纹圆。第一个变化可能是在圆的中心加上一点，这个点可以视作圆心。当然不论是空圆还是带圆心的圆形，其实在彩陶中见到的并不多，通常的圆形都有更多的变化。更多见到的是圆形中附加两个点，这两个点固定在圆周相对的位置上，一般都是在一上一下的位置。这种构图应当具有特定的意义，但现在我们还找不出明确的答案。

圆形的第二个变化，是圆中加直线，或是水平线，或是垂直线。附加的线条有粗在细，最少是一条，有时是三条。

圆形的进一步变化，是既加点又加线。有时是一线穿过圆心与点会合，更多的时候是平行的两线将圆周上的两点分离开来，让两点上下相望。

圆形的更大的变化，是附加另一些风格化的图形，这些图形也可能有特别的象征意义。

通过附加图形的比较，可以看出圆形的变化是很大的，当然变化再大，它的风格还是基本统一的，我们并没有见到太特别的附加纹饰（图 2-2-5-3）。

2-2-5-1　彩陶纹饰中圆形元素的形状变化

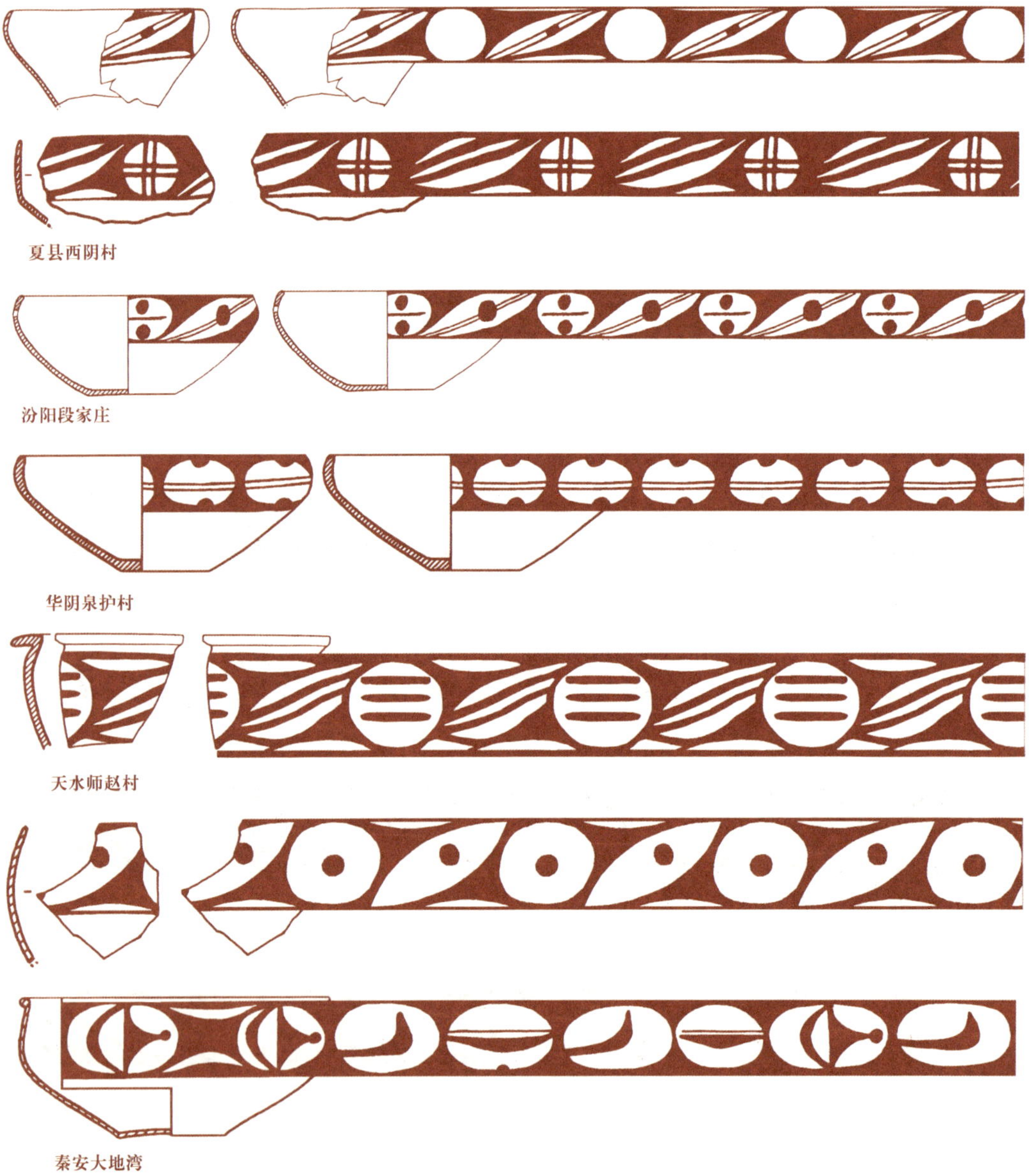

2-2-5-2 彩陶纹饰中圆形元素中附加纹饰的变化

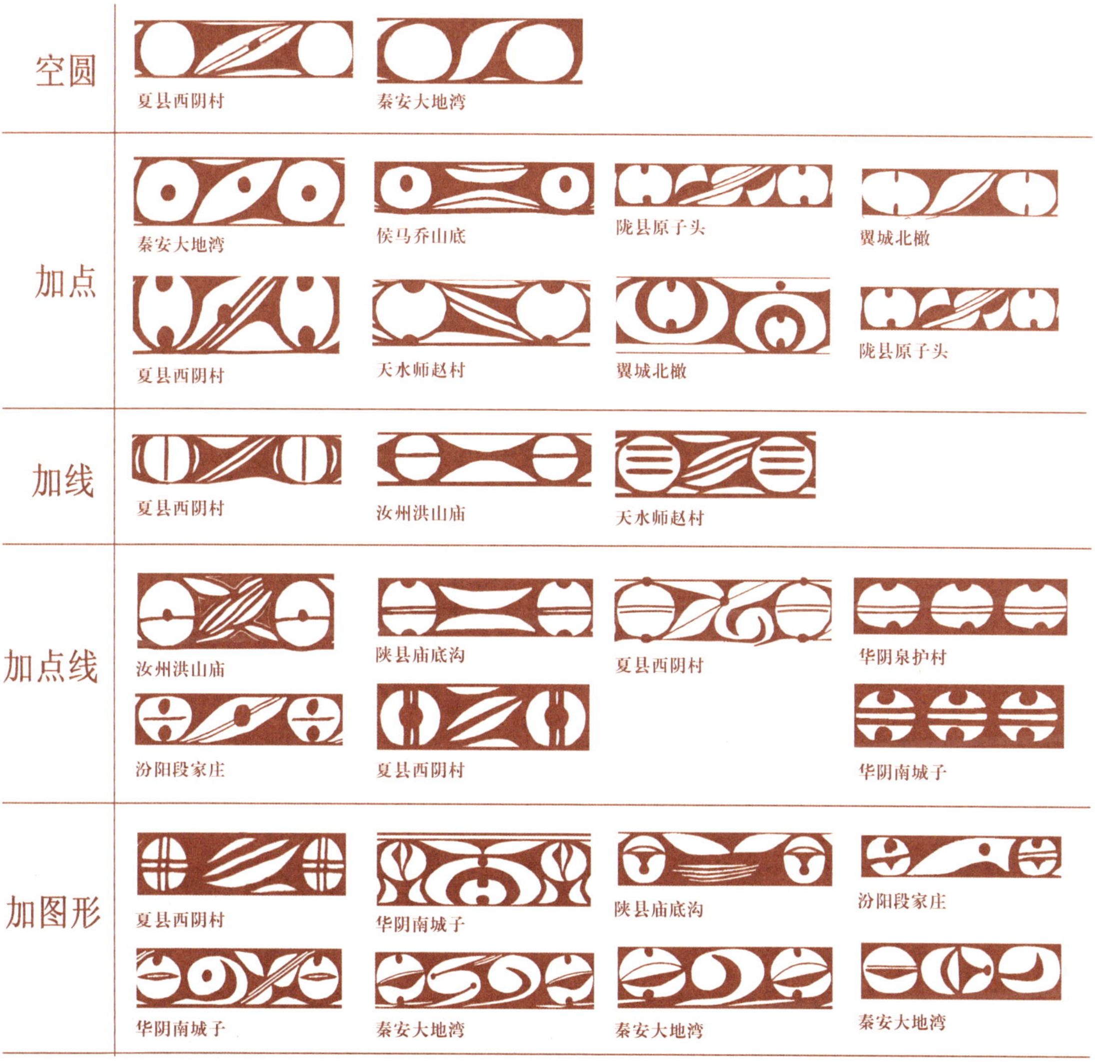

2-2-5-3 彩陶纹饰中圆形元素变化分类图

b. 大小变化

一个常见的基本元素可以有大小变化，在具体的排列方式上会有明显的疏密感觉，会产生空间感。在彩陶上这种变化是常见的，

例如同样是二方连续的“西阴纹”，在作四分式排列时，单元纹饰就大得多，而八分式排列单元纹饰就不得不明显缩小。这种现象可以在不同遗址见到，也能在同一遗址见到（图 2-2-5-4）。

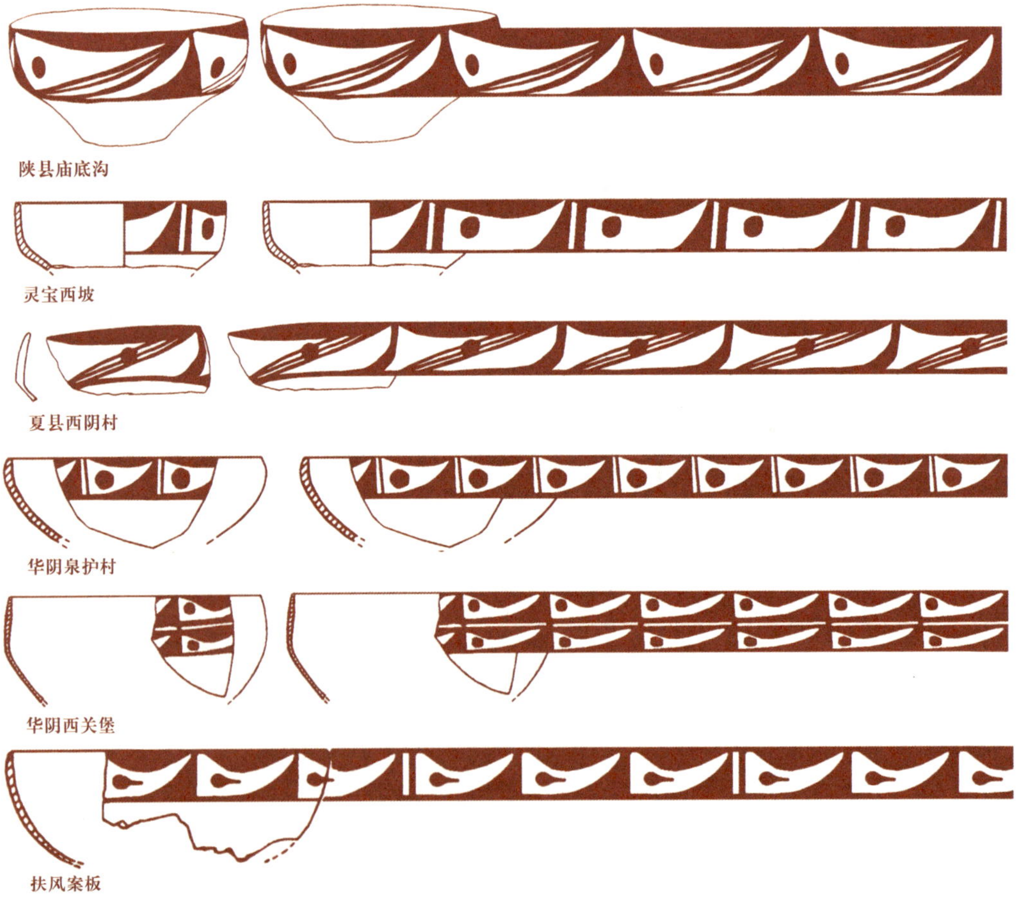

2-2-5-4 彩陶“西阴纹”的大小变化

又如二方连续的叶片纹，大小变化与“西阴纹”有些类似。在作四分式排列时，叶片纹自然较大，而六分与八分式排列的叶片纹就小得多了（图 2-2-5-5）。

还有双瓣式花瓣纹，作二方连续排列时二分式和四分式会使花瓣大小有明显区别。同样的四分式排列，花瓣也会有宽窄之分，有的显得非常秀美，有的显得比较饱满（图 2-2-5-6）。

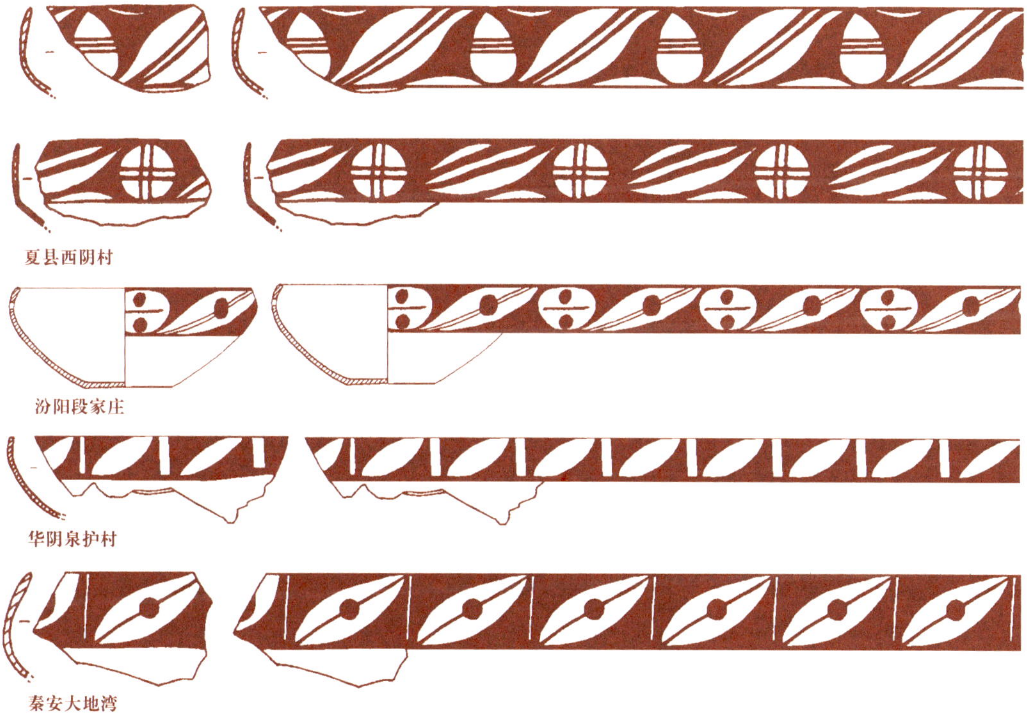

2-2-5-5 彩陶叶片纹的大小变化

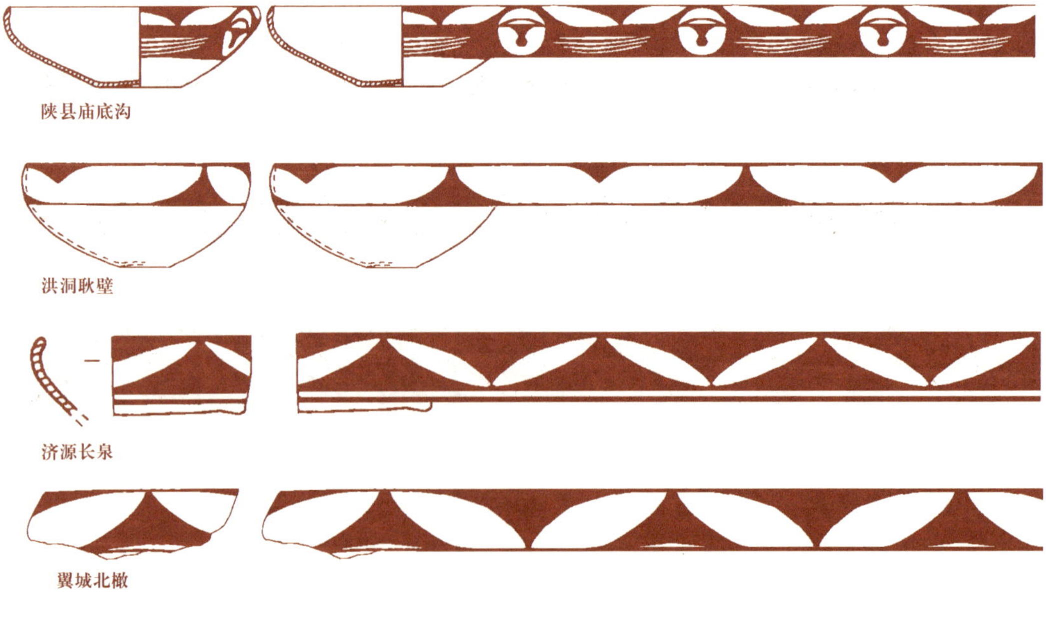

2-2-5-6　彩陶双瓣花瓣纹的大小变化

c. 方向变化

基本元素在图案上作方向改变，可以增强构图的动态感。

彩陶纹饰单元在排列方向上的改变，有左与右方向的变化、正与倒方向的变化。如单旋纹旋臂的方向，虽然一般都是右旋方向，但其实旋臂本身是既可以指向左也可以指向右的，这并不改变右旋的实质特征。这种变化有时会出现在同一件彩陶上，如汾阳段家庄和秦安大地湾就有这样的发现（图 2-2-5-7）。

这里再以叶片纹为例，看看元素方向的变化。绝大多数的叶片纹都是右上斜的方向，不过也有少数为左上斜方向，这种改变可能与画工个人的表达习惯有关（图 2-2-5-8）。

关于纹饰方向的变化，在后面相关文字中还要提及。

2-2-5-7 彩陶单旋纹排列方向的变化

2-2-5-8 彩陶叶片纹方向的左右变化

d. 结构变化

由小的方面看，纹饰元素自身会产生结构变化。从大的方面看，纹饰整体构图上也会出现结构变化。

彩陶二方连续图案在结构上出现许多变化，这一点在本节第一部分已经有过叙述，这里不再重复。

关于构图结构上的变化，这里还可以举一个曲线结构的例子。以曲线为基调，加上圆点与水平线，构图非常灵活，但风格完全一致（图 2–2–5–9）。

元素繁简会有变化，上面说到过的圆形变化就不少。还可以叶片纹为例，它的内部也有不少变化，加上点、线和其他纹饰，会有全新的感觉（图 2–2–5–10）。叶片纹是一种很重要的纹饰，后文还会有更多的分析。

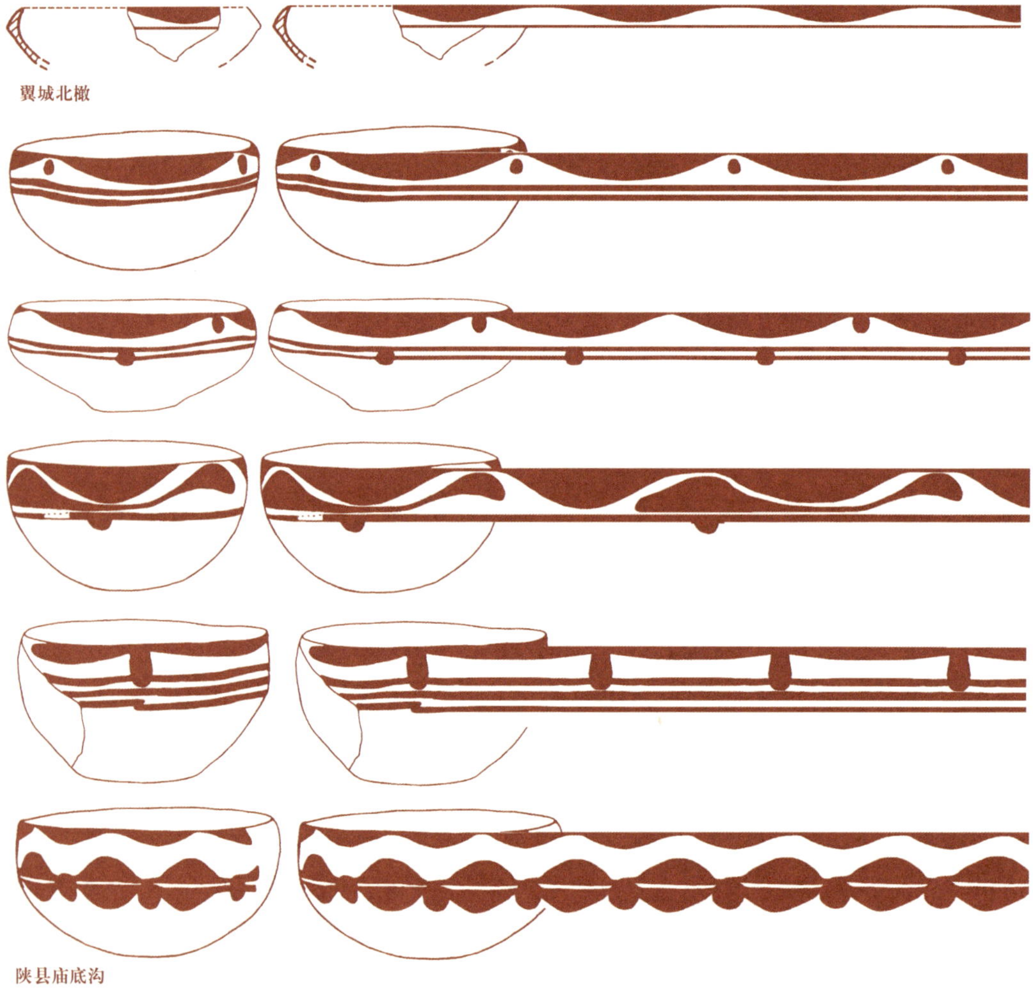

2-2-5-9 彩陶曲线圆点结构的变化

夏县西阴村

华阴泉护村

芮城西王村

夏县西阴村

夏县西阴村

秦安大地湾

汾阳段家庄

夏县西阴村

2-2-5-10 彩陶叶片纹元素内部结构的变化

6 纹饰的方向

在庙底沟文化彩陶大量的二方连续构图中，纹饰有没有方向？不同纹饰布列时在方向上可能有不同考虑，由整体观察有没有倾向性的方向？确定这样的方向的出发点又是什么？这是几个相关联的问题，我们可以通过纹饰的观察找到确定的答案。

不须仔细观看就会发现，半坡文化彩陶中的图案化鱼纹，几乎全是头右尾左的右向，这是一个很有意思的现象。不论是在西安半坡遗址，还是秦安的大地湾遗址，或是其他的半坡文化遗址，同类图案化的鱼纹，基本都是剪刀尾向左，大嘴大头向右（图2-2-6-1）。

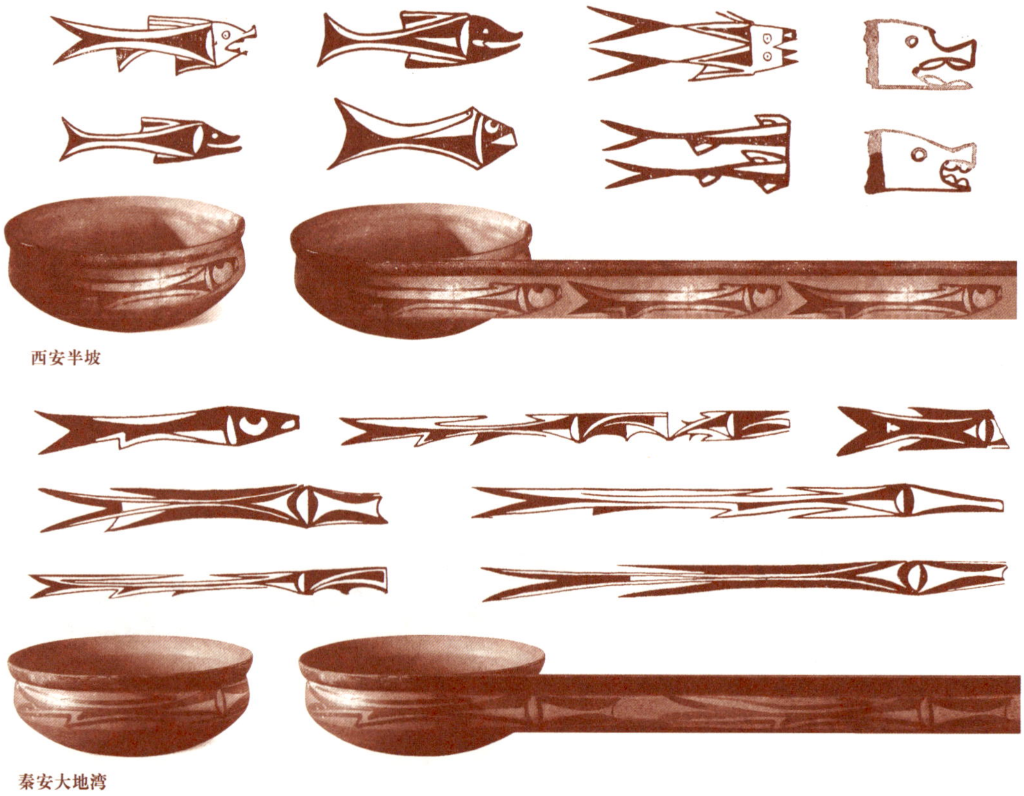

2-2-6-1 半坡文化彩陶头右尾左的鱼纹

庙底沟文化彩陶的图案有没有这样明确的方向感呢，也是有的。

查陇县原子头见到的类似半坡文化的鱼纹，同半坡一样鱼头也向着右边，鱼尾向着左边。几处遗址发现的庙底沟文化早期简化鱼纹，以圆点示意的鱼头也是无一例外地向着右边（图 2-2-6-2）。华阴南城子和铜川李家沟发现的彩陶鱼纹，也是头向右边。

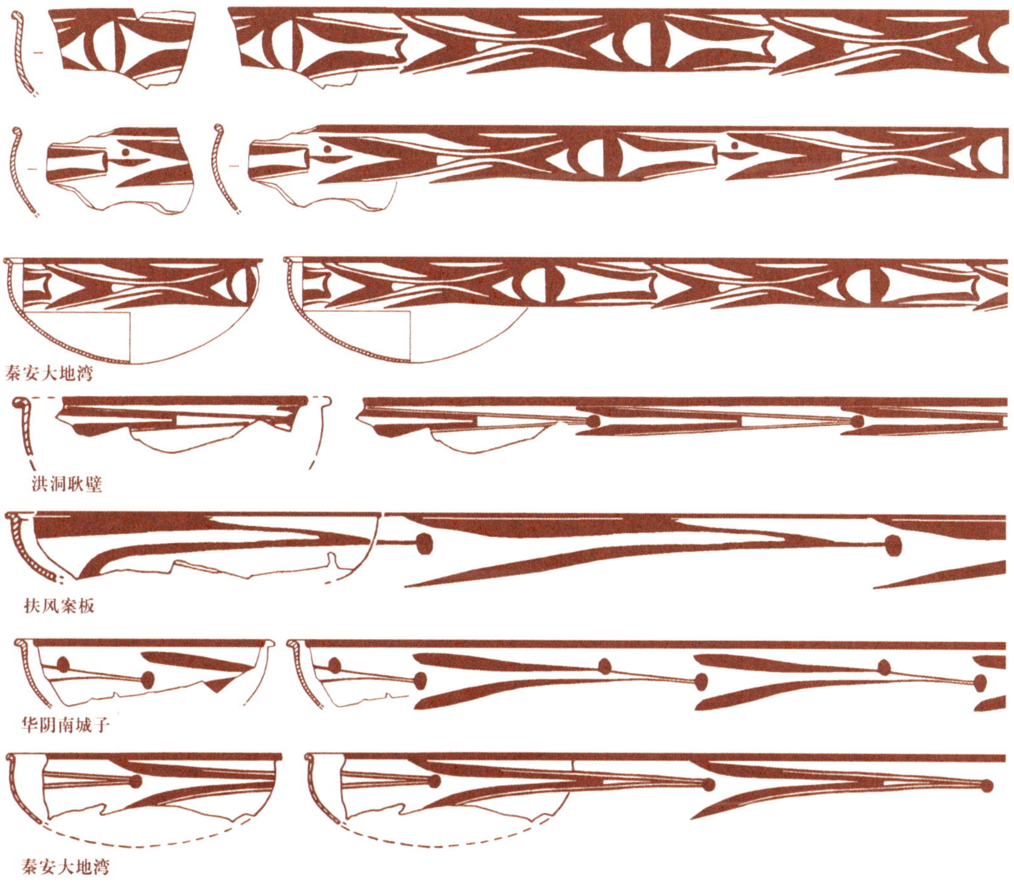

2-2-6-2 庙底沟文化彩陶头右尾左的鱼纹

在华阴泉护村见到的十多例鸟纹，几乎全是头向右边（图2-2-6-3）。在扶风案板、华阴西关堡和陇县原子头见到的鸟纹，无论是飞鸟立鸟，也都无一例外地是头向着右边，尖尖的翅与尾向着左边。

彩陶几何纹的方向不易判断，但也还是有迹可循。

叶片纹的方向，基本上是向右上倾斜，大体为40度左右的倾角。如此地始终如一，如此地大范围趋同，这不是一种思维定式就是一种行为定式，这已经是一个传统了（图2-2-6-4）。还要提到的是，叶片纹与其他纹饰同时出现时，一般也是取右上倾斜的角度（图2-2-6-5）。类似的纹饰在与其他纹饰组合出现时，只是偶尔才见到右下倾斜的角度。

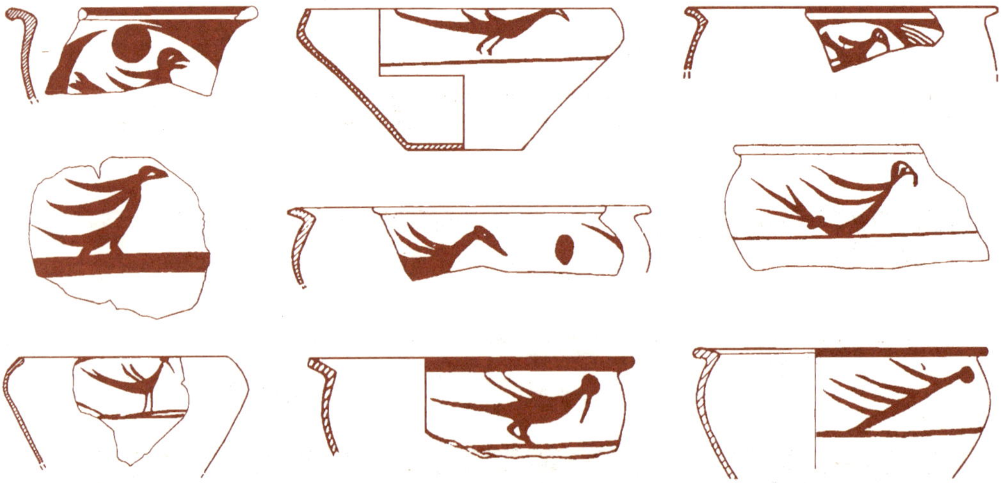

2-2-6-3　庙底沟文化彩陶头右尾左的鸟纹

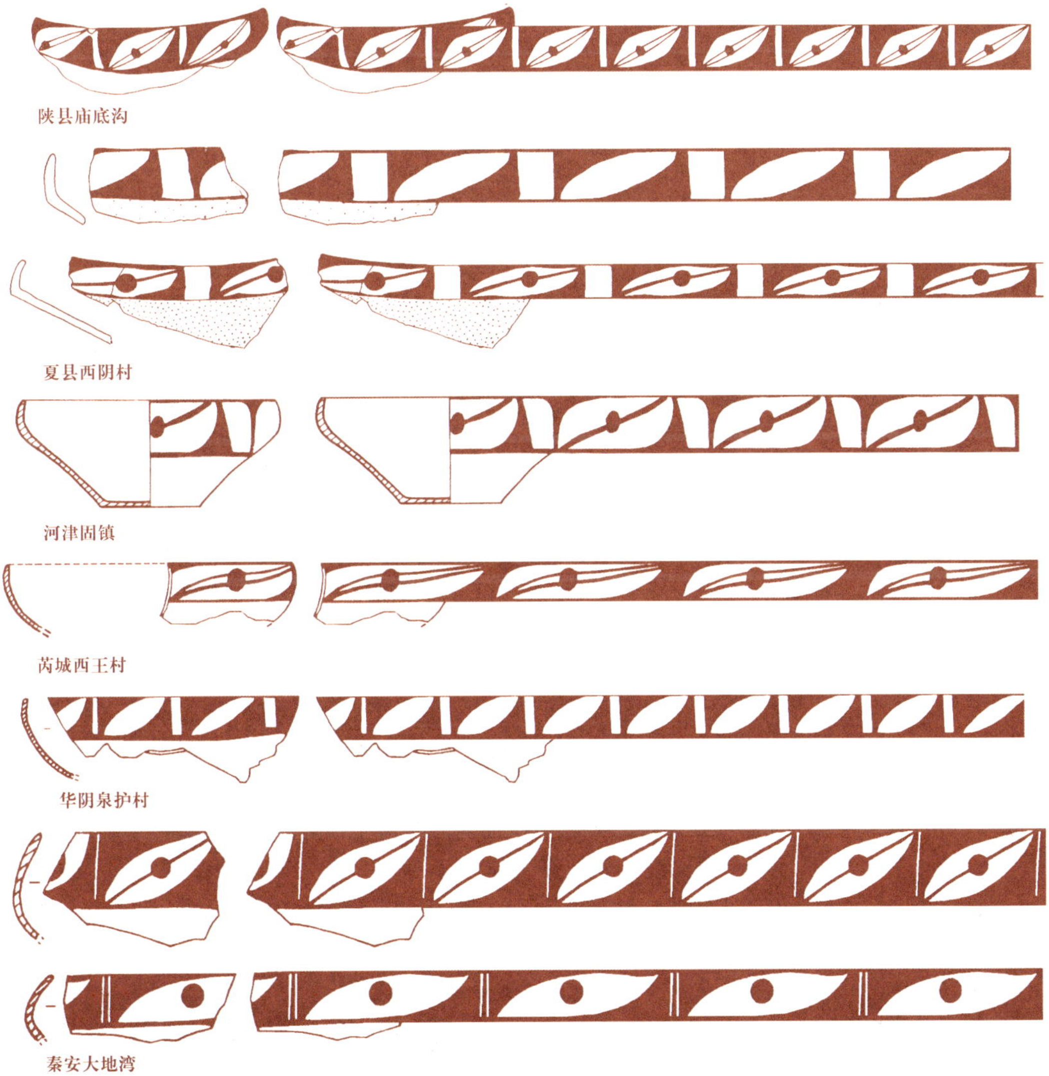

2-2-6-4 向右倾斜的叶片纹

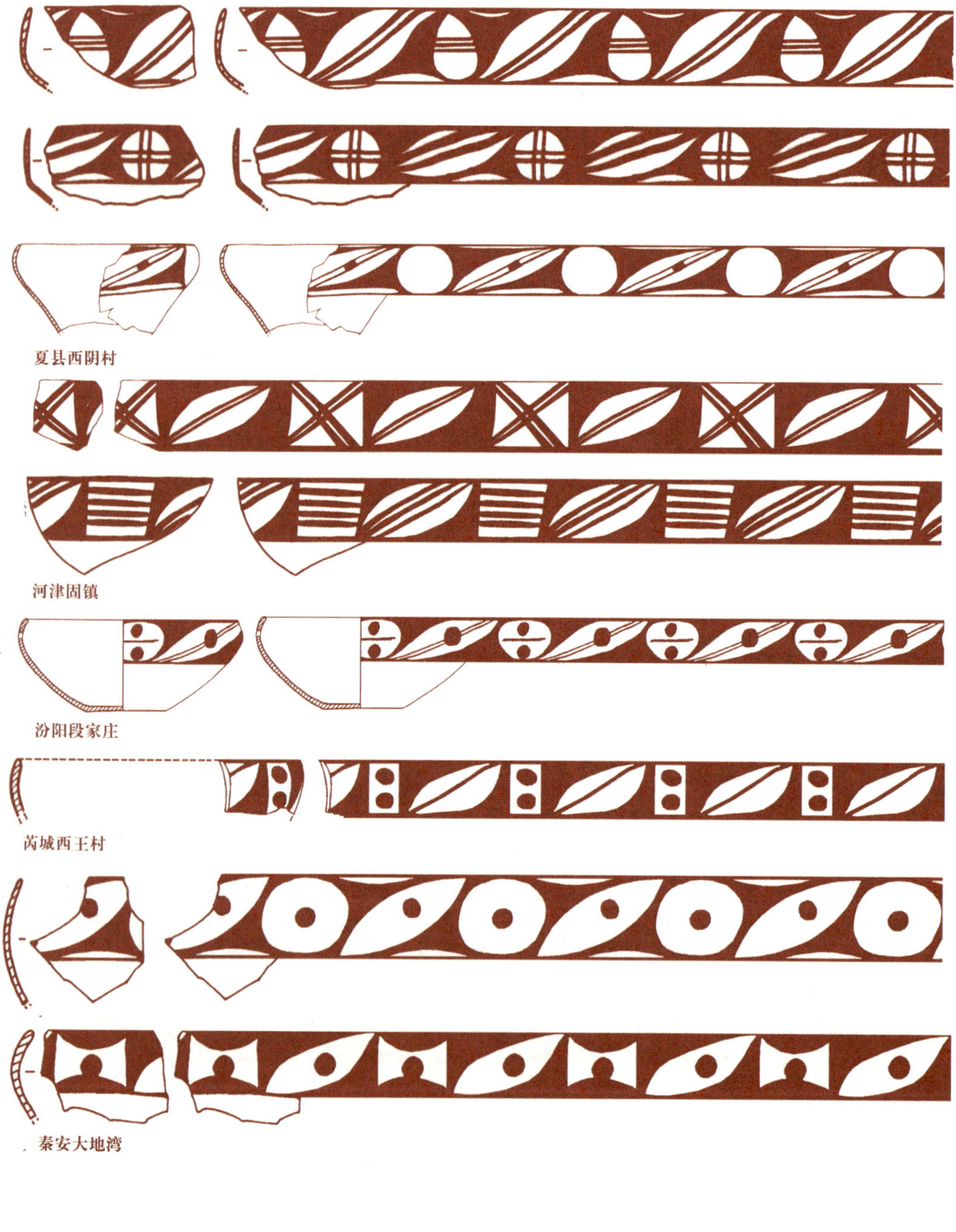

2-2-6-5 组合纹饰中向右倾斜的叶片纹

各处发现的“西阴纹”，它起翘的尖角总是指向右边，在大仰韶的分布区域，在它的影响区域，甚至在其他文化中见到的“西阴纹”，也都是这样的方向。尖角向左的“西阴纹”也并非绝对不见，但真想找出哪怕是一例来，也是非常之不容易（图 2–2–6–6）。

彩陶中的单旋纹，旋臂不论是向上还是向下，一般都是按照顺时针方向旋转，是一种右旋态势（图 2–2–6–7）。

彩陶中大量见到的双旋纹，两个旋臂旋转的方向，也常常是顺时针方向，与单旋纹方向一致（图 2–2–6–8）。双旋纹的旋臂只是偶尔见到逆时针旋转的例子，如陕县庙底沟、灵宝西坡和华阴西关堡就有发现，但总体旋动趋势是顺时针方向。

这会不会与绘画的方式有关，会不会与画工运笔的主体方向有关。推测画工绘画的始点，由几何纹饰看，应当是从左到右的可能性最大，动笔方向是由左向右。不过由写实类的鱼和鸟纹看，如果还是这样的次序，那就要从尾部起绘，这样似乎是增大了绘画的难度，那是舍易求难了。

以绘法而论，画鱼鸟图案应当是头左尾右，这样描绘才觉得更便利，这当然是从右利手的角度而言。我查阅了手边的一本《儿童绘画大参考》[1]，将书中的鱼纹作了统计，在合计 33 例鱼纹中只见到 6 例头向右的图形，其他全向左，向左的鱼纹占到 82%（图 2–2–6–9）。这就是说，现代人对于鱼类的绘画与观赏倾向是左势的。由右手绘画，一般情况下一定是先由左边起笔，画鱼这样的动物起笔要以头嘴开始，那自然多数的鱼纹都朝向左边方向游动了。更有意思的是，这本书中还有三种鱼的绘画动作程序的指

[1] 周光荣编绘：《儿童绘画大参考》，湖南美术出版社，1990 年。

导图示，无一例外地都是从头嘴部位绘起，也无一例外地都是头向着左边。

左向游动的这些鱼纹，毫无疑问是因为右手握笔的结果，是右利手习惯的必然作品。如此想来，对于庙底沟文化彩陶上右向游动的鱼纹来说，它的出现是否存在相反的前提条件？也许有这个可能，让我们觉得可能在彩陶绘制中存在“左利手”，是用左手在绘彩。左手绘彩，鸟头鱼头向右就是很自然的事了，尤其是那鸟翅鸟尾，运笔的走势一定是由右至左，那起绘点应当是鸟头部位。

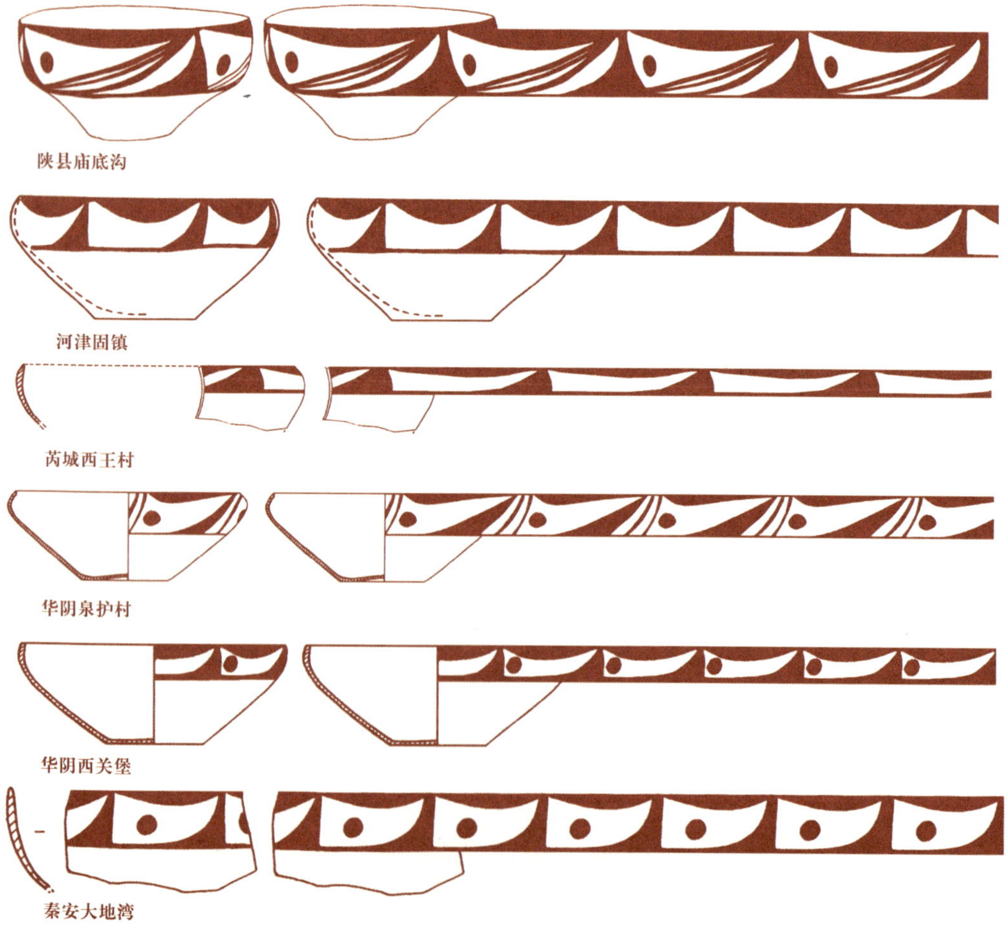

2-2-6-6 顶尖右指的“西阴纹”

2-2-6-7 单旋纹彩陶旋臂的方向

2-2-6-8 双旋纹彩陶旋臂的方向

2-2-6-9 见于《儿童绘画大参考》中的鱼纹

7 衬托：地纹手法

地纹是历代装饰图案使用的一种重要的方法，由彩陶的发现我们得知这种艺术表现方法在史前彩陶上就已经开始采用。地纹以及类似的表现手法，在青铜器、漆器、瓷器和金银器等古代器物的装饰中，也是古代工匠惯常使用的手法。

庙底沟文化彩陶在色彩与构图上的巧思安排，于地纹彩陶上得到了充分体现。庙底沟文化彩陶也因成熟的地纹彩陶而将史前彩陶艺术推向了极致，也奠定了古代中国艺术表现的一个非常重要的基础。这是一种衬托手法，它最早应当出现在彩陶工艺上。

在大量的史前彩陶中，包纳有许多地纹彩陶，过去我们没有及时将地纹彩陶甄别出来，而将它们混同于一般彩陶对待。有的地纹彩陶比较容易辨识，有的却不易辨识出来。有的研究者虽然区别出了彩陶中的一些地纹图案，但并没有明确提出地纹彩陶的概念。在有些美术史研究者的著述中，偶尔提到彩陶的“反转”表现手法，称作是“图与地交替地反转”，“原始人把这种手段大量地运用于彩陶装饰纹样中，从而取得了更加简洁、含蓄的构形语言”[1]。地纹彩陶在一些论著中又被称作“底片式”的彩陶，苏联著名考古学者雷巴科夫（Б.А.Рыбаков）在 1965 年讨论铜石并用时代彩陶意义时就曾有这样的提法[2]。所谓底片式彩陶，就是一种以彩为地、以地为纹的地纹彩陶图案，读起来就像是一张照相的负片一样。

以往通常定义的彩陶，是直接以彩为纹，而地纹彩陶则是以彩为衬底。根据这一特点，可以为地纹彩陶做出这样的定义：与一般彩陶不同，地纹彩陶是以彩绘的颜色作衬底，以无彩的地子

[1] 贾荣建、刘凤琴：《中国彩陶图案的艺术形式探寻》，河北美术出版社，1994 年。

[2] Б.А.Рыбаков, Космогония и мифалогия земледельцев энеолита. Советская рхеология,1965 NO:1,2.

为图案的一种表现方式特别的彩陶。

我曾经提出，辨识地纹彩陶可以由以下几点考虑[1]：

a. 分辨有明确构图的地纹

从彩纹之间的地纹可观察出明确图案单元的彩陶，都可以视作地纹彩陶。一般来说，地纹彩陶敷彩面比较大，留出的地子相对较小，而且彩纹往往将地纹图形单元完全包容在内，地纹构图十分明确。也有空出的地子较大而施彩面较小的例子，彩纹同样将地纹图案单元完全包容在内。

b. 注意区分与彩纹组合的地纹

在一件彩陶上，地纹有可能是全景式的，也可能会是局部的，要视具体表现形式来辨识。在有些彩陶上地纹同时与彩纹共见一器，在观赏时容易造成一定的错觉，在辨识时需要特别注意。以往研究者常将一些地纹彩陶与一般彩陶混为一谈，没有能将它们清楚地辨识出来，影响了对彩陶题材的解释。

c. 分辨阴阳双关图案彩陶中的地纹

有些彩陶图案既有明确的彩纹，又能读出地纹，可能是用双关方法绘成的作品。一般而言，在史前彩陶发展的早期，画工不一定掌握了使彩纹和地纹都同时具备含义的双关绘法技巧，我们可以通过更大范围的比较研究来最终确定它是一般彩陶还是包括

[1] 王仁湘：《中国史前地纹彩陶辨识》，《中国史前考古论集》，科学出版社，2003 年。

有地纹的双关彩陶。

如果一件彩陶的地纹的含义更为明确，那就应当认定它为地纹彩陶。事实上双关技法的彩陶出现的时代也并不是很晚，在半坡文化中已有它的踪迹。对此张朋川先生已有论述，他还指出屈家岭文化上有一种旋纹彩陶，是彩纹和地纹“相互映衬、虚实相生、相反相成、既一分为二、又合二为一” 的“等形、等量”的标准阴阳双关纹彩陶[1]。

d. 反观构图与图案单元不明确的彩陶

对于有些直读彩纹而不得其解的彩陶，不妨试读地纹，可能会有意想不到的发现，它也许就是一件地纹彩陶。对庙底沟文化花卉纹采用反观地纹的读法，可以读出结构严谨的旋纹。其他一些通常被作为一般彩纹看待的彩陶，反观彩纹的结果也能确定为地纹彩陶。

半坡文化以波折纹和三角纹地纹彩陶较多，外廓多以直边形为特征（图 2–2–7–1）。如陕西南郑龙岗寺遗址出土 10 件尖底罐，有 6 件饰有“黑彩波折纹”，就是以黑彩为地的折线纹，有的平行排列有四重之多。在其他一些陶罐和小颈壶上也能见到这类折线地纹，彩纹与地纹都是折线图形，但地纹较窄，可以勉强作双关纹看待[2]。同样的折线纹地纹也见于西安半坡[3]、临潼姜寨和西乡何家湾等遗址[4]，在半坡遗址的发掘报告中称为波浪纹，姜寨报告中称为波折纹，何家湾报告称为三角波折纹，读的均是彩纹。在宝鸡北首岭、甘肃秦安大地湾和正宁宫家川遗址，也都发现了

[1] 张朋川：《中国彩陶图谱》，文物出版社，1990 年，第 187 页。

[2] 陕西省考古研究所：《龙岗寺：新石器时代遗址发掘报告》，文物出版社，1990 年。

[3] 彩陶资料援引张朋川《中国彩陶图谱》，文物出版社，1990 年，其他资料有详注。

[4] 陕西省考古研究所等：《何家湾遗址》，《陕南考古报告集》，三秦出版社，1994 年。

同类纹饰，这是半坡文化中一种出现频率较高的地纹纹饰，而且出现在早期阶段。地纹三角纹在半坡遗址、龙岗寺遗址、何家湾遗址都有发现，这些三角纹都不大，完全包容在黑彩之内，而且黑彩的外形一般也是三角形，与地纹常常形成一正一倒的黑红对比，非常鲜明。

庙底沟文化彩陶绘制中地纹手法已经非常熟练，地纹彩陶以花瓣纹、旋纹和“西阴纹”发现最多。与半坡文化不同的是，庙底沟文化彩陶地纹单元外廓多为弧边形，地纹彩陶的主要构图元素是所谓的“旋边三角纹”，它有多变的形态。也许将这些纹饰通过技术处理反转来看看，它们留存在我们眼中的影像才会更加明晰（图 2-2-7-2）。

1、4．壶和罐（陕西宝鸡北首岭） 2、7、8．壶、钵、陶片（陕西西安半坡） 3、11．罐和陶片（陕西临潼姜寨）
5．壶（甘肃秦安大地湾） 6．钵（甘肃正宁宫家川） 9．陶片（陕西西乡何家湾） 10．陶片（陕西南郑龙岗寺）

2-2-7-1 半坡文化的地纹彩陶

2-2-7-2　庙底沟文化地纹彩陶的反面影像

a. 地纹花瓣纹

花瓣纹以弧边三角的彩纹作衬底，至少有两个相对的花瓣，有时多至4至6个花瓣，图案一般呈二方连续形式排列，梁思永先生曾称之为月桂叶形图案[1]。这种花瓣由少瓣向多瓣发展，变化越来越复杂[2]，后文还将详细讨论（图2–2–7–3）。

甘肃秦安大地湾遗址彩陶上的花瓣纹有双瓣式，陕西渭南北刘和华阴西关堡遗址则见有4瓣式，河南陕县庙底沟遗址发现有4 ~ 6瓣式。

这类花瓣纹地纹彩陶还见于庙底沟文化以外的其他新石器遗址，在北方和南方地区都有发现。

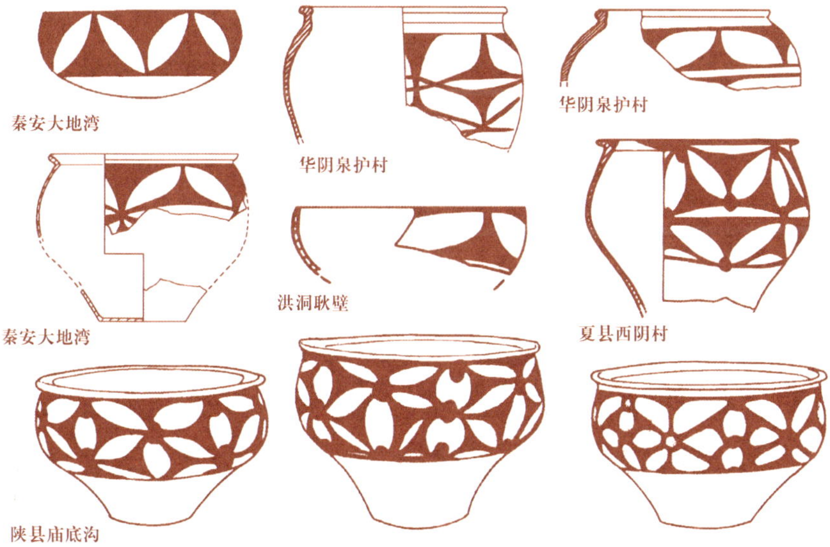

2–2–7–3 庙底沟文化地纹彩陶中的花瓣纹

[1] 梁思永：《山西西阴村史前遗址的新石器时代的陶器》，《三晋考古》第二辑，山西人民出版社，1996年。

[2] 王仁湘：《论我国新石器时代彩绘花瓣纹图案》，《考古与文物》1989年1期。我最早是由花瓣纹注意地纹彩陶的，这篇文章是我研究地纹彩陶的开始。

b. 地纹旋纹

旋纹是庙底沟文化彩陶中较之花瓣纹更为重要的一种地纹，研究者习惯上称之为圆点勾叶纹或圆点弧边三角纹，所读均为彩纹。将这类彩陶的主体以地纹观之，发现基本都是规则的旋纹[1]。彩陶地纹的旋纹又分单旋纹、双旋纹两类。单旋纹中间有一圆形旋心，外有一条旋臂。双旋纹旋心在中间，有两股旋臂，双臂一般以上下方式排列，也有以左右方式排列的，有的臂尾延伸很长（图 2–2–7–4）。

在庙底沟文化中单旋纹地纹彩陶发现不少，陇东、关中、晋南和豫西都有出土。陕西华县泉护村遗址也有单旋纹地纹，旋心绘一圆点[2]。山西夏县西阴村 1994 年发现有单旋纹彩陶盆[3]，山西翼城县北橄遗址也见到两例大单旋彩陶片[4]。河南渑池仰韶村遗址的第三次发掘，也见到了典型单旋纹彩陶片[5]。

庙底沟文化双旋纹地纹彩陶发现数量较多，在陇、陕、豫、晋的许多遗址中都有发现，旋心一般不大，旋心多绘有圆点。如陕西长安县蝎子岭、华县泉护村、山西芮城县、洪洞县、河津县固镇[6]、河南陕县庙底沟等遗址，都有双旋纹彩陶出土。还发现一些大画面的地纹单体双旋纹，如陕西彬县下孟村遗址的一件深腹罐上的大双旋纹构图简洁，没有附加纹饰。甘肃宁县王庄王嘴遗址也出土一件大双旋纹彩陶，旋心有圆点。河南灵宝西坡遗址出土的双旋纹彩陶也非常精美，构图相当严谨[7]。

---

[1] 王仁湘：《关于史前中国一个认知体系的猜想——彩陶解读之一》，《华夏考古》1999 年 4 期。

[2] 见苏秉琦：《关于仰韶文化的若干问题》附图七，《考古学报》1965 年 1 期。

[3] 山西考古研究所：《西阴村史前遗存第二次发掘》，《三晋考古》第二辑，山西人民出版社，1996 年。

[4] 山西省考古研究所：《山西翼城北橄遗址发掘简报》，《文物季刊》1993 年 4 期。

[5] 河南省文物研究所等：《渑池仰韶遗址 1980 — 1981 年发掘报告》，《史前研究》1985 年 3 期。

[6] 山西考古研究所：《山西河津固镇遗址发掘报告》，《三晋考古》第二辑，山西人民出版社，1996 年。

[7] 河南省文物考古研究所等：《河南灵宝西坡遗址 2001 年春发掘简报》，《华夏考古》2002 年 2 期。

在庙底沟文化彩陶中，发现了一种单体旋纹组成的二方连续图案，上下旋臂分别向左右延伸很长，前一旋纹的上旋臂延展至后一旋纹而变为下旋臂，构成二方连续图案，庙底沟遗址就出土过不只一件典型的二方连续旋纹彩陶盆。庙底沟遗址还见到多件单旋和双旋混组的地纹彩陶，其中双旋占据图案带的主要部位。

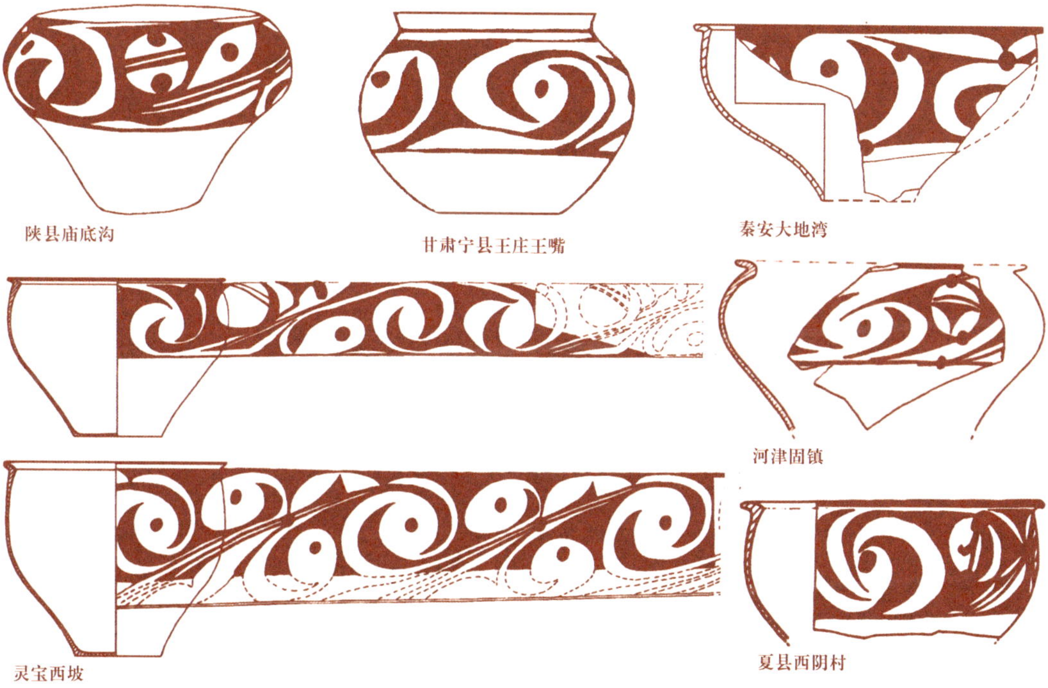

2-2-7-4 庙底沟文化地纹彩陶中的旋纹

c. 地纹“西阴纹”

庙底沟文化的地纹彩陶，出土数量较多的还有“西阴纹”。

李济先生在夏县西阴村遗址发现的一种弯角状彩陶纹饰，左边一个宽头，右边弧收成翘起的尖角，中间有时点缀斜线与圆点，他称之为“西阴纹”。这是后来发现数量很多的一种纹饰，一般作为直口或折腹钵沿外的装饰，都是采用二方连续的构图方式。这种彩陶分布的范围也很广，是庙底沟文化彩陶的代表性纹饰之一。

在晋南地区的永济石庄[1]、芮城西王村[2]和河津固镇遗址[3]，也都有这种绘有“西阴纹”的彩陶钵发现。这种纹饰安特生 1921 年在渑池仰韶村遗址发掘时就有发现，当时并没有引起特别注意[4]。在豫西地区，还有陕县庙底沟遗址也发现了“西阴纹彩陶”[5]。在关中地区，同类彩陶在渭南北刘[6]、长安客省庄[7]、长安北堡寨[8]、扶风案板[9]、宝鸡福临堡[10]等遗址都有发现。关中地区这类彩陶集中的一次发现是在华县泉护村遗址[11]，陶钵上很多都绘有“西阴纹”。在陇东地区的秦安大地湾遗址[12]，也

[1] 山西省文物管理委员会：《晋南五县古代人类文化遗址初步调查简报》，《文物参考资料》1956 年 9 期。

[2] 中国科学院考古研究所山西工作队：《山西芮城东庄村和西王村遗址的发报》，《考古学报》1973 年 1 期。

[3] 山西省考古研究所：《山西河津固镇遗址发掘报告》，《三晋考古》第二辑，山西人民出版社，1996 年。

[4] 安特生：《中国远古之文化》，《地质汇报》1923 年 5 号；阿尔纳：《河南石器时代之着色陶器》，《古生物志》丁种第一号第二册，1925 年。

[5] 中国科学院考古研究所：《庙底沟与三里桥》，科学出版社，1959 年。

[6] 西安半坡博物馆等：《渭南北刘新石器时代早期遗址调查与发掘简报》，《考古与文物》1982 年 4 期；《渭南北刘遗址第二、三次发掘简报》，《史前研究》1986 年 1、2 期。

[7] 张朋川：《中国彩陶图谱》，图 1569。文物出版社，1990 年。

[8] 张朋川：《中国彩陶图谱》，图 1566。文物出版社，1990 年

[9] 西北大学文博学院考古专业：《扶风案板遗址发掘报告》，科学出版社，2000 年。

[10] 宝鸡市考古工作队等：《宝鸡福临堡——新石器时代遗址发掘报告》，文物出版社，1993 年。

[11] 北京大学考古学系：《华县泉护村》，科学出版社，2003 年。

[12] 甘肃省文物考古研究所：《秦安大地湾——新石器时代遗址发掘报告》，图 99：6，8、102：12、112：12、116：1。文物出版社，2006 年。

出土了不少“西阴纹”彩陶。

可以认为，“西阴纹”确为庙底沟文化富有特点的地纹彩陶纹饰。对于“西阴纹”的研究，李济先生指出了它的重要性，梁思永先生也曾给予关注。梁先生 1930 年撰写的论文《山西西阴村史前遗址的新石器时代的陶器》[1]，将“西阴纹”作为第一类纹饰进行了讨论。严文明先生 1963 年也曾就西阴村遗址作过专门的探讨，他将“西阴纹”定名为“垂弧纹”[2]。

我们认定“西阴纹”是一种地纹彩陶，它的图案要素是以四周涂色，映衬出中间的“西阴纹”饰。从大形上看，“西阴纹”饰的轮廓有长短和宽窄之分，窄长者弯角较尖，宽短者则弯角较钝，两者之间看不出明确的年代早晚关系。还有一个明显的特点是，这弯角形几乎全是宽头在左，尖头在右，按逆时针方向排列。这个程式几乎没有被破坏过，没有发现相反的情形（图 2–2–7–5）。

如大河村文化地纹彩陶以花瓣纹和星辰纹发现较多，后者自具特点，前者与庙底沟文化较为接近（图 2–2–7–6）。大河村文化的一些双旋纹旋心旋臂都较大，占据画面中心位置，都是单独存在的单元，彼此旋臂互不连接，两旋纹之间常有简单的附加纹饰。也见到大旋心双旋纹。与庙底沟文化类似的单旋与双旋纹混组地纹彩陶也见于大河村文化，郑州大河村遗址就发现有一件，构图与晋南地区所见非常接近[3]。

彩陶地纹中的星辰纹，见于河南偃师高崖、孟津小潘沟、洛阳西干沟、长葛石固、荥阳楚湾等遗址，基本都是以黑色圆形作衬底的六角星样式[4]。当然彩陶表现的也未必就是夜空中的星辰，但由它固定的构图和绘法观察，它一定是有所指属，它的含义有待进一步揭示。

[1] 梁思永：《山西西阴村史前遗址的新石器时代的陶器》，《梁思永考古论文集》，科学出版社，1959 年。

[2] 严文明：《西阴村史前遗存分析》，《仰韶文化研究》，文物出版社，1989 年。

[3] 李绍翰：《河南古代图案》，河南美术出版社，1986 年，第 5 页。

[4] 河南省文物考古研究所：《河南史前彩陶》，河南美术出版社，1996 年。

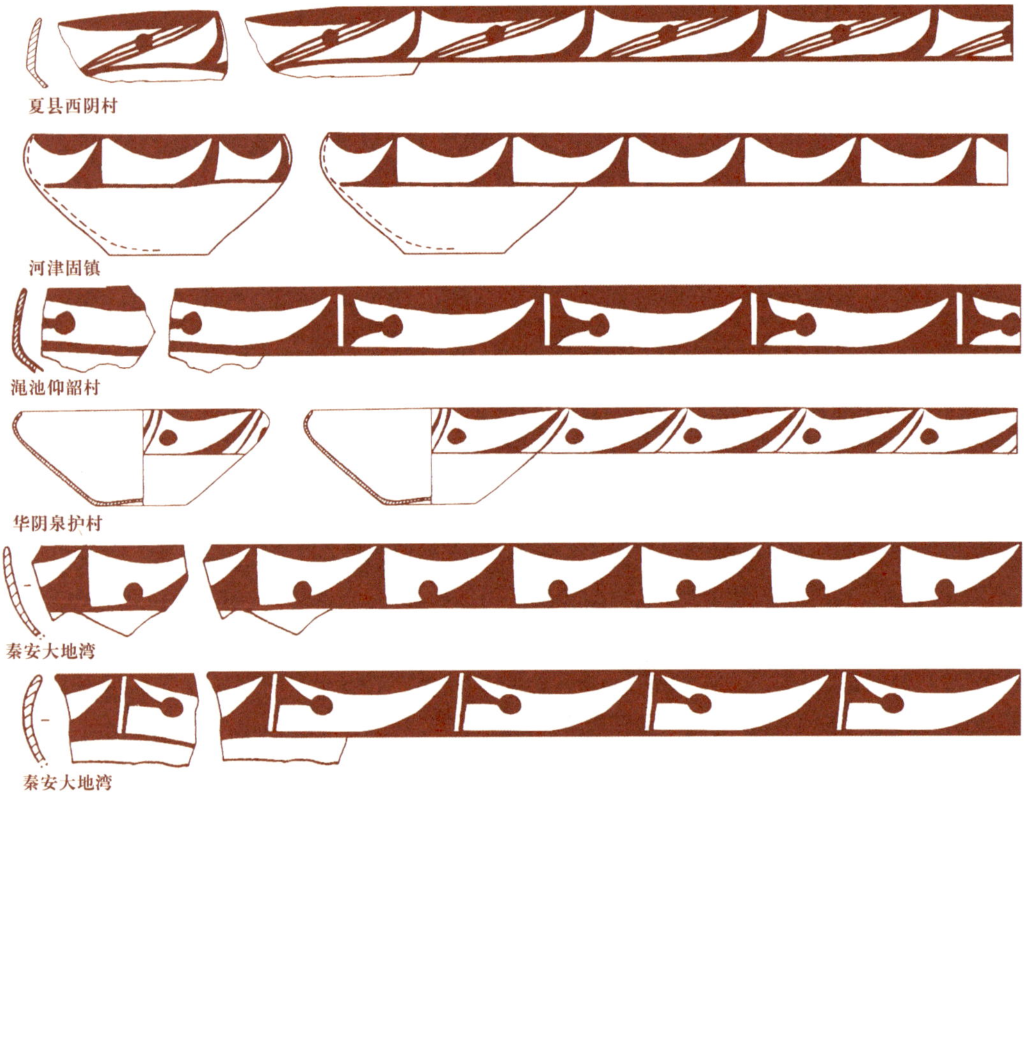

2-2-7-5　庙底沟文化地纹彩陶中的“西阴纹”

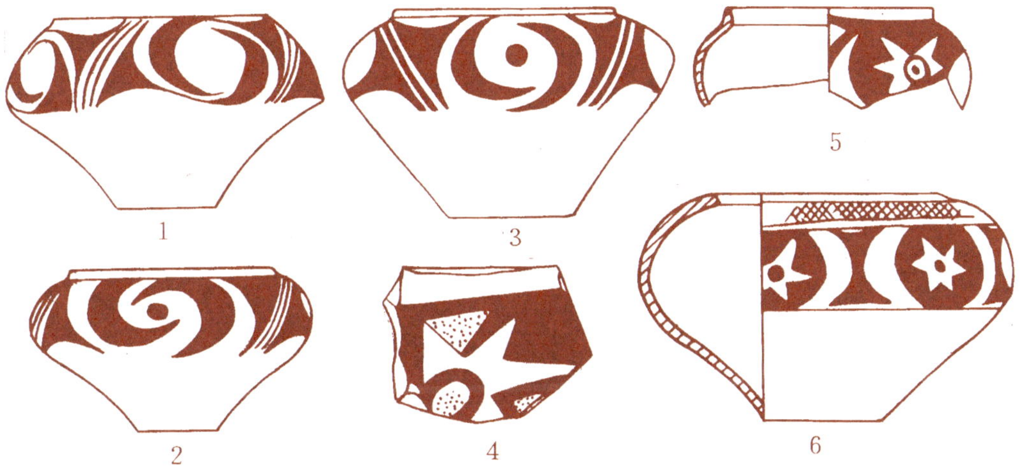

1．盆（河南郑州后庄王） 2、3．盆（河南郑州大河村） 4．陶片（河南孟津小潘沟）
5．罐（河南洛阳西干沟） 6．罐（河南长葛石固）

2-2-7-6 大河村文化的地纹彩陶

大汶口文化地纹彩陶也以花瓣纹和旋纹多见，还见到折线纹和菱格纹等。其中花瓣纹接近庙底沟文化和大河村文化，旋纹也是受黄河中游影响的结果，但风格有明显变化，图案显得更为繁复，色彩层次也更为丰富（图 2-2-7-7）。

1－3．盆　4．罐　5、6．壶

2-2-7-7 大汶口文化的地纹彩陶（均江苏邳县大墩子）

大汶口文化地纹彩陶中的旋纹发现也不少，山东泰安大汶口遗址采集到一件彩陶片，完全是庙底沟文化风格，纹样的构图是明显的单体双旋纹[1]。大汶口文化旋纹彩陶最集中的发现是在江苏邳县大墩子遗址，而且色彩更为亮丽，构图非常规整。大墩子遗址见到数例单体双旋纹组成的二方连续图案彩陶，虽然构图发生了一些变化，但母题为旋纹则是可以肯定的。由于复彩的运用，作为旋纹衬底的阳纹采用不同色彩绘成，通常一边为黑彩，另一边为褐彩。有一件构图较为特别，有一垂直的旋臂通过带圆点的旋心，旋臂两端再分向左右回旋，整个旋纹的外廓成为一个较规整的圆形。大汶口文化大量见到的还是双旋纹彩陶，不仅在大墩子，在江苏邳县刘林、山东曲阜县西夏侯等遗址也有发现[2]。这些双旋纹除了构图简单的大画面单体式以外，还有数量更多的组合较为复杂二方连续式。大汶口文化单旋纹彩陶发现较少，山东邹县野店遗址以单旋纹为单元的彩陶非常典型，绘法与庙底沟文化的相同[3]。与花瓣纹一样，大汶口文化的旋纹也多采用复彩绘出，一些彩陶上的旋纹另以白色填充，它们已不是严格意义的地纹了。

在其他地区发现彩陶较多的一些文化中，也都见到标准的地纹彩陶。如红山文化彩陶中除见到少量与庙底沟文化大致相同的旋纹，也有一些表现有自身特点的旋纹，在内蒙古赤峰红山后等遗址发现一种重行排列的卷勾样纹饰，有的研究者称之为“三角勾连涡纹”[4]。这种图案呈现规整的二方连续结构形式，常常以重行排列的方式出现，有时平行排列多达6行。采用阴纹方式反视这些图案，它们实际上是非常严谨的单旋

[1] 山东省文物管理处、济南市博物馆：《大汶口——新石器时代墓葬发掘报告》，文物出版社，1974年。

[2] 南京博物院：《江苏邳县四户镇大墩子遗址探掘报告》，《考古学报》1964年2期；《江苏邳县大墩子遗址第二次发掘》，《考古学集刊》1辑；江苏省文物工作队：《江苏邳县刘林新石器时代遗址第一次发掘》，《考古学报》1962年1期；南京博物院：《江苏邳县刘林新石器时代遗址第二次发掘》，《考古学报》1965年2期；中国科学院考古研究所山东队：《山东曲阜西夏侯遗址第一次发掘报告》，《考古学报》1964年2期；中国社会科学院考古研究所山东队：《西夏侯遗址第二次发掘报告》，《考古学报》1986年3期。

[3] 山东省博物馆、山东省文物考古研究所：《邹县野店》，文物出版社，1985年。

[4] 郭大顺：《以辽河流域为中心的新石器文化》，《考古学报》1955年4期。

纹，三角和弯钩状阳纹都是衬底纹饰。红山文化中还有一种平行排列的二方连续图案，基本单元为一个旋心不很明显的双旋纹，左右旋纹的旋臂彼此不相连接。有的时候左右旋臂连为一体，构成标准的二方连续图案[1]。

上述各考古学文化中所见的地纹彩陶的题材，可以划分为若干大类，主要有波折纹、圆圈纹、花瓣纹、旋纹等几类。折线纹是出现最早的彩陶地纹，主要流行于半坡文化时期，分布范围只限于关中和陕南地区。花瓣纹和旋纹是最典型的两种地纹彩陶，流行于庙底沟文化时期，分布范围较广。史前地纹彩陶的还有一个重要特点，就是不论出现在器腹或是器口的地纹，大多是二方连续图案，一般都是绕器一周，构成环状纹饰带。

地纹彩陶出现的时代，应是在半坡文化时期，即是仰韶文化早期。半坡文化的许多遗址都见到一种大型彩陶缸，腹部涂满黑色齿带状图案，我们如果看地纹则是明显的红色折线纹。那些包容在黑彩大三角形中间的空白三角形，也是标准的地纹，它显示出的地色是陶器表面的红色。这种以黑彩三角衬出的红地三角，以一正一倒的构图表达了画工固有的思维，它可能是我们现在还无法读懂的史前人类的一种表象化的哲学思考。

彩陶图案本身就是史前居民精神世界的一种幻想，地纹图案亦不例外。相邻地区出土包括地纹在内的相似的彩陶，一定反映着相同的观念，如若不然，纯粹的模仿就显得毫无意义了。有一些地纹彩陶图案分布范围较广，可能就是某些观念意识传播的结果。

[1] 辽宁省文物考古研究所：《牛河梁红山文化遗址与玉器精粹》，文物出版社，1997 年。

还可以由早期彩陶地纹图案进行具体分析，借以了解地纹彩陶出现的背景。在半坡文化中较早见到的彩陶地纹是折线纹和三角纹，还有其他一些不大引起注意的彩陶地纹，它们是后来其他地纹产生的基础。庙底沟文化出现的彩陶地纹花瓣纹和旋纹，是地纹技法发展到成熟时期的标志。地纹花瓣纹和旋纹的出现有两个前提，一是地纹表现手法的成熟，一是曲线技法的成熟。

旋纹在彩绘方法上，自它出现后一段时期一直是以标准的地纹表现的，后来还同时见到直接用彩纹表现的旋纹。可以肯定旋纹彩陶的出现在半坡文化晚期已奠定了基础，有研究者注意到在半坡文化晚期，彩陶中弧线、曲线、椭圆、圆点、凹边三角已占有相当大的比例[1]，这就是地纹中旋纹出现的一个基础。

地纹彩陶发展到一定阶段，又出现一种“反地”现象，将本来用地纹表现的图案直接用色彩描绘出来，很值得注意。这样的彩陶，我们可以暂时称之为“反地”彩陶。

在原本为地纹图案的空地，涂上白色或其他颜色，是明显的“反地”彩陶。这种技法进一步发展，原来作为衬底的彩纹干脆不再绘出了，陶工直接以白彩绘出原本为地纹表现的图案，这是更明显的“反地”彩陶。如宝鸡福临堡第三期文化的几件尖底瓶上的白彩旋纹，因为用的是白彩，而且没有使用衬底色彩，对福临堡尖底瓶上的旋纹可以直接认读彩纹，这是典型的“反地”彩陶。这样的彩陶如果反读，就成了地纹彩陶（图 2-2-7-8）。

又如秦安大地湾四期文化，时代与西王村文化相当，有一件花瓣纹彩陶片，绘六瓣花的花瓣纹，与庙底沟文化不同的是，花

[1] 王志俊：《试论姜寨二期遗存的文化性质》，《史前研究》1985 年 3 期。

瓣是直接用黑彩绘成，并没有采用地纹表达方式。显然这也是一例“反地”彩陶，将它反转后再看，就是一件标准的地纹彩陶（图2-2-7-9）。

自半坡文化开始已出现比较成熟的地纹彩陶，至庙底沟文化时期地纹彩陶的发展进入兴盛阶段，并一直伴随着其他彩陶的存在，直到一起消失。地纹彩陶可能具有比一般彩陶更深邃的文化内涵，这是一个被忽略了的研究领域，这个课题的研究还有待进一步开拓。

当然，庙底沟文化彩陶中的地纹图案，远不只是前述的三种。在此用图示的方式，选择了另外一些地纹彩陶例证，看到这些图就已经足够了，不必再用更多的文字来叙述它们，我们认定当时的彩陶许多都是采用地纹手法绘制的，这是彩陶艺术最高成就的一个体现（图2-2-7-10、11）。

首次报道半坡遗址发掘收获的文字有这样一句话：半坡彩陶“纹饰最多的是几何形花纹，最特殊的是象形的花纹。着彩的作风有‘原底露形’的方式，多在器物的口唇部分”[1]。所谓原底露形的作风，正是指的地纹手法。

也许彩陶绘制的地纹技法不仅仅只是一个技法问题，地纹作为一种间接的表现方式在庙底沟文化彩陶上运用如此普遍，一定有更为深刻的文化背景。

[1] 考古研究所西安工作队：《新石器时代村落遗址的发现——西安半坡》，《考古通报》1955年3期。

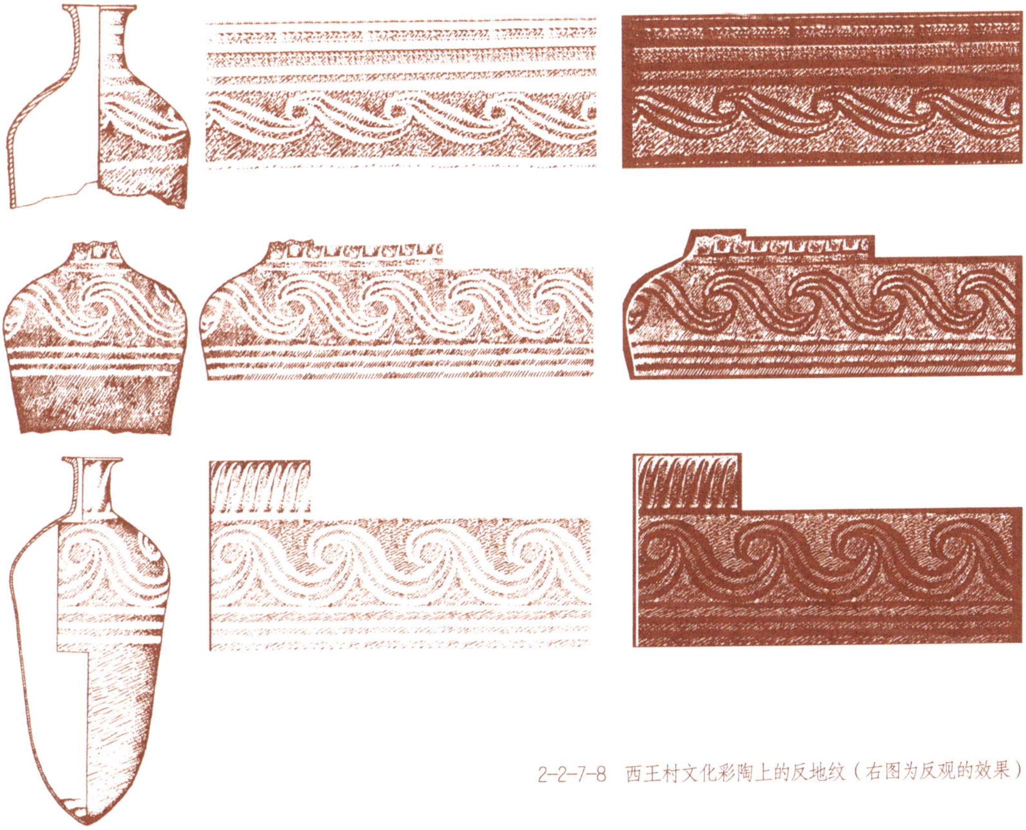

2-2-7-8 西王村文化彩陶上的反地纹（右图为反观的效果）

2-2-7-9 秦安大地湾四期文化彩陶上的反地纹（下图为反观的效果）

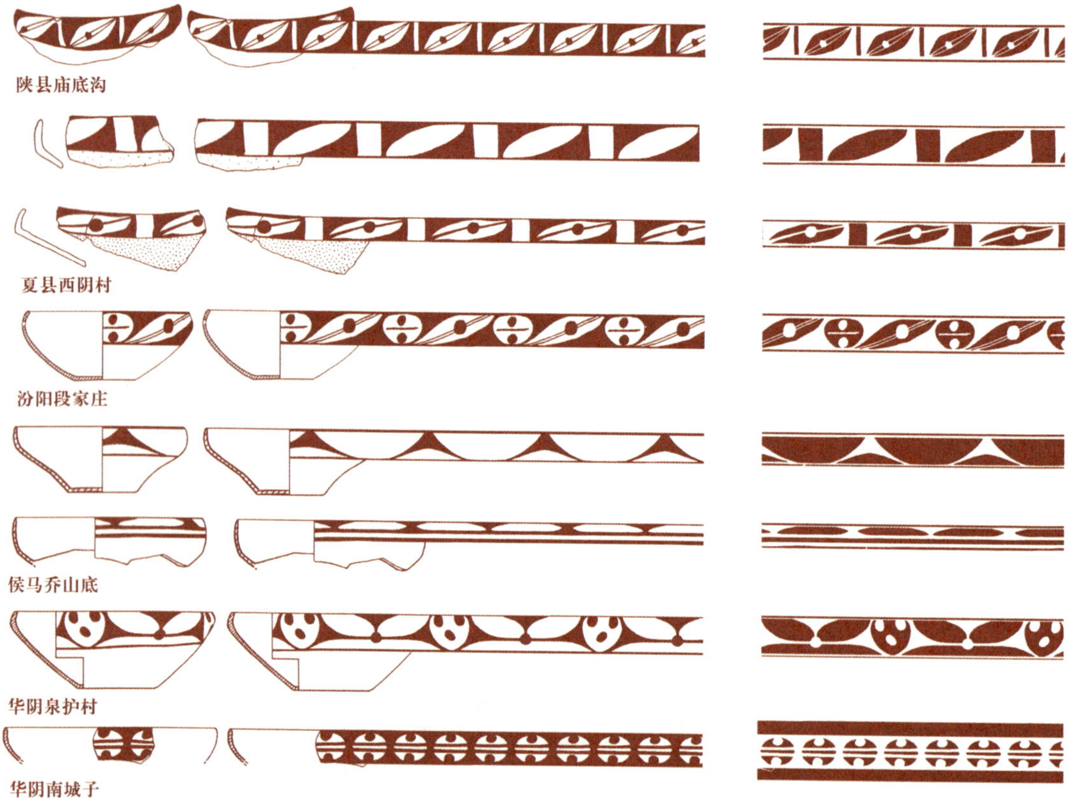

2-2-7-10　庙底沟文化地纹彩陶（右图为反视地纹）

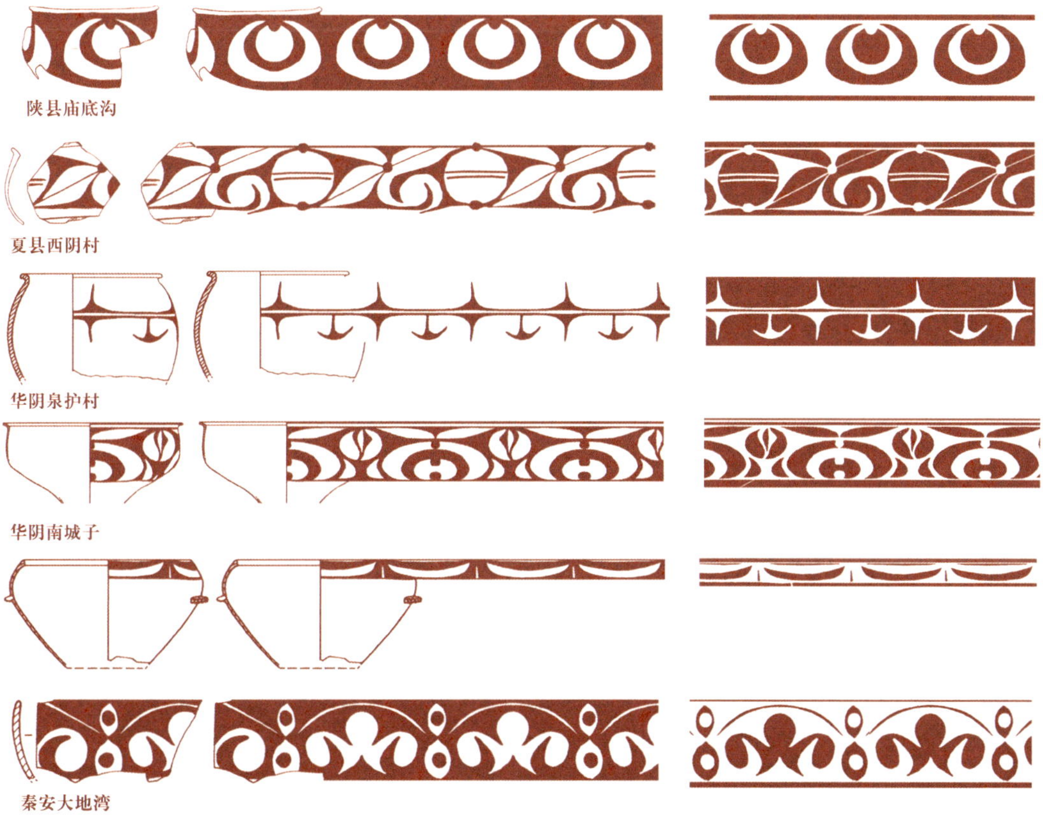

2-2-7-11　庙底沟文化地纹彩陶（右图为反视地纹）

纹饰 3
绘法举例

史前陶工作画到底有些什么规则，特别是他们绘制一种纹饰有什么样的程序，过去有些研究者作过推断。这里想就庙底沟文化几种风格特别突出的纹饰的绘法，提出一些初步的推测。选择的纹饰主要有双瓣花瓣纹、花瓣纹、叶片纹与圆形组合、双旋纹组合、菱形纹组合和鱼纹几种，除花瓣纹以外，每一类纹饰只选择一处遗址的一件标本为例。

1 双瓣花瓣纹绘法

双瓣花瓣纹，可以看作是叶片纹的镜像扩展。绘制倾斜的叶片纹，只需先确定上下两点作叶片的顶尖，然后用两条相对的弧线合拢起来就成了。绘制双瓣花瓣纹，首先也要定点，定点的作用有两个，一是划出预想图案的等分位置，二是决定花瓣上下顶尖的位置。花瓣是一左一右对称倾斜，要定出上下两排点，上面的点与下面的点均匀交错分布。当然布点之前，还要先绘出上下两条平行线，这是为着确定纹饰分布的范围，也是上下两排点的落脚之处。

布点以后，在上下两点之间绘出两条相对的弧线，双瓣花中的一瓣就画成了。如此作对称弧线连接，双瓣花的全部轮廓便呈现出来。有了花瓣的轮廓，因为预定的花瓣为陶器表面的红地色，所以将轮廓外面的部位平涂上黑色之后，花瓣便清晰地突显出来了（图 2–3–1–1）。

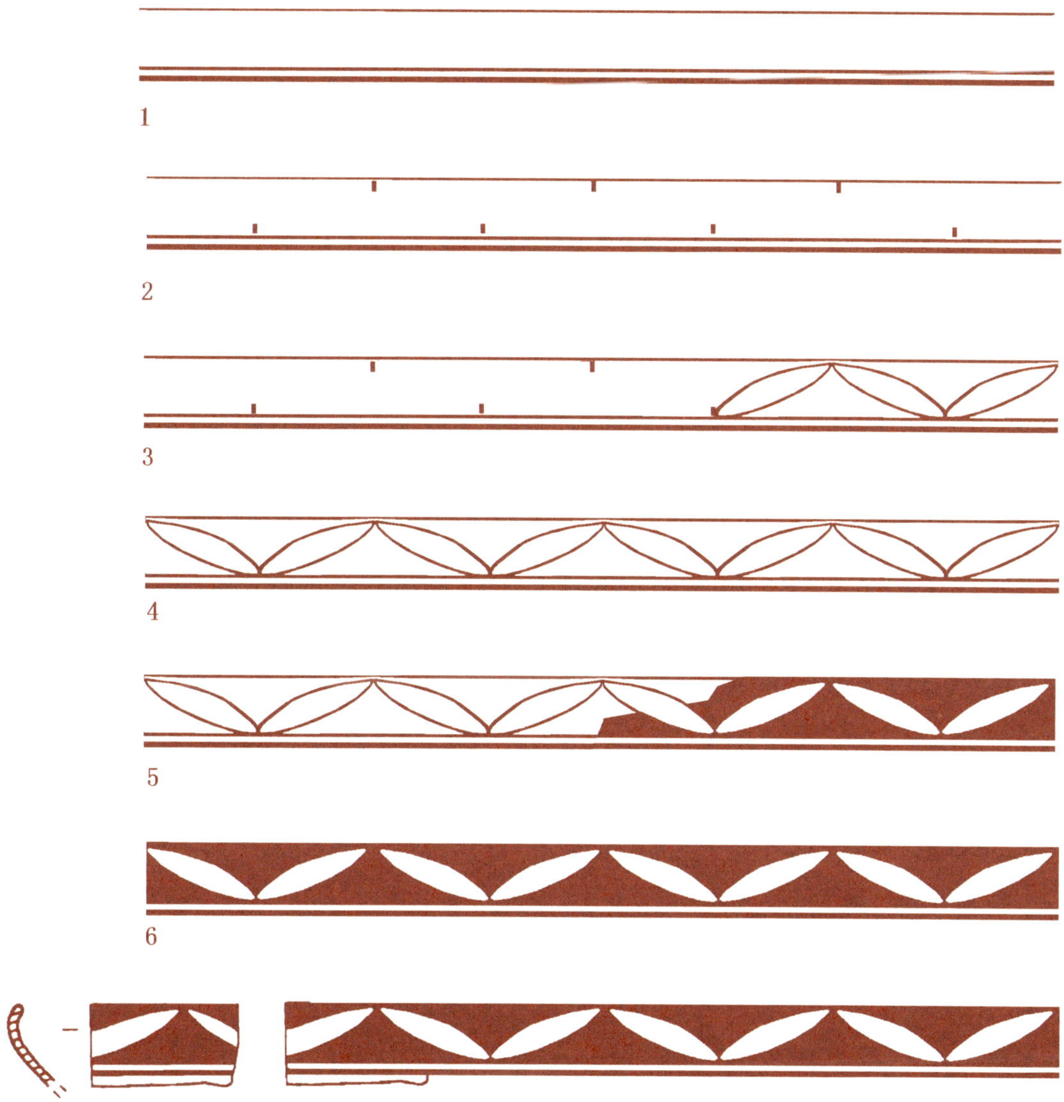

2-3-1-1 彩陶双瓣花瓣纹绘法

2 花瓣纹绘法

庙底沟文化彩陶中的花瓣纹以四瓣花结构最为规范，四瓣花应当是双瓣花的镜像扩展。掌握了双瓣花的绘制方法之后，四瓣花的绘制也就很容易了。也是要先等分定点，确定花瓣的顶尖位置。不同的是，定点分三行均匀交错排列，这也是构成四瓣花的骨架。然后是在相关的点之间以弧线连接，绘出一瓣瓣的花瓣轮廓。轮廓绘好后，在花瓣外平涂上黑色，四瓣花在弧边三角形色块的衬托下也就显现出来了（图 2–3–2–1）。

四瓣花以上的多瓣花的花瓣纹彩陶虽然也非常典型，但出土数量并不是特别多。本例为五瓣花与六瓣花的交替排列，绘制成功的关键之处也在布点。从结构上看，这是四瓣花图案的再扩展，上面是四瓣花中间再加绘一瓣，下面是延续的四瓣花的一半形状。布点时点作四行交错排列，将相关的点用对称弧线连接，绘出花瓣轮廓。然后是在花瓣之外平涂黑色，它们也都是对称分布的弧边三角纹（图 2–3–2–2）。

2-3-2-1 彩陶四瓣花瓣纹绘法

2-3-2-2 彩陶多瓣花瓣纹绘法

叶片纹与圆形组合绘法 3

叶片纹与圆形组合有多种形式，这里选择的是最简单的一种形式。这种组合的中心是圆形，所以绘制时首先要确定圆形的位置。类似组合多采用四分式，在上下两条平行线之间先确定四个圆的位置，绘出圆形。然后在两圆之间用双弧线连接绘出叶片纹轮廓。轮廓出来后，在圆形与叶片外面的空白处平涂上黑色就成了（图 2–3–3–1）。

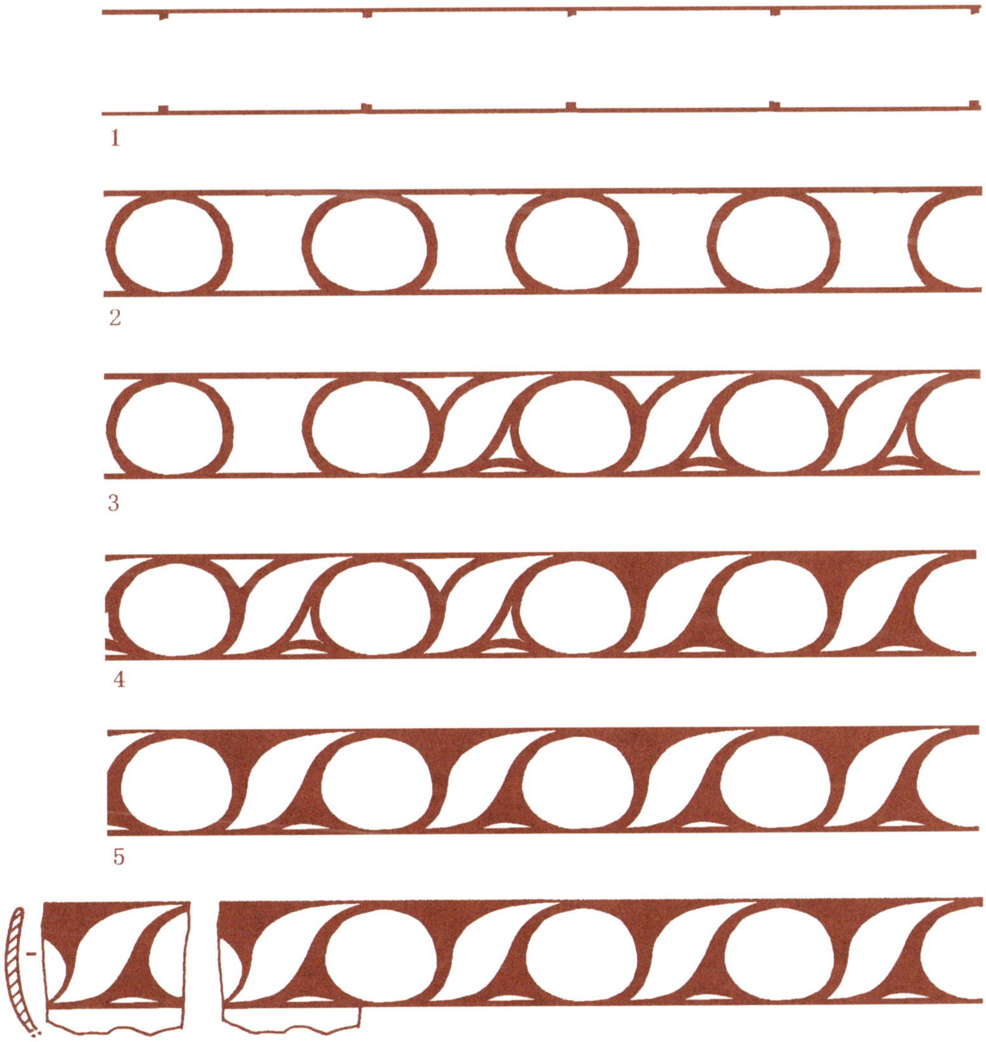

2–3–3–1 彩陶叶片与圆形组合绘法

4 双旋纹组合绘法

双旋纹彩陶出土数量很多，形态也有比较大的变化，有的组合比较复杂。这一件构图较为复杂的，但并不是最复杂的。双旋纹的绘法比较复杂，需要更周密的布局安排。

首先也是要布点，不同的是这里的点有大小不同。大点是骨架，是双旋纹的旋心和纹饰的轴心点。小点是装饰，在本例中它还是单旋纹的旋心。本例预先布出的点，正好呈曲线排列，很有次序。接着绘出斜轴和双旋纹的外轮廓，然后再绘出附加的单旋纹和双瓣花的轮廓。最后在纹饰轮廓外平涂黑色，预先设定的地纹双旋纹组合就呈现出来了（图 2–3–4–1）。

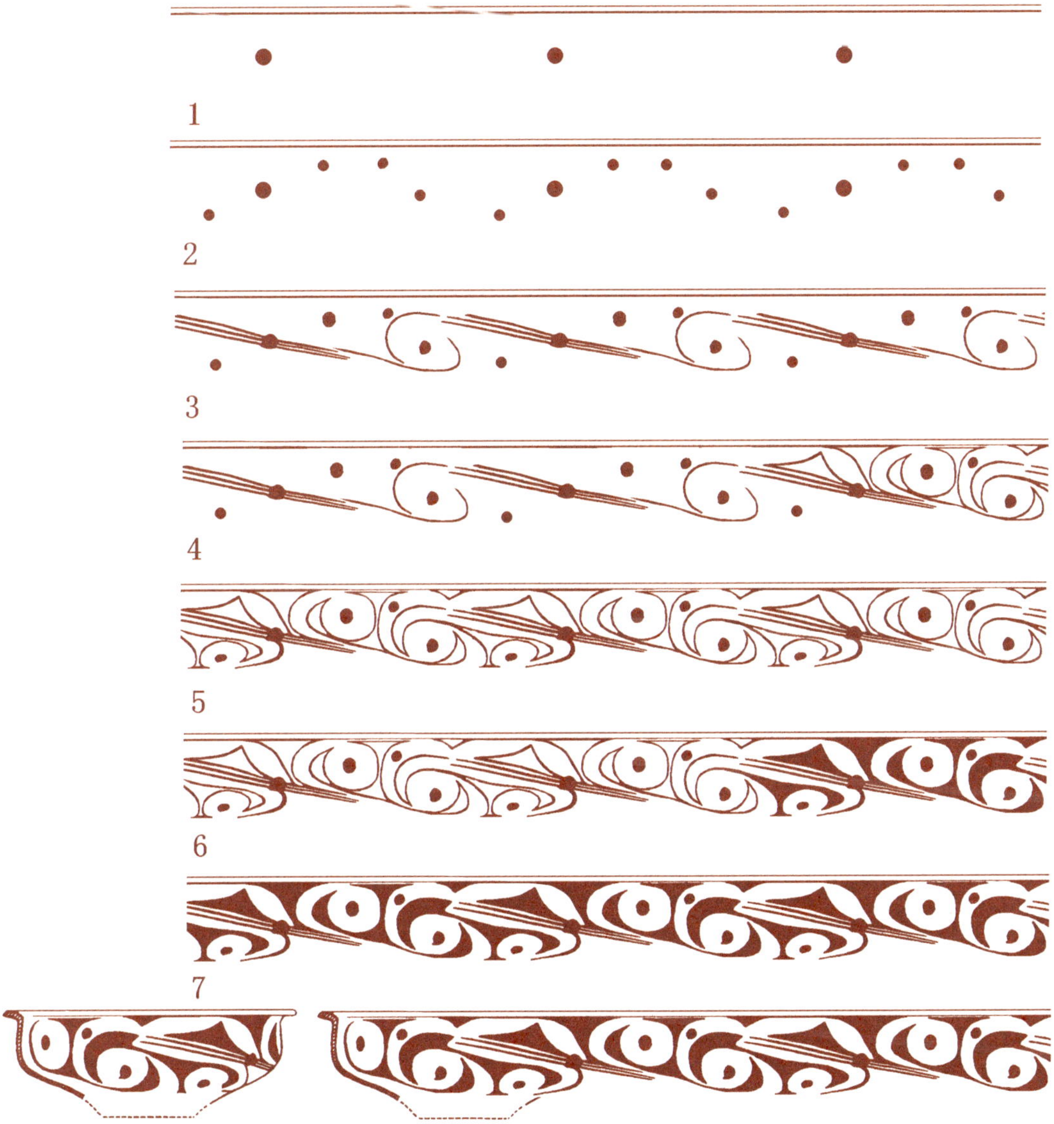

2-3-4-1 彩陶双旋纹绘法

5 菱形纹组合绘法

菱形纹彩陶在庙底沟文化中发现虽然不多，但纹饰结构非常严谨，与半坡文化同类彩陶有相通之处，以直线为构图元素。菱形纹组合也要先等分定点，本例为四分式结构，以四条垂直线划分纹饰单元，然后再用四条垂直线绘出预留的隔离带。在纹饰带绘出双线二字形，作用是将纹饰带等分为四个长方形。在长方形内作对角线连接，呈现出菱形结构。最后是在菱形内选择一个三角平涂黑色，在与菱形相接的三个外三角平涂黑色，使菱形显现出黑白交错的构图（图 2–3–5–1）。

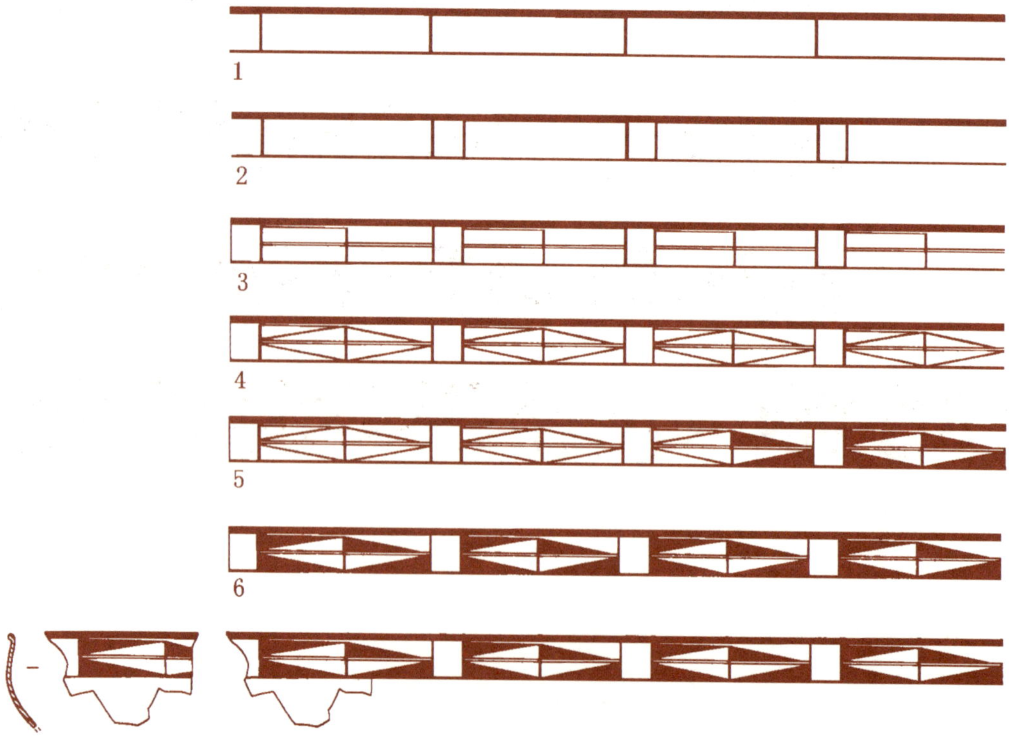

2-3-5-1　彩陶菱形纹绘法

鱼纹绘法 6

庙底沟文化彩陶中的象生类纹饰，以鱼纹的图案化最富有特点，也与半坡文化联系密切。在陇县原子头出土多件鱼纹彩陶，本例选择的是一件构图繁简适中的标本。

鱼纹图案一般为二分式，这是因为鱼形较长，图案单元过窄不便表现。本例为二分式，自然也要先定点，将纹饰带用垂直线分成两个部分。这条垂直线其实是设计中的鱼眼的中心，布点后就在垂线的左右绘出相对的弧线，构成大致的一个圆形，这便是鱼眼的轮廓。接着以鱼眼为依托，绘出长长的鱼嘴。然后在全眼的左边，用上下大体对称的双弧线绘出连尾的鱼身，整体鱼形的骨架就绘成了。接着是加绘上下鱼鳍，再绘出鱼尾的轮廓。最后是在眼、身、鳍、尾涂上黑色，生机勃勃的鱼就像要开始游动了（图 2–3–6–1）。

我们这里的所有举例，都是由现代人觉得应当遵从的程序，并不能说明史前人就一定是这样行事。当然，就艺术规律而言，古今应当有它的相通之处。

彩陶的绘制，推测画工都经历过严格训练过程，这个过程的时间也许并不很短。我们偶尔能看到一些绘制粗率的彩陶，有可能是徒工的作品。在汝州洪山庙见到的一些非常潦草的彩陶，应当就是生手的作品（图 2–3–6–2）。

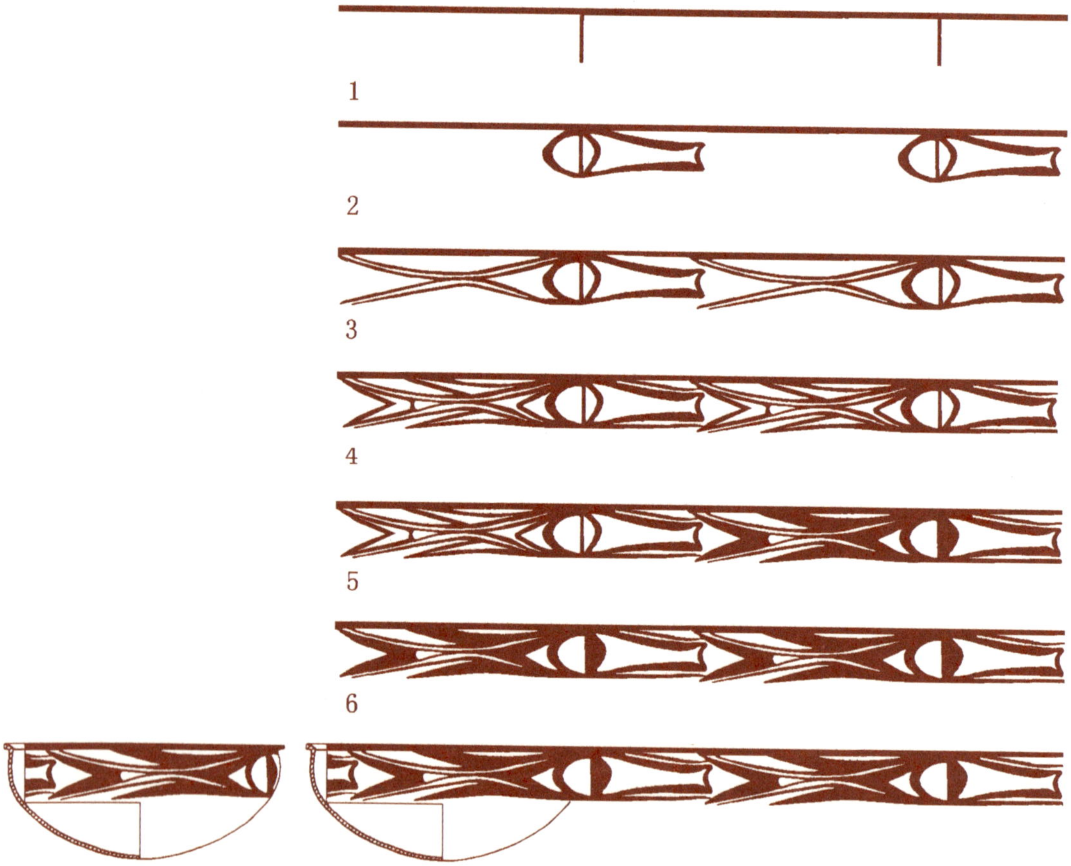

2-3-6-1　庙底沟文化地纹彩陶

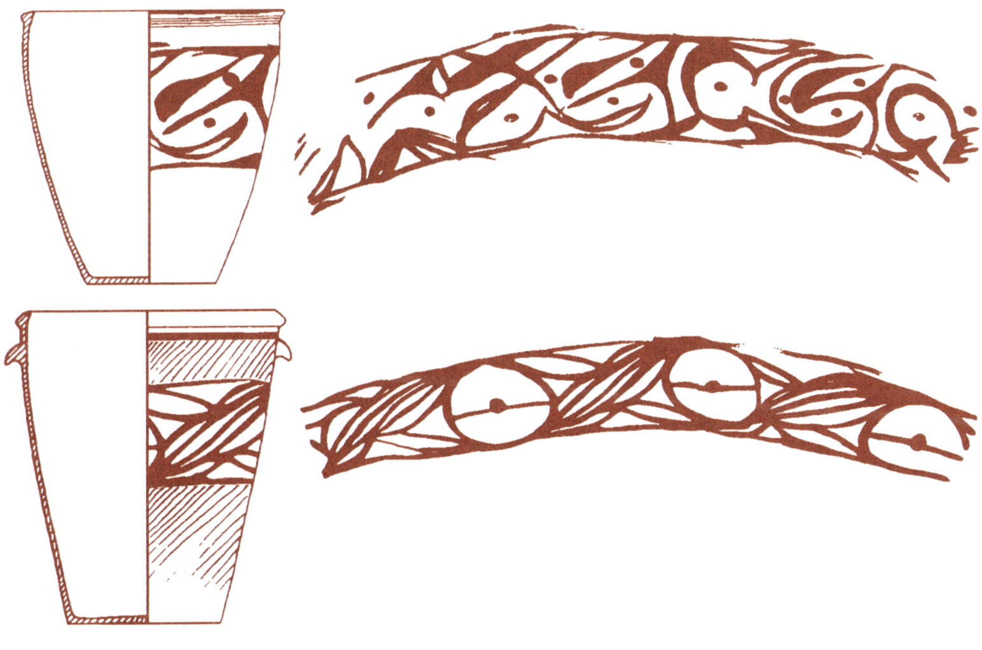

2-3-6-2 彩陶中的粗率作品（汝州洪山庙）

文论

彩陶：庙底沟文化时期的艺术浪潮

在中国发现的史前彩陶中，论技法之精与影响之大，当首推庙底沟文化彩陶。庙底沟文化彩陶的发现，从河南渑池仰韶村算起，已经过去了100年的时间。随着资料的逐渐积累，研究也在一步步深入，认识也在一层层深化。从某个单一的遗址看，庙底沟文化彩陶占全数陶器的比例并不大，一般只在3%~5%之间，彩陶的数量不能算多。不过因为发现的遗址很多，迄今所见庙底沟文化彩陶的总数却也并不算少，多得我们可以用“成千上万”这样的词来形容。对于这样一批接着一批出土的彩陶资料，我们不仅感到了数量的丰富，而且还了解到了内蕴的精致。

我们可以非常肯定地说：庙底沟文化的彩陶时代，是东方艺术传统奠基的时代。庙底沟文化彩陶在艺术上取得的成就，可能比我们原来所能体会到的要大得多高得多。庙底沟文化彩陶所取得的艺术成就，我们至今并没有认真全面地评价过。仅由装饰艺术的角度而论，庙底沟文化彩陶应当是史前艺术发展达到的第一个高峰，当时已经有了成熟的艺术理论，题材选择与形式表现都有非常一致的风格。庙底沟时期陶工的艺术素养已经达到相当的高度，陶工中一定成长起一批真正的艺术家，他们是原始艺术的创造者与传承者。

一

庙底沟人已经创立了体系完备的艺术原理，在艺术表现上体现最明确的是连续、对比、对称、动感与地纹表现方法，而成熟的象征艺术法则更是庙底沟人彩陶创作实践的最高准则，它应当是当时带有指导性的普适的艺术准则。

彩陶制作时对比手法的运用，充分展示了色彩与线形的力量。

庙底沟文化彩陶强调了黑白红三色的对比，以黑与白、黑与红的两组色彩配合为原则，将双色对比效果提升到极致，也因此奠定了古代中国绘画艺术中的色彩理论基础。

庙底沟文化彩陶的色彩，由主色调上看是黑色，大量见到的是黑彩。与这种主色调相对应的是白色的地子，白色并不像黑色一样是绘上去的彩，而是绘彩前先平涂上去的，也是画工作为一种客观使用的色彩。彩陶上还有并非是画工主动绘出的一种借用色彩，它是陶器自显的红色。这种借用红色的手法，是一个奇特的创造，它较之主动绘上去的色彩有时会显得更加生动。

庙底沟文化彩陶是黑与红、白三色的配合，主色调是红与黑、白与黑的组合。从现代色彩原理上看，这是两种合理的配合。不论是红与黑还是白与黑，它们的配合结果，是明显增强了色彩的对比度，也增强了图案的冲击力。有时画工同时采用黑、白、红三色构图，一般以白色作地，用黑与红二色绘纹，图案在强烈的对比中又透出艳丽的风格。色彩对比是最鲜明的对比，庙底沟文化时代的陶工将有限的色彩，在陶器有限的表面上展示出无限的空间。他们一定掌握了基本的色彩原理，将色彩感觉发挥到了极致。

图形元素一目了然，将不同图形元素按一定秩序排列起来，会产生形状的对比。不同形状元素的对比，会增强彼此的原有特点。画工在彩陶上常常只采用一种图案元素，由一种元素构成的图案，有一种秩序、恒定和平静的美感。画工也常常使用形状对比手法，将不同的元素组合越来，增强构图的动态感，丰富了彩陶的内涵。如圆形与扁弧形组合，象征整形与分割的对比；网格与弧形、圆点组合，象征密集与疏懈的对比；圆形与单旋纹组合，象征闭合与开敞的对比；圆形与叶片纹组合，象征正与斜的对比等等。

地纹手法是中国史前彩陶非常重要的表现方法，它反用了色彩，以间接表现元素的方式构图，是一种复杂思维的体现。庙底沟文化多数彩陶采用地纹手法绘成，庙底沟人完善了地纹表现手法。地纹绘法需要更高的技法，需要掌握“计白守黑”的技巧。地纹彩陶在一定程度上隐藏了纹饰的含义，这种含而不露的用意也许是为着更好地隐现纹饰的象征性。在色彩与构图上的巧思安排，于地纹彩陶上得到了充分体现，彩陶也因成熟的地纹彩陶而将史前彩陶艺术推向了极致，也奠定了古代中国艺术表现的一个非常重要的基础。这是一种衬托手法，它最早应当出现在彩陶工艺上。史前居民有了一些新的认识与思想需要用全新的彩陶形式表达出来，地纹应当就是他们创造的在当时看来可能是最好表现形式（图１）。

彩陶纹饰因连续延伸而表现出一种井然的秩序，而规律性的间断构图则是连续图案行进的节奏。庙底沟文化彩陶遵循着这样一条基本形式原则，就是连续。庙底沟文化彩陶纹饰，多是沿着器物环周表现适形构图，画工在有限的空间表述了一种无限的理念，二方连续构图有着循环往复、无首无尾、无始无终、无穷无尽的性质。庙底沟文化彩陶上最多见到的是二方连续构图，这种艺术形式无疑也体现了庙底沟人在哲理层面的思考。连续形式变无序为有序，变混沌为和谐，这种艺术形式后来成为历代装饰艺术所采用的最基本的构图程式。

对称与平衡，是艺术设计中两个相互关联的原则。庙底沟文化彩陶在构图中，有对称也有平衡，许多精致的纹饰都采用了对称结构。彩陶图案左右非常对称，两边元素互为镜像，中间有一个或意想中有一个对称轴。大量见到的双瓣或多瓣式花瓣纹，它们的左右两边完全对称。彩陶中对称与平衡原则的掌握，在庙底沟人来说已经是相当熟练了，画面非常简洁，线条也十分流畅。

艺术设计中的节奏感和韵律感，是一种更高层次的创作。节奏具有空间感，可以指构图设计中同一元素连续重复时产生的运动感。韵律具有时间感，是节奏的变化与丰富，是节奏的整体表现，它使构图中单一元素重复时的单调状态有所改变，由此产生的变化好似一种变奏，可以增强单调重复的生机感。彩陶上多见富有动感的纹饰，从那些多变的构图上，我们似乎可以感受到慢板、快板、散板和进行曲式的区别，彩陶内在的活力就体现在这律动的构图中。

彩陶在二方连续图案上，我们能感受到的节奏是最明朗的。留给我们最明朗的快板印象的，是那些不加间隔元素的二分与四分连续图案。庙底沟文化彩陶中四分式的二方连续图案最多，元素较为固定，构图也非常简练，没有什么修饰图案。这样的快板式节奏图案，是庙底沟文化彩陶的代表性风格之一（图２）。

平铺直叙的纹饰图案，似乎不会涉及方向感问题。不过由史前彩陶纹饰的绘制看，纹饰方向应当是存在的，画工在陶器上会有绘制的始点和终点，因为纹饰一般都是环绕陶器一周，所以这个始点和终点是紧接在一起的，它们都隐藏在图案中。有时画工也会引导出观者的观察方向，某些特别的图案会特别强调方向感。相当多的彩陶纹饰是这样的，它们有固定的走势，有明确的方向感。

半坡文化彩陶中的图案化鱼纹，几乎全是头右尾左的右向，基本都是剪刀尾向左，大嘴大头向右。庙底沟文化类似鱼纹，鱼头也向着右边，鱼尾向着左边。庙底沟文化的简化鱼纹，以圆点示意的鱼头也是无一例外地向着右边。鸟纹也几乎全是头向右边，尖尖的翅与尾向着左边（图３）。

彩陶几何纹的方向不易判断，但也还是有迹可循。叶片纹的方向，基本上是向右上倾斜。各处发现的“西阴纹”，它起翘的尖角总是指向右边。彩陶中的单旋纹，旋臂不论是向上还是向下，一般都是按照顺时针方向旋转，是一种右旋态势。彩陶中大量见到的双旋纹，两个旋臂旋转的方向，也常常是顺时针方向，与单旋纹方向一致。双旋纹的旋臂只是偶尔见到逆时针旋转的例子，但总体旋动趋势是顺时针方向。

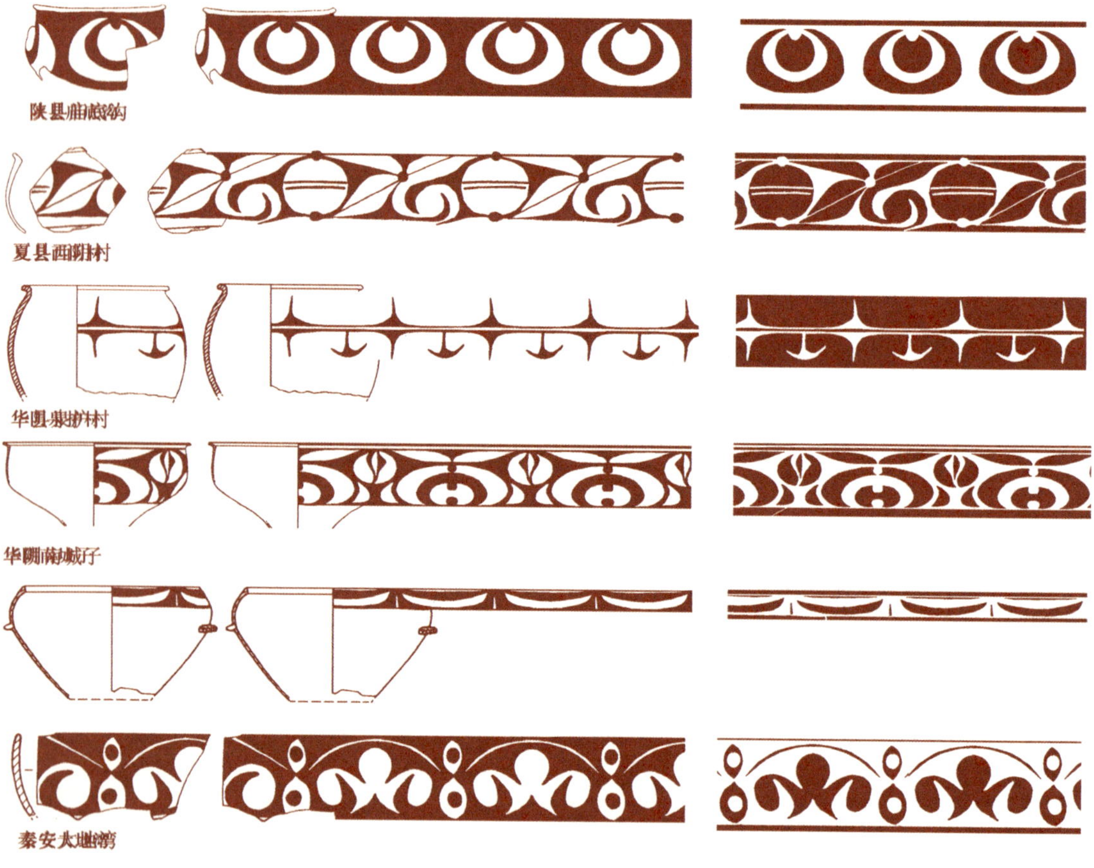

1 庙底沟文化地纹彩陶（右图为反视地纹）

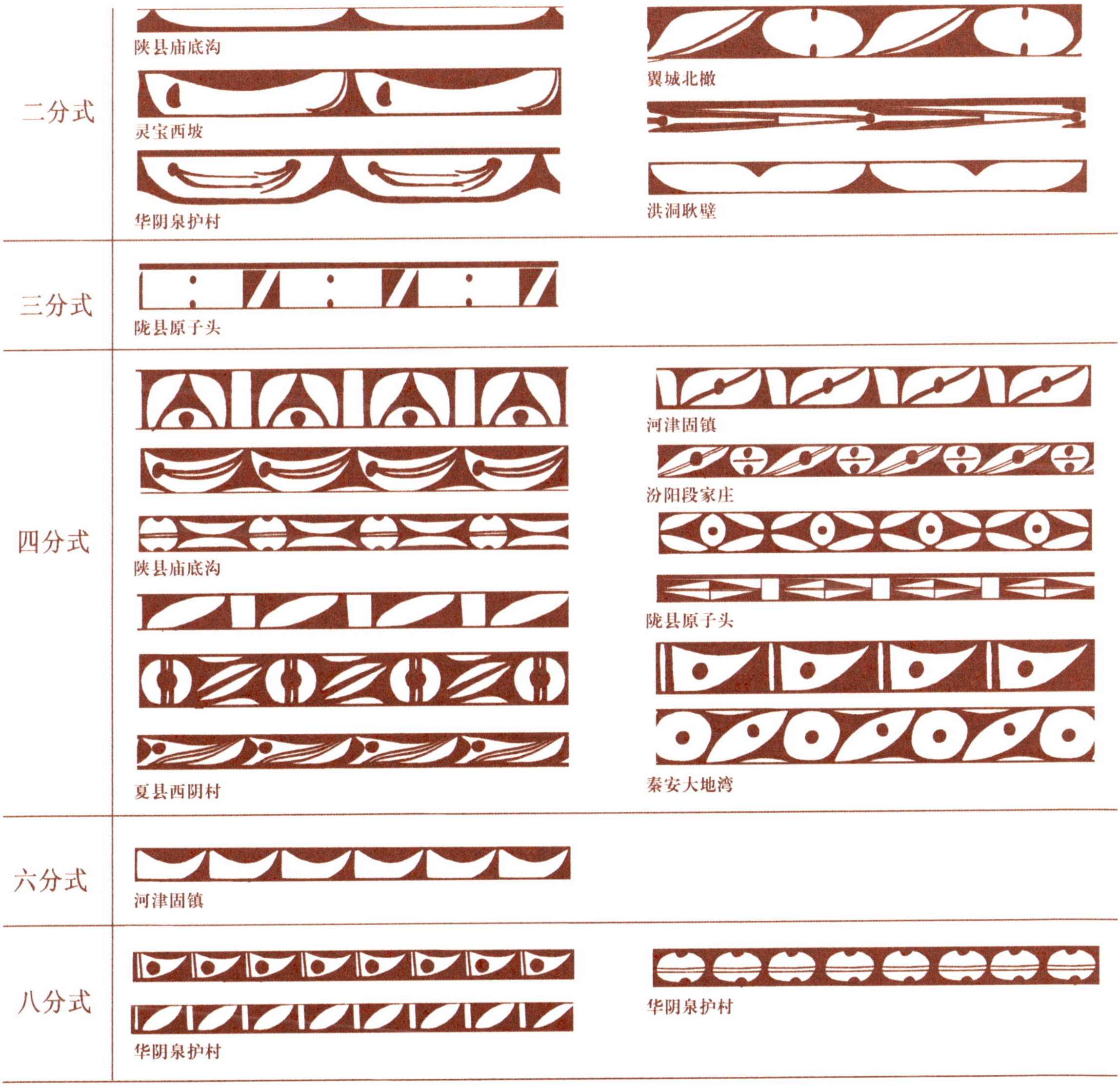

2 庙底沟文化彩陶二方连续图案的单元布列程式

二

绘画中的写实是以形写意，以形写意正是绘画艺术的重要宗旨之一。在绘画中如果描绘的对象是一个动物，画出动物的全形，当然是最完整最明确的体现。不过对于史前人来说，这样的做法并不被认为是到处都适用，也不被认为是最可取的方式，完全的形似并不一定是追求的目标，也是不可能达到的目标。他们常常会采用更简单的表现形式，通常是只描绘动物的一个特定的部位，或者就是一个约定的部位。当绘画在表现动物特别部位的时候，还会有明显的夸张变形，有时或者会完全迷失原形，最终绘出的也许只是一个约定的符号而已。这样一个约定的符号，便是无象之象的艺术境界，后世所谓的“大象无形”，也就是这样一种境界的深化。无象之象，不仅是历史时期艺术发达的境界，在史前艺术中也有这样的境界。在庙底沟文化彩陶上，这样的境界就有体现。形已隐，神已藏，仅存意象而已，这便是无象之象。

庙底沟文化居民彩陶的创作原则之一，就是充分提炼纹饰的象征性。不论写实与几何形纹饰，不论有形与无形纹饰，象征性是彩陶的第一要义。象征性是彩陶纹饰构图的基础，也是纹饰播散的内在动力。在彩陶纹饰的符号化过程中，庙底沟人丰富和完善了自己的象征性思维，他们的心智得到提升，人格也得到锤炼。

庙底沟人表现彩陶纹饰的象征性，是通过纹饰的简化、分解和重组实现的。纹饰的象征性，是预先已经确定了的，本来一般是取自象生对象，后来逐渐抽象出一些图形符号，起初这样的符号多为象生对象的变形、变体和简化图形，是一看便能明知其象征性的。在这样的基础上，后来逐渐以相关联的简单的几何形作预定的象征符号，并不断地化简，不断地分解，又不断地重组，不仅经历了多次的逻辑思维过程，而且经历了反复的艺术加工过程。在经过了这样的创作过程以后，一些主要的象征符号成为普世接受的符号，象征艺术也已经是普世接受的艺术，人们通过这样的艺术形式作心灵的沟通与文化的交流。

人类善于制造和使用各类符号，用符号交流思想和认识事物，表达特定的含义，传递丰富的信息。所以有人说，制造和运用符号是人类的基本特征之一，这也是人类文化的重要体现。彩陶上大量的几何纹饰，其实大多都是这样的人造符号，而且不少符号都是由写实的纹饰简化而成。一个符号制作出来的同时，也经历了认同的过程，只有认同的符号才有传播信息的功能。彩陶鱼纹的变化，也正是经历了这样的符号化过程，后来虽然还会有鱼的含义，但是它却并没有了鱼的形态。

符号化的关键是提取与凝练象征元素，当原先的象生类图形失去原形的时候，图形就完成了一次升华。原型已不存，但原本的意义却依然保留着，也就是说外形虽然已经改变，但象征意义并没有改变。象征类纹饰完成几何化的转变之后，会焕发出一种新的魅力，这也许是彩陶几何纹饰吸引人的力量之所在。看来史前人就是要以一种比较隐晦的方式来表现彩陶主题，不仅要采用地纹方式，更要提炼出许多几何形元素，也许他们觉得只有如此才能让彩陶打动自己，打动自己之后再去感动心中的神灵。

很多的几何纹彩陶与鱼纹具有相同的象征意义，鱼纹对于半坡人和庙底沟人为何如此重要？鱼纹的象征性何在呢？是学者们指出的图腾标志，还生殖力的象征？近年关于彩陶鱼纹意义的研究，又有研究者提出了“鱼龙说”，认为“中华龙的母题和原型是鱼”，由仰韶文化彩陶上的鱼纹发展演变而成，以为夏族的来源与鱼族有紧密的联系。这也许可以作为解开鱼纹彩陶象征意义的一个非常重要的新切入点，很有希望得出有价值的结论。

3　庙底沟文化彩陶鱼纹头部的分解与重组

三

将庙底沟文化彩陶典型的十数类纹饰集合在一起，我们会获得一个很清晰的印象。这十多类纹饰，每类只取一两个式样的标本，同时也将周边文化的同类纹饰作比照，这就是庙底沟文化彩陶的一个典型纹饰系统。各类纹饰之间，存在一定的联系，这证明庙底沟文化彩陶分类系统非常完整，也非常严密（图 4、5）。

在将庙底沟文化彩陶进行分类研究之后，我们大体可以构建起一个纹饰分类系统，而且进一步尝试证明这是一个明确的象征纹饰系统，包纳其中的最为壮观的是“大鱼纹象征纹饰系统”，也是庙底沟文化彩陶中心的象征纹饰系统。揭示了这个象征纹饰系统，我们突然发现原来许多的彩陶纹饰都可以纳入这个系统中，也就进一步证实了彩陶的象征性。这个象征纹饰系统体现了两方面的意义，一是艺术的文化的，一是意识的思维的，即是说庙底沟文化居民拥有象征艺术形式，还拥有象征思维意识。当然也还会有其他的象征纹饰系统，比如鸟纹系统，只是我们目前还不能完全依据现有材料理出清晰的头绪来。

庙底沟人通过彩陶的形式，将象征艺术一步步提升到极致，他们使彩陶不仅成为史前时代伟大的艺术，也成为人类全史上的一座早期的艺术丰碑。彩陶的象征艺术思维方式，不仅影响了后彩陶时代艺术发展的轨迹，甚至至今还在左右着艺术家乃至常人的艺术思维模式。现在我们可以肯定地说，庙底沟文化彩陶是一种象征艺术，它一定不仅仅只是器具的装饰艺术。庙底沟人通过彩陶方式传导的，是他们的信仰与情怀。那是回荡在历史天空的幻影，那是在生发自心灵深处的歌唱。

史前同类彩陶的分布，有时会超越某一或者某几个考古学文化分布的范围。彩陶的这种越界现象，为我们理解它的意义它的魅力，提供了重要的启示。这种越界即是传播，这传播一定不仅只是一种艺术形式的扩散，它将彩陶艺术中隐含的那些不朽的精神传播到了更远的地域。在庙底沟文化中，这样的彩陶越界现象发生的频度很高，若干类彩陶纹饰的分布范围，远远超越了这个考古学文化自身的分布范围，让我们感觉到有一种强大的推力，将庙底沟文化彩陶的影响播散到了与它邻近的周围的考古学文化中，甚至还会传播到更远的考古学文化中。这样的推力，也许只有用“浪潮”这样的词来描述最为贴切，彩陶激起的浪潮一波一波地前行，一浪一浪地推进，它将庙底沟文化的艺术传统与精神文化传播到了更广大的区域（图6）。

庙底沟文化彩陶某一类纹饰的分布区域，我们可以由发现它的一些点圈出一个大致的范围来，这个范围包括了这类纹饰的中心分布区与外部播散区。我们可以用分布图来说明各类纹饰到达的空间区域，从这样的途径了解庙底沟文化彩陶传播的范围。重点考察典型鱼纹、简体鱼纹、“西阴纹”、叶片纹、双瓣式花瓣纹、四瓣式花瓣纹、多瓣式花瓣纹、圆盘形纹、单旋纹和双旋纹的分布，然后将各类纹饰分布范围叠加起来，可以获得一张庙底沟文化彩陶播散的整体区域图。

典型鱼纹彩陶的分布，是以关中地区为中心，西及渭河上游与西汉水，东至河南西部，南到陕南与鄂西北，北达河套以北的内蒙古地区。相信河套以北的典型鱼纹彩陶一定是来自渭河流域，也相信以后在这一个中间地带会有新的发现来说明这一条传播路线的具体走向。分布在汉水、西汉水和豫西地区的典型鱼纹彩陶，也应当是来自渭河流域。

简体鱼纹彩陶的分布范围，没有典型鱼纹那么大，不过除了在河套以北没有见到以外，其他地点简体鱼纹的分布地域与典型鱼纹大体吻合。极少发现典型鱼纹的晋中南地区，见到了较多的简体鱼纹彩陶。

彩陶“西阴纹”的主要分布区，是在关中及邻近的豫西、陇东和晋南地区，更远的南方鄂西北、江南洞庭湖地区和北方河套以北地区，也都见到了“西阴纹”彩陶。往东部方向，“西阴纹”彩陶的分布范围应当没有越过豫中郑州地区。

叶片纹彩陶大体沿黄河走向东西横向分布，除了庙底沟文化中心地区以外，向东在大汶口文化的鲁南地区，向西直抵青海东部地区，都有叶片纹彩陶发现。豫西南和鄂西北也是一个扩展分布区，有典型的叶片纹彩陶发现。

双瓣式花瓣纹彩陶的分布有些特别，在庙底沟文化中心区的关中一带少有典型双瓣式花瓣纹彩陶发现。这类纹饰在晋中南地区发现稍多，向北河套及以北地区和青海东部地区也有发现。这类纹饰虽然在晋南地区发现较多，但最早出现并不是在庙底沟文化时期，在半坡文化晚期彩陶上已经见到。

特征非常突出的四瓣式花瓣纹彩陶，分布的中心是在关中及附近地区，东到苏北，西及甘青，扩张到鄂北直至江南一带。从四瓣式花瓣纹彩陶分布的东南西北四限看，它覆盖的范围非常之广，这在一定意义上证实了它的重要。

多瓣式花瓣纹彩陶的分布范围，基本上与四瓣式花瓣纹的分布范围相吻合，也是东到鲁南苏北，西至甘青，往南也到了江南。略有不同的是，关中地区发现的多瓣式花瓣纹彩陶极少，分布的中心偏于晋南豫西一带。多瓣式花瓣纹是在四瓣式花瓣纹彩陶基础上新构的纹饰，最早完成这种构图的可能是生活在晋南豫西一带的庙底沟人。

圆盘形纹彩陶的分布范围较上列几类彩陶要小一些，主要集中在晋南、豫西和关中及邻近的陇东地区，汉水上游和中游地区也有一些发现。圆盘形纹一般不会独立出现，都是组合在复合纹饰中，它也是与鱼纹有关的一种纹饰，它的起源有可能是在陇东与关中西部一带。

单旋纹彩陶的分布主要集中在庙底沟文化中心区域的豫陕晋交界地区，陇东也有发现，向外传播只是沿着汉水往南，到达中游长江岸边。其他地区没有发现明确的单旋纹彩陶，它的传播范围较为狭小一些。

双旋纹彩陶的分布范围最值得注意，因为它分布最广，影响最大。东过苏鲁，西至西汉水，北达河套以北，南抵长江，中心分布区还是在豫陕晋一带。起源的地区应当是在关中或晋南豫西一带，它能传播到这样广大的地域，它非常深刻的内涵更应当引起关注。

重圈圆与双瓣式花瓣纹组合彩陶也是分布范围较广的一种纹饰，它分布的中心还是在黄河中游地区，往东到达下游的山东地区，北限越过河套进入塞北地区，南部则越过淮河进入长江流域。

选择以上几类纹饰彩陶的分布范围叠加起来，我们可以得到一张庙底沟文化彩陶典型纹饰整体分布图。这张分布图覆盖的范围，向东临近海滨，往南过了长江，向西到达青海东部，往北则抵达塞北。

庙底沟文化彩陶播散到这样大的一个区域，意味着什么呢？这样的一个范围很值得注意，这可是后来中国历史演进的最核心的区域。仅此一点，就足以让我们对庙底沟文化的彩陶好好思考一番了。

这是中国文明形成过程中的大范围文化认同,值得关注与深入研究。庙底沟文化彩陶有一种巨大的扩散力，它让我们清楚地感受到了中国史前时期出现的一次规模强大的艺术浪潮。这个艺术浪潮的内动力，是彩陶文化自身的感召力，传播是一种文化趋同的过程，文化趋同的结果，是主体意识形态的成功建构。

陇县原子头
陇县原子头
扶风案板
秦安大地湾
华县泉护村
华县泉护村
陇县原子头
灵宝阌东
芮城西王村
夏县西阴村
芮城西王村
夏县西阴村
济源长泉
翼城北橄
济源长泉
华县泉护村
陕县庙底沟
灵宝西坡

庙 底 沟 文 化

凉城王墓山坡下
郧县大寺
淅川下王冈
淅川下王冈
澧县城头山
清水县白泥窑子
淅川下王冈
枣阳雕龙碑
凉城王墓山坡下
武都大李家坪
邳县刘林
枝江关庙山
兖州王因
枝江关庙山

外 围 诸 文 化

陕县庙底沟

垣曲小赵

夏县西阴村

新安槐林

灵宝南万村

陕县庙底沟

河津固镇

灵宝西坡

华县泉护村

华县西关堡

庙底沟文化

枣阳雕龙碑

清水河庄窝坪

郧县大寺

邳县大墩子

枣阳雕龙碑

邳县大墩子

外围诸文化

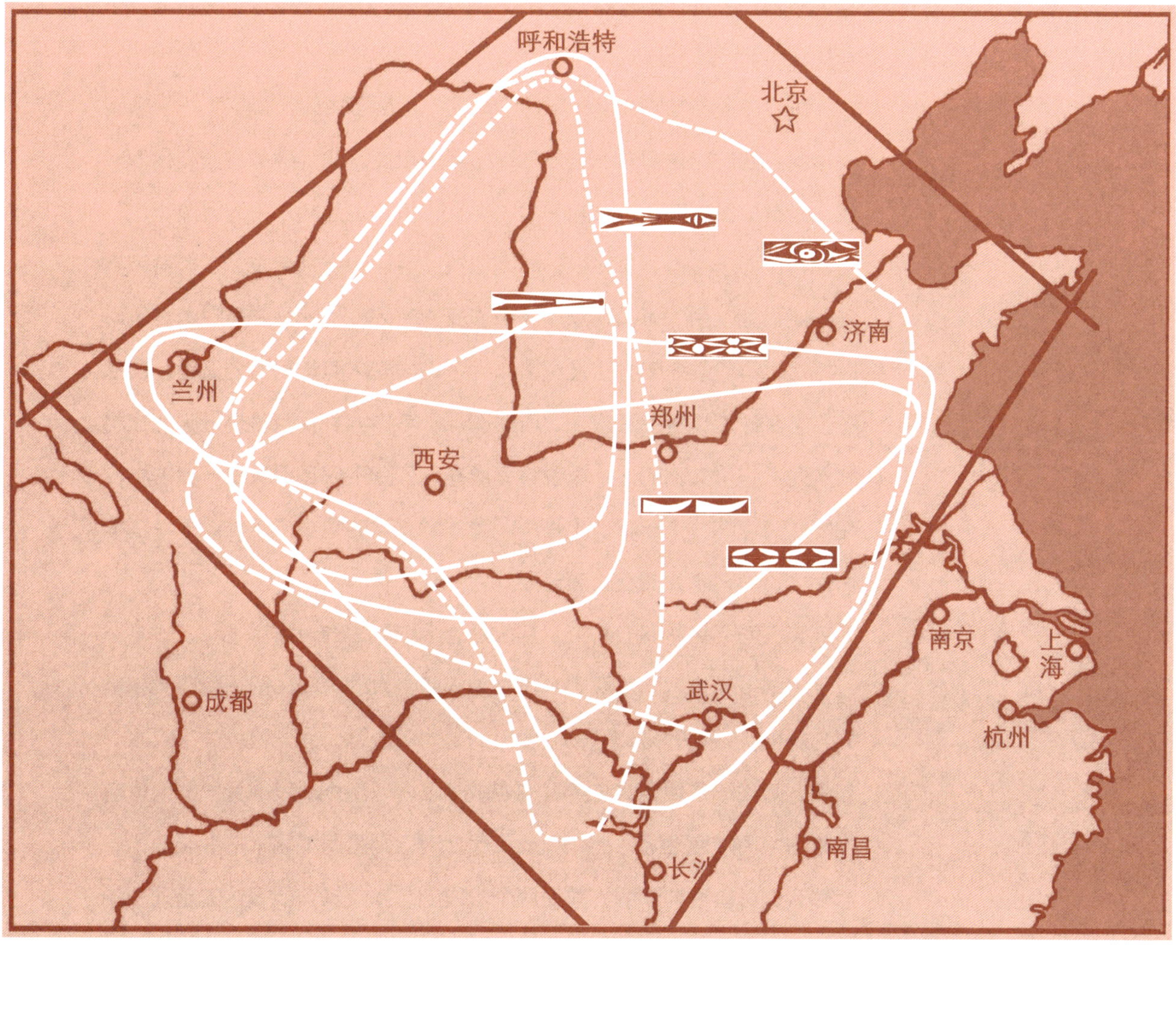

6 庙底沟文化几类彩陶纹饰分布范围叠加图

四

面对这样生动的彩陶纹饰，面对这样完美的纹饰分类体系，对于彩陶研究的意义，感到可以由考古学、艺术史、文化史和历史学层面的研究作整体的阐述。

首先在考古学研究上，考古学家最先得到了彩陶，得到了一个重要的标识。他们首先要做的是要为这些彩陶定性，要明确考古学文化的归属，是属于已知的还是未知的考古学文化。其次是判定它的大致年代，明确它在那个考古学文化中的时间位置。这样的研究结果，在资料积累到一定程度以后，可以建立起彩陶演变的序列，也就是说彩陶本身也可以构建起年代学框架，它又可以作为考古学文化编年研究的借鉴。当然考古学家通常是将彩陶放在它所属的那个考古学文化范畴进行研究，将它作为考古学文化的一个重要特征所在。彩陶不仅是评价某一考古学文化发展高度的一个标志，也是辨识考古学文化的重要标志。对于考古学家而言，彩陶研究的意义莫过于此。

庙底沟文化彩陶的研究，其次是艺术史层面的研究。

中国古代艺术的发展史，可以划出两个大的阶段。前一阶段关乎神界与灵境，表达的是幻像，主要目的是为了娱神。后一阶段关乎人本与自然，师法的是现实，主要目的变成了娱人。两个阶段的分界，大体应当是在两周嬗递之际，而东周至汉代之时，则是两类艺术的混装时代。当然我们可以这样理解，前后两个阶段的艺术，其实要表达的是同一的主题，这就是心之声，艺术是娱悦心灵的重要方式，艺术产品是精神之餐。彩陶正是表达了心之声的主题，它是史前时代的精神大餐。

将彩陶放在整个艺术发展史的层面考察，它当然是处在前一发展阶段。彩陶关乎的是神界与灵境，表达的是幻像，主要目的是为了娱神。娱神的目的，也还是为了娱人，愉悦人的性灵，所以彩陶表达的也还是心之声的主题。

彩陶艺术虽然是原始时代流行的艺术，但其实它并不原始了，已经是非常成熟的艺术，彩陶是存在于原始社会却并不那么原始的艺术。不论是题材的选择和纹饰的构图，彩陶已经达到非常完美的境界。彩陶的构图法则，彩陶的用色原理，庙底沟文化彩陶所建立的艺术体系，对中国古代艺术的发展产生了深远影响。即使是在今天，类似彩陶构图的一些商标图案，装饰图案中的许多元素，可以发现它们最先都可以在庙底沟人的作品里寻找到渊源。不少现代所见的时尚元素，与彩陶对照起来观察，我们会发现它们并没有发生什么根本的改变，艺术传统就是这样一脉相承。

彩陶的研究意义，其次是在文化史层面的研究，文化史家在彩陶上发现的是时代精神，他们看到史前人在饮食器皿上寄托的是信仰，营造在彩陶上的是精神家园。那一时代许多的文化信息都储存在彩陶上，都通过彩陶传递到远方。这些信息也随着彩陶的重见天日，逐渐显现到了我们的眼前。彩陶的魅力，绝不只是表现在它是一门史前创立的艺术形式，它是随着史前社会为着传承那些特别信息的需要而创造出来的，更重要的是这些信息本身给史前人带来的那些喜怒哀乐。

这样看来，彩陶的艺术史意义与文化史意义，其实是远远超过了它的考古学意义的。

在彩陶的研究上，我们还倡导由史学层面作研究，这个研究至今还并没有受到重视。将彩陶的传播过程，放到一定的历史背景中考察，我们发现彩陶成了原史中的一个重要表象。庙底沟文化彩陶浪潮般播散的结果，在将这种艺术形式与若干艺术主题传播到广大区域的同时，彩陶所携带和包纳的文化传统，也将这广大区域居民的精神聚集到了一起。作为象征艺术的彩陶明确画出了一个范围，这个范围内的人们统一了自己的信仰与信仰方式，在同一文化背景下历练提升，为历史时代的大一统局面的出现奠定了深厚的文化基础。由这一层面上看，庙底沟文化彩陶书写的一定是中国历史的序章，或者说是那一序章中最美妙的乐章。

庙底沟文化彩陶的传播，不仅仅是一种艺术思潮的扩散，它有着更深刻的背景。这种传播标志着古代华夏族艺术思维与实践的趋同，也标志着更深刻的文化认同。从这一个意义上看，6000 年前以彩陶传播为象征的艺术浪潮，也许正是标志了华夏历史上的一次文化大融合。看来庙底沟文化彩陶传导给我们的信息，远不只是那些闪烁着艺术光芒的斑斓纹样，它还包容着逐渐集聚的文化意识，演化着戚速认同的象征符号，预示着一个伟大文明的开始形成。从这个意义上说，探讨中国文明的形成，彩陶应当是一个非常重要的研究对象。

彩陶作为一种艺术，在庙底沟文化时期它形成振荡史前人心灵的一次大浪潮。这一次彩陶艺术浪潮的影响，大大超越了彩陶的范畴，也大大超越了艺术的范畴。这次艺术浪潮不仅超越了地域，也超越了历史，使得古今传统一脉相承。

后记

在彩陶研究中收集了不少纹饰资料，虽然在专业著作中可以翻阅，但因为印数较少，一般读者不容易看到，所以一直想单独就此资料编个册子。这次能在巴蜀书社出版，也算了却了一个心愿，希望能帮助到更多感兴趣的读者。

需要说明的是，这次虽然采用了双色印刷，阅读感觉会比单色要好很多，但是也是由于印刷的关系，只能控制在一个色调上来，并不能完全符合原本的色调，这一点也要请读者体谅。

作者

2020.12.12

于京中寓所